产教融合协同育人项目成果

ICT 职业素养训练
（基础篇）

王真文　向　艳　主　编

邢琼川　冯天江　刘勇军　副主编

电子工业出版社
Publishing House of Electronics Industry
北京·BEIJING

内 容 简 介

本书是"ICT 职业素养训练"系列教材的第一册,由编者基于多年的 ICT 行业项目管理经验、人力资源管理经验和高校就业工作经验并查阅了大量研究资料编写而成。

本书内容包含职业生涯规划和行业职业素养两大主题,共分 6 章。第 1 章从"弄清自己读大学的目的"和"入学即准备就业"两个方面引导学生重视职业生涯规划,输出自己的职业生涯规划模板;第 2 章从了解所学 ICT 行业和专业入手,帮助读者深入了解职业和职业准入制度,引导学生以完成章节任务的方式填写职业生涯规划的行业环境分析和确定职业目标;第 3 章帮助读者从自我身心、人格成熟度、职业兴趣、职业性格、职业能力和创新能力等方面真正地认识自我,训练学生一步步完整输出自己的职业生涯规划书。第 4 章到第 6 章则为落地实施职业规划所制订的计划,分别聚焦提升自我、构筑基础能力,磨炼自我、增强团队能力,挑战自我、完善卓越能力的主题,达到系统修炼大学生职业素质的目的。

本书可作为高校 ICT 专业的职业素养或专业课程的教学用书,也可作为新人入职前入职后培训的参考用书,同时,也可将本书作为教师、培训师备课的参考手册。

未经许可,不得以任何方式复制或抄袭本书之部分或全部内容。
版权所有,侵权必究。

图书在版编目(CIP)数据

ICT 职业素养训练. 基础篇 / 王真文,向艳主编. —北京:电子工业出版社,2021.10
ISBN 978-7-121-42248-5

Ⅰ.①I… Ⅱ.①王… ②向… Ⅲ.①信息产业—高等学校—教材 Ⅳ.①Γ49

中国版本图书馆 CIP 数据核字(2021)第 217505 号

责任编辑:徐建军
印　　刷:三河市鑫金马印装有限公司
装　　订:三河市鑫金马印装有限公司
出版发行:电子工业出版社
　　　　　北京市海淀区万寿路 173 信箱　邮编 100036
开　　本:787×1 092　1/16　印张:19.75　字数:505.6 千字
版　　次:2021 年 10 月第 1 版
印　　次:2024 年 8 月第 5 次印刷
定　　价:69.00 元

凡所购买电子工业出版社图书有缺损问题,请到购买书店调换。若书店售缺,请与本社发行部联系,联系及邮购电话:(010) 88254888,88258888。
质量投诉请发送邮件至 zlts@phei.com.cn,盗版侵权举报请发送邮件至 dbqq@phei.com.cn。
本书咨询联系方式:(010) 88254570,xujj@phei.com.cn。

前言 Preface

随着我国经济转型的不断加速，ICT 作为产业经济结构转型的新动能，价值日益凸显，行业保持着较为快速的发展，新一代信息技术已全面融合渗透到经济社会的各个领域，猝不及防地改变着社会的生产、生活和思维方式，成为推动经济发展的重要引擎。我国 ICT 产业却面临着人才供给绝对量小、人才错位、企业招不到合适的新人等问题，严重制约了 ICT 产业的健康快速发展。为此，寻求破解 ICT 产业人才入门困境的方法，快速、高质量地训练信息技术产业人才的职业认识与职业可迁移能力成为刻不容缓的研究课题。

虽然 ICT 领域存在巨大的人才需求缺口，但这一需求在供给端并未形成人才抢手的现象。这种供需结构性错位问题的存在有两方面原因：一方面，ICT 应用往往对于专业人才要求具有一定的工作和实践经验，且伴随着诸多新岗位的诞生，这一要求将日益凸显；另一方面，行业新人往往只有技能型基础学习能力，在职业认知、团队协作、解决问题和企业文化理解等诸多应用层面有所欠缺，导致就业难，招聘更难，新人找不到合适的工作，企业同样难以觅到适合公司发展的求职者。

从 ICT 企业对新人的希望来看：

"应知应会是不够的，我们需要心智成熟的人。"

"知识转化为生产力的确需要一点时间，但最好别超过一个月。"

"最希望看到的是新人的实操经验和诸多发展的可能。"

……

因此，结合现代 ICT 企业对职业素养应用层面的用人需求，从大学生体验式学习的趣味性出发，我们编写了"ICT 职业素养训练"系列丛书。该套教材共分 4 册，第 1 册《ICT 职业素养训练（基础篇）》旨在促进大学生们做好职业规划，扎实地修炼"内功"，认识自我，切实提升、磨炼自己的行业职业素养；第 2 册《ICT 职业素养训练（心态篇）》旨在帮助大学生提高认识社会和自身定位的高度及转换角度的能力，指导大学生正确看待各种社会和职场现象，帮助其以良好的心态选择做正确的事，正确对待学习和工作中可能出现的各种状况；第 3 册《ICT 职业素养训练（职场篇）》通过培养职业化的习惯和思维，保证大学生在今后的工作中能正确地做事，并在职场中迅速脱颖而出；第 4 册《ICT 职业素养训练（出道篇）》则通过学习求职过程的相关知识和技能，使得大学生自信从容地找到心仪的工作岗位，从心理和实操上解答入职前后可能遇到的问题，帮助大学生实现从学生到职业人的快速转变；帮助大学生在大有可为的 ICT 领域茁壮成长，聚焦岗位基础素质层，在未来形成一个可以自生长的 ICT 人才生态环境。

本书具有以下突出特点：

（1）理论体系完整且系统性强。本书重点在于培养学生重视职业生涯规划的理念、积累实践经验，执行自己的规划以提升职业综合素质，全书逻辑清晰，体系完整。置于"ICT 职业素养训练"系列教材中，第 1 册是奠定大学生"做成事情的基础"，也是个人的成长基石；第 2 册是培养大学生的世界观，选择"做正确的事"；第 3 册是锻炼大学生的方法论，选择"正确地做事"；第 4 册是进入职场前后的训练、演练和实战，也是继续大学生自我完善的过程。因此，整套教材的理论体系是完整而严密的。

（2）编写的新颖性。本书编写过程中，把课堂活动和知识讲解结合起来，以活动引入新概念，以活动思考和体会加深对新知识的理解；以方法参考或建议参考的方式，形成知识和技能落地应用、转化为能力的切入点，学以致用，引导学生完成章节任务。

（3）现实针对性。本书丰富的 ICT 案例和分析聚焦 ICT 行业岗位，对于该行业所覆盖专业的学生来说针对性和实用性都较强，能充分发挥对大学生行业职素认知的指导作用。

（4）内容夯实。除正文外，扩展内容以扫描二维码查看或指导利用互联网进行查询的方式拓展学习广度，辅以第 2 课堂来加深记忆和巩固所学。

在本书的使用过程中，教师授课时可以先让学生了解本节的"任务目标"，并分析如何完成任务；在"实现准备"环节，以活动为主、讲解为辅的方式展开，引导学生接受新知识并启迪思考；在"实现参考"环节，结合给出的参考观点和参考建议提升学生解决问题、完成任务所需的能力；在"任务实现"环节，基于本节学到的知识，指导学生完成本节任务；在最后的"任务小结"环节中，或启发学生思考，或提炼本节的思想精华，或承上启下，引入后面的相关内容。

参照学校的课时安排，可以根据学生需求和具体教学情况有选择地开展实训和知识讲解，要以学生为中心，促进师生间和学生间的互动，有效激发学生的学习兴趣，挖掘学生的潜力。在提升学生职业素养的同时，使其体验到学习知识的乐趣和课内外活动带来的快乐。

本书在编写过程中，参阅了许多同类教材和文献资料，汲取了其中精髓，同时引入了一些专家和企业家的理论和观点，也得到了广大师生的支持和帮助，在此表示衷心的感谢！

由于编者水平有限，书中难免有疏漏之处，敬请广大读者批评指正。

编　者

目 录
Contents

第 1 章 职业生涯规划从入学开始 (1)
  1.1 如何精彩地度过大学时光 (2)
    1.1.1 上大学的目的 (2)
    1.1.2 弄清楚自己上大学的目的是必要的吗 (2)
    1.1.3 大学里能学到什么 (5)
    1.1.4 为什么要上大学 (8)
    1.1.5 上大学的目的与职业生涯规划目标 (9)
  1.2 做好职业生涯规划 (9)
    1.2.1 开始你的职业生涯规划 (9)
    1.2.2 就业是职业生涯的基础 (10)
    1.2.3 入学即明确职业目标 (12)
    1.2.4 为何要进行职业生涯规划 (16)
    1.2.5 如何进行职业生涯规划 (18)
    1.2.6 即刻准备你的职业生涯规划 (21)
    1.2.7 "迭代式"补充你的职业生涯规划信息 (23)

第 2 章 认知 ICT 行业和相关职业 (24)
  2.1 认知 IT 行业 (25)
    2.1.1 我的未来职业在哪里 (25)
    2.1.2 初步认知 IT 行业 (25)
    2.1.3 IT 行业的主要职位 (31)
    2.1.4 IT 行业的优势和职业发展机遇 (36)
    2.1.5 规划自己的未来 (39)
    2.1.6 不止 IT 业,CT/ICT 业也是你的舞台 (40)
  2.2 了解 CT/ICT 行业 (41)
    2.2.1 初步确定职业目标和职业发展路径 (41)
    2.2.2 了解通信技术和信息通信技术 (42)
    2.2.3 CT/ICT 的发展趋势和带来的机遇 (48)
    2.2.4 基本明确自己的职业目标发展路径 (53)
    2.2.5 职业目标不是不可改变的 (57)
  2.3 职业和职业准入制度 (57)

2.3.1　行业、职业、职业证书该怎么选 ··· (57)
　　2.3.2　职业、职业准入与职业资格证书知识 ··· (58)
　　2.3.3　参考职业排行与考证热的冷思考 ·· (66)
　　2.3.4　如何选择行业、职业、职业证书 ·· (71)
　　2.3.5　可以确定职业目标和职业证书目标了 ··· (73)

第3章　认识自我，完成职业生涯规划 ·· (74)
　3.1　我是谁——生理和心理探索 ·· (75)
　　3.1.1　初步评估自我 ··· (75)
　　3.1.2　正确评估自己，每个人都是独一无二的 ····································· (75)
　　3.1.3　了解自我的途径和自我意识自测 ·· (79)
　　3.1.4　填写职业生涯规划的自我评估部分信息 ····································· (82)
　　3.1.5　全面认识自我，尚有很长的路要走 ··· (83)
　3.2　我能独立生活吗——人格成熟度探索 ·· (84)
　　3.2.1　规划大学生活、制订身体锻炼计划 ··· (84)
　　3.2.2　独立生活从"心""身"开始 ··· (85)
　　3.2.3　提高独立生活能力，当然要强健体魄 ··· (90)
　　3.2.4　规划和践行独立生活、身体锻炼计划 ··· (98)
　　3.2.5　独立生活、养成体育锻炼习惯，增强自信 ································· (99)
　3.3　我喜欢什么——职业兴趣探索 ··· (99)
　　3.3.1　发现兴趣，继续填写职业生涯规划书 ··· (99)
　　3.3.2　理解霍兰德职业兴趣六边形 ··· (100)
　　3.3.3　了解霍兰德职业兴趣测试及其结果解读 ··································· (104)
　　3.3.4　参与霍兰德职业兴趣测试，完成任务 ······································· (106)
　　3.3.5　发现职业兴趣，保持工作稳定，相得益彰 ······························· (107)
　3.4　我适合做什么——职业性格探索 ··· (107)
　　3.4.1　MBTI性格测试，补充职业生涯规划书 ···································· (107)
　　3.4.2　迈尔-斯布里格斯类型指标（MBTI）的主要特征 ···················· (108)
　　3.4.3　性格与职业的关系 ·· (113)
　　3.4.4　了解职业性格测试和测试结果样例 ··· (120)
　　3.4.5　进行MBTI性格测试，补充职业生涯规划书 ·························· (122)
　　3.4.6　正确看待MBTI性格测试 ·· (122)
　3.5　我能做什么——职业能力探索 ··· (123)
　　3.5.1　制订专业学习和技能提升计划 ··· (123)
　　3.5.2　提升专业技能是硬道理 ··· (123)
　　3.5.3　制订技能提升计划并培养其他相关能力 ··································· (128)
　　3.5.4　制订针对性的专业学习和技能提升计划 ··································· (130)
　　3.5.5　计划的执行需要找方法"对付"自己 ······································· (131)
　3.6　我能出奇制胜吗——创新能力探索 ··· (132)
　　3.6.1　创新人格测试，更新职业生涯规划书 ······································· (132)
　　3.6.2　了解创新能力和创新人格特质 ··· (132)
　　3.6.3　怎样培养创新能力 ·· (136)
　　3.6.4　进行创新人格测试，更新职业生涯规划书的相关内容 ··········· (137)

		3.6.5 人的知识越丰富，创新的机会就越多	(140)
3.7	完成职业生涯规划书		(141)
	3.7.1	完成职业生涯规划书的制订	(141)
	3.7.2	学习职业生涯规划的技巧	(141)
	3.7.3	ICT 职业生涯规划案例	(143)
	3.7.4	完成职业生涯规划，并严格执行	(146)
	3.7.5	做 ICT 人，必须持续提升自己的职业综合素质	(147)

第4章 提升自我，构筑基础能力 (151)

4.1	自我管理能力		(152)
	4.1.1	制订 21 天计划，进行时间、压力、情绪管理	(152)
	4.1.2	自我管理、时间管理、情绪和压力管理的必要性	(152)
	4.1.3	做好自我管理、时间管理、情绪和压力管理	(167)
	4.1.4	制订 21 天计划，收集情绪调节和缓解压力的妙招	(177)
	4.1.5	自我管理是自我提升的基础	(177)
4.2	学习能力		(178)
	4.2.1	测试你的学习能力	(178)
	4.2.2	拥有学习能力才能让我们实现自我更新	(178)
	4.2.3	学习能力改进建议和修炼"秘籍"	(180)
	4.2.4	完成学习能力测试	(186)
	4.2.5	培养学习能力	(186)
4.3	主动性		(187)
	4.3.1	安排自己去做一件事	(187)
	4.3.2	为何要积极主动	(187)
	4.3.3	怎样才能变得具有积极主动性	(194)
	4.3.4	发挥主动性，完成自己安排的一件事并提交总结	(198)
	4.3.5	工作要有主动性与激情	(200)
4.4	成功导向性		(201)
	4.4.1	三天能卖出多少套职业装	(201)
	4.4.2	一切为了成功需要什么态度和行动	(201)
	4.4.3	善于成功是有方法可循的	(208)
	4.4.4	分组比赛，三天卖出职业装的套数	(211)
	4.4.5	成功导向性促使我们征服更多的绩效高峰	(212)
4.5	执行力		(212)
	4.5.1	哪个团队的纸飞机飞得远	(212)
	4.5.2	理解执行力对个人和企业的重要性	(213)
	4.5.3	提升个人执行力和企业执行力的措施	(218)
	4.5.4	看哪个团队的纸飞机项目得分最高	(221)
	4.5.5	高效的执行力是职场成功的关键	(222)
4.6	职场礼仪与形象		(222)
	4.6.1	职场交际情景演练	(222)
	4.6.2	职场礼仪和职场形象	(223)
	4.6.3	进行职场交际情景演练	(232)

4.6.4 知礼仪，修形象也是获取事业成功的重要保障 (234)

第 5 章 磨炼自我，增强团队能力 (235)

5.1 沟通能力 (236)
    5.1.1 职业规划设计大赛 (236)
    5.1.2 有效沟通的重要性和原则 (236)
    5.1.3 如何有效沟通 (240)
    5.1.4 公众演讲与魅力展示 (244)
    5.1.5 开展大学生职业规划设计大赛 (249)
    5.1.6 异性交往艺术 (250)
    5.1.7 善于沟通，人人都需要拥有的能力 (250)

5.2 解决问题的能力 (250)
    5.2.1 突破性解决问题团队游戏 (250)
    5.2.2 解决问题能力的定义和标准 (251)
    5.2.3 解决问题能力的提升方法 (252)
    5.2.4 突破性解决问题团队游戏——圆球团队游戏 (264)
    5.2.5 一个人最大的价值在于解决问题的能力 (265)

5.3 影响力 (265)
    5.3.1 选谁跟唐僧去西天取经 (265)
    5.3.2 领导者的性格品质决定团队气质 (266)
    5.3.3 如何提升个人影响力 (270)
    5.3.4 小组讨论：选谁跟唐僧去西天取经 (273)
    5.3.5 建立个人影响力，成为意见领袖 (273)

5.4 团队合作能力 (273)
    5.4.1 策划学校元旦晚会 (273)
    5.4.2 如何理解团队精神和开展团队合作 (274)
    5.4.3 个人如何有效地进行团队合作 (280)
    5.4.4 分组完成学校元旦晚会策划 (284)
    5.4.5 个人能力再强，也离不开团队合作 (284)

第 6 章 挑战自我，完善卓越能力 (285)

6.1 跳出舒适圈 (286)
    6.1.1 大学期间如何跳出舒适圈 (286)
    6.1.2 久处舒适圈会毁了你，挑战自我就是要跳出舒适圈 (286)
    6.1.3 如何跳出自己的舒适圈 (290)
    6.1.4 大学期间如何跳出舒适圈 (293)
    6.1.5 跳出舒适圈，未来的我们一定会感谢现在努力的我们 (293)

6.2 坚韧性 (293)
    6.2.1 和自己签一份合同 (293)
    6.2.2 坚韧性是你战胜挫折的最佳武器，需要坚强的意志力 (294)
    6.2.3 如何培养坚韧的品格 (302)
    6.2.4 和自己签一份合同，再看执行情况 (306)
    6.2.5 坚韧是克服一切困难、成就一切事情的钥匙 (307)

参考文献 (308)

第 1 章

职业生涯规划从入学开始

学习目标

- 客观地进行分析和思考，弄清楚自己上大学的目的，端正大学学习和生活态度。
- 帮助学生了解就业是职业生涯的基础，因此入学即明确职业目标，必须立即开始进行自己的职业生涯规划。

任务安排

- 如何精彩地度过大学时光。
- 做好职业生涯规划。

学习指南

- 课堂内：通过参与"课堂活动"中的案例分析、小组讨论分享来了解新概念和新知识，通过课堂讲解、问题答疑来帮助理解知识点。
- 课堂外：扫描书中二维码进行拓展阅读，增加知识面和深度理解；自学"实现参考"和课外活动，将知识点转化成自己的收获或能力。
- 利用课余时间阅读和 ICT 行业有关的书籍，可以是名人传记（如《乔布斯传》），可以是小说（如《浮沉》），了解名人或职场人士的成长经历，从而了解职业生涯规划的重要性，最后结合"课堂实训"完成各章节安排的任务。

1.1 如何精彩地度过大学时光

任务目标

1.1.1 上大学的目的

任务名称

任务：弄清楚自己上大学的目的。

任务分析

对任务的回答，因人而异，可能没有确定的答案。但一个人没有想清楚目的，就很可能走错路、走偏或走得不顺，因为人们容易依据是否能达到目的，对自己的行为和手段进行判断，并对相应能力进行匹配或提升。所以，要想清楚自己上大学的目的，可能的思路是：

实现准备	课堂活动	活动一：搭讪高手
		活动二：读书真的无用吗
	课堂讲解	知识点：马斯洛需求层次理论
实现参考	课堂活动	活动三：分析"随遇而安"的王某案例
	课堂讲解	参考观点：大学里能学到什么
任务实现	课堂实训	任务：弄清楚自己上大学的目的
任务小结	课后思考	上大学的目的与规划职业生涯目标

实现准备

1.1.2 弄清楚自己上大学的目的是必要的吗

活动一：搭讪高手

1. 活动目的
破冰活动，同学们尽快彼此认识和了解，便于今后讨论交流。
2. 活动流程
（1）按照指导操作
先在一张空白纸（笔记本也可以）上，参考图 1-1 画线。
再在标注"姓名"的区域写上你的姓名，在其余 4 个区域画出相应的内容（必须画画，不能写文字），过程中不能交流，保持安静。

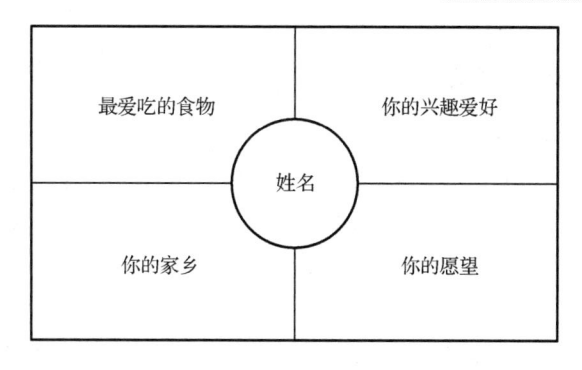

```
          ┌─────────────────────────────┐
          │   最爱吃的食物    你的兴趣爱好  │
          │           ╭───╮             │
          │           │姓名│             │
          │           ╰───╯             │
          │    你的家乡      你的愿望    │
          └─────────────────────────────┘
```

图 1-1　搭讪高手

5 分钟后结束画画。

（2）与附近的同学交流

同学们两人一组，向对方介绍自己的姓名，请对方猜自己画的内容。可以找不同的同学多次交流，交流时间 10 分钟。

（3）活动分享

- 你的活动感想是什么？
- 个人统计与几个同学相互认识和更熟悉了。

活动二：读书真的无用吗

1. 活动目的

认识上大学认真读书的必要性，端正大学学习的态度，增强大学学习的重要性认识。

2. 活动流程

（1）阅读案例

> **案例 1：下面这两份名单中，你分别认识多少人？**
> 第一份名单：傅以渐、王式丹、毕沅、林召堂、王云锦、刘子壮、陈沆、刘福姚、刘春霖。
> 第二份名单：曹雪芹、胡雪岩、李渔、顾炎武、金圣叹、黄宗羲、吴敬梓、蒲松龄。
> 哪份名单上你认识的人多一些？
> 前者全是清朝科举状元；后者全是当时落第秀才。人生无限！
> 谨以此文宽解所有考生和他们的父母。真正的考场，从来就不在学校！

（2）同学们分组，快速讨论

- 读书是不是无用？那么，还要好好读大学吗？
- 怎么看待这两份名单上人们的"成功"？他们过得幸福吗？

（3）课堂分享

- 各小组安排 1 人分享小组讨论结论。
- 其他成员可以补充，也可以分享不同观点。

3. 观点参考：不要人云亦云，要有自己的思考

现在网络很发达，信息很丰富甚至泛滥。我们要自己收集资料、查证资料、独立思考，要有自己的分析和观点。这里扫描二维码所提供的也仅仅是参考观点。

这些名人读书少？

知识点：马斯洛需求层次理论

1. 了解马斯洛需求层次理论

马斯洛需求层次理论（Maslow's hierarchy of needs）是关于需求结构的理论，传播较广。该理论被行为科学吸取，并成为行为科学的一个重要理论。

亚伯拉罕·马斯洛（Abraham Maslow）认为，人的需要由生理的需要、安全的需要、社交的需要、尊重的需要、自我实现的需要五个等级构成，其模型见图1-2。

（1）生理的需要

生理的需要包括食物、水分、空气、睡眠、性的需要等。它们在人的需要中最重要、最有力量。例如，当人落水时，空气重要，体会到自尊和爱就没那么重要了。

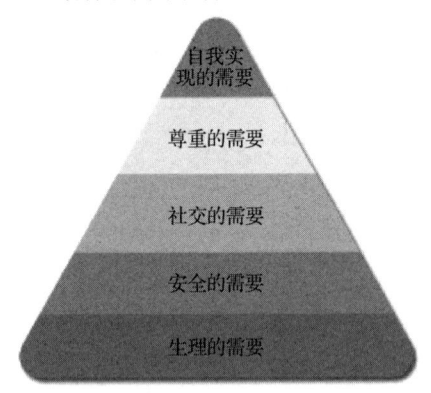

图1-2 马斯洛需求层次模型

（2）安全的需要

人们需要稳定、安全、受到保护、有秩序、能免除恐惧和焦虑等。例如，人们希望得到安定的工作或者参加各种保险。

（3）社交的需要

社交的需要即归属和爱的需要，一个人要求与其他人建立感情的联系或关系。例如，人们渴望结交朋友、加入各种圈子和追求爱情等。

（4）尊重的需要

尊重的需要即自尊和希望受到别人的尊重。自尊的需要使人相信自己的力量和价值，使得自己更有能力，更有创造力，包括成就、名声、地位和晋升机会等。

（5）自我实现的需要

人们追求实现自己的能力或者潜能，并使之完善化。在人生道路上自我实现的形式是不一样的，每个人都需要机会去完善自己的能力，满足自我实现的需要。这是一种真善美至高人生境界的需求。

2. 追求更高层次的目标

需求的产生由低级向高级的发展是波浪式推进的，在低一级需求没有完全得到满足时，高一级需求就产生了，而当低一级需求的高峰过去但没有完全消失时，高一级需求就逐步得到增强，直到占据绝对优势。

低层次的需求基本得到满足以后，它的激励作用就会降低，其优势地位将不再保持下去，高层次的需求会取代它成为推动行为的主要原因。有的需求一经满足，便不能成为激发人们行为的起因，于是被其他需求取而代之，可以用图1-3表示。

一个人可以有自我实现的愿望，但要达到自我实现的境界，成为一个自我实现的人，却不是每个人都能办到的，这种人只是少数而已。

人的最高需要即自我实现就是以最有效和最完整的方式表现他自己的潜力，唯此才能使人得到高峰体验。

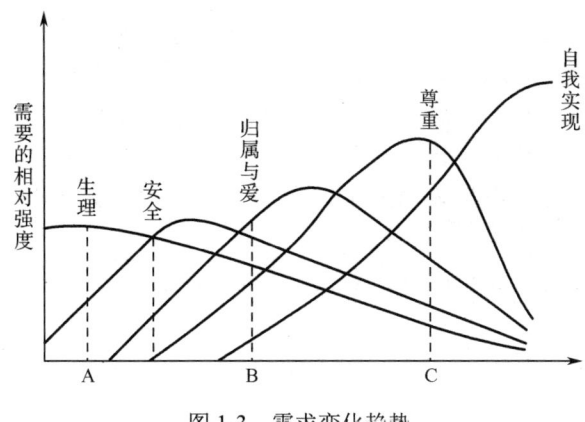

图 1-3 需求变化趋势

随着社会的进步和经济的发展，追求更高层次需求的人越来越多，表 1-1 中的数据说明了这个发展趋势。

表 1-1 需求类型数据变化

需 求 类 型	过去的百分比	新时代的百分比
生理需要	35%	5%
安全需要	45%	15%
感情需要	10%	24%
尊重需要	7%	30%
自我实现需要	3%	26%

➡ **实现参考**

1.1.3 大学里能学到什么

活动三：分析"随遇而安"的王某案例

1. 活动目的

通过案例了解如果没有明确的大学目标和目的，那么今后无论是就业还是事业，都会没有方向。所以，我们要想清楚自己读大学的目的！

2. 活动流程

（1）阅读案例

案例2："随遇而安"的王某

王某是计算机专业的学生。开始他想做一个软件工程师，因为这和他的专业更贴近。但是他从报纸上看到，说软件工程师是一个青春职业，和年龄有很大关系，35岁以后软件工程师就面临着被淘汰的可能，工作会不太稳定。

于是他想去卖包子，他认为他家楼下卖包子小店的生意很稳定。后来因为家里人反对，放弃了这个想法。

> 于是，他决定去公司应聘，他首先想到的是去做销售，因为他看到很多公司高层领导都从销售开始做起。但是求职销售没有成功，他又回到IT业，想做IT培训老师，但是还是没有成功。整个过程下来，他找了很多工作，做了很多选择，但都没有成功，他变得非常失望、焦虑，他觉得自己的能力不被社会所接受。
>
> 人焦虑的时候会想办法去排解这种情绪，于是他去上网、玩游戏，这样可以暂时降低焦虑的情绪。
>
> 毕业的时候为了逃避就业的压力，他决定考研，成为高校中的考研一族。

（2）快速思考
- 案例中的王某为何一直不知道毕业后做什么？如何避免这样的情况出现？
- 王某的焦虑导致他去上网、玩游戏，如果换成是你，你会怎么做？

参考观点：大学里能学到什么

大一新生应该知道的两个问题：一是你到大学来做什么；二是将来毕业后要做什么样的人。我们今天先回答第一个问题，我们来看看读大学能获得什么。

- 手不释卷，与书为友。著名学者翻译家梁实秋曾经表示大学期间是他最自由、最美好的时光，因为那是他整日沉浸阅读的岁月。
- 锻炼独立思考的能力，学会辩证思考。著名主持人白岩松曾经说过："一个有学习和变化能力的人会更强，一个人云亦云只能做跟随者的人不会强。"
- 培养有益爱好、广泛涉猎。我国著名物理学家钱学森在大学时期除表现出非凡的科研探索精神及突出的创造力以外，还在兴趣爱好方面取得耀眼的成绩。钱学森年轻时就"迷"上了音乐，并显露出非凡的音乐才华。他特别喜欢贝多芬的乐曲，学过钢琴和管弦乐，还加入了大学的铜管乐队，成为铜管乐队出色的成员，钱学森还广泛涉猎音乐理论书籍，发表过专门讨论音乐的文章。他对于绘画和摄影也有浓厚的兴趣，在大学期间担任1934级"级刊委员会"美术部干事。
- 更高的教育，给了我们脱离原生家庭的影响，建立自己价值观的可能。《都挺好》里的苏明玉一心向学，极力想要摆脱原生家庭带来的影响，而且，她做到了。
- 如果有"活到老学到老"的想法，那就有无限的可能。失去好奇心的一瞬间，人就死了。
  ——日剧《女王的教室》
- 我们从事同样的工作，却有不一样的心境；同样的家庭，却有不一样的情调；同样的后代，却有不一样的素养。

此外，我们要了解工作后，作为员工和学生对个人的要求有什么不同。从图1-4可以看出，对工作中员工和现在学习的学生的要求和其可能得到的回报差别是很大的，弥补这之间的差距就是我们在大学要学到的认知和能力。

可以说，读大学并不是未来的保证，我们现在读大学的目的，或许真的只是为了学习。现在认识到自身的渺小和浅薄远比在未来捉襟见肘时再想到弥补更有利，毕竟当我们进入职场、担当更多的社会角色之后，就不可能允许我们再用几年的时间去拓宽我们的知识面。因此，在大学里，能有更多的时间获得对自身发展的认识与能力提升。

上大学或者读更多的书也许并不能帮你解决所有的实际问题，但是学识涵养和眼界这种东西，不读书是很难获得的，图1-5形象地表现了读书与学识、眼界之间的关系。

学生 VS 员工

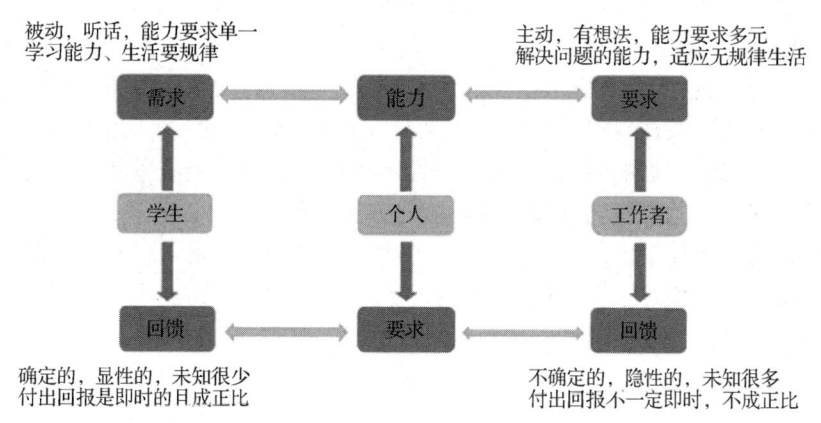

被动，听话，能力要求单一
学习能力、生活要规律

主动，有想法，能力要求多元
解决问题的能力，适应无规律生活

需求 ⇄ 能力 ⇄ 要求

学生 ⇄ 个人 ⇄ 工作者

回馈 ⇄ 要求 ⇄ 回馈

确定的，显性的，未知很少
付出回报是即时的且成正比

不确定的，隐性的，未知很多
付出回报不一定即时，不成正比

图 1-4　对学生与员工的要求和其得到的回报

因此，上大学、多读书至少可以使我们有以下收获：

（1）理想的培养

比如，在关键的时候总是能因为有理想而克服困难，或者坚持做什么。或者，我们本身也是有理想的，只是它很小，以至于我们不会把它称为理想，可以是我们自己暗下决心时定下的小目标，也可以是我们自己的执拗。在大学里，我们极大化地去丰富自己内心、扩充自己的知识。就这样，一步一步地，就可以拥有属于我们自己的理想。比如，有人始终相信，努力就会有收获，吃亏也会有收获。

（2）学会独立思考

这正是在大学期间我们每个人应该着重培养的能力。比如说，别人每天在宿舍里打游戏，说着

图 1-5　读书多少的差别

"年轻就是要享受生活"，我们也跟着放纵自己吗？别人去勤工俭学打工赚钱，我们也要跟进吗？做任何事，都应思考这件事本身对自己的意义有多大，凡事带有自己独有的见解，不被别人的思想牵着走，不被多数人所牵绊。

也许做一个独立思考的人，会有些与众不同，不要害怕别人对自己的抨击和反驳。因为我们选择了独立思考，观点就会"不合群"。当我们能够正面面对自己的与众不同，能够承受那些心理压力时，我们会发现自己拥有了独立的思维，我们会结识那些与自己想法相同的人，我们会发现自己变得内心强大和心理成熟了。

（3）学识眼界：眼界、境界、涵养……

（4）对自我的认识：大学教育的重要性并不完全在于学会了多少专业知识、掌握了多少技术，更重要的是使我们学会认识自我。

（5）基本素质：敬畏规则、诚实守信、商务礼仪……

（6）知识学习：基础知识、专业知识、深入地学习基础知识等。

（7）培养能力：软能力、实操技能、行业规范……

（8）职业素养：职业化，做事可靠、让人放心等。

（9）爱岗敬业：从爱一行，做一行到做一行，爱一行。

（10）做好自己：坚定、坚持、坚韧！

（11）对他人和社会的责任：大学生作为有知识、有思想的社会中的一分子，理应承担更多的社会责任，不仅要关注自己，更应关注他人，关注集体、国家和社会的发展。

（12）对知识的追求与探索：大学是知识经济之根，在知识经济条件下，大学教育的一个最基本目的就是对知识的探索与传播，使学生养成终身学习的习惯。

十九年后，我们或许早已忘记了我们在大学里学过的课程、考过的试卷。但是我们却依然能够清楚地感知到，在那几年里，有什么东西，转化成了血肉，留在了我们的身体里——可能是做人的道理，可能是纯洁的爱情，也可能是青春的记忆……

➡ 任务实现

1.1.4　为什么要上大学

> **任务：弄清楚自己上大学的目的**

请同学们完成下面的小调查，明确自己上大学的目的是什么（可多选）。

1. 为什么选择读大学

  □想培养个人能力，提高综合素质

  □想获得专门的理论知识，学会逻辑思考

  □想找一份适合自己的工作

  □想放松自己，吃喝玩乐

  □想继续深造，考取学历

  □想要自由，打游戏

  □谈恋爱，拥有爱情

  □结交朋友，交际能力得到提高

  □完成父母、亲戚的期望

  □希望独立生活的能力、心理承受能力得到提高

  □顺应时代潮流

  □度过一段时光

  □实现自己的理想，为创业做准备

  □今后可以为需要的人服务

  □没有想过

  □其他，请写明：_____

2. 对于学习的态度

  □学习使我快乐，我爱学习

  □学习没有其他事情重要

  □一点不重要，60分万岁

  □对自己感兴趣的，学习态度浓厚

  □其他，请写明：_____

3. 你为自己的前程考虑过吗？
□仔细想过并已经做好打算
□粗略想过，粗略做过打算
□想过，但不知道怎么打算
□没想过
□家人已经帮我规划好
□其他，请写明：_____

任务小结

1.1.5 上大学的目的与职业生涯规划目标

高中阶段，我们的目标是考大学，那么考上大学之后，我们就要规划下一个目标，是继续升学深造，还是毕业后进入社会，目标明确才不会让我们在大学阶段迷失方向。

规划好职业生涯目标，明确人生方向，就能明确我们上大学的目的。而我们搞清楚了自己上大学的目的，就可以更好地规划职业生涯目标，两者相辅相成。

1.2 做好职业生涯规划

任务目标

1.2.1 开始你的职业生涯规划

任务名称

任务：搭建你的职业生涯规划模板。为尽快完成个人的职业生涯规划，本节的任务是设计自己的职业生涯规划模板。

任务分析

要完成令人满意的职业生涯规划，需要通过对新知识的了解和学习来培养你的相关意识；通过本节内容的进一步学习，可以搭建你的职业生涯规划模板；再结合自己的实际情况填入相关信息，随着本课程的深入学习，逐渐完善直至制作你的职业生涯规划书。

实现准备 1	课堂活动	活动一：人为什么要就业
	课堂讲解	知识点：就业是职业生涯的基础
实现准备 2	课堂活动	活动二：盯着黑点，你看到了什么
		活动三："为了追求兴趣，我背上了校园贷"等案例分析
	课堂讲解	知识点：入学即明确职业目标

续表

实现准备3	课堂活动	活动四：目标是谁先当上院长
	课堂讲解	知识点：职业生涯规划的概念和意义
实现参考	课堂讲解	知识点：职业生涯规划的原则、出发点和步骤
		扩展阅读：大学生职业生涯规划参考
	课后活动	活动五：大学生职业生涯规划书参阅
任务实现	课堂实训	活动六：画出自己的生命线
		任务：制作你的职业生涯规划模板
任务小结	课后思考	"迭代式"补充你的职业生涯规划信息

➡ **实现准备1**

1.2.2 就业是职业生涯的基础

活动一：我们为什么要就业

1. 活动目的

通过动物独立生活的故事，说明我们必须要工作，要就业！

2. 活动流程

（1）阅读鹰的成长故事

图1-6 鹰，飞禽中的强者

鹰（见图1-6），想必大家都比较熟悉。母鹰在悬崖峭壁上筑巢时，先用尖嘴衔着一些荆棘放置在底层，再叼来一些尖锐的小石子铺放在荆棘上面，然后又衔来一些枯草、羽毛或兽皮覆盖在小石子之上，做成一个能孵卵的暖窝。小鹰孵化出生后，母鹰按时叼回小虫、肉食细心地喂养和呵护小鹰。

后来，小鹰慢慢长大、羽翼渐丰，这时，母鹰认为该是小鹰学习"自我独立"的时候了。于是母鹰开始无情地搅动窝巢，让巢上的枯草、羽毛掉落，而暴露出尖锐的小石子和荆棘。小鹰被刺痛得哇哇叫，可是母鹰仍无情地加以驱逐、挥赶，小鹰只好忍痛振起双翅，离巢单飞。或者老鹰到了时间就会狠心地把小鹰丢进悬崖，小鹰在下降的过程中就被迫地学会了飞翔。

小鹰在刚开始跌跌撞撞，老鹰仅仅是偷偷地在旁照顾看护它，直到小鹰能展翅高飞、直上云霄。看到小鹰会飞的一瞬间，老鹰就再也不会去理睬那只小鹰了，一定要让它飞出去，独立生存。

（2）同学们进行分组，快速讨论

● 母鹰残忍无情吗？有没有听说哪一对老动物带着小动物过一辈子的？
● 人是否就应该像动物一样，到了一定的时候，必须要出去自己生活？
● 人为什么要工作？

（3）课堂分享

各小组安排 1 人分享小组讨论结论，其他成员可以补充，也可以分享不同观点。

3. 观点参考：我们为什么要工作？

扫描二维码，阅读参考观点。

我们为什么要工作

知识点：就业是职业生涯的基础

1. 事业、职业和就业的定义

（1）事业

《易经》有云："举而措之天下之民，谓之事业。"意指真正的事业，是为"天下之民"的利益而做的，否则都是职业而已。简单地说，就是做了自己喜欢的事情，却又帮助了他人，这个就是事业。像现在随便开个公司赚点钱，那只能算作职业。

（2）职业

职业是指一种承担某种责任、履行某种义务、达到某种要求标准的行业性、专业性的活动。因此，职业是参与社会分工，利用专门的知识和技能，为社会创造物质财富和精神财富，获取合理报酬，作为物质生活来源，并满足精神需求的工作。

（3）就业

就业是指开始进入所选择从事工作的岗位或即将从事职业活动。就业是连接学业和职业与事业的桥梁，是它们的关节点。一方面，学生了解就业市场，就会提升自己的学业，促进学习进步；另一方面，如果顺利实现了就业，就为通向职业和事业成功做了铺垫。如果不能顺利就业，就失去了走向成功的阶梯。因此，首先要就业。

2. 事业、职业和就业三者的关系

结合马斯洛需求层次理论模型来看，"就业"解决"就业人"的基本和安全的需要；"职业"注重"职业人"获得社交和尊重的需要。"事业"更注重于"事业人"充分发挥自身潜能、自我实现的需要。

"就业人"占社会在岗人群的大部分，他们人生目标不清晰，几乎都生活在社会的中下层，过着安稳的生活，但都没有什么特别的成绩。"职业人"占社会在岗人群的少部分，他们有清晰的短期目标，大都生活在社会的中上层，汽车、房产和职称等短期目标逐步实现，是行业里不可或缺的专业人才。"事业人"占社会在岗人群的极少数，他们有清晰且长期的目标，几乎都生活在社会的上层，成了社会各界的顶尖人士、社会精英，是企业和社会最需要的一种人。

"就业人"既有工作的愿望，也有为了工作而工作的想法，处理事情没有"职业人"的技术和方法，遇到困难就退缩，对领导和同事的依赖性较强。"职业人"有充分发挥能力、自我实现的意愿，处理事情有"控制自我"的表现，专业能力较强，但缺乏"事业人"处理复杂事务的能力和拼命工作的精神。"事业人"目标性很强，有明确的人生规划和职业蓝图。为了目标不惜一切代价，有不达目的死不休的事业精神。

简单地说，"就业、职业和事业"就是指我们正在进行的、用职业化水平来经营的、对广大人民群众最有利的工作。结合我们自身的 ICT 方面的工作，它不仅仅是一份职业化的工作，更是一份以"丰富人们的沟通和生活""构建万物互联的智能世界"为奋斗目标的终生事业。

3. 工作的三个步骤：从就业开始，做好职业，创造事业

人就像动物一样，到了一定的时候，必须要出去养活自己，从来没有听说哪一对老动物带着小动物过一辈子的，它一定有这样一个过程。老鹰看到小鹰会飞的一瞬间就再也不会去理睬那只小鹰了，一定要让它飞出去。

通俗地说，就业就是找一份工作，你能干上这份工作，就可以自己赚钱，不至于再花父母的钱。22岁以前父母给你经济资助来帮助你毕业，如果说这是父母的应尽之职的话，那么到了22岁以后，你毕业了，不管是继续读书，还是工作，如果再多花父母一分钱都应是有些"问心有愧"的。

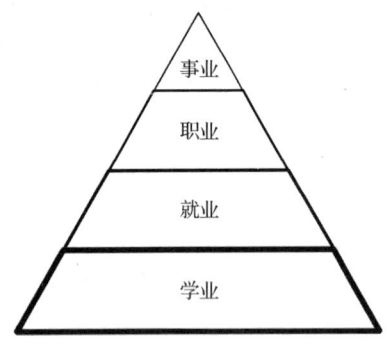

图1-7 学业是基础

从图1-7中可以看出学业、就业、职业和事业之间的递进关系，你的第一次就业可以是临时工作，它和你未来发展方向可以相关也可以不相关；而职业则要慎重选择，你可能打算干它一辈子；事业是你的职业对外的扩展和延伸，事业是职业的更高境界。它的前提是，就算你事业做失败了，你依然能够回到你的职业上去。

当然，学业、就业、职业和事业之间的递进关系并不是严格的依存关系，一些人在学业阶段，就选择了创业，跳过了中间的环节。比如比尔·盖茨、马克·扎克伯格等。但学业、就业、职业和事业这样的发展轨迹对大部分人还是适用的。

所以，作为大学生，我们要以学业为基础，以就业为前提，以职业为载体，以事业为目标。我们要明白要想成就一番事业、拥有理想的职业，必须有一份工作实现就业。

➡ **实现准备2**

1.2.3 入学即明确职业目标

🌙 **活动二：盯着黑点，你看到了什么**

1. 活动目的
体验有无目标的感觉和差异，树立制定目标的意识。

2. 活动流程
（1）看图1-8

看图说明：用双眼注视着图片中间的黑点，头部往前然后往后移动，你会发现什么？

（2）发现了什么？
- 是否两个圆环绕着黑点转动了起来？
- 启发：明确的目标是促使你人生车轮不断向前转动的原动力。

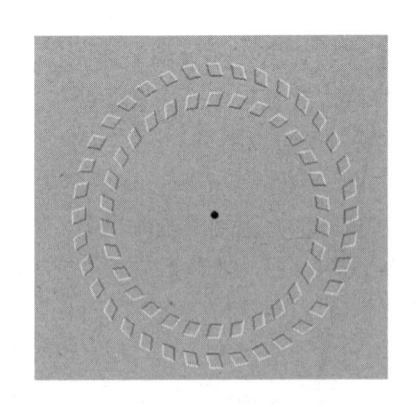

图1-8 盯着黑点看

活动三:"为了追求兴趣,我背上了校园贷"等案例分析

1. 活动目的
了解职业目标对大学学习生活、毕业就业的重要性,从而树立制定职业目标的意识。

2. 活动流程
(1)阅读这两个案例:

> **案例1:"为了追求兴趣,我背上了校园贷"**
>
> 在校期间,自己对本身专业也不喜欢,甚至还有部分科目挂科,大学勉勉强强混了过去,游戏没玩好,学习没学好,朋友也没有一个,为了找到自己喜欢的工作,还一不小心碰了校园贷。
>
> 求职时,想起童年一群伙伴玩游戏的身影,萌生了做游戏策划的想法,于是好好准备简历在校招中去应聘游戏策划岗。面试时,可能面试官看出了我的压力和不自信,我与游戏策划擦肩而过。于是选择了次之的游戏推广,在工作中有很负责的前辈带我,工作压力很大,还算过得去。
>
> 但自己学业中的挂科压力,以及毕业论文答辩的压力,工作压力让我一度感觉到自己抑郁了。猛然间决定去做游戏策划,就去参加了游戏策划的培训。在课程学习过程中,发现自己还有很多游戏没见识过,于是在在线游戏平台 Steam 中注册了很多游戏,骗自己说是为了研究它们,还在三国杀游戏客户端充值将近两千元,总之贷款越来越多。
>
> 之后游戏策划课程将近结束,感觉并不是自己想要的,毅然去了北京,可能自己意识到错了,也可能是自己还想要继续疯狂。我再次贷款去学习原画设计网上课程,并且注册了游戏主机任天堂。
>
> 最后还是家人帮我分担了贷款压力,不然我可能会被贷款压垮,我大概就是所谓的"啃老族"了。
>
> 我求职的过程:
> - 最初我去了游戏互联网公司做游戏推广。
> - 我去面试了游戏策划岗位。
> - 我进入了游戏的旁支行业,比如做密室逃脱、王者荣耀游戏代练,在游戏主题店、VR 游戏体验馆、网吧等工作。
> - 我也在其他的行业工作过,比如房地产销售、艺术品销售,甚至工厂都去过。
>
> 而现在我也依旧对自己的工作不满意,说实话,不知道自己的路在何方?自己一直在做尝试,甚至不惜贷款,但这只会让自己疲惫,生活连生存都算不上。
>
> 希望学弟、学妹们引以为戒,轻易不要碰贷款,我也希望学弟、学妹们在大一就做好职业规划,开始浏览各种招聘信息,找到自己喜欢的工作,并为此努力,不至于到了大四还找不到方向。
>
> **案例2:最大的幸运,是在学校就想好了自己要做什么**
>
> 我是成都的,学校是普通本科,因为我当时觉得所在学校没有任何优势,我得学一门技术,学好才行,所以我在大一下学期就决定了毕业之后的就业方向,当时是打算走程序开发方向,计算机语言是 Java。
>
> 下定决心之后,基本上每天起早贪黑学习 Java,那段时间发现学了好多东西,确实蛮辛

苦，因为都是自己一个人在学，周围也没人一起。再到后来接触到前端开发，发现自己可能更喜欢前端开发。今年寒假在家期间，开始系统地学习前端知识。

大三下学期还在学校的时候，开始准备找实习的公司。六月份收到两家公司的实习通知。在实习期间，确实也学到了不少东西。

回到学校，差不多也意识到自己有哪些不足，开始查漏补缺，为之后的面试做准备。其间也面试过不少公司，所以在之后的面试中，我心态基本上也很平稳了，每一次面试我都会当作是积累经验、总结问题。

毕业拿到了深圳某公司的正式岗位录用通知，可以选择提前去实习，也可以毕业之后去报到，我觉得还是比较满意的。所以我个人总结的经验是：

- 在校期间，学会思考自己毕业之后要做什么，精确到某一岗位。
- 然后开始看胜任这一岗位所需要的技能，自己学习，学校教的东西是远远不能满足实际企业需求的。
- 学到一半就放弃了，这种人我见得太多了，所以学习的决心和毅力一定要坚定。
- 我在学校的时候，也做过不少项目，有一些项目经验，所以我在面试中，可以谈我的项目，也算是有一定的优势。

（2）快速思考
- 明确的目标对大学生学习和就业有什么影响和意义？
- 你是否已经有了自己的职业目标？

3. **参考观点**

从上面的这两个案例中，我们看到及早进行职业生涯规划，明确自己的职业目标，并在大学期间按照规划目标安排自己的生活和学习，对于毕业后的就业状况、职业选择有着极大的影响。

大学生应该尽早确立职业生涯的概念，进校就想出门事，就业难就早下手，从入校读大学的第一天就开始进行职业规划，与学习生活同步。

一年级了解自我，锁定感兴趣的职业，二年级有目的地提升岗位职业素养，最后1~2年初步完成学生到职业者的角色转换。以便清楚地知道自己的优势和劣势，到了大学毕业才不会临时抱佛脚，出现就业恐慌。特别是面对当前的就业形势，不早下手，就业难。

知识点：入学即明确职业目标

大学与中学最大的不同是学生们可以根据自己的需要、特长自主规划和安排生活。这既给一些具有独立思考能力、有主见的学生提供展示才干的机会，也让那些缺乏独立思考能力的学生感到困扰和纠结：到底是参加学生会还是参加兴趣小组？是在校园发展还是去找实习单位？考托福还是考研？毕业后是在国内找工作还是到国外发展？看看学长们，每个人的选择好像都很有道理，但是同样的问题放到自己身上，还是有些不知所措。

在大学中不乏"穷忙族"。面对同学的忙碌，他们不能坐视不管，他们认为思考太虚，采取行动才是积极的态度。这些同学在不明白自己适合做什么的情况下就仓促上路，成功的概率自然很小。有的大学生甚至认为"不想考研的本科生就是不思进取的人"，尽管自己在专业上没有任何优势，依然孤注一掷地考研，错过了企业到大学校园招聘的最佳时机。

大学时代，自己的自主时间安排和活动的选择要以未来的职业发展为基础，不要和任何人进行攀比。科学的规划是要先订立好职业方向，然后有效地安排自己的大学生活。目前，毕业生主要有以下几大类职业发展路径。

1. 考公务员

如果你有意向考公务员，那么可以多参加学生会的活动，积累社会经验及判断、解决问题的能力。

2. 进入科研院所

如果你的目标是学术研究，可以将更多的精力用于专业知识的学习和英语水平的提高，以攻读博士为目标。

3. 大学毕业就工作

你可以参与学校的社团活动，但如果能把更多的精力用于选择对口的单位去实习，有利于更早地接触社会、提高自己的实际工作能力。

4. 学院安排对口实习和就业

通常学校都会安排对口实习，根据学生的实际表现情况，为其安排工作单位就业。因此，对于某些同学来说，听从学院安排对口专业实习和就业也是一种不错的选择。

5. 继续深造，申请国内外大学的研究生

很多同学会选择继续深造，包括专升本或申请国内外大学的研究生。

如果国内考研，就要从第一天起好好学习，保证成绩优秀，争取保研；或者在考研过程中，基础课和专业课考出好成绩。

如果你有意出国，就要努力学习专业课程，尽最大努力提高平均学分绩点（Grade Point Average，GPA），考雅思、托福，力争多"刷"几次成绩，以求高分。同时，有意识地多选择与慈善相关的志愿者活动，并获得相应的证明。

6. 自主创业

在大学毕业生的就业选择中，自主创业正在悄然兴起，成为一条引人注目的就业之路。大学毕业生自主创业不仅解决了自身的就业问题，而且能为他人创造更多的就业机会。这已经成为国家和地方各部门重视和鼓励的一种重要就业路径。国家和各相关部门不仅出台了相应的配套政策，而且频繁举行全国性或地区性大学生创业大赛，建立大学生创业实习基地，设立大学生创业基金，为大学生自主创业打开了方便之门。

7. 灵活就业

灵活就业（或称弹性就业和非正规就业）是指在劳动时间、收入报酬、工作场地等方面有别于传统的标准全日制就业形式的各种就业形式的总称。大学生最具代表性的灵活就业形式是SOHO（Small Office and Home Office 的缩写，特指那些在家办公的自由职业者）。选择这种灵活就业方式的大学生的人数逐渐增加，这一就业方式越来越受到青睐。

8. 其他方式

如果你选择其他就业方式，如参军等，一样要提前做好相关的准备和积累，包括储备知识能力、学习知识、锻炼身体等。

因此，职业目标即职业定位，是迈出职业生涯规划的关键一步。职业定位，就是清晰地明确一个人在职业上的发展方向，它是人在整个生涯发展历程中需要解决的战略性问题也是根本性问题。具体而言，从长远看是找准一个人的职业类别，就阶段性而言是明确所处阶段的对应的行业和职能，就是说在职场中自己应该处于什么样的明确的位置。可以说，职业目标是职业生涯规划关键的一部分，我们将系统地学习如何进行职业规划。

> 实现准备 3

1.2.4 为何要进行职业生涯规划

活动四：目标是谁先当上院长

1. 活动目的

通过阅读案例了解职业规划的重要意义。职业生涯规划既包括明确的目标，也包含可行的实施方案和计划。

2. 活动流程

（1）阅读以下案例：目标是谁先当上院长

案例 3：目标是谁先当上院长？

杨昊和吴玲是硕士阶段的同学，杨昊认真、冷静、做事有计划；吴玲灵活、圆滑、办事有冲劲。毕业后两个人同时到了南方的同一所高校任教，并且还在同一个系。在迎接新教师的座谈会上，院长殷切地希望年轻人树立人生目标并为之奋斗。会后，两人开玩笑，说目标就是当院长了，看谁先当上。

15 年后，果然有一人当上了院长，你猜：谁当上了院长？

3 年后，吴玲当上了系副主任，杨昊仍是普通老师；15 年后，杨昊当上了院长，吴玲仍然是一名副主任。为何会是这样的结果呢？

杨昊自立下目标便制定了职业生涯规划。头 3 年，注重教学；第 4~8 年准备考博士并就读博士，第 9~12 年潜心做研究，成为知名学者，从第 13 年起，不仅教学、科研成绩突出，特别注重加强各方面人际关系。第 15 年老院长退休，人们不约而同让杨昊接班。

而吴玲一开始关注仕途，3 年就当上系副主任，但教学一般，科研无成果，压力很大。后来又跟着下海潮流，先合伙开餐厅，后开面粉厂、美容院、服装店，可干一样亏一样，再 4 年后才发现不适合经商。等到重新回到教学、科研上来，已经 10 年过去了，与杨昊已拉开了差距。

杨昊与吴玲处在同一起跑线上，有着一致的目标，但最终的结果却相距甚远，根本原因在于有没有合理的职业发展规划。

（2）快速思考
- 吴玲和杨昊的目标是一致的，为何没有实现？
- 杨昊的职业生涯规划除了有比较详细的方案，还有什么因素是其成功的关键？

3. 观点分享

职业生涯规划和更新伴随着我们的学习和工作。职业生涯规划越早对今后毕业找工作越主动，谁的规划做得早，谁毕业时就最先拿到第一桶金。一毕业，马上就可按照职业生涯规划去发展，则前途无量。如果不做职业生涯规划就闯入职场，东一榔头西一棒，撞来撞去，等三十来岁的时候，而立之年，难立大业，回头看过，自己的职业生涯轨迹乱七八糟，走的是一条弯弯曲曲的曲线。有的人甚至走了一个圆圈，绕来绕去又回到 20 岁时的起步点，而且，再想向前，却步履维艰，无所适从。

我们提醒大一新生，从大一开始就要对今后的职业方向有初步的定位和规划，这是基本的要求。首先要确立自己的职业方向，和现实挂钩，知道自己需要什么、社会需要什么，结合自己的兴趣、特长、技能、经历等进行客观的自我评估，对职业环境和社会环境进行分析，确立务实、可行的职业方向。同时，要根据自己的爱好、实际能力和社会需求制定有效的实施步骤，比如某个年龄段该做什么、某个时间段自己达到什么目标等，不断总结并完善，对职业生涯中的不和谐之处进行矫正。

知识点：职业生涯规划的概念和意义

有人请教曾经面试过 7.5 万名求职者的索柯尼石油公司人事经理保罗·波恩顿说，"今天的年轻人求职时，最容易犯的错误是什么？"他回答说："不知道自己想要什么。"

1. 职业生涯规划的基本概念

（1）什么是生涯

生涯是生活里各种时态的演进方向和里程，它综合了人一生中的各种职业和生活角色，由此表现出个人独特的自我发展形态。

生涯不是一个静止的点，它是一个动态的过程；不止发生在人生的某个阶段，而是如影随形，相伴人的一生。同时，因为遗传、家庭、经历、所处社会环境等的不同，每个人的生涯也会不同。

所以，生涯的发展是个性化的发展，即使处于同一时代或同一文化背景下的人们，因为生涯发展中其他因素的影响，每个人也会有属于自己的生涯。

（2）职业生涯规划的含义

1）职业

职业是人们参与社会分工，利用专门的知识和技能，为社会创造物质财富、精神财富，获得合理报酬作为物质生活来源并满足精神需求的工作。

2）职业生涯

职业生涯是一个人一生中所有与职业相联系的行为与活动，以及相关的态度、价值观、愿望等的连续性经历的过程，也是一个人一生中职业、职位的变迁及工作理想的实现过程。

3）职业生涯规划

职业生涯规划是指个人在进行自我剖析，全面客观地认知主、客观因素与环境的基础上，进行自我定位，设定自己的职业生涯发展目标，选择实现既定目标的职业，制定相应的教育、培训、工作开发计划，采取各种积极的行动去达成职业生涯目标的过程。

4）大学生职业生涯规划

大学生职业生涯规划是指学生在大学期间进行系统的职业生涯规划的过程。它包括大学期间的学习规划、职业规划，职业生涯规划有无的好坏直接影响大学期间的学习生活质量，更直接影响求职就业甚至未来职业生涯的成败。

从狭义职业生涯规划的角度来看，此阶段主要是职业的准备期，主要目的是为未来的就业和事业发展做好准备。客观而言，进行系统的学习和实践至关重要，而能够担此教育重任的人应该具备丰富的职场经验并接受过系统的职业生涯辅导训练。

2. 大学生职业生涯规划的意义

大学生进行职业生涯规划具有现实意义，主要体现在以下几个方面。

（1）帮助大学生充分认知自我

很多大学生能够充分了解自己的个性、兴趣和能力，而对自己喜欢的职业和不喜欢的职业也很少有人能够清楚地知道，通过职业生涯规划，大学生能够充分认知自我，正确合理地认识自身，通过科学的方法来对自己进行评估，从而实现自我定位和职业定位，选择自己喜欢并适合于自己的职业，找到个人未来切实可行的奋斗目标。

- 做好职业生涯规划，可以分析自我，以既有的学习和成就为基础，确立人生的方向，提供奋斗的策略。
- 通过职业生涯规划可以准确定位职业方向。

（2）进一步增强大学生应对社会竞争的能力

当今社会，在市场经济条件下，各种竞争日益激烈，要想在竞争中占领有利的位置，就需要找到一个适合于自己发展的平台，进而了解社会环境，认识社会本质。

- 通过职业生涯规划，能准确评价自己的特点和强项，在职业竞争中发挥个人优势。
- 通过职业生涯规划，全面了解自己，增强职业竞争力，发现新的职业机遇。

（3）激励大学生合理安排大学的学业

大学生的学业规划应该以职业为导向，就是说，我们选择什么样的职业，就应该有一种模式的学业规划，每个人的学业规划都不是完全相同的，多多少少会存在一些差异。

- 通过职业生涯规划，可以评估个人目标和现状的差距，进而提供前进的动力。
- 通过职业生涯规划，可以重新安排自己的职业生涯，突破生活的格线，塑造清新充实的自我。

（4）提升大学生的职业能力

职业能力即进入职场系统的职业生涯规划、求职面试能力等，不仅可以使大学生找到适合自己的就业方向，还能有意识地提高自己的综合素质，锤炼自身的综合能力，进而对相关的社会实践活动进行尝试，提高自己的社会责任感和受挫能力，最终使自己的综合职业能力得到大力提升，得到用人单位的认可，并顺利进入职场，完美地实现自己的人生价值。

- 通过职业生涯规划重新认识自身的价值并使其增值。通过自我评估，知道自己的优缺点，然后通过反思和学习，不断完善自己，使个人价值增值。
- 职业生涯规划通常建立在个体的人生规划上，因此，做好职业生涯规划将个人生活、事业与家庭联系起来，让生活充实而有条理。

> 实现参考

1.2.5 如何进行职业生涯规划

> **知识点：职业生涯规划的原则、出发点和步骤**

1. 职业生涯规划的原则

（1）可行性原则

职业生涯目标规划时必须要考虑到自己的特质、社会环境、组织环境及其他相关的因素，选择切实可行的目标和途径。

（2）挑战性原则

目标或措施是否具有挑战性，还是仅保持其原来状况而已？

（3）一致性原则

主要目标与分目标是否一致？目标与措施是否一致？个人目标与组织发展目标是否一致？

（4）变动性原则

目标或措施是否有弹性或缓冲性？是否能依循环境的变化而做调整？

（5）激励性原则

目标是否符合自己的性格、兴趣和特长？是否能对自己产生内在激励作用？

（6）具体原则

职业生涯规划各阶段的路线划分与安排，必须具体可行。

（7）可评量原则

规划的设计应有明确的时间限制或标准，以便评量、检查，使自己随时掌握执行状况，并为规划的修正提供参考依据。

2. 职业生涯规划编写的出发点

个人职业生涯规划设计应该遵守如下出发点。

（1）择世所需

社会的需求不断演化着，旧的需求不断消失，新的需求不断产生。新的职业也不断产生。所以在设计自己的职业生涯时，一定要分析社会需求，择世所需。最重要的是，目光要长远，能够准确预测未来行业或者职业的发展方向，再做出选择。不仅仅是有社会需求，并且这个需求要长久。

（2）择己所利

职业是个人谋生的手段，其目的是追求个人幸福。所以在择业时，首先考虑的是自己的预期收益——个人幸福最大化。明智的选择是在由收入、职业声望、成就感和工作付出等变量组成的函数中找出一个最大值。这就是选择职业生涯中的收益最大化原则。

（3）择己所爱

从事一项你所喜欢的工作，工作本身就能给自己一种满足感，我们的职业规划也会从此变得妙趣横生。兴趣是最好的老师，是成功之母。调查表明：兴趣与成功概率有着明显的正相关性。在设计自己的职业生涯时，务必注意：考虑自己的特点，珍惜自己的兴趣，择己所爱，选择自己所喜欢的职业。

（4）择己所长

任何职业都要求从业者掌握一定的技能，具备一定的能力条件。而一个人一生中不能将所有技能都全部掌握。所以我们必须在进行职业选择时择己所长，从而有利于发挥自己的优势。运用比较优势原理充分分析别人与自己，尽量选择冲突较少的优势行业。

3. 职业生涯规划的步骤

每个人都渴望成功，但并非都能如愿。了解自己、有坚定的奋斗目标，并按照情况的变化及时调整自己的计划，才有可能实现成功的愿望，这就需要进行职业生涯的自我规划。职业生涯规划的步骤如下。

（1）自我评估

自我评估包括对自己的兴趣、特长、性格的了解，也包括对自己的学识、技能、智商、情商的测试，以及对自己思维方式、思维方法、道德水准的评价等。自我评估的目的，是认识自己、了解自己，从而对自己所适合的职业和职业生涯目标作出合理的抉择。

（2）职业生涯机会的评估

职业生涯机会的评估，主要是评估周边各种环境因素对自己职业生涯发展的影响。在制定个人职业生涯规划时，要充分了解所处环境的特点、掌握职业环境的发展变化情况、明确自己在这个环境中的地位及环境对自己提出的要求和创造的条件等。只有对环境因素进行充分了解和把握，才能做到在复杂的环境中避害趋利，使我们的职业生涯规划具有实际意义。环境因素评估主要包括：组织环境、政治环境、社会环境、经济环境。

（3）确定职业发展的目标

在准确地对自己和环境做出了评估之后，我们可以确定适合自己、有实现可能的职业发展目标。在确定职业发展的目标时要注意自己性格、兴趣、特长与选定职业的匹配，更重要的是考察自己所处的内外环境与职业目标是否相适应，不能妄自菲薄，也不能好高骛远。合理、可行的职业生涯目标的确立决定了职业发展中的行为和结果，是制定职业生涯规划的关键。

（4）选择职业生涯发展的路线

在职业目标确定后，向哪一路线发展，是走技术路线，还是管理路线；是走技术加管理即技术管理路线，还是先走技术路线再走管理路线等，此时要做出选择。由于发展路线不同，对职业发展的要求也不同。因此，在职业生涯规划中，必须对发展路线作出抉择，以便及时调整自己的学习、工作及各种行动措施沿着预定的方向前进。

（5）制定职业生涯行动计划与措施

在确定了职业生涯的终极目标并选定职业发展的路线后，行动便成了关键的环节。这里所指的行动，是指落实目标的具体措施，主要包括工作、培训、教育、轮岗等方面的措施。对应自己行动计划可将职业目标进行分解，即分解为短期目标、中期目标和长期目标，其中短期目标可分为日目标、周目标、月目标、年目标，中期目标一般为三至五年；长期目标为五至十年。分解后的目标有利于跟踪检查，同时可以根据环境变化制订和调整短期行动计划，并针对具体计划目标采取有效措施。

职业生涯中的措施主要指为达成既定目标，在提高工作效率、学习知识、掌握技能、开发潜能等方面选用的方法。行动计划要对应相应的措施，要层层分解、具体落实，细致的计划与措施便于进行定时检查和及时调整。

（6）分析总结

影响职业生涯规划的因素很多，有的变化因素是可以预测的，而有的变化因素难以预测。在此状态下，要使职业生涯规划行之有效，就必须不断地对职业生涯规划执行情况进行评估。首先，要对年度目标的执行情况进行总结，确定哪些目标已按计划完成，哪些目标未完成。其次，对未完成的目标进行分析，找出未完成原因及发展障碍，制定相应解决障碍的对策及方法。最后，依据评估结果对下年的计划进行修订与完善。如果有必要，也可考虑对职业目标和路线进行修正，但一定要谨慎考虑。

综上所述，大学生要想在毕业后快速找到一份适合自己的工作，不仅要靠国家政策的支持，更重要的是我们自身要学会未雨绸缪。在大学里做好自己的职业生涯规划，并在日常生活中进行实践，将自己的职业生涯导入良好的轨道中，而不是盲目、无计划地生活。否则，我们只能羡慕别人的高薪和"幸运"了。

扩展阅读：大学生职业生涯规划参考

"我的电信工程及管理专业职业规划书"，请扫描二维码阅读参考。

我的电信工程及管理专业
职业规划书（案例）

活动五：大学生职业生涯规划书参阅

1. 活动目的

参阅不同的大学生职业生涯规划书，了解职业生涯规划的制定和书写，思考如何完成自己的职业生涯规划书模板。

2. 活动流程

（1）到图书馆或网上收集大学生职业生涯规划书

参阅其文档架构、文档的完整性及前后文逻辑关系，并学习和思考自己所得。

（2）整理收集的资料，写下你受到的启发和感想，以及可以借鉴的提纲和内容

学习随笔

➡ **任务实现**

1.2.6 即刻准备你的职业生涯规划

活动六：画出自己的生命线

1. **活动目的**：认识到规划的重要性，初步学习如何制订人生目标和规划。
2. 活动流程

（1）画出自己的生命线

画一根直线，起点为生日，终点为预设自己的生命终点；起点标注为字母 A，在现在年龄的节点上标注字母 B，在终点标注字母 C，生命线被分成两段，AB 段为过去，BC 段为将来，B 代表此时此刻。在 AB 段标注三件最有影响的重要事件；在 BC 段标注三个最希望实现的愿望。

建议用红笔标注正向事件（快乐的，成功的），蓝笔标注负向事件（悲伤的、失败的）。画的过程中同学之间不交流，保持安静，独立思考。

（2）思考、讨论与分享

1）在你过去的生命时光里最重要的三个事件

回首这段来时路，看看你成长的足迹，你是否觉得快乐和充实呢？和大家一起分享一下那些影响你的重要事件，想想它们在你成长的过程中带给了你什么呢？

2）算一算你预设的未来的生命时光？有什么感想？

从现在起到生命的终点，还有多少年？是过去生命时光的几倍？我们还能等待吗？

3）说一说怎样才能实现自己未来的三个愿望？

愿望不是空想，而是通过努力能够实现的目标，避免不切实际的空想、幻想。你认为应该在什么时候进行个人职业生涯规划？

任务：输出你的职业生涯规划模板

根据你所学，参考前面别人的职业生涯规划书，输出你的职业生涯规划模板，比如：

1. 题目
- 姓名、年限、起止日期、年龄跨度。

2. 自我评估
- 个人基本资料：性别、学校、专业、年级、主要学习经历。
- 健康状况。
- 职业兴趣：喜欢干什么。
- 个人特质：适合干什么。
- 职业能力：能够干什么。
- 能力：优势、劣势。
- 性格、人格。
- 职业价值观：最看重什么。
- 自我评估小结。

3. 环境评估
- 家庭环境。
- 学校环境。
- 社会环境。
- 行业环境。
- 职业环境。
- 职业分析小结。

4. 职业目标
- 职业生涯机会的评估：综合自我评估及外部环境分析的主要内容得出本人职业定位的 SWOT 分析，包括自我评估因素即优势因素（S）、弱势因素（W）和机会因素即外部环境因素（O）、威胁因素（T）。
- 确定职业发展目标：目标的分解（时间、性质）与组合。
- 职业发展策略。
- 选择职业生涯发展路线。

5. 实施步骤与时间
- 制订职业生涯行动计划：计划实施一览表，时间、总目标、分目标、计划内容。
- 行动措施：大学期间、毕业3到5年……

6. 调整与反馈

职业生涯规划是一个动态的过程，必须根据实施结果的情况及因变化进行及时的评估与修正。

- 职业目标评估（是否需要重新选择职业？）：假如一直得到相应发展，那么我将尝试新的职业。
- 职业路径评估（是否需要调整发展方向？）：当出现职业不景气的时候，我就会选择其他就业前景广阔的方向。
- 实施策略评估（是否需要改变行动策略？）：如果在实际中遇到困难，我会采取积极态度面对，或实施其他措施。
- 其他因素评估：如身体、家庭、经济状况及机遇、意外情况的及时评估，依据实际情况具体分析。
- 评估的时间：一般情况下，定期（半年或一年）评估规划；当出现特殊情况时，会随时评估并进行相应的调整。
- 规划调整的原则：计划赶不上变化，没有一成不变的计划，会根据实际情况做出相应的调整，但不放弃自己的目标，我会努力实现自己的理想。

7. 结束语

分析总结。

任务小结

1.2.7 "迭代式"补充你的职业生涯规划信息

职业生涯规划，一个关乎大学生的、崭新的、终身发展的大事。在不断变化的社会环境中，如何根据自身条件和理想，准确定位，重塑自我，让自己的人生得到最大化的发挥，值得我们大家花时间和精力去做好它。

在完成本节的任务后，我们应该有一份属于自己的职业生涯规划书的提纲，在接下来的一段时间里面，我们要慢慢把内容填进去，比如，我们现在就可以填写基本信息、家庭环境、学校环境、社会环境等内容了；随着学习的深入，我们再逐渐填入其他内容，这个过程就是"迭代式"补充我们的职业生涯规划信息，直到完成一份可以指导自己大学学习、能力提升、校内外活动、求职等实际操作的职业生涯规划书。

第 2 章

认知 ICT 行业和相关职业

学习目标

> 通过对 IT/CT/ICT 行业和职业的认知，学会分析行业和职业环境，初步确定自己的职业目标。
> 学习职业基础知识和职业准入制度，思考如何选择自己需要考取的职业资格证书。

任务安排

> 思考我的未来职业在哪里？完成职业生涯规划的行业环境、职业环境等相关部分的内容。
> 初步确定职业目标和职业发展的路径。
> 我会选择考取哪些职业证书呢？

学习指南

> 以课堂活动为主、知识讲解为辅来了解和学习知识点，通过案例分析、小组讨论分享等方式来加深理解和强化记忆印象。
> 扫描书中二维码进行扩展阅读来增加知识量。利用课余时间从网络了解专业相关行业和职业，借助书上提供的"决策平衡单"和"利用逆向思维倒推"等方法明确自己的职业目标和职业发展路径，并确定自己要考取哪些职业证书。

2.1 认知 IT 行业

任务目标

2.1.1 我的未来职业在哪里

任务名称

任务一：我的未来职业在哪里？
任务二：完成职业生涯规划的行业环境、职业环境等相关部分的内容。

任务分析

在获得 IT 行业、职业的相关认知基础上，通过独立的思考，结合自身的实际情况，完成本节的任务。

实现准备 1	课堂活动	活动一：什么技术带来我们生活的重大改变
	课堂讲解	知识点 1：产业、行业的定义和分类
		知识点 2：初步认知 IT 行业
实现准备 2	课堂活动	活动二：不爱敲代码的可以选择哪些 IT 职位
	课堂讲解	知识点：IT 行业常见职位简介和素质要求
实现参考	课堂讲解	知识点：IT 行业的优势和职业发展机遇
	课堂活动	活动三：你的 IT 梦在哪里
任务实现	课堂实训	任务一：我的未来职业在哪里
	课后活动	任务二：完成职业生涯规划的行业环境、职业环境等相关部分的内容
任务小结	课后思考	不止 IT 业，CT/ICT 业也是你的舞台

实现准备 1

2.1.2 初步认知 IT 行业

活动一：什么技术带来我们生活的重大改变

1. 活动目的：对 IT 技术的发展及其带来的生活改变有初步的直观感受。
2. 活动流程
（1）先看图 2-1
我们清楚地看到了我们在生活、娱乐、购物、教育和医疗的改变，同学们基本都知道这些改变是互联网带来的，或者可以说是互联网改变了我们。

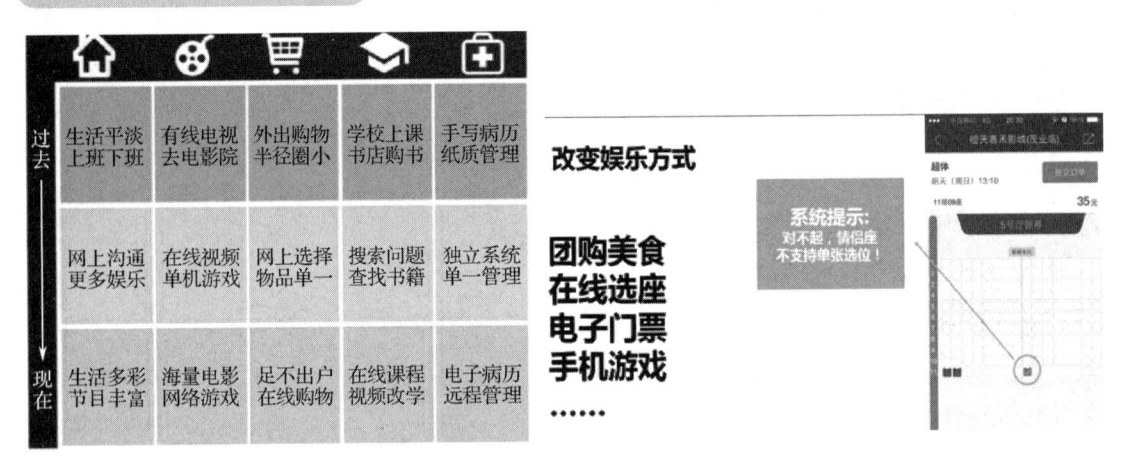

图 2-1　我们生活的改变是什么技术带来的

（2）再看图 2-2 中诙谐的描述，过度使用手机带来的问题

低头族的真实状态，是不管做什么都离不开手机，当然也带来了一些问题。

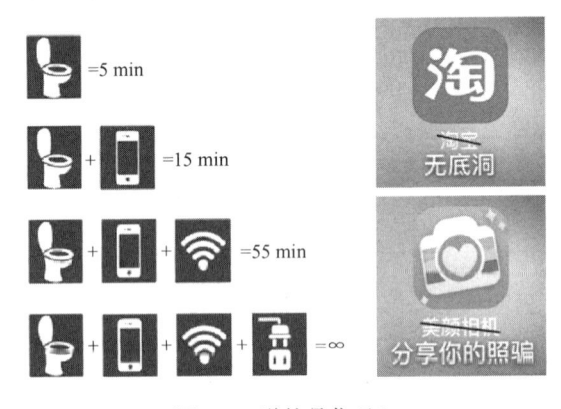

图 2-2　说的是你吗？

（3）快速思考
- 你知道改变我们生活的技术是 IT、CT，还是 ICT？抑或是这些技术共同的推动？还有哪些技术改变着我们的生活？
- 由技术推动的改变有哪些发展趋势？
- 技术的发展带来了好处，也带来了让我们深思的东西，有时间还是应该放下手机，陪伴家人和朋友，于是，我们的关系也变得更加亲近。
- 在哪些产业、行业或职业有很大的发展计划？
- 你知道产业、行业、职业是什么吗？你了解 IT、CT、ICT 的基本知识吗？

知识点 1：产业、行业的定义和分类

1. 产业的定义和分类

（1）定义

产业是社会分工和生产力不断发展的产物。产业是指由利益相互联系的、具有不同分工的、由各个相关行业所组成的业态总称，尽管它们的经营方式、经营形态、企业模式和流通环节有

所不同，但是，它们的经营对象和经营范围是围绕着共同产品而展开的，并且可以在组成的业态里的各个行业内部完成各自的循环。

（2）分类

在中国，产业的划分是：第一产业为农业，包括农、林、牧、渔各业；第二产业为工业（包括采掘、制造、自来水、电力、蒸汽、热水、煤气）和建筑业；第三产业分流通和服务两部分，共4个层次：

- 流通部门，包括交通运输、邮电通信、商业、饮食、物资供销和仓储等业。
- 为生产和生活服务的部门，包括金融、保险、地质普查、房地产、公用事业、居民服务、旅游、咨询信息服务和各类技术服务等业。
- 为提高科学文化水平和居民素质服务的部门，包括教育、文化、广播、电视、科学研究、卫生、体育和社会福利等业。
- 为社会公共需要服务的部门，包括国家机关、政党机关、社会团体及军队和警察等。

2. 行业的定义和分类

（1）行业的定义

行业是指其按生产同类产品或具有相同工艺过程或提供同类劳动服务划分的企业或组织群体的集合。如饮食行业、服装行业、机械行业等。

（2）行业的分类

从事国民经济中同性质的生产或其他经济社会的经营单位或者个体的组织结构体系的详细划分，如林业、汽车业、银行业等。行业分类可以解释行业本身所处的发展阶段及其在国民经济中的地位。

我国的行业分类是根据《国民经济行业分类》（GB/T 4754—2011）进行划分。A 农、林、牧、渔业；B 采矿业；C 制造业；D 电力、热力、燃气及水生产和供应业；E 建筑业；F 交通运输、仓储和邮政业；G 信息传输、软件和信息技术服务业；H 批发和零售业；I 住宿和餐饮业；J 金融业；K 房地产业；L 租赁和商务服务业；M 科学研究和技术服务业；N 水利、环境和公共设施管理业；O 居民服务、修理和其他服务业；P 教育；Q 卫生和社会工作；R 文化、体育和娱乐业；S 公共管理、社会保障和社会组织；T 国际组织。

其中对于 G 信息传输、软件和信息技术服务业的详细分类为：60 电信和其他信息传输服务；601 电信；6020 互联网信息；603 广播电视传输；604 卫星传输；61 计算机服务；6110 计算机系统；6120 数据处理；6130 计算机维修；6190 其他计算机；62 软件业。

知识点2：初步认知 IT 行业

1. IT 的概念和相关业务

IT 的全称是 Information Technology，主要包括硬件、软件两个方向。而围绕 IT 领域，为用户提供信息咨询、软件升级、硬件维修等全方位服务的服务商，一般统称为 IT 服务业。

硬件方向包括：个人电脑（PC）、手机、平板电脑（iPad）以及互联网设备的生产和制造。软件和有些同学的生活非常近，玩的游戏、写文档用的微软 Office 或 WPS、看视频的播放器。软件主要分为：

（1）系统软件

系统软件是指控制和协调计算机及外部设备，支持应用软件开发和运行的系统，是无须用户干预的各种程序的集合，主要功能是调度，监控和维护计算机系统；负责管理计算机系统中各种独立的硬件，使得它们可以协调工作。系统软件使得计算机使用者和其他软件将计算机当作一个整体而不需要顾及底层每个硬件是如何工作的。

（2）个人软件

给用户个人用的，包括邮箱、游戏、视频播放器等。

（3）企业软件

解决企业的特定需求，为企业提供服务，企业软件又分为两个方向。

行业类型软件：顾名思义行业类型软件主要解决的是特定领域内某一行业的问题，比如，

- 电信行业软件：类似中国移动的电信运营商需要一款软件记录用户通话时长，进而计算话费，比如，亚信联创科技（中国）有限公司就是做这种软件的。
- 金融行业的软件，可能卖给银行、证券公司，解决他们行业的问题或行业业务需要的应用软件。
- 财务类型的软件，给所有的财务用于统计、记账，比如金蝶、用友软件公司，做财务类软件，在行业内也是很成功的。

互联网类型的软件：就是日常生活中访问的网站，比如京东、百度、淘宝等。

而软件中，相较于系统软件，那些比较成熟的常用软件通常又称为应用软件，应用软件是为满足用户不同领域、不同问题的应用需求而提供的那部分软件。它可以拓宽计算机系统的应用领域，放大硬件的功能。

2. IT 行业的发展

IT 行业是个年轻的行业，总共也才 60 多年时间，大致分为硬件、软件、互联网、移动互联网几个阶段，每一个阶段都有一批新公司冒出来，并且迅速超越前面的公司，财富也就转移到这些新贵手中。

（1）硬件时代（20 世纪 80 年代）

时间：20 世纪 80 年代中期至 90 年代末。

代表公司：IBM、HP、DELL、Apple、联想、东芝、索尼。

代表产品：服务器、台式电脑、笔记本电脑。

机会：产品利润高，而刚开始由于价格不透明，做产品代理的公司赚了大钱，做系统集成的公司也不错。

盈利模式：产品溢价、产品差价。

（2）软件时代（20 世纪 90 年代）

时间：20 世纪 80 年代末至 90 年代末。

代表公司：微软、甲骨文（Oracle）、奥多比（Adobe）、赛贝斯（Sybase）、用友、金碟、金山等。

代表产品：Windows、Office、Oracle、财务软件、金山词霸等。

机会：刚开始软件公司不多，客户对价格也不清楚，利润较高。

盈利模式：卖产品，或软件定制开发（按模块、工作量来收费）。

（3）互联网时代（2000 年代）

时间：20 世纪 90 年代中后期至 2010 年。

代表公司：雅虎（Yahoo!）、亚马逊、谷歌（Google）、脸书（Facebook）、推特（Twitter）、新浪、搜狐、网易、阿里、腾讯、百度等。

代表产品：三大门户网站、百度搜索、QQ、人人网、淘宝、天猫、京东、腾讯游戏。

机会：做得早、做得好的公司会在短时间内获取大量用户，但刚开始获取用户时是烧钱的，没有收入。

盈利模式：基础服务免费，增值服务收费（一般收入来源有：广告，游戏虚拟道具收费，电商技术服务费及产品差价）。

（4）移动互联时代（现在）

时间：2007年末至今。

代表公司：腾讯、字节跳动、美图科技等。

代表产品：微信、今日头条、口袋购物、滴滴出行、美图秀秀、墨迹天气、课程格子、高德地图、共享单车。

机会：因为手机具有定位功能，所以基于位置的应用将会火起来，如现在比较火的离线商务模式，即 Online to Offline（O2O），把线下吃喝玩乐的商家整合到网上去，用户在网上查找商家服务，支付下单，网下到店消费，互联网公司再定时与商家结算。

盈利模式：跟互联网的盈利模式差不多，也是基础服务免费，但有商户服务费及收益抽成、增值服务收费（如广告，游戏虚拟道具收费等）。

（5）物联网时代（现在和未来）

未来 10 年可能是物联网的时代，像现在的智能硬件（智能手环，智能眼镜等）只是物联网的一部分，以后每家的电视、冰箱、洗衣机、汽车、实时路况、空的车位都将连上网，你可以实时查看、远程控制，互联网技术将真正实现连接人与信息，连接人与人（社交），连接人与商品（电商），连接人与服务（O2O），连接物与物（物联网），互联网将连接一切！这里面将蕴藏着许多商业机会，等着人们去发掘。

3. IT 企业分类

（1）硬件相关公司

说到硬件我们首先想到的自然是个人电脑（PC），不过我们也可以把手机看成小 PC，把服务器看成大 PC。另外，现在是互联网时代，要把手机、PC 连接起来需要基站，路由器。

1）手机

国外手机厂商：苹果、三星、LG、索尼、诺基亚、摩托罗拉。

国内手机厂商：华为、小米、OPPO、VIVO、荣耀、联想、中兴、TCL、魅族、酷派等。

2）芯片

高通、三星、联发科（MTK）、英伟达、英特尔、博通、苹果、海思、德州仪器、迈威（Marvell）、爱立信、展讯、华为、中兴、紫光等。

这些厂商中，除了英特尔使用 x86 架构之外，其他公司基本上都在使用 ARM 架构。

3）PC

PC 厂商：联想、华为、小米、戴尔、惠普、宏碁、华硕。

PC 芯片：英特尔、AMD。

4）服务器

国外服务器厂商：IBM、惠普、戴尔、甲骨文、思科、富士通。

国内服务器厂商：联想、浪潮、中科曙光、华为。

5）通信网络设备

电信设备厂商：华为、爱立信、诺基亚、中兴、三星、烽火。

网络设备：思科、华为、瞻博网络（Juniper Networks）、中兴。
（2）软件相关公司
1）系统软件和应用
甲骨文（Oracle）、微软（Microsoft）、思爱普 SAP（ERP，HANA）、易安信 EMC（存储）、用友、金蝶。
2）增值服务
电商：亚马逊（Amazon）、阿里、京东、唯品会、当当、大众点评、美团、携程。
搜索：谷歌、百度、搜狗、360。
游戏：暴雪、腾讯、网易、搜狐、金山。
社交：腾讯、Skype、陌陌、脸书（Facebook）。
（3）IT 产业从业务上分类：包括三大产业
1）信息处理和服务产业
该行业的特点是利用现代的电子计算机系统收集、加工、整理、储存信息，为各行业提供各种各样的信息服务，如计算机中心、信息中心和咨询公司等。
其中，IT 服务业务包括产品网络服务、IT 维护服务、IT 专业服务、集成和开发服务、运营管理服务、IT 教育和培训服务、IT 管理和 IT 外包服务等。IT 服务同时是 IT 业和服务业的重要组成部分。
了解服务外包，请扫描二维码扩展阅读。在国内，软件外包服务企业主要包括文思海辉、博彦科技、中软国际、东软、软通动力、神州数码等。

服务外包

2）信息处理设备行业
该行业特点是从事电子计算机的研究和生产（包括相关机器的硬件制造）计算机的软件开发等活动，计算机制造公司，软件开发公司等可算作这一行业。
3）信息传递中介行业
该行业的特点是运用现代化的信息传递中介，将信息及时、准确、完整地传到目的地。因此，印刷业、出版业、新闻广播业、通信邮电业、广告业都可归入其中。信息产业又可分为一次信息产业和二次信息产业，前者包括：传统的传递信息情报的商品与服务手段，后者指为政府、企业及个人等内部消费者提供的服务。
从图 2-3 可以看出，各种类型的企业，其产品的附加值差异是比较大的。

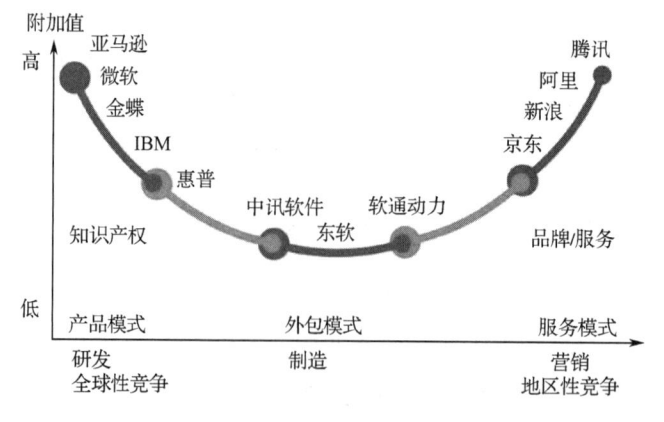

图 2-3 软件企业创造附加值的差异

→ **实现准备 2**

2.1.3 IT 行业的主要职位

> **活动二：不爱敲代码的可以选择哪些 IT 职位**

1. 活动目的：
通过活动认识到 IT 岗位对职业生涯目标的重要性。
2. 活动流程
（1）分组讨论
没基础不说，数学、逻辑貌似也不那么好，看到各种标点符号加字母就开始头疼犯困……在 IT 行业有没有不需要敲代码照样可以拿高薪的职业？是哪些岗位？汇总小组讨论结果。
（2）课堂分享
老师抽查，安排 1 人分享小组结论。
3. 观点参考：**不爱敲代码也有 IT 职位可选**
所有行业包括互联网，不同的岗位有不同的分工协作。每个人的潜力都是无限的，或许有创新精神，有很好的团队管理能力，有多年积累的市场意识和销售能力，再者，也许特别耐心、细心……
部分少敲代码的 IT 的职业，可以扫描二维码阅读了解。

查一查少敲代码的 IT 职位

> **知识点：IT 行业常见职位简介和素质要求**

1. IT 行业常见职位简介

IT 行业所包含的岗位，可以大体上分为四大类：管理类、销售类、技术支持类和研发类。下面介绍技术支持和研发类的主要岗位。

（1）程序员和系统分析员

程序员和系统分析员不存在哪个高级、哪个低级的区别，他们是两种职业，对职业技能的要求完全不同。

程序员，主要是编写程序，是计算机专业入行需要练好的基本功。系统分析员的技能要求他必须要懂得如何写程序，但是他的重心在于如何把一个很大的项目切割成适合个人的小块，然后将这些小块组织起来。程序员的职责就是如何更好、更快地实现这些小块。软件公司通常很看重程序员的实践经历，曾提出过哪些受到采纳的建议，开发过哪些可重用的组件等。在哪方面进行过深入研究及简要过程，以及做过的每一项目中采用的软件产品与工具（如数据库、开发工具、语言等）、自己的职责、在哪些开发论坛活动过，根据年限、经验、业绩、地区不同而不同。

（2）硬件工程师

根据项目进度和任务分配，完成符合功能要求和质量标准的硬件开发产品；依据产品设计说明，设计符合功能要求的逻辑设计图、原理图；编写调试程序，测试开发的硬件设备；编制项目文档及质量记录。

电子、自动化的相关专业，一至两年以上硬件开发经验，熟悉各类设计开发工具。具有扎实数字模拟电路专业基础，具有 16 位单片机硬件开发经验，熟悉 CPLD、FPGA，熟练 VHDL/VERILOG，有过设计 FPGA/CPLD 经验。熟悉 CAN 网络协议。熟悉电路设计、PCB 布板、电路调试，能熟练使用 PROTEL 等 EDA 工具。具有单片机网卡驱动开发经验者优先，有一定的英语要求，至少能够通读英语资料。

（3）硬件测试工程师

硬件测试工程师属于专业人员职位，他负责硬件产品的测试工作，保证测试质量及测试工作的顺利进行；编写测试计划、测试用例；提交测试报告，撰写用户说明书；参与硬件测试技术和规范的改进和制定。大专以上学历，计算机、通信、电子工程或自动化专业皆可（视不同的硬件设备而定）。

具有 2 年以上硬件测试、诊断、排错或设计经验。个人需具备较强的分析判断能力，来应对突发事件。沟通能力也相当重要，不仅是团队内部，还是团队之间，都需要畅通的信息传递，来达到事半功倍的效果。

（4）软件工程师

整个 IT 行业中基础岗位。根据开发进度和任务分配，完成相应模块软件的设计、开发、编程任务；进行程序单元、功能的测试，查出软件存在的缺陷并保证其质量；进行编制项目文档和质量记录的工作；维护软件使之保持可用性和稳定性。

软件开发是一个系统的过程，需要经过市场需求分析、软件代码编写、软件测试、软件维护等程序。软件开发工程师在整个过程中扮演着非常重要的角色，主要从事根据需求开发项目软件工作。如某公司想实现办公自动化，需要专门的软件进行资源整合，该公司的软件开发工程师就可以开发相关办公软件。

一般要求大专以上学历，两年以上工作经验，熟悉各类相关的编程语言和操作环境。熟悉 Windows 平台下的应用软件开发；精通 C/C++、Visual Basic 等编程语言，2 年以上编程经验；熟悉 MS SQL 数据库，了解 SQL 语句以及 ODBC 编程，并具有实际开发经验；有一定网络编程经验，熟悉 TCP/IP 等网络协议；熟悉设计思想，了解软件工程规范；精通编译原理者优先；熟悉 COM/DCOM，有开发 OPC Server 经验者优先；英语能力要求较高，能够熟练阅读并理解英文技术资料；有较强的学习和接受新事物的能力。

如前端工程师使用 HTML、CSS、JavaScript 等专业技能和工具将产品 UI 设计稿实现成网站产品，涵盖用户 PC 端、移动端网页，处理视觉和交互问题。

（5）软件测试工程师

几乎每个大中型 IT 企业的产品在发布前都需要大量的质量控制、测试和文档工作，而这些工作必须依靠拥有娴熟技术的专业软件人才来完成。软件测试工程师就是这类企业的重头角色。同时软件测试是软件开发的重要环节，负责对程序员编写的程序进行检测，给程序员相关的修改意见。

测试工程师一般会分为以下几个等级：初级测试工程师、中级测试工程师、高级测试工程师和测试管理人员。不同级别的测试工程师薪资差异很大。

初级测试工程师：工作通常是按照测试方案和流程对产品进行功能测试，检查产品是否有缺陷。具有一些手工测试经验，开发测试脚本并开始熟悉测试生存周期和测试技术测试工程师；能够编写测试方案，测试文档与项目组一起制订测试阶段的工作计划。能够在项目中合理利用测试工具来完成测试任务。能够独立编写自动测试脚本程序并担任测试编程初期的领导工作，进一步拓展编程语言、操作系统、网络与数据库方面的技能。

高级测试工程师：不但需要掌握测试与开发技术，而且对所测试软件对口的行业非常了解，对测试方案可能出现的问题能够进行分析和评估。帮助开发或维护测试或编程标准与过程，负责同级的评审，并能够指导初级的测试工程师。

测试主管：一般具有 5 年左右工作经验，负责管理一个小团队。负责进度安排、工作规模/成本估算、按进度表和预算目标交付产品，负责开发项目的技术方法，能够为用户提供支持与演示。

测试经理：能够担当测试领域内的整个开发生存周期业务，能够为用户提供交互和大量演示，负责项目成本、进度安排、计划和人员分工。

计划经理：具有多年纯熟的开发与支持（测试/质量保证）活动方面的经验，管理从事若干项目的人员以及整个开发生存周期，负责把握项目方向与盈亏责任。

软件测试工程师在 IT 行业中越来越受到重视，其薪资也节节高升；但上述分析，具体视不同地域、不同性质企业、测试工程师的不同能力而定。

大专以上学历，一年以上相关工作经验，不仅需要理解和掌握测试理论、标准和规范，根据不同企业的产品特点，要求了解相应的开发测试方法，而且还要熟练操作一种甚至多种测试工具。对于资深的软件测试人员，有些企业还要求其本身有自主开发测试工具的能力。4 年的工作经验，正常的发展，会成为一名高级测试工程师。

作为软件质量控制中的重要一环，软件测试工程师基本处于"双高"地位，即地位高、待遇高。随着 IT 行业的发展，产品的质量控制与质量管理正逐渐成为企业生存与发展的核心。从软件、硬件到系统集成，都需要这样的专业人员。

（6）技术支持工程师

技术支持工程师是一个跨行业的职位，负责平台软硬件的技术支持；负责用户培训、安装系统及与用户的联络；从技术角度辅助销售工作的进行。如果细分的话，可以分成企业对内技术支持和企业对外技术支持，在对外技术支持中又可以分为售前与售后两大类。售前技术支持倾向于产品销售，而售后技术支持则更偏向于工程师角色。

大专学历以上，计算机等相关专业毕业。一年以上客户服务工作经验，因为常常需要直接面对客户，良好的沟通协调和应变能力，是非常需要的。

（7）网络工程师

主要负责信息安全、系统集成、数据处理、交换机和服务器的配置、局域网组建、网络维护、综合布线等工作。负责构筑企业内部网络的组建、调试、维护，优化网络结构，为各部门提供网络服务；指定网络管理规程，做好故障预防和制定网络受到攻击后的紧急处理措施；利用网管平台监控网络设备、服务器等各种设备的运行状态；参与、指导公司计算机系统建设工作，如机房施工、布线等。

大专以上学历，计算机、通信及电子相关专业。两年以上网络项目和管理经验，持有国家或网络厂商的专业技术证书（如华为等）。具备一定的 LAN/WAN/WIRELESS/VOIP 等网络设备的调试技能；熟练掌握一到两门网络操作系统，如 WINZK/LINUX/LINIX。

（8）系统工程师

系统工程师是一个精细活，需要从业者有足够的耐心和责任心，对工作中出现的状况有一定的把握度和解决能力。本科以上学历，计算机相关专业，两年以上工作经验，根据不同的软件产品需求，系统工程师所熟悉的操作系统及应用软件技术也大不相同。

（9）数据库工程师

负责大型数据库的设计开发和管理；负责软件开发与发布实施过程中数据库的安装、配置、监视、维护、性能调节与优化、数据转换、数据初始化与倒入倒出、备份与恢复等，保证开发人员顺利开发；保持数据库高效平稳运行以保证开发人员及客户满意度。本科以上学历，一年以上数据库工作经验，计算机相关专业，熟悉 UNIX、NT，熟悉 SQL、数据库编程；精通 UNIX 平台下的数据库设计，熟悉 DB2、Oracle、Sybase 数据库中的一种，熟悉 WebSphere、MQ。

（10）信息安全工程师

信息安全工程师主要负责信息安全解决方案和安全服务的实施；负责公司计算机系统标准化实行，指定公司内部网络的标准化，计算机软硬件标准化；提供互联网安全方面的咨询、培训服务；协助解决其他项目出现的安全技术难题。

大专以上学历，一年以上网络服务经验，需具备相关网络资质认证，如思科或微软相关认证。能够独立完成网络管理，并解决与网络有关的各种问题。

（11）软件架构师

在一个部门中，最有经验的项目经理会负责一些架构方面的工作。实际上就是软件的总体设计师，架构师是在工程实践中培养出来的。

软件架构师的工作职责是在一个软件项目开发过程中，将客户的需求转换为规范的开发计划及文本，并制定这个项目的总体架构，指导整个开发团队完成这个计划。主要任务不是从事具体的软件程序的编写，而是从事更高层次的开发构架工作。

可以这样说，一个架构师工作的好坏决定了整个软件开发项目的成败。必须对开发技术非常了解，并且需要有良好的组织管理能力。需要与各路人马经常打交道，客户、市场人员、开发人员、测试人员、项目经理、网络管理员、数据库工程师等，而且在很多角色之间还要起沟通者的作用。在技术能力方面，软件架构师最重要也是最需求的知识是构件通信机制方面的知识掌握，比如远程过程调用、JavaRMI、CORBA、COM/DCOM、各种标准的通信协议、网络服务、面向对象数据库、关系数据库等。

另外，架构师应时刻注意新软件设计和开发方面的发展情况，并不断探索更有效的新方法。开发语言、设计模式和开发平台不断地升级，软件架构师需要吸收这些新技术新知识，并将它们用于软件系统开发工作中。

2. IT 行业常见职位的素质要求

调查显示，沟通能力、团队合作、学习能力、责任感、问题解决能力、诚信、主动性、理解能力、应变能力、抗挫抗压能力、踏实、大局观是管理类、销售类、技术支持类与研发类这四类岗位都必须具备的素质，但是又各有侧重。例如，对管理类人员而言，沟通能力、责任感、学习能力和团队合作等四个维度的重要性就超过了对其他维度的要求，而销售类人员则在沟通能力、问题解决能力、主动性和诚信等四个维度上，技术支持类人员在学习能力、责任感、团队合作和沟通能力等四个维度上，研发类人员在团队合作、学习能力、责任感和问题解决能力等四个维度上会有着其他维度所不可比的更高要求。

如果用雷达图来表示各个岗位的素质要求，如图 2-4 所示。

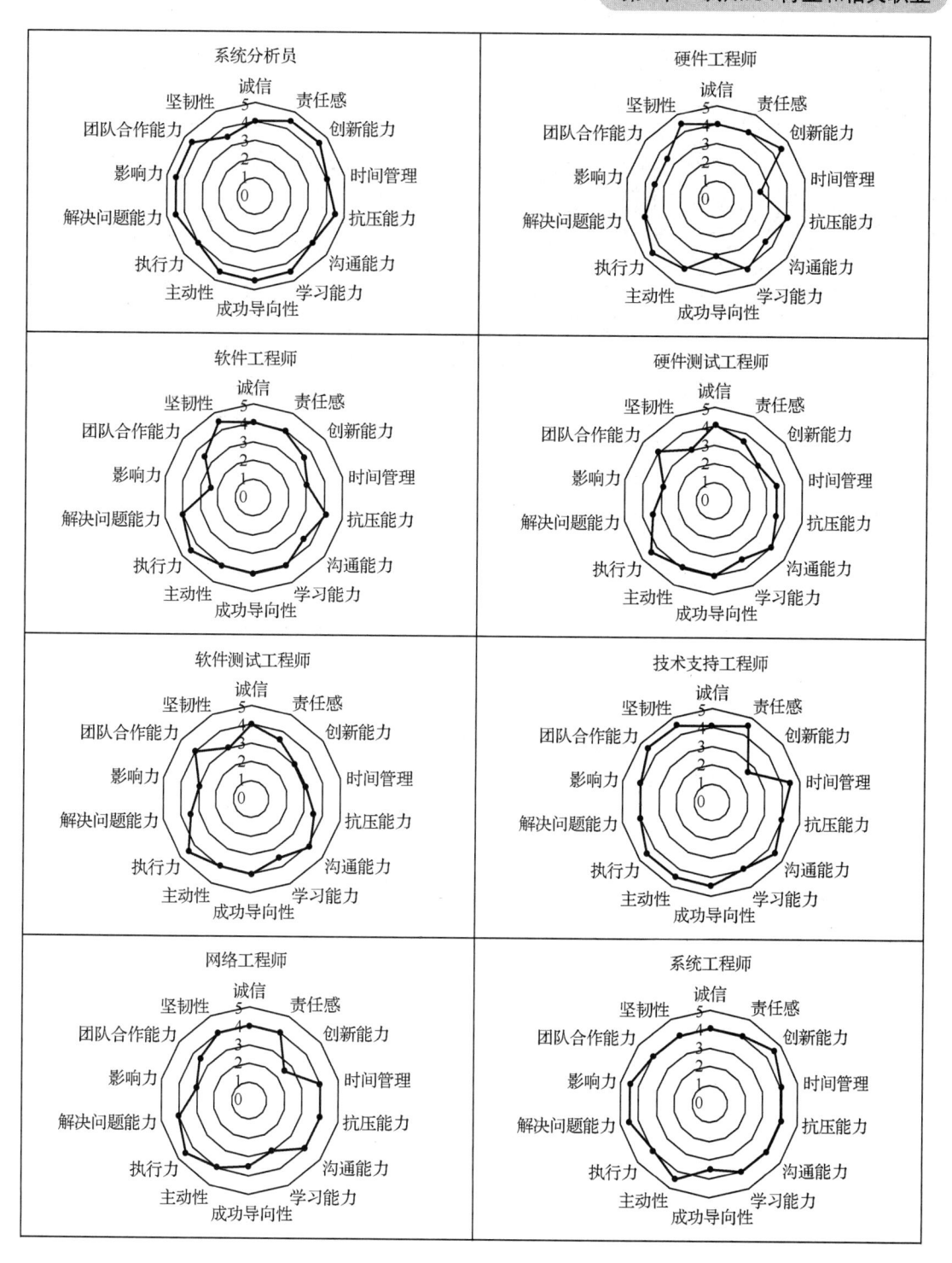

图 2-4　IT 各个岗位的素质要求

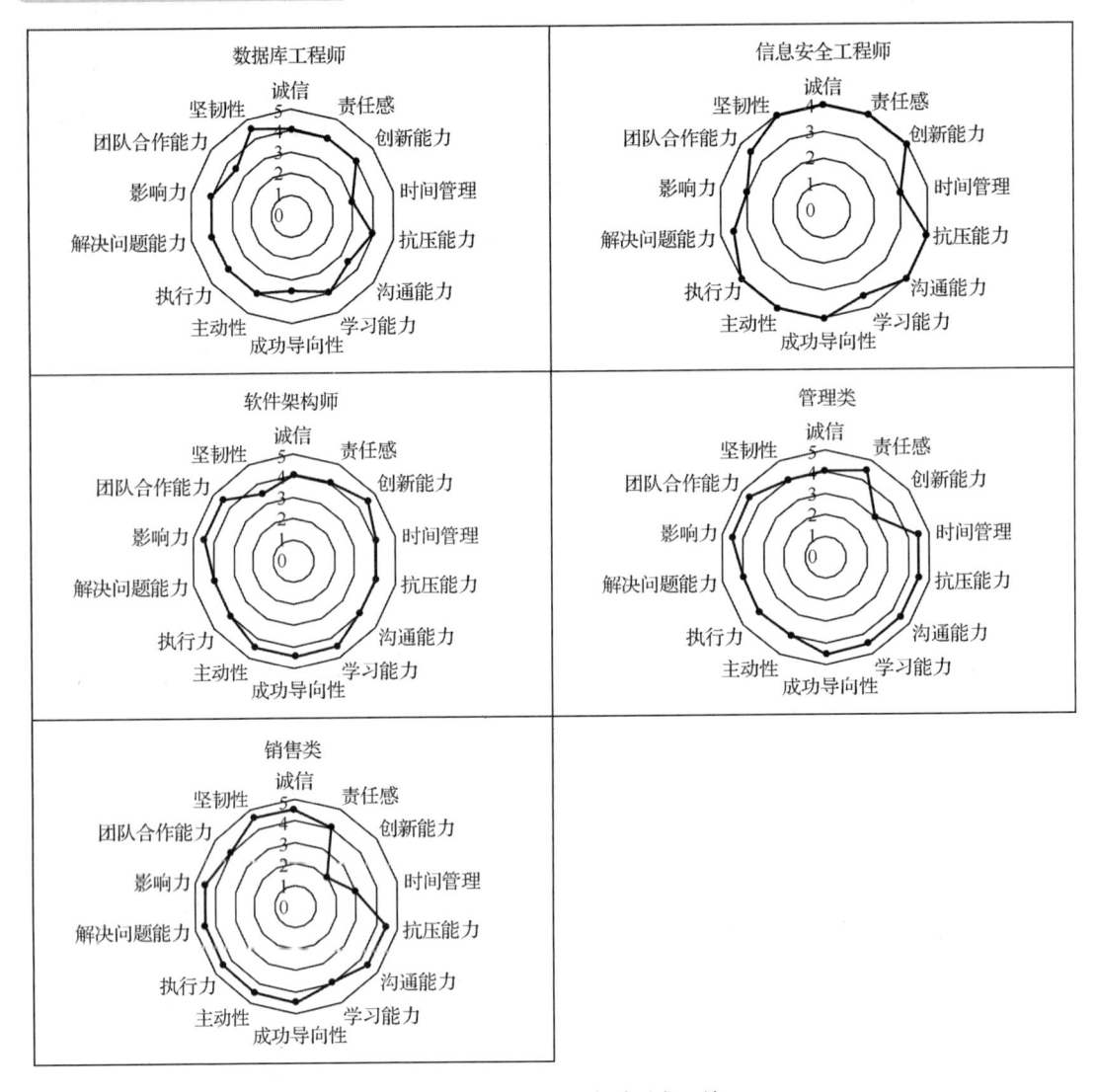

图 2-4　IT 各个岗位的素质要求（续）

> **实现参考**

2.1.4　IT 行业的优势和职业发展机遇

> **知识点**：IT 行业的优势和职业发展机遇

1. 市场巨大

IT 行业归属于第三产业，为第一、二产业提供相关服务。因此涉及的领域非常广泛，所以其市场也是非常广阔的，图 2-5 所示图标相信大家都不陌生，因为这是跟我们生活息息相关的，每天都要用到的，比如我们沟通、点餐，出行，网上购物，网上投资理财等。2015 年，李克强总理就提出了"互联网+"的政策，也就是说将所有传统行业和互联网行业结合到一起，来促进传统行业的发展。我们的软件开发课程里面所学的项目，也是涉及医疗，金融，交通，教育等八大主流的行业。出去就业的领域和机会非常多，因此市场非常巨大。

2. 前景广阔

软件行业在发展，新技术也是层出不穷，如今，全国大大小小的城市的路边，都开始停满了五颜六色的共享单车，既环保节能又方便。全国网上电商交易的包裹的分拣，我们有智能小黄机器人，速度飞快，一台机器人一小时分拣 18000 个包裹，一台机器人一小时的工作量相当于 100 个人工一天的工作量！中国的物流行业的快速发展在全球都排名第一，现在中国的国际贸易也因为电商平台有了飞速发展，很多欧洲国家也开始了"海外淘宝"，中国的商品便宜，质量又好，最关键的是包裹速度非常快，如从中国运送到西班牙，只需要三四天时间。新技术还远

图 2-5 手机应用

远不止这些，无人机以前可能只知道它用于农业和拍摄，但是现在无人机结合软件，可以帮助交警部门巡逻，快速精准地拍摄到机动车违规的情况，大大节约了人力！更多新技术也在飞速发展中，如大数据，人工智能，光传输等，通过互联网，只有想不到，没有你做不到。如此快速的发展和广阔的前景，急需要你们这样的有目标有想法的新力量的加入。

IT 发展前景主要基于以下几个重要的方面。

（1）物联网领域

物联网领域将迎来巨大的发展机遇，尤其是车联网、农业物联网、可穿戴设备等领域将逐步打破已有的场景限制，进一步促进相关产品的落地应用，也会由此创造出大量的就业机会。

（2）人工智能领域

物联网的发展会促进大数据领域的发展，而大数据的发展会进一步促进人工智能领域的发展，万物互联必然会带来万物智能。从这个角度来看，未来人工智能领域的发展前景也非常广阔。目前人工智能领域尤其是机器学习包括深度学习、自然语言处理和计算机视觉等方向都取得了一定的发展，不少人工智能产品也开始陆续应用到生产环境中，未来人工智能领域的市场发展空间将十分巨大，同样会释放出大量的就业机会。

（3）产业互联网

当前正处在产业互联网发展的初期，目前不少大型科技公司也开始陆续布局产业互联网领域。产业互联网的目标是进一步融合到传统行业中，为传统行业的发展赋能，这个过程将进一步促进传统行业的结构化升级，而结构化升级的背后必然是人才结构的升级，所以对于掌握物联网、大数据、人工智能等技术的年轻人来说，产业互联网提供了新的发展舞台。

随着 IT 行业的不断发展，IT 行业与传统行业的结合将进一步紧密，大量的科研项目也越来越依赖于 IT 行业的发展，所以，未来 IT 行业的发展前景是非常值得期待的。

3. 发展高速

国际上微软、脸书（Facebook）、苹果（Apple）、亚马逊（Amazon）业务覆盖全球，国内互联网产业阿里巴巴、腾讯、百度、京东几乎人人皆知，而抖音的业务也火到了美国、欧洲等地。

时势造英雄，互联网的发展带来很多机遇。比如阿里巴巴成立"达摩院"，以科技为核心，研究领域包括：量子计算、机器学习、基础算法、网络安全、视觉计算、自然语言处理、下一代人机交互、芯片技术、传感器技术、嵌入式系统等，涵盖机器智能、智联网、金融科技等多个产业领域，服务员全球 20 亿人口，解决 1 亿人口的就业问题，创造 1000 万企业的盈利发展

空间。而2020年，我们的移动互联网用户已经超过13亿，中国已经是全球第一的移动支付超级大国。所以，IT行业一片欣欣向荣，属于一个朝阳产业，发展如此高速，在未来的几十年内，都只会稳步上升！

4. 人才需求量大

了解行业岗位的需求量比较容易，因为现在我们求职就业都是通过网络查看岗位需求、投电子简历，这是我们2021年4月12日在前程无忧招聘网上截取到的信息（图2-6），可以看看，在4月12日当天，全国java软件工程师的岗位需求，达到了84 788个，你可以任意选择想去的城市，因为IT行业没有地域和行业的限制！只要是需要用到软件的行业和公司，你都能去就业！并且现在IT行业发展快速，人才奇缺，学历已经不是最重要的了，只要你有技术，就能轻松就业！

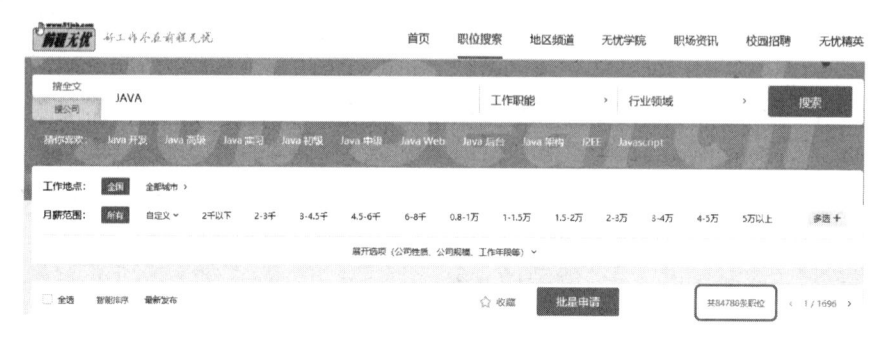

图2-6　Java开发需求

5. 环境优越

IT行业是一个新兴产业，国家支持IT行业的发展，专门成立软件园，比如北京的中关村、成都的天府软件园、深圳的科技园等，环境都非常好，是互联网产业的聚集地。好的IT技术人员是企业的宝藏，企业为了招聘人才，不仅开出非常丰厚的薪资待遇，环境方面也是尽可能地人性化，给予员工更好的工作体验和更多关怀。我们都知道IT大都是在高端写字楼里，你看，图2-7是某IT公司的前台和办公区域，明亮时尚的办公室，干净整洁的会议室，高大上的员工食堂，设置齐备的健身房，还有专门为女性员工设置的母婴室和育儿室，这么优越的环境，相信大家都会向往吧！

图2-7　IT公司工作环境

英特尔公司首席执行官安迪·葛洛夫说，未来的企业可以分为两种：使用因特网的和不使用因特网的，后一种企业将注定消亡。这个世界在变，由不得你不变。未来的人可以分为两种：懂得 IT 的和不懂得 IT 的，后一种人将注定被淘汰。你要怎么做呢？

活动三：你的 IT 梦在哪里？

1. 活动目的

在了解 IT 行业知识的同时，对自己今后的专业学习制定明确方向，凭借自己的努力，创出属于自己的 IT 梦。

2. 活动流程

（1）分组讨论

假设你就职在不同的公司，例如：广告设计、自媒体、建筑、信息技术等行业，发挥自己的想象，在这些公司应当学习哪些与 IT 行业有关的专业知识。

（2）快速思考

- 不同的企业 IT 的应用体现在哪些方面？未来发展潜力和方向在哪里？
- 自己要怎么提前学习相关 IT 知识，为实现即将到来的 IT 梦做准备？

任务实现

2.1.5 规划自己的未来

任务一：我的未来职业在哪里

1. IT 未来的发展趋势

以智能机器为代表的第四次工业革命正在来临，未来的发展趋势将带来更多的改变：

- 智能收费系统把超市，银行收银员废掉了。
- 机器人把工人废掉了，富士康机器人：38 人的车间只要 5 人。
- 智能汽车，智能驾驶把司机废掉了。
- 3D 打印把生产线，工厂都废掉了，直接一次成型。
- 微信等把移动，联通，电信收费业务变免费了。
- 电子商务+全国一日送达最要命，把实体店废掉了。
- ……

优势将被趋势所代替，过去能保持十年，今天可能只有半年。这个世界变化快，柯达、摩托罗拉这样的大公司说没就没了。出路在哪里？

最近世界 500 强都在开会找对策，他们的结论是：管道和人才整合（团队）。

2. 请思考，写下你的感想

我的未来在哪里？

> **学习随笔**
>
>
>
>

任务二：完成职业生涯规划的行业环境、职业环境等相关部分的内容

1. **请填写职业生涯规划的行业环境、职业环境等相关部分的内容**

如果你的职业目标可能与 IT 业相关，请将职业生涯规划的行业环境、职业环境等相关部分的内容填写进去。

2. **仅供参考的分析**

（1）参考案例 1

伴随着计算机行业的发展。计算机行业已经成为中国十大热门行业之一。计算机是现在乃至将来的一个很重要，也是很有大好前景的专业。在现今社会中计算机应用十分广泛，对我们来说，有很多的发展机会和空间。计算机的专业知识是学不完的。是需要学到老，对这个行业要努力地去钻研和学习。我于是毫不犹豫地决定好好地学好这个专业，在我认识到的领域认真努力地学习，专业的学制是三年。我现在一学期快完了。所以我决定利用自己能利用的时间去打工，丰富自己的实践能力，去向在计算机行业的前辈们请教，指点指点我。这样一定对我有所帮助的。

（2）参考案例 2

王某给人的印象不太符合大部分人观念中的 IT 人的形象，他是个表现欲和沟通欲望非常强的人。而王某如果在研发部工作，周围的同事都善于用代码和机器沟通，沉默寡言，不善于与人交流。王某在这种环境里觉得会很不适应。于是王某现在想应聘 IT 行业一家知名公司的营销部工作，他认为这份工作既能发挥自己的技术优势，也能充分发挥自己的沟通能力，两全其美。

➡ 任务小结

2.1.6 不止 IT 业，CT/ICT 业也是你的舞台

大家知道，IT 技术从一诞生就与通信技术（CT）紧密联系在一起。现代的通信技术如果不采用 IT 技术是不可想象的，也不会成为现代技术。

IT 技术的发展是与通信技术发展分不开的。它的信息的产生和传输、处理、加工等所采用的理论直接来自通信。而全球的 IT 系统之间的通信联系、信息传输是由通信系统完成的。可以说通信技术进步促进了 IT 技术发展。而 IT 技术发展使通信的服务质量更好、速度更快、成本更低。

无处不在的泛网，几百亿（将来也可能是几千亿、几万亿）的终端。如何管理好？这是一个非常大的问题。通过多年实践人们认识到没有一个功能强大的网络管理系统，一个通信网是不可能很好地工作的，更谈不上网络优化和质量保证了。一个大的通信网没有一个好的计费系

统就不能保证用户、运营商及产业链上各个部分的合法权益和利益的合法分配。没有安全系统就没有通信的安全和保障。没有监测、纠错系统就没有 QoS 的保障。没有客户服务系统就不会实现"客户是上帝"的服务要求。技术进步、用户需求使运营商将这些系统应用到通信网络中。本来它们是不直接参与通信信息传输的，但它们实现了通信系统的正常工作。至今，这些信息系统已经和通信本身融为一体了。很难想象，没有上述这些信息系统，现代通信还能够正常工作？

从理论、技术和应用三个层面上都可以说信息技术和通信技术已经融为一体了。因此，人们提出了一个新的名词叫作 I（信息）C（通信）T（技术），即信息通信技术，用 ICT 来概括二者融合得更丰富的内容。可以说二者关系是 1+1>1 的关系。这也可帮助我们理解信息技术与通信技术二者关系的特点，它告诉我们 ICT 有不同于信息技术与其他产业的关系的另一个重要方面。

所以，同学们未来的出路不仅仅在 IT 行业，CT 和 ICT 业都是大家奋斗的舞台！

2.2 了解 CT/ICT 行业

任务目标

2.2.1 初步确定职业目标和职业发展路径

任务名称

任务一：继续完成职业生涯规划的行业环境、职业环境等部分的内容。
任务二：初步确定自己的职业目标，并规划自己的职业发展路径。

任务分析

在进一步了解 CT 和 ICT 行业的发展前景和优势、主要企业、职位等信息的基础上，明确自己的职业目标和职业发展路径，填入自己的职业生涯规划书中。

实现准备	课堂讲解	知识点：了解通信技术（CT）和主要服务商
		知识点：了解信息通信技术（ICT）
	课堂活动	活动一：你知道第四次工业革命吗
实现参考	课堂讲解	观点参考1：CT 的 5G 时代将给社会带来的变化和机遇
		观点参考2：ICT 带来的发展趋势和机遇
	课堂活动	活动二：ICT 人才缺口超过 1246 万，意味着什么
任务实现	课堂实训	任务一：继续完成职业生涯规划的行业环境、职业环境等部分的内容
		任务二：初步明确自己的职业目标，并规划自己的职业发展路径
任务小结	课后思考	职业目标不是不可改变的

> 实现准备

2.2.2 了解通信技术和信息通信技术

知识点：了解通信技术（CT）和主要服务商

1. 了解通信技术

（1）什么是通信

用任何方法、通过任何传输媒质完成信息传递，均可称为通信。英文 Communication（通信、交流、沟通）。

通信的实质是进行信息传递，完成信息交互。狭义地讲：自从人类社会产生开始，就开始了通信。广义地讲：自从有了生命就有了通信。通信既是社会发展的需要，也是战争的需要。

（2）通信发展史

1）古代通信

古代通信方式包括击鼓传声、烽火台、驿站、信鸽等，其特点是范围小、内容少、笨重、费时、时效差。

2）近现代移动通信

1837 年塞缪尔·莫尔斯发明了摩尔斯电码。摩尔斯电码由两种基本信号组成：短促的点信号 " · "，读 "嘀"；保持一定时间的长信号 " – "，读 "嗒"。间隔时间：嘀=1t，嗒=3t，嘀嗒间=1t，字符间=3t，单词间=7t。

1897 年伽利尔摩·马可尼发明了无线电通信，他用电磁波进行约 2 公里距离的无线电报通信实验，获得成功。被称为实用无线电报通信之父。

3）现代移动通信

1978 年，美国贝尔实验室研制成功第一代模拟网移动电话系统（AMPS）。中国的第一代模拟移动通信系统（1G）于 1987 年 11 月 18 日在广东第六届全运会上开通并正式商用，2001 年 12 月底关闭。

世界上第一台手机摩托罗拉 DynaTAC 8000X 如图 2-8 所示，重 2 磅（907.18g），通话时长半小时，销售价格为 3995 美元。中国第一个 "大哥大"，价格在 2 万元左右，入网费 6000 元。

第一代移动通信缺点：容量有限、保密性差、通话质量不高、不能提供数据业务、不能提供自动漫游等。

第二代移动通信系统（2G）在 20 世纪 80 年代兴起于欧洲，1991 年投入使用。1992 年，原邮电部批准建设了浙江嘉兴地区 GSM 试验网。1993 年 9 月，嘉兴 GSM 网正式向公众开放使用，成为我国第一个数字移动通信网，图 2-9 所示的是 2G 的机房设备部分。

GSM：基于 TDMA 所发展、源于欧洲、目前已全球化。IS-95（也称作 CDMA One）：基于 CDMA 所发展、是美国最简单的 CDMA 系统、用于美洲和亚洲一些国家。

国际电信联盟（ITU）在 2000 年 5 月即确定了 W-CDMA、CDMA2000 和 TD-SCDMA 三个主流 3G 标准。2009 年 1 月 7 日，工业和信息化部为中国移动、中国电信和中国联通发放 3 张第三代移动通信（3G）牌照。2013 年，中国移动上马 4G 时明确将 4G 的语音服务回落到 2G（第二代移动通信）网而不是 3G 网时，TD-SCDMA 就已被放弃了。

图 2-8　摩托罗拉 DynaTAC 8000X　　　　图 2-9　2G 的机房设备部分

2001 年 12 月开始研发第四代移动通信技术（4G），2010 年国外开始规模建设 4G 网络。2013 年 12 月 18 日中国移动在广州宣布，中国 16 个城市将享受 4G 服务。4G 系统能够以 100Mbps 的速度下载，比拨号上网快 2000 倍，上传的速度也能达到 20Mbps。

华为在 2013 年 11 月 6 日宣布将在 2018 年年前投资 6 亿美元对 5G 的技术进行研发与创新，并在 2020 年用户会享受到商用 5G 移动网络。

移动网络具有明显的周期性，每一代网络都有明确的发展目标和可预见的未来，如图 2-10 所示。

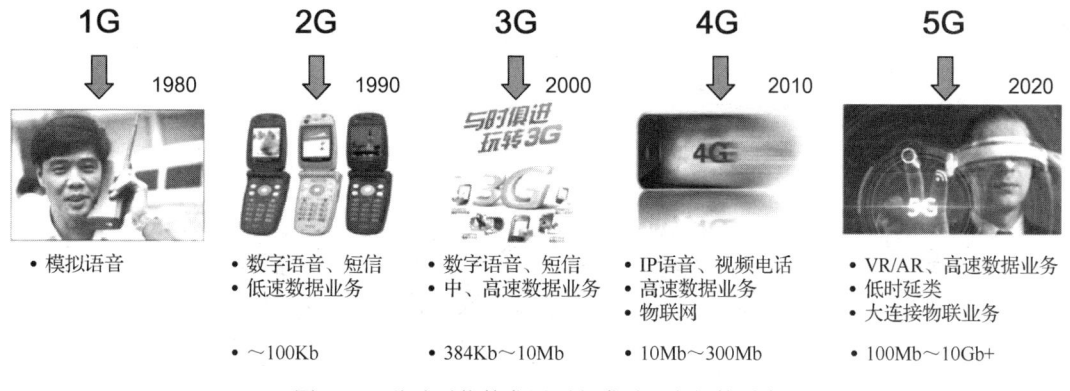

1G 1980	2G 1990	3G 2000	4G 2010	5G 2020
• 模拟语音	• 数字语音、短信 • 低速数据业务 • ~100Kb	• 数字语音、短信 • 中、高速数据业务 • 384Kb~10Mb	• IP语音、视频电话 • 高速数据业务 • 物联网 • 10Mb~300Mb	• VR/AR、高速数据业务 • 低时延类 • 大连接物联业务 • 100Mb~10Gb+

图 2-10　移动通信的发展历程满足了人们的需求

2. 通信行业主要服务商

（1）中国主要的电信运营商

1）中国移动

中国移动通信集团公司（简称"中国移动"）于 2000 年 4 月 20 日成立，是一家基于 GSM 和 TD-SCDMA 制式网络的移动通信运营商，是根据国家关于电信体制改革的部署和要求，在原中国电信移动通信资产总体剥离的基础上组建的国有骨干企业，拥有全球第一的网络和客户规模，于 2000 年 5 月 16 日正式挂牌。

中国移动主要经营移动话音、数据、IP 电话和多媒体业务，并具有计算机互联网国际联网单位经营权和国际出入口局业务经营权。2008 年 5 月 23 日，中国铁通集团有限公司并入中国移动，成为其全资子企业，保持相对独立运营。

2）中国电信

中国电信集团公司（简称"中国电信"）成立于2002年，是我国特大型国有通信企业。中国电信作为中国主体电信企业和最大的基础网络运营商，拥有世界第一大固定电话网络，覆盖全国城乡，通达世界各地，成员单位包括遍布全国的31个省级企业，在全国范围内经营电信业务。2011年3月31日，中国电信天翼移动用户破亿成为全球最大CDMA网络运营商。中国电信集团公司旗下有两大上市公司——中国电信股份有限公司和中国通信服务股份有限公司，连续多年入选"世界500强企业"，主要经营固定电话、移动通信、卫星通信、互联网接入及应用等综合信息服务。

3）中国联通

中国联合网络通信集团有限公司（简称"中国联通"）于2009年1月6日在原中国网通和原中国联通的基础上合并组建而成，在国内31个省（自治区、直辖市）和境外多个国家和地区设有分支机构，是中国唯一一家在纽约、香港、上海三地同时上市的电信运营企业，连续多年入选"世界500强企业"。中国联通主要经营GSM和WCDMA制式移动网络业务，固网宽带业务，宽带移动互联网业务。为与合并前的中国联通相区分，业界常以"新联通"进行称呼。

（2）主要通信设备商

通信设备的复杂度比较高，专业度也比较高，需要负责对设备进行设计、开发、生产和安装调试等。

通信设备商，就是负责研发制造通信设备的厂商。图2-11显示了通信设备商的发展历程。像华为、中兴、爱立信、诺基亚，就是目前世界上最大的几家通信设备商。

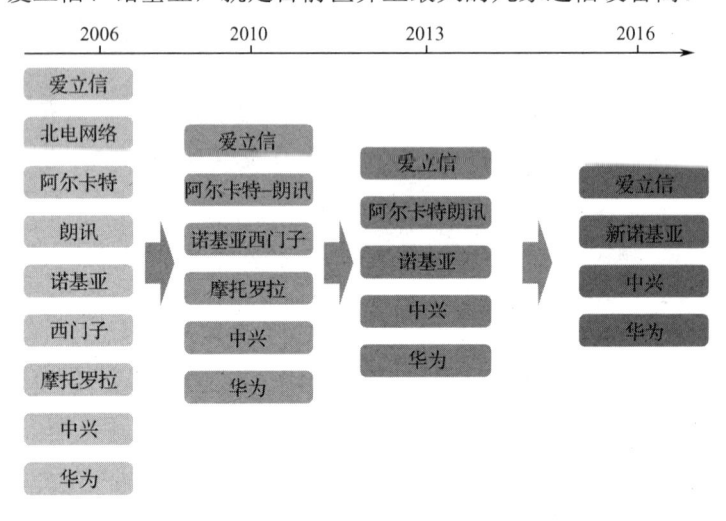

图2-11 通信设备商的发展历程

1）爱立信公司

爱立信公司（Telefonaktiebolaget LM Ericsson）于1876年成立于瑞典的斯德哥尔摩。从早期生产电话机、电话交换机发展到今天，爱立信的业务已遍布全球140多个国家，是全球领先的提供端到端全面通信解决方案及专业服务的供应商。目前，爱立信的业务体系包括：通信网络系统，专业电信服务，技术授权，企业系统和移动终端业务。

100多年来，秉承"构建人类全沟通世界"的愿景，爱立信始终专注于电信行业，不断定义电信行业"进步"的含义，并通过实现每一个"进步"，引领全球电信业的技术发展与变革，保持领先的市场地位。爱立信能够为世界所有主要移动通信标准提供设备和服务。

2）华为

华为技术有限公司是一家总部位于中国广东深圳市的生产销售电信设备的员工持股的民营科技公司，于 1988 年成立于中国深圳。是电信网络解决方案供应商。在电信领域为世界各地的客户提供网络设备、服务和解决方案。

华为是全球领先的电信解决方案供应商。华为技术有限公司的业务涵盖了移动、宽带、IP、光网络、电信增值业务、数据通信、手机和固定终端等领域，致力于提供全 IP 融合解决方案，使最终用户在任何时间、任何地点都可以通过任何终端享受一致的通信体验，丰富人们的沟通与生活。目前，华为的产品和解决方案已经应用于全球 100 多个国家，服务超过全球 1/3 的人口。

3）诺基亚

诺基亚公司（Nokia Corporation）是一家总部位于芬兰埃斯波，主要从事移动通信设备生产和相关服务的跨国公司。诺基亚成立于 1865 年，以伐木、造纸为主业，后发展成为一家手机制造商，以通信基础业务和先进技术研发及授权为主。

面对新操作系统的智能手机的崛起，诺基亚全球手机销量第一的地位在 2012 年第一季度被三星超越，结束了长达 14 年的市场霸主地位。2014 年 4 月 25 日，诺基亚完成与微软手机业务交易，将设备与服务业务出售给微软退出手机市场；2015 年 11 月 18 日，诺基亚正式启动 166 亿美元收购阿尔卡特-朗讯。

4）中兴通讯

中兴通讯是全球领先的综合性通信制造业上市公司。1985 年，中兴通讯成立，作为在香港和深圳两地上市的大型通信制造业上市公司，中兴通讯是中国重点高新技术企业、技术创新试点企业和国家 863 高技术成果转化基地。立足中国，放眼全球。

早在 1995 年，中兴通讯就启动了国际化战略，是中国高科技领域最早并最为成功实践"走出去"战略的标杆企业。中兴通讯国际市场"十年磨一剑"，已经相继与包括葡萄牙电信、法国电信在内的等众多全球电信巨头建立了战略合作关系，并不断突破发达国家的高端市场。

（3）主要通信服务商

1）什么是通信服务提供商？

通信服务提供商是介于运营商与设备商之间的一种服务于通信网络设计、建设、维护、优化等工作的公司。

2）国内典型通信服务提供企业

国内的通信服务提供企业很多，包括中国通信服务、宜通世纪、超讯 STS、广东安达、江苏邮电等。相关企业的情况介绍可以上网查找，也可以扫描二维码了解。

主要通信服务商

知识点：了解信息通信技术（ICT）

1. ICT 概述

ICT 即信息通信技术（Information and Communications Technology，ICT），是 IT 和 CT 两个领域越来越紧密结合的产物。它涵盖通信业、电子信息产业、互联网和传媒业，可提供基于宽带、高速通信网的集用户端系统及软件开发集成、维护及咨询服务和租赁业务为一体的综合服务业务。而通信运营商如中国电信、中国联通、中国移动等利用自身在网络及信息专业技术服务领域积累的丰富经验，为客户提供专业化的 IT 服务，使客户可以更专注于自身的核心业务发展。

ICT 业务是面向政企客户提供的集成服务、外包服务、灾备服务，并基于企业信息综合服务平台的信息互通，应用交互，协同处理等平台应用业务服务，知识服务和其他 IT 服务及应用的有机结合，包括系统专业服务、知识服务等 IT 服务及应用业务服务。

2. ICT 对社会和经济的影响

ICT 被用于经济，社会和人际交往和互动。ICT 大大改变了人们的工作，沟通，学习和生活方式。此外，信息通信技术继续将人类经验的所有部分彻底改变为一台计算机，机器人就可以处理人类的许多任务。例如，计算机接听电话并且定向呼叫适当的个人回应；现在机器人不仅可以接听电话，还可以更快速有效地处理呼叫者的服务请求。

信息通信技术对经济发展和业务增长的重要性非常巨大，事实上，它引入了许多人将其列为第四次工业革命。信息和通信技术也支持社会的广泛转变，因为人们正在从个人，面对面的互动转向数字空间，这个新时代经常被称为数字时代。

然而，就其所有革命方面而言，ICT 功能并不均匀。简单来说，更富裕的国家和更富有的个人享有更多的机会，从而更有能力抓住信息和通信技术带来的优势和机会。ICT 市场以及整个商业和社会的更大领域都发现了经济优势。

3. ICT 在企业中的意义

对于企业来说，信息通信技术的进步带来了大量的成本节约，机会和便利。他们的范围包括降低成本的高度自动化的业务流程，以及组织将 ICT 产生的庞大数据转化为推动新产品和服务的洞察力的大数据革命，涉及诸如互联网购物和远程医疗等 ICT 支持的交易，社交媒体为客户提供更多的购物，沟通和交互选择。

以云计算、大数据、人工智能为代表的新一代 ICT 技术已经成为创新最为活跃的领域之一，是驱动社会和经济转型升级的重要引擎。在网络持续演进、技术创新升级、应用日渐丰富的背景下，ICT 技术正在渗透到各行各业，加速与实体经济融合发展。可以预见，未来几年 5G 依然是网络演进的关注焦点，云计算、大数据技术和应用加速落地，区块链将进一步成熟，而目前大热的人工智能，也将在机遇和挑战中前行，ICT 已成为我们生活中越来越重要的一部分。

未来三年，我国 ICT 产业将步入自主创新活力迸发期，网络、技术、应用都将进一步发展。与此同时，经营体制、管理机制、分配机制也需要进行配套变革。ICT 技术将助力人类解放生产力，满足人们对幸福生活的需求。

活动一：你知道第四次工业革命吗？

1. 活动目的

了解第四次工业革命（工业 4.0）的主要变革，更要了解 IT、ICT 等技术给工业 4.0 带来的技术动力，从而树立为工业 4.0 找到合适的位置并贡献自己的力量的职业目标。

2. 活动流程

（1）阅读下面的两个案例

案例 1：德国安贝格西门子智能工厂

作为工业 4.0 概念的提出者，德国也是第一个实践智能工厂的国家。位于德国巴伐利亚州东部城市安贝格的西门子工厂就是德国政府、企业、大学以及研究机构合力研发全自动、基于互联网智能工厂的早期案例。

占地 10 万平方米的厂房内,员工仅有 1000 名,近千个制造单元仅通过互联网进行联络,大多数设备都在无人力操作状态下进行挑选和组装。令人惊叹的是,在安贝格工厂中,每 100 万件产品中,次品约为 15 件,可靠性达到 99%,追溯性更是达到 100%。这样的智能工厂能够让产品完全实现自动化生产,堪称智能工厂的典范!

案例 2:中国石化九江石化智能工厂

九江石化作为中国的第一家智能工厂试点,为实现可视化、实时化、智能化的生产和管理要求,与华为进行战略合作,在信息通信、生产协作、智能管理等领域开展广泛合作,共同打造世界一流智能工厂的基础设施。

基于华为在通信和数据信息方面的技术实力,完成了工厂 LTE 无线宽带网络、调度系统、视频会议系统、视频监控系统、存储、巡检终端等设备的布局。虽然,目前工厂还未达到工业 4.0 所要求的智能工厂的运营标准,但在未来,九江石化将建设一个云数据中心,实现虚拟化、云计算等 IT 智能化管理,进一步节省能源消耗率,提升资源利用率,实现更智能化的运营。

(2)思考以下问题,写下你的观点
- 参阅图 2-12,第一次工业革命是蒸汽机带动,其特点是机械化生产;第二次工业革命是电气动力带动,其特点是自动化生产;第三次工业革命是电子设备和 IT 带动,其特点是带动数字化生产;那么,第四次工业革命(工业 4.0)的主要标志是什么?其特点是什么?
- 最有可能引领第四次工业革命的是哪种技术?

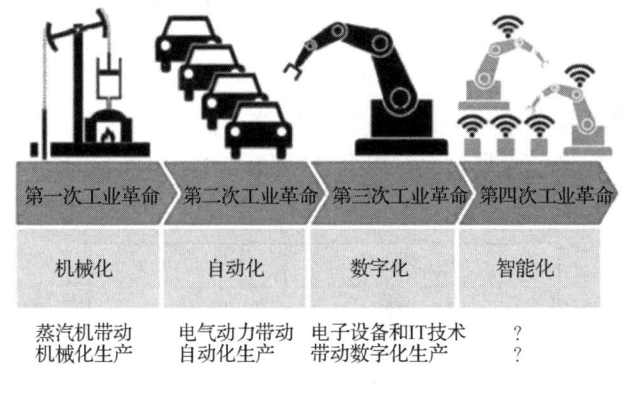

图 2-12 工业革命历程

3. 观点阅读

纵观四次工业革命,人类进行的所有活动,社会进步,政治改革,时代变迁,技术发展,这一切的一切都将围绕生产力和生产方式的推动而推动,而我们所要寻求的"互联网+"背后的真相,是生产力的不断提高和演变。因为,生产力与生产方式的改善与发展,是人类永恒不变的主题。

想了解工业 4.0 更多的信息和四次工业革命的更多信息,可以扫描二维码,参阅扩展材料。

了解工业 4.0

> 实现参考

2.2.3 CT/ICT 的发展趋势和带来的机遇

观点参考 1：CT 的 5G 时代将给社会带来的变化和机遇

1．5G 时代将给社会带来的变化

5G 可以有这些应用：现场直播、智慧家庭、VR/AR、车联网、远程医疗、游戏娱乐、智能农业、自动驾驶、工业自动化、高清视频、智慧城市、大型展览、现场监控等。按业界 5G 的应用分类是如下三类场景：

- eMBB：即 enhanced Mobile Broadband，是增强型移动宽带，针对大流量移动宽带应用，简称为"超高速"。
- uRLLC：是 ultra-reliable and Low Latency Communication 的缩写，就是超高可靠低时延通信，简称为"低时延"。

未来在 5G 之中，三大应用场景之中的 uRLLC 就是主要支持工业 4.0 的场景。工业自动化也被认为是 5G 最重要的一种垂直行业应用了，重要性甚至要超过自动驾驶应用。

- mMTC：即 Massive Machine Type Communication，就是海量机器类通信，简称为"海量连接"。

2．5G 建设的市场以及产业链分析

5G 的高频段（频段越高，覆盖面积越小），迫使 5G 将采取"宏站+小站"的方式进行区域覆盖，宏站指的是中低频段（6GHz 以下），小站指的是高频段（6GHz 以上）。预计 5G 的宏基站将是 4G 基站的 1.5 倍。

而 5G 的小站覆盖面积更小（半径为 10～200 米），若要实现连续覆盖，小站数量要远高于宏基站的数量。基站建设包括重建或对原有基站升级改造两种方式，由于基站数量巨大，使得 5G 基站相关模块需求量巨大。图 2-13 是赛迪智库预测的 5G 基站相关模块市场规模。

模块名称	市场规模（亿元）
基站天线	855
基站射频模块	641.25
小微基站	1050
通信网络设备解决方案	2600
光模块	997.5
光纤光缆	899.2
网络规划运营	1300
系统集成与应用	1600
其他（工程健身等）	1600
总计	11532.95

图 2-13　5G 基站相关模块市场规模

IMT-2020（5G）白皮书指出，按照 5G 的发展计划，2019 年到 2021 年，5G 将开始陆续商用，但 4G/5G 将融合部署，4G 不会很快退出通信网络服务市场，4G/5G 实现互操作和语音业务，物理/虚拟化设备会组池和功能融合。

网络建设初期和网络互操作运行期间，都需要大量的业务测试、设备维护和网络优化人员。业务的发展周期留下了完备的人才培养周期。

3. 5G 建设给厂商的发展机会分析

5G 给行业带来的机会可以从以下几个方面来分析：

1）技术发展带来的机会

5G 发展中的新技术，带来网络结构的变化，无线环境的变化，维护模式的变化，无线侧和用户端的部署，会一直不断地发展，因此移动通信方向依然是重点。

2）产业升级带来的机会

5G 的成熟，会不断地促进产业升级，进一步使各产业融合发展，最终引发产业更深层次的变革。终端及移动应用开发是未来的重点。

3）商业模式带来的机会

"人和物、物和物之间的连接"，最终形成万物互联。5G 将进一步帮助人们迈入深层次的沟通，因此终端及移动应用开发是未来的重点。

5G 建设将现实地给以下的厂商（图 2-14）带来新的发展机会，从运营商到设备商，从芯片设计到模块制造，从物联网车联网应用到 VR/AR 应用有广阔的前景。

芯片及模组	运营商	终端
芯片：海思、中兴微、MTK、大唐电信、展讯	中国移动 中国电信 中国联通	数据通信终端：华为、中兴通讯、烽火通信、OPPO/VIVO、小米 多媒体终端：乐视网、鹏博士 ODM/OEM：特发信息、卓翼科技、凯乐科技
光器件	主设备商	物联网
光模块/器件：光迅科技、天孚通信、中际装备、新易盛、博创科技、太辰光	基站：中兴通讯、华为、爱立信、诺基亚 传输设备：烽火通信、中兴通讯、华为	模块：高新兴、广和通、移为通信 平台：宜通世纪 工业互联网：东土科技、佳讯飞鸿 智慧城市：旋极信息、航天信息
射频器件	基站/天线	车联网
器件：大富科技、武汉凡谷、春兴精工 电缆：金信诺 铁塔：梅泰诺 手机滤波器/天线/PA：麦捷科技、信维通信、硕贝德	小基站：邦讯技术、日海通信、京信通信 天线：通宇通讯、摩比、京信、盛路、宜通、华为	自动驾驶：盛路通信、国脉科技、四维图新、亚太股份、路畅科技、索菱股份 导航地图：华力创通、中海达
光纤光缆	网络	VR/AR
光棒辅材：菲利华 光纤光缆：长飞光纤、亨通光电、中天科技、烽火通信	SDN/NFV：华为、中兴通讯、紫光股份、赛特斯、烽火通信、星网锐捷 光通信工程：宜通、日海智能、超讯、海格 网络优化：世纪鼎利、富春股份、亿阳信通、邦讯技术、三维通信	内容应用：乐视网、中海达、海格通信、川大智胜 交互系统：中科创达、金亚科技

图 2-14 5G 建设涉及的行业厂商

4. 5G 的未来就是我们的定位

5G 的网络建设将解决以下具体的挑战和问题：

- 网络云化带来的规划和运维挑战。
- 网络演进、高密度组网、多天线、多业务带来规划和建设难题。
- 高频率、高功耗、大带宽给基站建设带来的难题。
- 机房供电需求高。
- 站点传输资源需求大，改造需求高。
- 高频段、多天线使传统室内分布系统无法适应 5G 需求。

- 高频段及安装空间限制，使地铁、高铁隧道 5G 覆盖难以解决。

而解决这些问题就是我们这些未来大学生的就业定位，包括 5G 设备开发工程师、网络规划施工工程师、网络运维工程师、网络优化工程师、网络监控工程师、终端开发工程师和移动应用开发工程师等。

（1）网络运维群
- 网络管理：数据管理工程师、系统开发工程师、系统维护工程师；
- 运行维护：电路技术工程师、运维工程师、开发工程师；
- 网络优化：电路技术工程师、运维工程师、开发工程师。

（2）网络优化群
- 网络规划工程师、支持工程师、运维支撑工程师、测试工程师；
- 网络优化技术督导、技术工程师、维护工程师；
- 电测技术工程师、技术支持工程师、维护工程师。

（3）网络监控群
- 网络管理：各专业监控组工程师、申告处理工程师；
- 网络优化：集中维护技术督导工程师、技术支持工程师、支撑工程师。

（4）网络业务群
- 移动应用开发工程师、技术工程师、运维工程师；
- 业务系统产品工程师、开发工程师、数据分析师、技术工程师、运维工程师。

（5）终端业务群
- 移动终端开发工程师、技术工程师、运维工程师；
- 物联网应用开发工程师、技术工程师、运维工程师；
- 车联网应用开发工程师、技术工程师、运维工程师。

观点参考 2：ICT 带来的发展趋势和机遇

1. ICT 带来的发展趋势

（1）IPv6 发展势在必行，IPv4 制约物联网发展

IPv6 地址总数为 2 的 128 次方，IPv4 地址总数为 2 的 32 次方，实现从 IPv4 向 IPv6 的过渡已成为互联网发展的必然趋势。

IPv4 向 IPv6 的过渡涉及设备的更换和软件版本的更新，意味着通信网络以及互联网全产业链的每个环节都要更新重建，成本较高，因而依然要遵循市场发展规律。

2017 年 11 月 26 日，中共中央办公厅、国务院办公厅印发了《推进互联网协议第六版（IPv6）规模部署行动计划》，提出"5 到 10 年建成全球最大规模 IPv6 网络"。面向未来，物联网需求日益增加，随着车联网、移动 VR、可穿戴装备日渐普及，需要大量的 IPv6 地址的支持。

（2）中国"芯"比例大幅增加

5G 通信终端芯片、物联网、车联网、大容量存储芯片、量子计算机、高端制造等都需要大量的自主产权的芯片作为硬件的基础装备。优化供给侧结构，提高供给侧质量，首先要在核心技术上掌握主动权，国际的先进芯片技术的 7nm，5nm 极限工艺也已经实现。可以说，当前中国 ICT 行业最薄弱环节就是高端集成电路设计能力，2017 年，中国移动智能终端芯片在全球市场的占有率约为 20%，若保持当前的创新速度，未来中国"芯"比例仍将持续增加。

（3）5G独立组网标准制定

当前，5G标准化进程分为非独立组网（NSA）和独立组网（SA：Standalone）两种，这样，5G的所有新特征都将有望实现。中国已领跑NB-IoT（窄带物联网：Narrow Band Internet of Things，NB-IoT）、C-V2X（车联网技术：Cellular Vehicle-to-Everything），积极探索5G融合应用，基于高速率、低时延的物联网等应用技术的开发需要与5G试点同步，才能丰富5G标准化体系、加快5G标准进程。

（4）信息系统开发模式变革

当前，人们的生活和工作节奏越来越快，这让人不禁发出感慨，虽然信息化建设已经开展了很多年，但是信息化似乎并没有帮助人们减轻工作量，这就是信息化悖论。

首先，社会化大分工越来越细，细节要求也越来越细；其次，当前的信息化建设赶不上人们对信息化的需求，很多信息系统上线3年后就已赶不上形势的需求；最后，当前信息系统开发的出发点是基于管理控制而不是基于信息管理，是与大数据理念相悖的开发方式。

基于信息管理的政务信息化，是要服务于政务大数据以及企业和公民的。而在企业层面，则要服务于企业的核心价值链。衡量信息管理水平的关键是信息能否在信息系统里"跑"起来。显然，当前的很多系统还达不到这个要求，大多数的信息系统仍然是基于管理信息系统的理念，而不断人为制造的信息孤岛，进入"不上系统不行，上了系统更乱的怪圈"。

（5）网络重构持续推进

局端机房（CO：Central Office）机房数据中心（DC）化是ICT行业过去两年的关注重点，各省份运营商网络规划、计划部门都在积极探讨CO机房DC化的演进路线。作为信息基础设施的通信网络不仅仅要提速降费，本质上还要大幅提高软件自定义水平，降低网络传输延时，如一项新型虚拟现实（VR）业务的服务器设置在内蒙古，而这项业务又是面向全国的，如果全国都重复做大量的服务器，必然带来巨大的能源、资源浪费，同时也与国家对超大型、大型数据中心的布局指导意见不相匹配。可以预见，低时延传送技术开发、CO机房DC化进程将随着网络演进而成为网络建设的重点和难点。

（6）区块链加速兴起

如果说大数据技术是数字经济的重要角色、是信息化发展的较高阶段，那么区块链与云计算技术就是大数据技术的左右翅膀。区块链技术有利于保护大数据资产，保护数据交易安全，重建人类信任机制，使数据资产真正拥有它的自身产权属性。近年来，云计算技术发展迅速，但是真正的云时代是私有云唱主角的时代，与区块链技术相结合，将推动私有云快速发展。

（7）5G开启物即网络时代

2G、3G移动通信网采用的是800MHz和900MHz的频段，密集城区站间距保持在1km、农村站间距保持在6～7km，即可满足覆盖要求。4G移动网工作在2GHz频段附近，密集城区站间距要小于500m，农村要小于3km才可以基本满足覆盖要求。5G所使用的频段是毫米波，绕射和透射能力都很差，覆盖范围较小，最佳覆盖距离在百米量级，且延时要求在个位数的ms级。

4G时代，绿化带标语、路灯杆、城市雕塑、广告牌都可以作为天馈线，但是网络依然有很多盲区。到了5G时代，移动通信网络盲区的存在对于车联网、物联网、人工智能的应用是致命的。因而，5G时代的天线将更加多种多样，所有的建筑物、公共设施、交通设施都将附着网络设施，公共设施会成为网络的一部分。网络无处不在、无时不有，将开启"物即网络"时代。

（8）一切技术都是AI社会的基础元素

数字经济、知识经济、信息经济、分享经济、智能化、工业互联网、信息消费、大数据、物联网、智慧城市,这些热点技术名词层出不穷,名词之间高度交叉,给人们造成了概念上的混淆。

事实上,这些都是面向未来社会提出的理念,每个理念的背后是若干"技术群簇"。人类社会从农业社会、工业社会、信息化社会最后到智慧社会,虽然各个国家和地区发展不平衡,但是当前主流社会正在从信息化社会向以人工智能为主体的智慧社会迈进,人类社会正在从解放双脚、解放双手向解放大脑演进。

大胆设想一下,未来人类社会必然是极限生产力的,而这个社会的实现只有不知疲倦的机器人和人工智能技术才能支撑。因此,可以认为现在的所有技术都在为各取所需的高度文明的人工智能时代做准备,当机器人或人工智能遍布于360行,这个时代终将实现。

2. ICT发展带来的职业发展方向

ICT作为一个知识密集及技术密集的产业,其迅猛发展的关键是有一大批从事ICT技术创新的人才加入,具有一定数量、结构和质量的ICT人才队伍是支撑ICT产业发展的必要前提。ICT职场五大最热门人才需求包括软件开发、开发运营DevOps(Development和Operations的组合词)人才、云计算技术、网络、存储等,而ICT行业的岗位大概分为研发类、产品类、设计类、游戏类、市场类、销售类等。

我们还可以分析出一些岗位的大致发展方向,这也许就是职业生涯规划的前进路径。

- 软件工程师→高级软件工程师→系统分析师→软件架构师。
- 软件工程师→团队组长→项目经理→部门经理→技术总监/研发总监。
- 程序员→设计师→软件开发部技术总监。
- 程序员→软件开发项目经理→软件发展部总监/系统架构总设计师。
- 技术研发中心程序员→总工程师。
- 技术研发中心程序员→软件专家。
- 测试工程师→架构及逻辑测试→SQA管理总监。
- 测试工程师→发行经理→版本发行及开发管理总监。
- 销售人员→区域销售经理→销售总监→行政总裁。
- 实施工程师(售后工程师)→需求分析及架构初级设计师→售前售后全系统解决方案总体架构设计师。
- 实施工程师(售后工程师)→实施项目经理。
- 售前工程师→售前咨询顾问/产品经理→解决方案高级咨询顾问/部门经理/事业部总监。
- 业务需求分析员→业务需求分析工程师→项目经理/咨询顾问→部门经理/事业部总监。
- 客户服务→售前咨询顾问→解决方案高级咨询顾问。
- 客户服务→实施项目经理。

ICT行业工资高的岗位大家有目共睹,当然,任何行业都有优胜劣汰的规则,除了有目标地努力,没有捷径可走。但是在ICT行业,你不需要拼爹、拼背景,你要做的就是努力学习、努力工作,让自己在每一个行业热潮来临前,适应社会和时代就好。

活动二:ICT人才缺口超过1246万,意味着什么

1. 活动目的

了解ICT人才缺口带来的机会,从而为自己的职业目标规划提供决策依据。

2. 活动流程

（1）阅读下面材料

2018 年华为、计世资讯发布的《中国 ICT 人才生态白皮书》数据显示，2017 年 ICT（信息通信技术）行业总体人才需求缺口为 765 万，预计到 2020 年将达到 1246 万，缺口年增速接近 20.8%。

2020 年人才缺口约达 1246 万的 ICT 行业，对于大学生们尤其是 ICT 相关专业的大学生来说意味着什么？要知道，如果失去了网络通信的保障，人工智能、大数据、云计算、虚拟现实、物联网、工业互联网、4G/5G……所有前沿通信技术都将成为空谈。

（2）快速思考

- IT、CT、ICT 的众多职位，是否有适合自己作为职业生涯目标的职位？
- 为适应这些职位的要求，要怎么度过大学的学习生活？

3. 扩展阅读参考：网络&安全技术人员可以向网络运维职位转型

网络与安全技术人员可以在各种企业内担任网络工程师、信息安全工程师、运维工程师、首席技术官等职务，从事网络规划设计、IT 架构优化、数据库运营保障、网络安全攻防相关工作。具备进一步学习 Linux 云计算/运维开发的能力，可向运维开发工程师岗位转型。

网络运维人才凭一台笔记本可以攻城掠地、拯救地球，敲一个指令便可决定企业的生死存亡。而运维人才挥斥方遒的这种技术能力，得益于长期实践经验积累，以及发现/ 解决/ 预防问题的能力，网络与安全从业者具有超长的职业生涯，其薪酬水平、发展空间随技术年龄增长而快速攀升，真正的"越老越吃香"。

➔ 任务实现

2.2.4 基本明确自己的职业目标发展路径

任务一：继续完成职业生涯规划的行业环境、职业环境等部分的内容

上一节我们主要聚焦 IT 行业，本节主要内容是 CT 和 ICT 行业。如果你的职业目标可能与 CT/ICT 业相关，请将职业生涯规划的行业环境、职业环境等部分的内容填写进去。

比如，了解、认识 CT/ICT 岗位的素质要求。相较于 IT 业的岗位，CT 和 ICT 岗位的素质要求有些项更高，比如抗压能力、成功导向、坚韧性等，如图 2-15 所示。

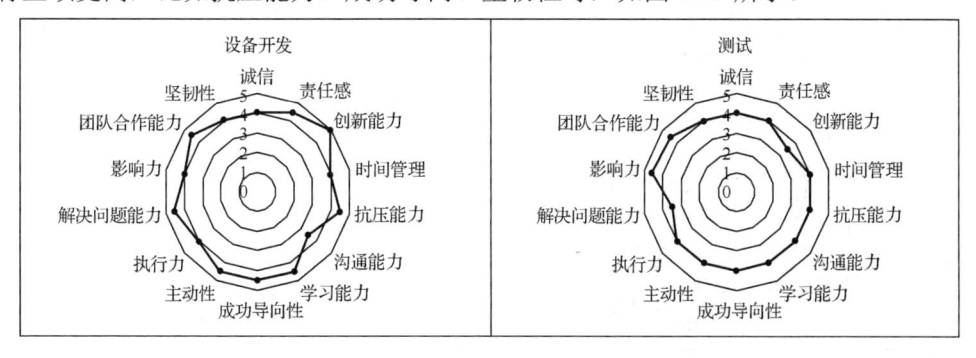

图 2-15　CT/ICT 岗位的素质要求雷达图

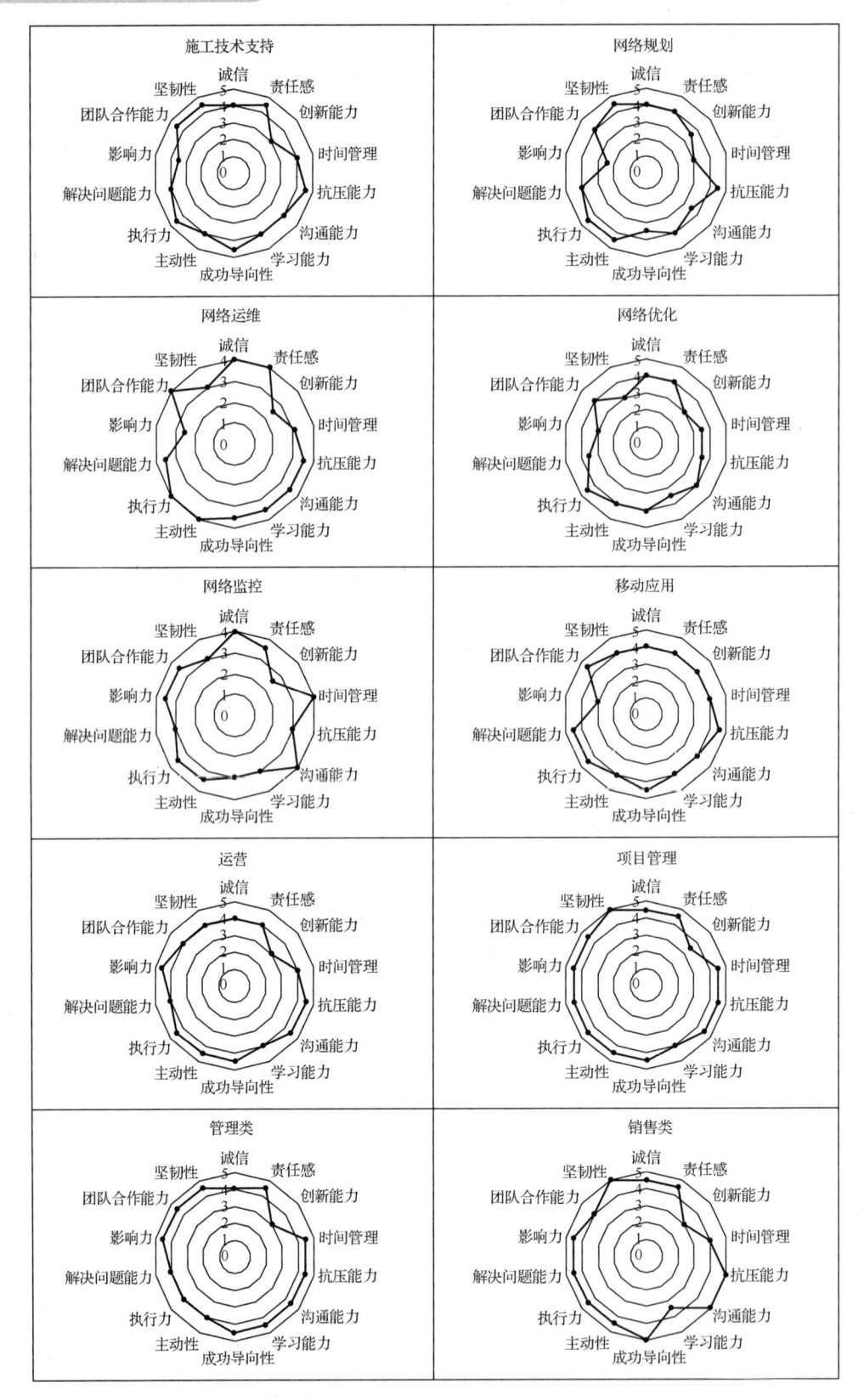

图 2-15　CT/ICT 岗位的素质要求雷达图（续）

又比如，对通信和 ICT 的职业环境分析，可以参考的认识包括：
- 通信和 ICT 行业处在春天，研发领域、市场领域提供了很多高薪职位，像 BATJ（百度、阿里、腾讯、京东）、华为、中兴、烽火等知名企业的研发岗位的待遇还是非常有竞争力的。
- 通信和 ICT 行业虽属于高工资的高科技行业但其会经常在外出差，经常加班工作压力较大，或直接与客户交互交流。
- 通信和 ICT 行业发展速度很快，所以要从业人员不断为自己充电。
- 通信和 ICT 行业属于高科技知识密集型产业对专业知识的要求比较高，进入门槛比较高。
- 同时，拥有众多为通信和 ICT 服务公司需要你的服务……

任务二：初步明确自己的职业目标，并规划自己的职业发展路径

1. 初步明确自己的职业目标

根据自己可能感兴趣的职位，结合前面分析的 IT/CT/ICT 行业环境和职位情况，初步确定自己有能力争取的工作职位为你的职业起点，然后，看从事该工作的人一般以后会往哪几个方向发展，想清楚自己朝哪个方向发展是你最渴望的，你也就找到了自己职业发展目标。

2. 方法参考：利用简单的方法选择自己的职业目标

根据表 2-1 的决策平衡单，给出自己的考虑因素评分，计算出合计得分最高的，可以选择职业目标。

表 2-1 决策平衡单

选项	权重	软件开发	软件实施	网络优化
考虑因素	1-5	+5 — -5	+5 — -5	+5 — -5
个人物质得失				
个人收入	6	+5	+4	+4
健康影响	8	-1	+1	+2
休闲时间	6	-2		+3
未来发展	6	+4	+2	-1 +2
升迁状况	5	+3	+4	+2
社交范围	4	-1	+4	+3
个人精神得失				
所学应用	5	+4	+1	+2
进修需求	5	+3	+2	+3
改变生活方式	5			
挑战性	6	+4	-1 +4	-3 +2 -2
成就感	8	+5	+4	+2
相关人物质得失				
家庭收入	6	+4	+3	+2
为家庭分担家里的事	8	-1	-3	-3
与家人相处时间	8	-1	0	0
与朋友相处时间	5	-2	-1	-1
相关人精神得失				
家人认同	5	+5	+4	+4
男/女朋友认同	4	+5	+4	+4
合计	100	36.4	31	30.8

3. 初步明确职业发展路径

职业发展路径的选择可以参照已经达到该职业目标的职场达人，当然只能是参考，你更多的是要发挥自己的主观能动性，去设计自己的职业发展路径，然后付诸行动，踏实努力，你会离你的职业目标越来越近。

4. 方法参考：利用逆向思维制定职业发展路径

逆向思维是一种逆转因果的思维方式，从原因可以推知结果，反过来从结果也可以反推原因或步骤。

运用逆向思维来规划职业生涯，需要你有一个明确的大目标，由此目标进行拆解、倒推，从未来倒推至现在，它和发散性思维的思考路径刚好相反。接下来，再将这个路径变成一个可执行的流程，流程之中包含许多更细一些的环节。

比如你想在 10 年后财务自由，这个终极目标要达成的话，现阶段靠打工是完成不了的，只有通过创业当老板实现的可能性较大，因此，这个 10 年后的目标应该是成为 CEO 水准的人物，前期是准备工作。倒推的话，成为 CEO 需要由总监升上来，总监需要从经理升上来，而经理需要从主管的位子上往上爬……同时，各个级别所具备的能力和视野是不一样的，如图 2-16 所示。

要一步步实现自己"升职加薪，当上总经理，出任 CEO，走上人生巅峰"的终极美梦，还是得脚踏实地地、一步步打怪升级变强呢！

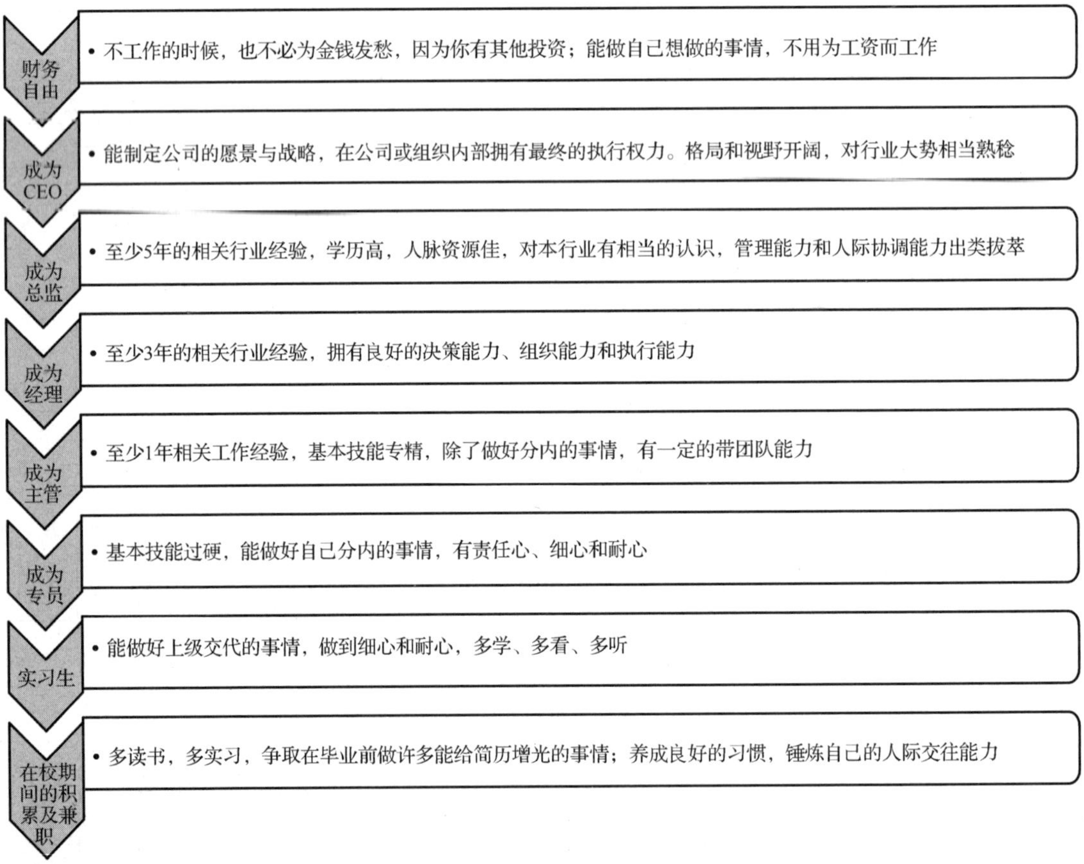

阶段	描述
财务自由	不工作的时候，也不必为金钱发愁，因为你有其他投资；能做自己想做的事情，不用为工资而工作
成为CEO	能制定公司的愿景与战略，在公司或组织内部拥有最终的执行权力。格局和视野开阔，对行业大势相当熟稔
成为总监	至少5年的相关行业经验，学历高，人脉资源佳，对本行业有相当的认识，管理能力和人际协调能力出类拔萃
成为经理	至少3年的相关行业经验，拥有良好的决策能力、组织能力和执行能力
成为主管	至少1年相关工作经验，基本技能专精，除了做好分内的事情，有一定的带团队能力
成为专员	基本技能过硬，能做好自己分内的事情，有责任心、细心和耐心
实习生	能做好上级交代的事情，做到细心和耐心，多学、多看、多听
在校期间的积累及兼职	多读书，多实习，争取在毕业前做许多能给简历增光的事情；养成良好的习惯，锤炼自己的人际交往能力

图 2-16 利用逆向思维倒推职业发展路径规划

任务小结

2.2.5 职业目标不是不可改变的

本节在了解 CT/ICT 的行业环境、发展趋势和职位机会后，综合上一节讲解的 IT 行业的情况，再根据自己的兴趣和自我感觉有潜力能做的工作去确定职业目标。

但我们对自己的了解也许并不全面或充分，因此，我们现在只是初步明确了职业目标，在后续的学习中，随着自我认识的深入，我们可以调整自己的职业目标。在这个过程期间，有任何感想和灵感可以记录下来。

2.3 职业和职业准入制度

任务目标

2.3.1 行业、职业、职业证书该怎么选

任务名称

任务一：选行业重要，还是选职业重要？
任务二：你喜欢什么职业？
任务三：我选择考取哪些职业证书呢？

任务分析

在进一步了解 CT 和 ICT 行业的发展前景和优势、主要企业、职位等信息的基础上，明确自己的职业目标和职业发展路径，填入自己的职业生涯规划书中。

实现准备	课堂讲解	知识点：职业的基本知识
	课堂活动	活动一：做微信公众号运营官，你觉得如何？
	课堂讲解	知识点：职业准入与职业资格证书
	课堂活动	活动二：如何看待大学生"考证热"？
实现参考	课堂活动	活动三：这个职业排行，你怎么看？
	课堂讲解	面对"考证热"，大学生该怎么办？
	课堂活动	活动四：有真才实学的证才叫证
任务实现	课堂实训	任务一：选行业重要，还是选职业重要？ 任务二：你喜欢什么职业？ 任务三：我选择考取哪些职业证书呢？
任务小结	课后思考	可以确定职业目标和职业证书目标了

> 实现准备

2.3.2 职业、职业准入与职业资格证书知识

知识点：职业的基本知识

1. 职业的定义

职业是人们从事的相对稳定的有一定专门职能的并取得经济报酬的工作，是人的生活方式、经济状况、文化水平、行为模式、思想情操的综合反映，也是一个人的权利、义务、职责和社会地位的一般体现。职业包含以下几个方面的含义。

（1）职业的经济性

从事职业活动的就业者能获得经济收入，并且相对稳定、持续。

（2）职业的技术性

从事职业活动的就业者，需要具备相应的知识和技术。随着社会的进步和发展，许多职业对劳动者所具备的知识和技术水平的要求会越来越高。

（3）职业的社会性

人们的职业劳动，不仅为个人谋生，同时也是尽社会义务，一个人通常只能从事一种或几种具体的劳动，不可能生产出个人所需要的所有生活资料，人和人之间是相互依存的，需要用自己的劳动成果与别人的劳动成果相交换。通过交换，在满足自己需要的同时，也满足其他社会成员的需要，从而起到为他人服务的作用，对国家和社会也做出了贡献。

（4）职业的连续性

从事职业活动的就业者，其从事的劳动是稳定的、螺旋上升的，具有明显的连续性。

（5）职业的规范性

从事职业活动的就业者，其从事的每一种职业都有其特定的职业规范，有其应遵守的各种操作规则和章程。

2. 职业的基本特征

根据职业产生的发展历史及其对人类社会发展的影响，职业具有以下特征。

（1）产业性

一个国家一个社会，就大的方面可以分为三类产业，第一产业和第二产业都是物质生产部门，第三产业虽然并不生产物质财富，但却是社会物质生产和人民生活必不可少的部门。在传统农业社会，农业人口比重最大；在工业化社会，工作领域中的职业数量和就业人口显著增加；在科学技术高度发达和经济发展迅速的社会，第三产业职业数量和就业人数显著增加。

（2）同一性

相同或相似的职业，其劳动条件、工作对象、生产工具、操作内容相同或相近，由于环境的同一人们就会形成同一的行为模式，有共同的语言习惯和道德规范，因而形成诸如行业协会、商会等组织。

（3）差异性

不同职业间存在着很大的差异，劳动条件、工作对象、工作性质、工作方式及报酬等都不相同。这体现了社会本身的多种分工和劳动者相互间的差异。随着社会的进步和发展，新的职

业如经纪人、微信运营等将会不断涌现，各种职业间的差异也会不断变化。

（4）职位性

所谓职位是一定的职权和相应责任的集合体。职权和责任是组成职位的两个基本要素。职权相同，责任一致，就是同一职位。

在职业分类中，一种职业都含有职位的特性。从社会需要角度来看，职业并没有高低贵贱之分，但是，现实生活中由于对从事职业的素质要求不同，以及人们对职业的看法或舆论的评价不同，职业便有了层次之分。这种职业的不同层次往往是由于不同职业体力、脑力劳动的付出、收入水平、工作任务的轻重、社会声望、权力地位等因素决定的。

（5）组群性

无论以何种依据来划分职业都带有组群特点。如科学研究人员中包含行为学、社会学、经济学、理学、工学、医学等，再如咨询服务事业包括科技咨询工作者、心理咨询工作者、职业咨询工作者等。

（6）稳定性

社会分工要求劳动者相对稳定，这样才能不断积累经验，不断丰富各个职业门类的知识。任何一个相对复杂的职业都需要具备一定的专业素质、能力素质、身体素质和道德素质的从业者。职业对从业人员的素质要求越高，该职业的稳定性也就越高。

（7）时空性

随着社会的发展和进步，职业变化迅速，除了弃旧更新外，同一种职业的活动内容和方式也会发生变化，所以职业的划分带有明显的时代性。不同时代有不同的热门职业，我国曾出现过的"当兵热""从政热"，后又发展到"下海热""外企热"等，都反映出特定时期人们对某种职业的热衷程度。

3. 职业的功能

职业是人与社会联系的纽带，职业生活在人类社会生活中居首要地位。不同的职业把劳动者区分在不同的职业岗位上，相互合作。从其价值取向而言，职业是为己谋生，为人服务。这是不可分割的两面。职业的生活质量高，对社会的贡献大，人生的价值就容易实现。因此，职业在人一生的发展过程中至关重要。

（1）职业的个人功能

职业是人生的主要活动，职业作为人们参与社会生活、从事社会活动、进行人生实践的重要场所，从多方面决定了个人特征和境遇。

职业是个体实现个性功能的重要渠道，当一个人从事的职业符合其个人的特点、兴趣时，这个人的工作积极性就会得到充分发挥，也就促进了个性的充分发展。

职业是个人为社会做贡献的重要途径，职业活动既是一个实现自身价值的过程，也是为社会创造价值的过程，个人对社会的贡献主要通过其职业活动来实现。人们通过从事职业活动，获得相应的荣誉、权力、地位和收入，满足了个人的经济需要，也满足了受到社会尊重的价值需要，对社会、单位获得了归属感，促进了个人的全面发展。

（2）职业的社会功能

职业是社会分工的结果，是社会存在的内容。职业是劳动者的社会角色，每个劳动者通过职业活动与社会发生关系，形成社会关系。职业作为一种社会存在，不仅是人的社会身份、层级、地位的体现，其本身也构成了人类社会存在的一个内容。职业种类越多，社会活动越多样化，社会生活就越丰富多彩。

职业是社会发展的动力。职业的社会运动，包括个人改善职业的向上流动、与社会经济结构相联系的职业结构变动、不同职业阶层间的矛盾冲突及解决等，构成了社会发展与社会进步的动力。

职业是社会控制的手段。职业是人的重要生活方式，安居乐业是人们的共同愿望，衣食足而知荣辱，饥寒则起盗心。政府为公众创造职业岗位，执行促进"充分就业"的政策，从其功能角度来看，就是为了减少社会问题，达到社会控制的目的。此外，政府在就业方面的种种政策和制度，也都是为了实现大大小小的各种社会目的。

（3）职业的经济功能

职业是个人获得经济收入的来源。人们通过职业活动来获取相对稳定的报酬，以维持个人生存、家庭生活和职业发展。

职业劳动创造社会财富。人们通过职业劳动为社会创造物质财富与精神财富，推动社会不断进步，职业分工是构成社会经济制度运行的主体，随着社会的不断进步，职业分工更加合理，社会经济制度也将越来越完善。

4．职业的分类

所谓职业的分类，是采用一定的标准和方法，根据一定的分类原则，对从业人员所从事的各种专门化的社会职业进行的全面系统的划分与归类，它是一个国家形成产业结构概念和进行产业结构、产业组织及产业政策研究的基础。我国职业分为如下8大类。

- 第一大类：国家机关、党群组织、企业、事业单位负责人。
- 第二大类：专业技术人员。
- 第三大类：办事人员和有关人员。
- 第四大类：商业、服务人员。
- 第五大类：农、林、牧、渔、水利业生产人员。
- 第六大类：生产、运输设备操作人员及有关人员。
- 第七大类：军人。
- 第八大类：不便分类的其他从业人员。

5．职业声望

（1）职业声望的概念

人们对职业的社会评价，是职业社会学研究的范畴之一。

职业声望是人们对职业社会地位的主观评价，没有职业地位，职业声望就无从谈起；而如果没有职业声望，职业地位高低也无法确定和显现，人们正是通过职业声望来确定职业地位的。第二次世界大战后，对职业声望的经常性调查，在许多国家已成惯例。

（2）决定职业声望高低的主要因素

1）职业环境

职业环境是指任职者所能获得的工作条件的便利与社会经济权利的总和。包括职业的自然环境与社会环境，如工作条件、空间环境、劳动强度、工资收入、福利待遇、晋升机会等。

2）职业功能

一定的职业对于提高国家的政治、经济、科学、文化水平的意义及其在社会生活中对于人民的共同福利所担负的责任。

- 任职者素质

任职者素质包括文化程度、能力、政治态度、道德品质等。职业环境越好，职业功能越大，任职者素质越强，职业声望就越高。一般地，人们对职业声望的评价具有相当大的一致性。

● 社会报酬

职业的社会报酬是指职业提供给任职者的工资收入、福利待遇、晋升机会、发展前景等。一般来说，工作收入高、福利待遇好、晋升机会多、发展前景大的职业，其声望评价也越好。

（3）职业声望的稳定性

在不同的社会发展阶段，人们对同一种职业的评价往往很不相同。例如，"核物理学家"这一职业，在1947年全美国的一次职业声望调查中被评为第18位，而在1963年的一次调查中上升为第3位。

具有不同经济文化背景的群体，对同一职业的评价不同。不同年龄和性别的群体，对同一职业的评价也有差异。

（4）职业声望的作用

职业声望的排名并不是把各种职业分成三六九等，或是用好和坏的标准衡量职业。其研究的意义在于为社会中个体的职业流动提供指导意义。

职业声望的评价和变化对未来择业的取向有很重要的影响，尤其是当代大学生，面对严峻的就业压力，很容易发生的情况就是跟着"职业声望指挥棒跑"——哪好就去哪，这样造成了职业声望对其职业选择的影响。

但对职业声望观看得太重视，某些人错过了可以发挥能力才华的机会。当面临一个自己新兴产业的职业时，毕业生选择错过或放弃，实则他可以留在岗位上，也许这是最好的选择。做事情要懂得用迂回政策，当代大学毕业生完全可以凭借自己的年轻气盛从小做大，成功实现目标。

活动一：做微信公众号运营官，你觉得如何

1. 活动目的

了解新兴职业的职责和要求，分析新兴职业对就业观念的影响。

2. 活动流程

（1）阅读材料

微信运营的岗位职责及任职要求

岗位职责：
- 独立运营微信公众号，负责微信公众账号的日常运营和维护工作；
- 负责微信公众账号的内容更新、人群聚焦、话题发起、客户管理等工作；
- 负责策划并制定微信线上活动方案及微信原创内容的策划与编辑工作；
- 负责微信公众账号推广模式与渠道的探索，了解用户需求，收集用户反馈，分析用户行为及需求；
- 制定社会化媒体运营与品牌营销策略，在微信、豆瓣等社会化媒体开展品牌营销工作；
- 负责企业客户微信官方账号的运营，日常内容编辑、发布、维护、管理、互动、提高影响力和关注度；
- 利用微信平台推广企业的客户产品或服务的品牌、产品和互动；
- 定期与粉丝互动，策划并执行相关线上的微信推广活动；
- 跟踪微信推广效果，分析数据并反馈，总结经验，建立有效运营手段提升用户活跃

度，增加粉丝数量；
- 能够熟练掌握并实施企业、产品、内容微信运营矩阵策略；
- 制定并实施清晰的用户互动策略，发展粉丝与好友，通过持续互动转化潜在客户，提升企业及产品口碑；
- 快速掌握微信的内容创作，能够创作优秀内容，具有一定的话题敏感度；
- 能够策划组织线上与线下活动，通过活动增加社会化媒体曝光率，提高粉丝与好友数量，提升用户黏度；
- 搜集有效粉丝的问题反馈和批评建议，对有效粉丝的需求和行为进行数据分析，将整合后的数据提交给相关人员。

任职要求：
- 熟悉安卓和苹果等智能操作系统，熟悉微信公众平台及其运营方式；
- 具有运营微信群运营经验，并有成功转化案例，具有较强的语言组织能力和营销文案撰写能力；
- 思维活跃，具有良好的理解能力和团队精神，热爱本职工作，工作细心、责任心强，富有想象力和激情；
- 有从事互联网行业和社会化营销的相关经验；
- 能够根据用户的需求，创造更好的交互内容，有创造平台内容的良好技巧；
- 熟悉移动互联网使用人群的特点及行为习惯；
- 辅助公司组建开放的团队，构建社会化营销体系。

（2）快速思考
- 产生微信公众号运营官这类新兴职业的原因是什么？
- 你还知道那些新兴职业？请列出来。
- 你对这些新兴职业有兴趣吗？对你的就业观念有什么印象？

知识点：职业准入与职业资格证书

1. 职业准入

（1）就业准入制度

就业准入是指根据《劳动法》和《职业教育法》的有关规定，对从事技术复杂、通用性广、涉及国家财产、人民生命安全和消费者利益的职业（工种）的劳动者，必须经过培训，并取得职业资格证书后，方可就业上岗。实行就业准入的职业范围由劳动和社会保障部确定并向社会发布。

（2）国家对实行就业准入的具体规定

职业介绍机构要在显著位置公告实行就业准入的职业范围；各地印制的求职登记表中要有登记职业资格证书的栏目；用人单位招聘广告栏中也应有相应职业资格要求。

职业介绍机构的工作人员在工作过程中，对国家规定实行就业准入的职业，应要求求职者出示职业资格证书并进行查验，凭证推荐就业；用人单位要凭证招聘用工。

从事就业准入职业的新生劳动力，就业前必须经过一到三年的职业培训，并取得职业资格证书；对招收未取得相应职业资格证书人员的用人单位，劳动监察机构应依法查处，并责令其改正；对从事个体工商经营的人员，要取得职业资格证书后工商部门才办理开业手续。

持职业资格证书就业的职业（工种）目录，请扫二维码查阅。

2. 职业资格证书

（1）职业资格证书的制度

职业资格证书制度是劳动就业制度的一项重要内容，也是一种特殊形式的国家考试制度。它是指按照国家制定的职业技能标准或任职资格条件，通过政府认定的考核鉴定机构，对劳动者的技能水平或职业资格进行客观公正、科学规范的评价和鉴定，对合格者授予相应的国家职业资格证书。

（2）实施职业资格证书制度的法律依据

推行职业资格证书制度是实施"科教兴国"战略的一项举措，也是我国人力资源开发的重要手段。

中共中央《关于建立社会主义市场经济体制若干问题的决定》指出："要制定各种职业的资格标准和录用标准，实行学历文凭和职业资格两种证书制度。"《中华人民共和国劳动法》第八章第六十九条规定："国家确定职业分类，对规定的职业制定职业技能标准，实行职业资格证书制度，由经备案的考核鉴定机构负责对劳动者实施职业技能考核鉴定。"《中华人民共和国职业教育法》第一章第八条明确规定："实施职业教育应当根据实际需要，同国家制定的职业分类和职业等级标准相适应，实行学历文凭、培训证书和职业资格证书制度。"这些法规确定了国家推行职业资格证书制度和开展职业技能鉴定的法律依据。

（3）国家推行职业资格证书制度的意义

开展职业技能鉴定，推行职业资格证书制度，是落实党中央、国务院提出的"科教兴国"战略方针的重要举措，也是我国人力资源开发的一项战略措施。这对于提高劳动者素质，促进劳动力市场的建设及深化国有企业改革，促进经济发展都具有重要意义。

（4）职业资格证书的作用

职业资格证书是表明劳动者具有从事某一职业所必备的学识和技能的证明。它是劳动者求职、任职、开业的资格凭证，是用人单位招聘、录用劳动者的主要依据，也是境外就业、对外劳务合作人员办理技能水平公证的有效证件。

（5）国家职业资格证书的管理机构

职业资格证书的国家管理部门是劳动与社会保障部职业技能鉴定中心，具体由省、直辖市劳动与社会保障部门执行。考取该中心颁发的国家职业资格证书，不仅在全国范围内通用，还可以作为法律公正的有效文件，在全球90多个国家获得承认。

（6）国家职业资格证书的等级

我国职业资格证书分为五个等级：初级工（国家职业资格五级）、中级工（国家职业资格四级）、高级工（国家职业资格三级）、技师（国家职业资格二级）、高级技师（国家职业资格一级）。

（7）国家职业资格证书与专业技术等级证书的区别

国家职业资格证书是对劳动者从业资格、执业能力的综合评价，除了必备专业知识、职业技能以外，对劳动者的法律法规知识及职业操守提出了相应的要求；而专业技术等级证书仅仅是对某一专业领域知识掌握程度的评价，更强调技术层面的内容。如珠算技术等级证书、计算机应用能力（NIT）等。

3. 职业技能鉴定

职业技能鉴定是一项基于职业技能水平的考核活动，属于标准参照性考试。它是由考试考核机构对劳动者从事某种职业所掌握的技术理论知识和实际操作能力做出客观的测量和评价。职业技能鉴定是国家职业资格证书制度的重要组成部分。

（1）申报职业技能鉴定的条件

参加不同级别鉴定的人员，其申报条件不尽相同，考生要根据鉴定公告的要求，确定申报的级别。一般来讲，不同的等级的申报条件为：参加初级鉴定的人员必须是学徒期满的在职职工或大学专科的毕业生；参加中级鉴定的人员必须是取得初级证书。并连续工作 5 年以上，或是经劳动行政部门审定的大学本科毕业生；参加高级鉴定人员必须是取得中级证书 5 年以上、连续从事本职业不少于 10 年，或是经过正规的高级培训并取得了结业证书的人员。

（2）职业技能鉴定的主要内容

国家实施职业技能鉴定的主要内容包括：职业知识、操作技能和职业道德三个方面。这些内容是依据国家职业标准、职业技能鉴定规范（即考试大纲）和相应教材来确定的，并通过编制试卷来进行鉴定考核。

（3）职业技能鉴定的实施机构

职业技能鉴定作为考试活动的特殊表现形式，与各类考试活动的重要区别在于其评价的内容是劳动者从事具体职业活动的工作能力，通常要求在工作场所进行操作技能的考核。职业技能鉴定所（站）是经劳动保障行政部门批准具体实施职业技能鉴定的考试和考核场所。

一般而言，社会通用工种的鉴定活动由国家职业技能所负责实施，行业特有工种的鉴定活动则由行业特有工种职业技能鉴定站负责实施。

（4）职业资格证书的办理

根据国家有关规定，办理职业资格证书的程序为：职业技能鉴定所（站）将考核合格人员名单报经当地职业技能鉴定指导中心审核，再报经同级劳动保障行政部门或行业部门劳动保障工作机构批准后，由职业技能鉴定指导中心按照国家规定的证书编码方案和填写格式要求统一办理证书，加盖职业技能鉴定机构专用印章，经同级劳动保障行政部门或行业部门劳动保障工作机构验印后，由职业技能鉴定所（站）送交本人。

4. 执业资格

执业资格包括从业资格和执业资格。从业资格是指从事某一专业（工种）学识、技术和能力的起点标准；执业资格是政府对某些责任较大，社会通用性强，关系公共利益的专业实行准入控制，是依法独立开业或从事某一特定专业学识、技术和能力的必备标准。执业资格实行注册登记制度。

到 2009 年 6 月 30 日全国已开考各类执业资格共计 49 项，主管部门及职业资格名称等相关信息，可扫描二维码查询。

执业资格查询

活动二：如何看待大学生"考证热"

1. **活动目的：** 学习理性面对"考证热"，处理好学习、实践和考证之间的关系。
2. **活动流程**

（1）阅读材料

近年来，"考证热"的形势正在全国各地高校愈演愈烈，计算机、英语四六级、普通话等这些基本证书已经满足不了大学生的需求,大批高校学生在奋斗一些只有专业内人士的考试证书,如教师资格证、秘书资格证、会计证等。在这庞大的考证队伍中,不少学生把考证当成了自己的主业忽略了自身专业的学习,此外也有很多学生在考本专业对口证书同时,纷纷准备考取各大热门证书。

目前大学生正在参加的考试证书种类达上百种,65%的大学生抱着"大家都考了我也去试试"的心态,考证过程中盲目跟风,有的学霸类学生甚至拿到 10 多本资格证书,但是考取的每个证书需要付出的价值非常高,有的多达上万。一些学生依靠着"考前突击""死记硬背"、甚至花费专业课时间学习的行为而取得的证书,这种考证行为既耽误了大学生专业课程的学习,造成了时间精力成本的减少,社会资源的浪费,也可能发展成为自身的累赘,使得企业用人单位对其能力水平产生怀疑。

(2)请思考回答如下问题
- 对考取职业资格证书,你怎么看?
- 你认同"大家都考了我也去试试"吗?为什么?
- 如何协调考证与专业学习和实习之间的关系?

3. 参考观点:建议考职业资格证

(1)目标驱动自我时间管理

进入大学之后,除了学习专业知识外,若没有其他明确目标进行自我学习驱动,很多学生将会陷入迷茫状态,特别是那些不怎么喜欢甚至讨厌所学专业的同学。

对专业课程没兴趣,"60 分及格"万岁,业余时间无聊不知道该干什么,逐渐学会利用打游戏打发时间,这也是美好青春堕落的开始。所以,这样的同学需要树立学习目标来进行自我能力提升和时间管理。

(2)证书驱动探索职业兴趣

在有了考取职业资格证书的目标之后,接下来的问题就是该考取什么样的资格证书,作为在校生又能考取什么样的证书,毕业后想从事哪方面的职业等一系列的问题就会出现在眼前。

而探索这些问题的答案的过程,是职业兴趣方向探索的过程,是了解行业和就业需求的过程,同时也是认识自我的过程,比起无聊打游戏度过业余时间相比,拥有职业探索这一系列过程的大学生活更加充实而有意义。

(3)备考过程实现自我进化

树立了考取某职业资格证书的目标,然后毫不犹豫地去执行并完成目标,在践行的过程中不仅学习了专业领域之外的知识,拓宽了知识边界,而且使意志力和执行力得到了磨炼。

因为这个目标完全是自发性达成的,在没有人监督的情况下完成的,很可能有的人中途就放弃了,而能坚持到最后的人必定在为人和处事能力方面实现了自我进化和提升。

(4)资格证书增加求职砝码

很多应届生在求职过程中会发现,很多公司对求职者英语 6 级证书比较看重,为什么呢?

其中一个重要原因是英语 6 级不仅代表了英语水平,它同时代表了自我学习能力和自我目标管理,因为英语 4 级是学校强制性要求必须要通过的,否则就拿不到学位证书,而英语 6 级是学生自发性考取的,代表了学生在自我突破中学习能力的培养。

拥有职业资格证书不仅代表了有从事某种职业的基本资格,也表明了证书背后的学习能力和执行能力,而这背后的东西才是招聘单位更看重的职业素养,拥有资格证书的人在求职过程中成功率更高。

再者，有了职业资格证书，寻找实习也更加容易，就业面将更加广泛。

→ 实现参考

2.3.3 参考职业排行与考证热的冷思考

活动三：这个职业排行，你怎么看

1. 活动目的

理解职业地位、职业要求对职业选择的影响，思考如何选择职业。

2. 活动流程

（1）阅读材料

在中国，什么职业最好？这个问题很难回答。职业本身很难分出优劣。但是总有办法，循着对职业的敏感把握，以及跨越行业藩篱的专业素质，用大数定律规避了诸多偏见，整理出了以下的职业排行榜。

1）销售

在每一个发展正常的公司，有些销售人员开的车都比老总的好。千万别因为各个行业销售人才缺口的百万量级就一脚踏进来，专家们说，做到了顾问型销售的才是一流，并非人人都能达到如此境界。

2）IT 工程师

无论是熬夜干活的"软件工人"还是闲着数辆保时捷跑车没时间开的"金领新贵"，这个行业给了每个从业者均等的朝阳曙光。随着人们对电子产品的依赖程度越来越大，掌握电子信息产业技术的人必定身价随之上涨。

3）建筑工程师

房地产有多热，建筑设计师就有多热。更何况，他们的衡量标准不是工作量，而是创意。国内高级建筑设计师的年薪在 30 万～150 万人民币，那些因为一项设计而改变城市的设计师的年薪则不可计也。

地产业的火热使建筑设计师成为价高人稀的"金领"人才。

4）高级技师

哪所大学能培养出高水平的汽车修理工？培养出一个高技术的蓝领会比写字楼里案头工作的白领更有价值，因为他们并非理想中工作的主流，高级技师已经成为稀缺资源。各种工具的智能化程度越高，越离不开熟练技师。

5）公务员

几百万人争考公务员的场面已经很能说明问题了，一个来自清华大学的应届生说：前几年，几乎所有同学都"一窝蜂"考托出国，现在大家都忙着备战公务员考试。公务员的工资可能不吸引人，但"有钱难买我得闲"。工作的稳定和荣耀，本身就是一种收益。

6）职业经理人

在这个职业，你有权调配手中资源和千军万马；有可观的收入，有受人尊重的理由，有实现价值的平台。职业经理人已经形成了一个很强势的经济推动力量——公司的发展依赖职业经理人，一个企业的好坏与否、成败与否，完全依靠职业经理人。

7）人力资源总监

二十一世纪最贵的是什么？人才？非也！找人才的人。千里马易得，伯乐难求。人力资源部门的位置正在上升成为组织管理者的重要战略合作伙伴。

8）投资经理

首先，只有极少一部分人才能成为投资经理；其次，优秀的投资经理永远是被钱追着跑；最后，生产工具只有一副头脑而已。投资经理目前的人才缺口为3万～5万，未来三年的需求量将成倍增长。

9）咨询行业项目经理

未来几年的咨询行业必然会以高于两位数的速度高速增长，需求无可估量。而他们本身的要求非常高：集专业能力和管理能力于一身。资深的咨询顾问年薪可达10万以上，高级项目经理的年薪则在30万～50万以上。

10）律师

随着我国法治建设进程的不断推进，律师这个职位的社会需求越来越多，而律师的收入也高居职业排行前列。这类职业年薪收入在10万～100万浮动。一句话，供给多，需求更多。

（2）学生分组，讨论

- 你怎么看对职业进行排序的现象？
- 按怎样的标准进行打分、排序，你觉得是比较合理的？
- 你了解这些职业更多的信息吗？诸如工作压力、进入门槛、发展路径等。
- 你认为这样的排序对你职业选择有什么影响？

（3）课堂分享

各小组安排1人分享小组讨论结论，其他成员可以补充，也可以分享不同观点。

3. 观点参考：适合自己的才是最好的

上述职位排行几个是按各个职位的行业前景、承受压力、进入门槛、福利待遇、供求、上升空间、收入情况等维度进行评估得出的，请扫描二维码阅读。所以，我们需要全面了解更多的信息，选择适合自己的岗位。

适合自己的才最好

观点参考：面对"考证热"，大学生该怎么办

1. 现象：可考证书超过百种

除了大学英语四、六级、计算机等级考试等常考科目外，在校大学生中还准备考取其他资格证书的超过73%。据了解近年来可供大学生考的证书已超过百种，主要有如下三类。

（1）通用型证书

如计算机等级证书、大学英语四、六级证书及大学英语四、六级口语证书，这类证书用人单位看重，成为大学生考证的首选和"必修课"。

（2）能力型证书

如托福（TOEFL）证书、雅思（IELTS）证书、英语中高级口译资格证书、全国计算机软件专业技术资格和水平证书等。

（3）职业资格类证书

如市场营销证书、人力资源管理证书、物流师资格证书、国家司法考试证书等，此类资格证书范围广、种类多。

为了考证，大学生们不得不报各种各样的培训班，无形中加大了开支。据了解，目前英语四、六级辅导费几百元，Adobe 公司的平面设计师资格证书考前辅导班报名费 1650 元，考试费 960 元，人力资源管理师培训费 1280 元，项目管理师（PMP）培训费 3900 元，视频设计师辅导培训费 2450 元，考试费 960 元；办公自动化培训费 320 元，考试费一个模块 75 元，这些费用，对于大学生来说实在是一笔不小的开支。

2. 误区：证书就是求职砝码

在西安上大四的霍强，所学专业是化工。他本来对会计及相关知识一无所知，但为了毕业后找一份好工作，也不得不和同学硬着头皮去考注册会计师资格证。霍强认为：无论你能力怎么样，考的证书越多、范围越广越好。他对记者说："证书也是实力的一种，多一张证书就比别人多一次机会。在条件相当的情况下，比对方多持有一张证书，就多了一份被用人单位相中的希望。"

电子科技大学大四学生张某，对考证原本没有兴趣，但看到身边同学都忙于考证，害怕落伍也加入到考证行列。他说："大家都在同一起跑线上，我不去考岂不是落后了？再说，目前竞争压力这么大，多一证总比少一证好！"除了面临毕业的大学生热衷考证外，一些新生也加入到校园考证族中。一位新生贺某告诉记者，现在就业压力那么大，早做准备早下手，免得迟了跟不上。

由此可见，激烈的就业竞争，导致了"考证热"现象的出现。大学生为求职早做打算，多学一些知识和技能，本来是件好事；但不少学生因此本末倒置，忙于考证，对专业学习造成了不良影响，甚至考试亮起了"红灯"。

3. 提醒：不必盲目跟风

有证，就业就有了保险？其实，证书对用人单位来说只是一个参考条件，而不是必选条件。大学生要认识到文凭与职业证书的区别。文凭是知识的证明，职业资格认证则是对职业能力的要求。

大学生应理性对待考证热，从自己的专业及就业倾向入手，选择性地考取证书。同时，参加认证考试时，要考虑自己的实际情况；以耽误自己的学业为代价，去搏一张甚至多张所谓的"就业通行证"，是不可取的。

因此，证书虽然重要，一些用人单位会以证书作为选拔的一个参考，但是不能证明一切；只有真正提高自己的实力，才能适应激烈的竞争。目前，许多学生盲目追求证书，忽视了自身综合能力的提高，应根据自己的实际情况和专业前景进行相应的技能提升；考证不要随大流，要量力而行，切不可盲目跟风。

4. 建议：理性面对"考证热"

目前来市场招聘的单位除了一些技术含量较高的岗位或特殊工种要求有证外，大部分单位招聘时不是特别看重证书。虽然有些岗位要求持证上岗，但都是在员工正式录用上岗后考取的。因此，大学生在考证时不要盲目跟风，可以根据自己的专业和要从事的行业选择证书，许多证书可以在找到工作后再考取。

招聘单位在选才时，除证书外，他们更注重毕业生的真实能力和素质，证书只是体现毕业生能力和素质的一个方面。因此，大学生本身要对自己有一个清醒的认识，在学好专业知识的基础上，理性地选择有利于职业生涯发展的考证课程。此外，毕业生在校的各科成绩是否优秀、是否拿过奖学金、是否担任学生干部、是否有参加社团的经历等，这些条件都非常重要。一个拿过各类证书的毕业生，和一个拥有良好成绩和企业实习经验的毕业生相比，企业一般会选择后者。

1）明确考证目的

不能片面地追求一纸证书，而要把自己的认证考试和自己的特长，以及未来将要从事的工作结合起来。

2）选择实用证书

一是选择自己确实有兴趣的；二是与专业相近的；三是选择几大类通用的和高、尖、精类的证书。

3）筛选正规机构

选择的培训机构一定要确保自己能学到真正本领，拿到真正通用的合法的证书。

4）正视承受能力

考一个证书动辄成百上千，几个证书考下来不知又要花掉父母多少血汗钱。其一如果有用还好，若是无用，岂不是白白增加家庭重担。其二是正视自己的学习能力，不能因考证而把专业学习耽搁了。

5. **参考：ICT 行业实用证书**

（1）网络厂商

- 华为：HCIA/HCIP/HCIE，分别为工程师、高级工程师、专家。
- Cisco：CCNA/CCDA，CCNP/CCDP，CCIE。
- 世纪鼎利：网络优化工程师认证（DLOC）助理工程师、初级工程师、中级工程师。
- VMware：虚拟化工程师。
- SUN 的 Java 认证：ICJP，SCJD，SCWCD，SCMAD，SCWSD，SCEA。

（2）软件考试

- 网络工程师、网络规划设计师、信息安全工程师等。
- 系统集成项目管理、信息系统项目管理师。

（3）学历证书+若干职业技能等级证书（"1+X"证书）

- 北京鸿科经纬科技有限公司：网店运营推广。
- 南京第五十五所技术开发有限公司：云计算平台运维与开发。
- 北京新大陆时代教育科技有限公司：传感网应用开发。
- 北京博导前程信息技术有限公司：电子商务数据分析。
- 腾讯云计算（北京）有限责任公司：云服务操作管理。
- 北京华晟经世信息技术有限公司：5G 移动网络运维。
- 珠海世纪鼎利科技股份有限公司：移动通信无线网络测试与优化。
- ……

活动四：有真才实学的证才叫证

1. 任务目的

了解、思考、分析什么职业证书才是大学生需要的。为选择自己的职业证书考试提供参考。

2. 任务流程

（1）阅读下面的案例

> **案例 3：有真才实学的证才叫证**
>
> "大二的时候就已经通过了上海英语中级口译资格考试、国家英语四六级，拿到了专业

计算机绘图二、三级证书，曾荣获全国大学生英语竞赛二、三等奖！"她就是扬州大学机械工程学院外号"考证王"的石媛媛，现已被东风悦达起亚公司正式录用，今年六月份毕业后将直接到该公司赴职，令很多同学羡慕的是，就在她与东风悦达起亚公司签完合同的第二天，又收到了江南翻译服务有限公司的聘书。

从踏进大学校门至今，石媛媛并没有像其他大学生一样整日想着如何玩乐，在几位学长的劝导下，她明白了在大学里，不管怎样，学习还是最重要的。"如果你真的厉害，就把中级口译证书拿给我看看！"这是其中一位学长对她说过的一句话，抱着多一个"本本"，就有可能多一个工作机会的想法，石媛媛走上了她的"考证之路"。

从大一上学期起，石媛媛便开始认真系统地学习英语四级和计算机二级 C 语言。每天早上宿舍的大门刚开她就起床，拿着英语书绕着操场和校园读书；周末的宝贵时间她更不放过，当其他同学都在玩的时候，她却在长明灯教室看书。

就这样日积月累，她学到了很多书本外的知识，因为当时大一不可以报考全国英语四六级，所以石媛媛的这些证书都是她大二才拿到的。在大二升大三的暑假里，她做了一个很大的决定：参加上海中级口译考试，由于当时扬州还没有考点，她只好花费一千二百元孤身一人去上海参加培训和考试。经过了整整一个暑假的艰苦学习，石媛媛顺利拿到了上海英语中级口译证书，她也是当时扬州大学机械学院第一个拿到英语口译资格证书的学生。

凭借一张口译资格证书，石媛媛得到了很多工作机会的青睐，而当初对她考这个证书不以为然的几位同学也开始后悔莫及，随即到相关机构报了名，在她的引领下，目前，学院已有近五十名学生参加了上海英语口译等级考试。

（2）思考、分析如下的问题
- 石媛媛成功被公司录用的主要原因是什么？
- 你分析她的哪些证书发挥了作用？
- 她的证书与专业相关性怎样？
- 结合自己的职业目标，思考一下准备考取什么职业证书？

3. 参考观点分享

当下大学生的就业问题日趋严峻，虽说"证书"在大学生求职过程中的作用已经"大打折扣"，但恰当的、能对自身专业起到"补充"作用的证书将会给大学生的就业增加很大的筹码；反过来讲，如果所有大学生都觉得"证书"对自己的就业没有帮助的话，考证的人就少了，到那个时候，"本本"反而成了"宝贝"，当然最重要的还是要"考对证"。

石媛媛就是典型的例子，现在很多工厂和公司的产品都要销售到国外，这就要求他们的营销人员不仅要懂得产品的专业知识，还要有一定的英语口语能力，所以，一张中级口译证书再加上过硬的专业知识，让石媛媛在如此激烈的求职竞争中仍处于不败之地，这也是科学发展观的体现。

因此，大学生们在"考证热"的浪潮中，要时刻保持清醒的认识，不能随波逐流，只有转变考证观念，合理正确地把"证书"和自身专业、职业性质结合起来统筹考虑，"考对证"，才能使"证书"的作用发挥到极致，才能使自己在"考证一族"中脱颖而出，才能使自己在求职的"乱战"中立于不败之地。

→ 任务实现

2.3.4 如何选择行业、职业、职业证书

任务一：选行业重要，还是选职业重要

1. 任务描述

很多人选择工作的时候都会面临这样一个问题：行业和职业，哪个更重要？正确的做法应该是职业和行业的完美结合。该如何做呢？

2. 你的选择呢？

IT/CT/ICT 技术可以应用于各行各业，当然其发挥的作用、工作的强度、发展空间、待遇是不同的，正因为如此，供你选择的余地很大。你是先选职业呢还是先选行业？

3. 观点参考：先选行业，再选职业

现在不同行业之间的收入没有可比性，新兴行业如金融、房地产、软件、计算机、律师、专利、能源等行业收入很高。传统行业收入较低，并且会很辛苦，如农业、化工、化学、生产等。因此，我们可以先选行业，再选职业。

为什么呢？请扫描二维码阅读相关分析。

先选行业，再选职业

任务二：你喜欢什么职业

1. 任务目的

调查了解当代大学生的职业选择及其影响因素是什么？从而指导当代大学生认清客观事实，在未来进行职业选择时，应该一切从实际出发。

2. 任务流程

（1）回答下面的问题（多选）

1）你最喜欢的职业是？

□科学研究工作者	□明星	□运动员
□白领	□公务员	□工程师
□医生	□民营企业家	□自由职业者
□教师	□律师	□作家
□管理人员	□设计人员	□其他，请写明：

2）最不喜欢的职业是？

□服务人员	□保姆	□出租车司机
□体力劳动者	□公关人员	□公务员
□导游	□推销员	□其他，请写明：

3）父母或长辈是否有期望你从事的职业？（单选）

□是　　　　　　　　　　□否

4）父母或长辈所期望你从事的职业是？

| □科学工作者 | □医务人员 | □律师 |

☐白领　　　　　　　　☐建筑师　　　　　　　☐明星
☐教师　　　　　　　　☐运动员　　　　　　　☐民营企业家
☐工程师　　　　　　　☐公务员　　　　　　　☐其他，请写明：

5）下列职业中，你看好哪些职业？
☐科学工作者　　　　　☐公务员　　　　　　　☐民营企业家
☐设计人员　　　　　　☐医务人员　　　　　　☐证券管理人员
☐自由职业者　　　　　☐律师　　　　　　　　☐其他，请写明：

6）觉得怎样的职业受人尊敬？
☐收入高的　　　　　　☐社会地位高的　　　　☐社会贡献大的
☐学有所用就好　　　　☐其他，请写明：

（2）学生分组讨论，将结果整理到表 2-2 中

1）你选择你认为好职业的原因是什么？
2）你认为好职业的标准是什么？
3）你认为影响职业声望的因素有哪些？

表 2-2　你心中的好职业

序　号	认为好职业的原因	好职业的标准	影响职业声望的因素
1			
2			
3			
4			
5			

（3）课堂分享

各小组安排 1 人分享小组讨论结论，其他成员可以补充，也可以分享不同观点。

任务三：我选择考取哪些职业证书呢

1. 任务目的

了解自己要从事职业的准入资格，选择自己准备参加的职业证书考试类型。

2. 任务流程

（1）选择自己打算从事的 2 种意向职业。

（2）了解这 2 种你拟从事的职业所必需的职业资格证书（3 种为限）类型，收集这些职业资格证书的相关信息，填入表 2-3。

表 2-3　职业资格证书相关信息收集

意 向 职 业	证 书 名 称	发 证 机 关	重　要　性	考 试 费 用

续表

意向职业	证书名称	发证机关	重要性	考试费用

（3）你准备考取哪些职业资格证书？

（4）计划什么时候考试？如何准备考试？

> **任务小结**

2.3.5　可以确定职业目标和职业证书目标了

本节，我们学习了职业的基础知识，也对职业准入制度和职业资格证书有了一定的认知。而通过任务的完成，我们可以确定自己的目标职业和职业资格证书目标了，请将这些初步确定的内容，填入我们的职业生涯规划书中，这样，我们的职业生涯规划书就有不少内容了。

建议可以将自己的思考和心得都写进去，为将来职业生涯规划书的反馈和调整提供足够的理由和依据。

第3章 认识自我，完成职业生涯规划

学习目标

> 了解认识自我的重要性，培养独立生活的能力和重视身体健康的习惯。
> 了解自己的职业性格、职业兴趣、职业技能和创新能力等自我特质，完成职业生涯规划书的制定。

任务安排

> 初步了解自我，开始填写职业生涯规划书的自我评估部分；
> 规划大学独立生活、制订身体锻炼计划，纳入职业生涯规划；
> 通过测试发现自己的职业兴趣，继续填写职业生涯规划书；
> MBTI 性格测试，补充职业生涯规划书；
> 制订专业学习和技能提升计划，纳入职业生涯规划；
> 创新人格测试，更新职业生涯规划书；
> 完成职业生涯规划书的制订，按照职业目标，做好提升自我综合素质的准备。

学习指南

> 课堂内：通过参与课堂活动、案例分析或自学"实现参考"；通过小组讨论分享、情景模拟等方式来理解知识点。
> 课堂外：扫描书中二维码进行扩展阅读或测试分析；利用课余时间网上查阅资料、自我测试更清楚地认识自我，通过课内外实训等方式分析、编写完成职业生涯规划书。

3.1 我是谁——生理和心理探索

任务目标

3.1.1 初步评估自我

任务名称

任务一：初步了解自我。
任务二：填写职业生涯规划的自我评估部分信息。

任务分析

要完成本节任务，需要重视自我认识，并采用适当的方法来了解自我，评估自我。

实现准备	课堂活动	活动一：我是谁？ 活动二：希望说的不是你？
	课堂讲解	知识点：正确评估自己，每个人都是独一无二的
实现参考	课堂讲解	方法参考：正确认识自我的方法和途径
	课堂活动	活动三：画一棵树
	课堂自测	活动四：自我意识量表自测
任务实现	课堂活动	任务一：初步了解自我 活动五：360度评价自我 活动六：请在我背上留言
	课外实训	任务二：填写职业生涯规划的自我评估部分信息
任务小结	课后思考	全面认识自我，尚有很长的路要走

实现准备

3.1.2 正确评估自己，每个人都是独一无二的

活动一：我是谁

1. 活动目的

了解"我是谁？"不仅是哲学问题，也是每个人会遇到的"烦恼"。

2. 活动流程

（1）阅读材料

成龙曾经演过一部电影《我是谁》，在影片中，成龙扮演了一位失去记忆的人，他不知道

自己是谁，非常痛苦。那么，同学都明明白白地知道"我是谁"吗？

经常听同学说他们的烦恼："有时我很自信，有时又自卑；有时我爱交朋友，有时我又喜欢独处；有时我性格开朗，有时又陷于苦恼之中；有时我生活充满阳光，有时又乌云密布。多少次我在镜中审视自己，在日记中倾诉自己，但我依然不知道我是谁。"

（2）快速思考
- 大家存在类似的烦恼吗？不清楚"我是谁？"
- 同学们对自我认识的烦恼，其问题在哪里呢？

3. 观点参考："认识自我"是必须的

"我是谁"这个话题看起来很简单，但要真正做到对自己进行客观全面的认识并不容易。中国有句古话，"人贵有自知之明"，也就是说，一个人能认识自己是很可贵的。而且，一个人只有认识自己，才能清楚自己的优点和缺点，才能确立自己前进的目标和方向，才能更好地发现自己。

那么，大家想不想更好地认识自己呢？

活动二：希望说的不是你

1. 活动目的

通过活动，了解自我认识的重要性。

2. 活动流程

（1）阅读材料

"我不知道自己适合做什么工作，只知道自己希望从事这份工作，因为这个单位条件好、有发展前途。"一位正在求职的大学生说。"我干什么都行，什么都感兴趣。"一位即将毕业的女大学生说。很多人在求职时只是一厢情愿地希望自己从事某种工作，却没有仔细考虑自己是否适合这个工作，是否真正喜欢这份工作，也不知道自己的能力满足岗位要求与否，其根本原因是对自己缺乏正确的认识。

（2）思考这些问题
- 你是不是现在也是这样的情况？
- 你希望更多地认识自我吗？你是通过什么办法了解自我的？

3. 观点参考：客观"认识自我"是重要的第一步

选择适合自己的职业，"认识自我"是重要的第一步。认识自我，就是要认识自己的生理特点，认识自己的理想、价值观、兴趣爱好、能力、性格等心理特点；认识自我，就是要客观地评价自己，不高估自己，也不贬低自己。

知识点：正确评估自己，每个人都是独一无二的

1. 自我意识的内涵和价值

（1）什么是自我意识？

自我意识是对自己身心活动的觉察，即自己对自己的认识，具体包括认识自己的生理状况（如身高、体重、体态等）、心理特征（如兴趣、能力、气质、性格等）以及自己与他人的关系（如自己与周围人们相处的关系，自己在集体中的位置与作用等）。自我意识主要包括三种心理成分。

1）自我认识

自我认识是主观自我对客观自我的认识与评价，自我认识是自己对自己身心特征的认识，自我评价是在这个基础上对自己做出的某种判断。正确的自我评价，对个人的心理生活及其行为表现有较大影响。如果个体对自身的估计与社会上其他人对自己客观评价距离过于悬殊，就会使个体与周围人们之间的关系失去平衡，产生矛盾，长期以来，将会形成稳定的心理特征自满或自卑，从而不利于个人心理上的健康成长。

2）自我体验

自我体验是主体对自身的认识而引发的内心情感体验，是主观的自我对客观的自我所持有的一种态度，如自信、自卑、自尊、自满、内疚、羞耻等都是自我体验。自我体验往往与自我认知、自我评价有关，也和自己对社会的规范、价值标准的认识有关，良好的自我体验有助于自我监控的发展。

3）自我监控

自我监控是自己对自身行为与思想言语的控制，具体表现在两个方面：一是发动作用，二是制止作用，也就是支配某一行为，抑制与该行为无关或有碍于该行为进行的行为。进行自我认知、自我体验的训练目的是进行自我监控，调节自己的行为，使行为符合群体规范，符合社会道德要求，通过自我监控调节自己的认识活动，提高学习效率。

（2）自我意识的价值

1）健康的自我意识是形成良好个性心理品质的基础

自我意识作为意识的核心内容，是个性结构的重要组成部分。可以说，心理过程和个性心理的各个组成部分，都是在自我意识的统领之下，通过自我意识的监督、调节作用相互影响，从而整合为有机的统一体。

自我意识指引着个性发展的方向，规划着塑造个性的具体行为，调节着个性发展中的矛盾冲突，把个性发展的全部进程都纳入自我意识之中。个性的塑造自始至终都是通过自我导向、自我监督和自我激励实现的，自我意识的水平越高，对个性的影响、调节与统合作用就越大。甚至可以说，自我意识标志着个性形成的水平。

2）健康的自我意识是处理好人际关系的必要条件

人们总是以"自我"为出发点处理与他人、与外部世界的关系。大量的心理学实践表明，许多人际关系不协调是由于自我意识不健全造成的。如果一个人自我评价过低，在与人交往时就会表现得胆怯害羞、敏感多疑、自我封闭；如果自我评价过高，在人际交往中就难免盛气凌人、孤芳自赏，不懂得理解、尊重别人，这两种倾向都会使个体在群体中陷入孤立境地。

3）健康的自我意识是做好人生规划的前提

首先，科学的人生规划取决于对"现实自我"的准确把握。大学生选择职业方向、规划人生道路都必须从自身的实际出发，要对自己的需求动机、能力倾向、气质性格、兴趣爱好有全面客观的认识，才能减少选择的盲目性，在成长的道路上少走弯路；其次，科学人生规划取决于对"理想自我"的合理定位。"理想自我"是自我意识在个体成长目标方面的一种形象表达，是个体发展自我、完善自我的动力。

4）健康的自我意识是适应社会、承担社会责任的必要准备

社会自我是自我意识的重要构成。它是个体对自身与外界客观事物关系的认识，包括个体在客观环境及各种社会关系中的角色、地位、权利、义务、责任、力量等的意识。社会自我意识完善与否，直接影响个人在社会中的角色定位，决定着个体承担社会责任的动机和行为。

2. 正确评估自己：每个人都是独一无二的

认识你自己，首先要肯定自己的价值。在这个世界上，没有一个人是卑微的，任何人都有存在的意义。不要认为自己是无用的，不要认为自己没有价值。因为每个人都是独一无二的。

当你对自我评估更清楚的时候，你就会慢慢知道自己是谁，自己能做什么。生活中我们或多或少都会遇到一些怨天尤人的人说自己怀才不遇，要么就是非常自卑不知道自己能做什么。

我们需要深刻地明白，真正地认识自己一定要有观察与探索过程，是把自己放到一个大的系统中。我来自哪里，我到哪里去，我的目标是什么，把小我深深嵌入社会与环境这个大的系统中，你就会慢慢看清环境对你的影响与塑造，也会看到你自己的选择如何带领你走向更远。

所以，首先要做的是客观地评价自己，从自我小时候到现在，看到现在的自己。我们既有自己的天性，也有很多被她人影响的过程。

我们必须学会在审视自己的时候，最好不要带有太多的个人情感，请不要过分高估自己的能力，如果身边的人对你的评价与你自己的期待相差甚远，那你就需要认真地思考一下这是为什么了，找到问题的根源在哪里，接下来的事情才会顺其自然。

（1）接受自我

要正确地认识自我，就要接受自我，就是要树立起"天生我材必有用"的思想。每个人都有自己的天赋，也有自己的客观环境。我们如果只看重天赋，那只是看到了事物的一半，而且是比较容易做到的一半。另一半就是自我的客观现实，它是通过学习、锻炼和争取的一半，是可以改变的一半。因此，要先接受自我，才能改变自我，也才能达到自我实现。做到接受自我的方法包括：

- 正确地对待自己的短处；
- 不要一味地与别人的长处比较；
- 积极地进行自我调控；
- 注意体验积极的情感。

（2）克服自卑

要正确地认识自我，就要克服自卑的心理。自卑就是自己看不起自己，自己对自己持否定态度的情感。人们最大的弱点就是通过一件事否定自己，结果被消极的情绪所困扰，失去信心、疏远朋友、愧疚自责，没有了竞争意识，享受不到成功的喜悦。

自卑心理的三种表现：胆怯封闭、自傲逼人、跟随大流。自卑者的典型心理：消极看问题、自怨自艾、意志消沉、多疑、高兴不起来、老是想扫兴的事和不愿改变等。

克服自卑心理的方法有：

- 正确地评价自己和别人，尺有所短，寸有所长；
- 反复暗示：我能行，我还可以；
- 树立适当的奋斗目标，正确地表现自己（多做一些力所能及的事，通过小的成功克服自卑心理）；
- 增加交往，学会调控自己情绪的方法；
- 积极参加各种活动，扬长避短、体验成功；
- 设法正确地补偿、奖励自己。

（3）学会面对挫折

自古英雄多磨难，挫折永远都是我们的好朋友，又是一剂良药，更是我们人生道路上的基石。要正确地认识自我，就要学会面对挫折。

挫折是一个人从事有目的活动时，遇到阻碍和干扰，需求得不到满足所表现出的一种消极情绪。人生难免会遇到挫折，没有经历过挫折和失败的人生是不完整的人生。人就是在挫折和失败中，不断地认识自我、体验自我而成长起来的。

在人生的道路上，挫折和失败是不可避免的，但是我们完全有办法应对它。应对挫折的办法是：
- 培养积极向上的人生态度；
- 不要过分计较个人得失；
- 转移和分散注意力；
- 主动找知心朋友谈心，寻求支持和安慰；
- 吸取教训，重新认识自我（跌倒的目的，就是为了让你在爬起来的时候，能看到更美好的东西！）。

重要的是，我们要去发现与塑造自己的价值。认识自己，必然是慢慢去发现自我的天赋是什么，自己喜欢的是什么，社会需要什么。

➡ 实现参考

3.1.3 了解自我的途径和自我意识自测

方法参考：正确认识自我的方法和途径

人是不断变化发展的，我们需要不断更新、不断完善对自己的认识，才能使自己变得更好更完美。

1. 正确认识自己的方法

正确认识自己，就要做到用全面的、发展的眼光看待自己。
- 全面认识自己，既要认识自己的外在形象，又要认识自己的内在素质；既要看到自己的优点，也要看到自己的缺点。
- 每个人都是变化发展的。我们要用发展的眼光看待自己，这样才能通过不断发扬优点、克服缺点来完善自己。

2. 正确认识自己的途径

（1）通过自我观察或自测认识自己

最了解的人是自己，因此，要想全面认识自己，就要做一个有心人，反省自己在日常生活中的点滴表现，总结自己是一个怎样的人。

心理测试是一种比较先进的测试方法，它是指通过一系列手段，将人的某些心理特征数量化，来衡量个体心理因素水平和个体心理差异的一种科学测量方法。通俗而言，心理测试是指通过一系列的科学方法来测量被评者的个性方面差异的一种科学方法。心理测试一般用设计符合信效度的问卷方式进行，一个有用的心理测试必须是有效的和可靠的。也就是说，所有人需要平等对待，对测试问题的认知均等率是很重要的。

（2）通过他人了解自己

常言道，当局者迷，旁观者清，周围人对自己的态度与评价，能帮助我们认识自己、了解自己。我们既要重视他人的态度与评价，冷静地分析，既不能盲从，也不能忽视。

而所谓橱窗分析法（图3-1），是一种借助直角坐标不同象限来表示人的不同部分的分析方法。它以别人知道或不知道为横坐标，以自己知道或不知道为纵坐标，橱窗分析法也是进行自我认知的一种常用方法。

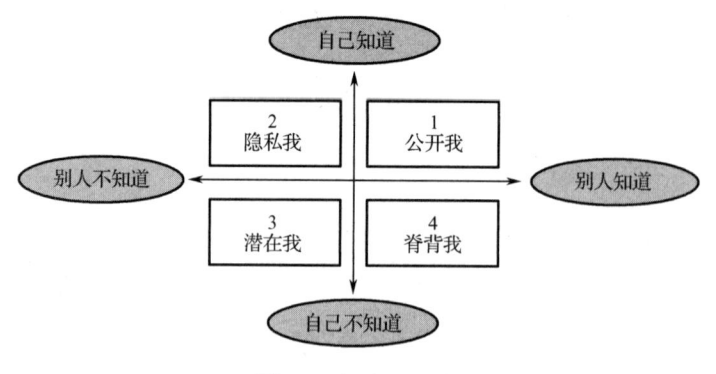

```
                    自己知道
                       ↑
            ┌──────┬──────┐
            │  2   │  1   │
            │ 隐私我│ 公开我│
别人不知道 ←┼──────┼──────┼→ 别人知道
            │  3   │  4   │
            │ 潜在我│ 背脊我│
            └──────┴──────┘
                       ↓
                   自己不知道
```

图 3-1 橱窗分析法

- 橱窗 1 为自己知道，别人知道的部分，称为"公开我"，属于个人展现在外，无所隐藏的部分。
- 橱窗 2 为自己知道，别人不知道的部分，称为"隐私我"，属于个人内在的私有秘密部分。
- 橱窗 3 为自己不知道，别人也不知道的部分，称为"潜在我"，是有待开发的部分。
- 橱窗 4 为自己不知道，别人知道的部分，称为"背脊我"，犹如一个人的背部，自己看不到，别人却看得很清楚。

通过四个橱窗可知，须加强了解的是橱窗 3 和橱窗 4。橱窗 3 是"潜在我"。橱窗 4 是"背脊我"。

如果自己诚恳地真心实意地征询他人的意见和看法，就不难了解"背脊我"。我们可以采取同自己的家人、朋友、同事等交流的方式，可以借助录音、录像设备，尽量开诚布公。要做到这一点，需要开阔的胸怀，确实能够正确对待，有则改之，无则加勉，否则，别人是不会说实话的。

对于橱窗 3，我们可以采取 24 小时日记的方式来了解自我，24 小时日记对我们一个工作日和一个非工作日经历的对比，也可以了解一些侧面的信息。大学生或职场新人需要对此予以重视，但是这是了解自我的一种比较不错的途径。

（3）通过集体了解自己

每个人都生活在集体中，在集体中能否与他人友好相处，能否很好地承担自己的责任，会对了解自己有一定的帮助。集体对一个人的评价往往更全面、更客观。比如常用的 360 度评价法。

360 度评价法（图 3-2）通过不同层面的人员从不同的角度来评价，全方位、准确地认识自我。360 度评价法能收集到各人各方面的意见，清楚自己的长处和短处，来达到提高自己的目的。

通过多种方式了解自己，努力保持和发挥优势，改进不足，才能不断更新和完善自我，以更新的自己面对新的一天。

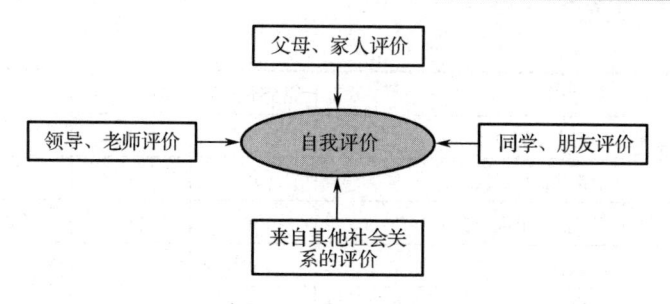

图 3-2　360 度评价法

活动三：画一棵树

1. 活动目的：探索、了解潜在的自我。

2. 活动流程

（1）请同学们在下方空白框里画一棵树，你想怎么画就怎么画，不要临摹，也不要用尺子。

（2）在完成后请你介绍自己的画。介绍时要注意介绍以下问题：树名、果实名称（如果你画了果实的话）、季节、作画时的心情。

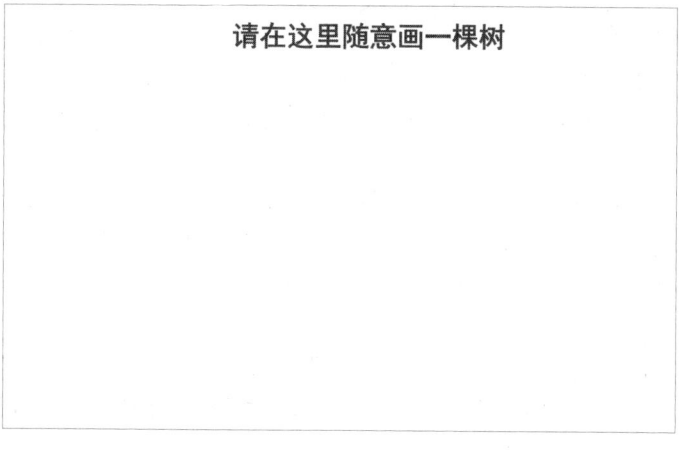

请在这里随意画一棵树

3. 参考观点分享：画树的解读

如果你画的树上有下面的内容，请参考以下说法，扫描右边二维码了解。

画树的解读

活动四：自我意识量表自测

1. 根据自己的第一感观，在表 3-1 合适的数字上画圈

表 3-1　自我意识量表

序号	描述	完全不符合	比较不符合	符合	比较符合	非常符合
1	我经常试图描述自己	0	1	2	3	4
2	我关心自己做事的方式	0	1	2	3	4
3	总的来说，我比较清楚自己是什么人	0	1	2	3	4
4	我经常反省自己	0	1	2	3	4
5	我关心自己的表现方式	0	1	2	3	4

续表

序号	描述	完全不符合	比较不符合	符合	比较符合	非常符合
6	我能决定自己的命运	0	1	2	3	4
7	我经常检讨自己	0	1	2	3	4
8	我对自己是什么样的人很在意	0	1	2	3	4
9	我很关注自己的内在感受	0	1	2	3	4
10	我常常担心我是不是给别人有个好的印象	0	1	2	3	4
11	我常常考察自己的动机	0	1	2	3	4
12	离开家时我常常照一会儿镜子	0	1	2	3	4
13	有时我有一种自己在看自己的感受	0	1	2	3	4
14	我关心他人看我的方式	0	1	2	3	4
15	我对自己心情的变化很敏感	0	1	2	3	4
16	我对自己的外表很关注	0	1	2	3	4
17	当解决问题的时候我清楚自己的心理	0	1	2	3	4

2. 计分方式

- 内在自我的题目包括：1、3、4、6、7、9、11、13、15、17。你的得分是_____。
- 公众自我的题目包括：2、5、8、10、12、14、16。你的得分是_____。

3. **结果解释**（得分相对较高的是你偏向的自我意识类型）

（1）偏向内在自我的人

对自己的感受比较在乎，因此他们常常会夸大自己的情感反应；同时由于他们对自己的特征比较关注，所以他们自我概念中的内在事件清楚而明确；常常坚持自己的行为标准与信念，不太会受到外界环境的影响。

（2）偏向公众自我的人

太看重外界他人的影响，所以他们害怕别人评价自己，担心别人对自己有不好的评价；他们很看重来自他人的反馈，常常会产生暂时性的自尊感低落，容易在理想自我与现实自我之间产生距离，常常比较在乎外在的行为标准。

▶ **任务实现**

3.1.4　填写职业生涯规划的自我评估部分信息

任务一：初步了解自我

1. 活动五：360度评价自我

（1）拓展目的

学会使用360度评价法收集整理他人对自我的评价，多角度地进行自我探究。

（2）拓展流程

1）收集表格里这些人对你的评价

表 3-2　360 度评价信息搜集

主　体	对你的评价
自己	
父母、家人	
老师	
同学、朋友	
其他社会关系	

2）快速思考
- 你的自我评价与他们的评价差别大吗？
- 产生这种差别的原因是什么呢？
- 你希望自己给人留下什么印象？你知道如何才能做到吗？

2. **活动六：请在我背上留言**

（1）活动目的：多角度地了解自我，获得客观真实的自我认识。

（2）活动流程

每个人一张，在纸的最上面一行写下自己的姓名，相互帮助用大头针把纸固定到自己的后背上，然后在同学的后背上写留言，可以在教室内走动。留言过程中，同学们不能说话，留言内容是你对这个人的认识，包括优点、缺点及建议（写出个人风格），还可以写上自己最想对他说的一句话，不用记名。

请本着真诚、客观、负责的态度对待这个活动，认真写。

（3）讨论、交流、思考
- 你对自己的评价和别人眼中的你是否一致？哪些方面比较相同，哪些方面有很大差异？
- 为什么会出现不一致？它是你认知的"盲点"（确实是你自己过去没有察觉的一些内容）？
- 这些"盲点"内容你自己认可吗？（有些可能是同学误解了你，有些可能无法确定。如果你无法确定，请再用一段时间尝试进一步求证。）

任务二：填写职业生涯规划的自我评估部分信息

通过本节的学习和活动，你对自己有了一定的了解，请填写职业生涯规划的自我评估的部分信息，如性格、人格、身体状况等。

任务小结

3.1.5　全面认识自我，尚有很长的路要走

只有了解自己，才能在以后的路上选择自己喜欢的，才能顺风顺水走得更远，只有了解自己我们才能避免一些不必要的错误。

通过本节的学习和自我探索之旅，并通过师生间的双向互动交流，相信大家对自己有了更好的认识和了解。参加这些活动，你有什么感想和收获？请分享你的想法。

> **学习随笔**
>
> _____
> _____
> _____
> _____

认识自我才刚刚开始,后面我们还将继续通过学习知识和实训活动等方法来加深对自己的了解和认识。

3.2 我能独立生活吗——人格成熟度探索

任务目标

3.2.1 规划大学生活、制订身体锻炼计划

任务名称

任务一:规划你的大学独立生活。
任务二:制订大学期间,你的身体锻炼计划。

任务分析

要完成本节任务,就需要了解自己独立生活的难点,找到解决方法就能规划好自己的大学生活。在学习了重视身体健康的重要性后,再制订大学期间的体育锻炼计划。

实现准备	课堂活动	活动一:你独自生活面临哪些困难?
	课堂讲解	知识点:大学生该怎样做一个独立的人?
	课堂活动	活动二:你很关注自己身体健康吗?
	课堂讲解	知识点:强健的身体素质是独立生活、工作的前提
实现参考	课堂讲解	参考方法:如何提高自己独立生活的能力?
		参考建议:大学生们可以这样强健身体素质
	课堂活动	小调查:大学生课外体育锻炼情况调查
任务实现	课堂实训	任务一:规划你的大学独立生活
		任务二:制订大学期间,你的身体锻炼计划
任务小结	课后思考	独立生活、养成体育锻炼习惯,增强自信

> **实现准备**

3.2.2 独立生活从"心""身"开始

活动一：你独自生活面临哪些困难

1. 活动目的
了解大学生活的真实状况，结合自身实际情况，树立独立生活是成长第一步、必须独立生活的信心和信念。

2. 活动流程
（1）阅读材料

在校大学生的平均年龄在 18~22 岁，他们在生理上多已发育成熟，但其心理上远没有成熟，仍带有一定的幼稚性、依赖性和冲动性。

有些大学生生活自理能力不足，缺乏基本的生活常识。对大多数刚踏进大学校门的同学们来讲，大家在入学前，家庭舒适的生活条件，父母的各种关爱，使他们缺乏独立的生活能力；进入大学后，没有了父母长辈的每日悉心照料，他们首先要独立生活，独自面对生活中的困难，生活上，很多事情是第一次做。

案例 1：第一次洗衣服的小李

"还是在家好啊！什么都不用自己做。"昨日上午，回到宿舍后，某校大一新生小李看着自己换下来的衣服说。

小李是山西人，国庆节放假 8 天，他一直待在家里，就是想再好好享受一下生活。因为在上大学后一个月的生活中有很多事情是第一次做，有些事情不是不会做，而是不习惯做。

小李说，他是独生子，家庭条件还不错，从小时候到现在都被爷爷、奶奶和爸爸、妈妈宠着，生活可以说是"衣来伸手，饭来张口"，长这么大连袜子都没洗过。来商丘上大学的时候，是爸爸开着车把他送来的，把他安排好后，又对他千叮咛万嘱咐后才离开。

"刚开始的几天还没什么，带的衣服和袜子也多。"小李说，但该洗衣服了，他发愁了，于是，将换下来的衣服和袜子就一直放在宿舍里，后来同学开玩笑说他的衣服和袜子的味太难闻了，他才将衣服拿到洗衣房洗。

"袜子是我自己洗的，第一次。"说起第一次洗袜子的经历小李很不好意思，"洗衣粉放多了，手都搓红了。"

从一日三餐到个人生活，一切都要由自己做主，这些，会使一部分同学感到手足无措。此外，饮食习惯的改变，生活环境的改变等，导致有的同学会抱怨食堂的饭菜不可口，抱怨集体生活的种种不便。还有，大学生来自全国各地，有大城市、中小城市、农村、偏远山区。大家聚在一起，生活习惯、处事方式等都有一定的差异。

很多人会对大学的生活环境表现出明显的不适应，如水土不服、饮食不习惯、不适应集体生活等，但这恰恰是每个大学新生都必须要面对和解决的问题。一些从北方来的同学由于不适应南方炎热、潮湿的气候条件，会有一些生理上的不适，从而产生各种心理困扰。

> **案例2：无助的小刘**
>
> 小刘是某校大一新生，她是家里的独生女，老家在河北。对刚开始的大学生活，18岁的小刘感觉是"有很多东西不懂，很难做"。
>
> 而印象最深的就是，军训结束后她感冒了，喉咙疼得厉害，平时在家生病都由爸爸、妈妈陪着去医院，那次是她自己到学校医务室输的液。"当时和同学都不太熟悉，也不好意思让人家陪。"小刘说，她躺在床上输液的时候十分想家，然后就哭了，"感觉很无助，也没人帮我。"
>
> 小刘承认，开学后她十分想家，也不知道该如何处理好和室友之间的关系，所以也不想和室友说话。

无须赘言，多数独生子女大一新生恋家情结比较重，处理人际关系困难，以宿舍生活为例，经常会因为室友使用了自己的热水或者室友把自己的床铺弄脏、弄乱而生闷气，并抱怨同宿舍舍友的一些不良习惯。

这一系列生活习惯和环境的改变都可能使他们感到不适应，因而常常会想家、想念亲人、怀念老同学等现象，并由此可能产生各种烦恼，出现焦虑、抑郁、低落的情绪，严重者会影响心理健康。一部分同学由于对父母有较大的依赖性，生活方面过去要由家人料理，因而缺乏必备的独立生活能力。进入大学后，生活中的保护人没有了，做事非常拘谨，少走动，少说话，变得随大流，人云亦云。

（2）同学们分组，快速讨论
- 上面材料所述的大学生生活遇到的困难情况，你也遇到了吗？请列出。
- 你还遇到了哪些独立生活学习的问题和困难？请列出。
- 你觉得要怎么面对这些问题和困难？

（3）课堂分享
各小组安排1人分享小组讨论结论，其他成员可以补充，也可以分享不同观点。

知识点：大学生该怎样做一个独立的人

独立是指什么？大学生又该怎样做一个独立的人呢？学会独立，自己一个人生活又会经历什么呢？

独立地生活是一个人成熟的标志。追求独立，学会独立是大学生从未成年人过渡到成年人的一个显著标志，而进入大学生活也能给我们大学生一个锻炼自己独立生活能力的机会。独立，它既包含了我们对生活的行为的自主安排，也包括对学业的自主规划能力以及心理状态的自我调整。

独立生活首先心理要独立。作为在校大学生，一定很想摆脱父母的束缚，但要做到从心理、生活和经济上都要实现真正的独立自主，似乎并不容易。作为大学生的我们，经历了高考，经历了丰富多彩的校园生活，过着看似很充实的日子，但是内心却越来越矛盾。二十岁的年龄，没有了十七八岁初长成的喜悦，也没有二十五六岁时那种来自事业、爱情、生活的压力，大多数平凡的我们，能做的其实很少，尽管如此，大多数的我们，却都想着独立。

我们出去兼职，做活动，学着步入社会，拿着微薄的薪资，沾沾自喜，妄想着可以独立，起码这是一个经济独立上的进步。感觉不用和父母要钱，不用看他们嫌弃的眼神，想买什么也不用算计着爸妈给的生活费还剩下多少，想想确实令人无限向往。

我们很开心地企图逃离父母的"魔爪",但是又苦于很难真正摆脱。很多东西我们拒绝不了,比如父母给的资源和便利,但是又觉得用了之后就活该受他们的干涉管制,陷入想要又不想要的矛盾状态。身体和心灵总是互相斗殴,打到最后不是两败俱伤就是两败俱伤。

不仅仅是她们给的资源我们拒绝不了,还有更重要的一点,大多数的我们,生活在正常的家庭里,早就习惯了与父母的相处。父母知道我们的喜好和习惯,我们也知道父母的底线和行风,这些几十年的相互渗透,是没有办法让父母不管着我们的。所谓的独立,似乎看起来有些幼稚?

但其实,独立又是必须的。要独立,有些幼稚,有点困难,但是我们的独立,是一个事业,浩浩荡荡的事业!我们必须过这一关!

不过,我们不能把独立的第一表征放在经济上,和资本积累丰厚的父母"斗"是讨不了巧的。有这个时间,不如好好学习提升自己,我们可以专注在心智的独立上。比如遇见麻烦了首先想到的是自己如何解决,而不是赶紧打电话问爸妈。

很多大学生创业成功的例子都鲜活地出现在我们的世界里,诱惑着我们蠢蠢欲动的小心脏,但是切忌用个例说明整体是逻辑学里的大忌。平凡的我们,会有摆脱与反摆脱,独立与依赖的各种矛盾。所以,经济的收获不要急于一时,我们现在还只是在进行最原始的积累,包括心理的独立、独立生活能力、自我管理能力、学习能力和职业素质等。

当我们不再惧怕孤单,不再让父母担心,当我们有了自己的主见、自己的生活并为之努力地生活着,最重要的我们开始做到心理独立,克服掉什么都想依赖于父母的毛病的时候,我们的真正独立起步了。

所以,独立是不难的,难的是我们是否真的做好了准备。

活动二:你很关注自己身体健康吗

1. 活动目的

了解大学生活的真实状况,结合自身实际情况,树立独立生活是成长第一步,坚定独立生活的信心和信念。

2. 活动流程

(1)阅读材料

据调查,某高校 1/3 的学生三餐不固定,66%的人每天睡眠不超过六小时,而且只有 10%的人在坚持做运动锻炼身体,根据以上生活方式,70%的大学生总是觉得自己处于亚健康的状态。

不健康的生活方式和不经常锻炼,造成很多高校大学生身体健康状况十分欠佳,比如有的学生稍微不注意就感冒,感冒未好又感冒,长期处于感冒之中;有的学生神经衰弱,长期睡不好觉,白天头昏脑胀无法上课;有的学生偏食,不注意饮食卫生而引起消化不良;有的学生患咽炎、鼻炎、肝炎、肾炎、妇科病等经治不愈,长期依赖药物,抗药性增大,而人体的内环境却越来越低下,严重地危害着大学生的健康。现在还没有出学校就成了一个病夫,将来怎样为社会服务?

造成大学生身体健康不乐观的因素很多,这里列举一二。

1)玩手机,玩游戏,时常熬夜

当代大学生熬夜是普遍存在的,往往可能是因为寝室不睡觉唠嗑,造成自己也睡不着,更多的是因为玩手机、玩游戏，玩手机容易造成精神亢奋，尤其是在刷抖音、打游戏的时候。

2）不吃早饭，饮食不健康

早课是大学生最害怕的事，早课意味着要早起，有的大学还会检查早上迟到，所以说意味着如果起晚了就吃不上早饭。有时候没有早课，直接一觉睡到中午，直接跳过早饭这个环节了。而且中餐、晚餐的饮食也不健康。

● 偏食肉和蔬菜，身体很"受伤"

谁都知道偏食的坏处，可还是有大学生偏食偏得厉害。据对比，常年偏食的大学生个头没有同龄人高，体检下来各项指标都不理想，健康状况也不好，营养不良，易感冒，身体抵抗能力差、便秘、气色不好，易患呼吸道疾病。

此外，有些大学生喜欢快餐食品，比如说肯德基、麦当劳和方便食品，对身体健康也不利。

● 零食当正餐，上课昏昏然

如今的零食名目繁多，包装考究，惹得学生心头痒痒，加之"减肥"思想作怪，校园出现"零食当正餐"这一现象也就不足为怪了。吃零食过量会影响食欲，妨碍正餐的摄入量，从而影响身体正常功能的发育。

● 饮料当水，喝得鼻血淌

口渴了喝饮料，出去玩还是喝饮料，有的同学都不会喝水了，喝饮料喝得上了瘾，身体也出了毛病，经常无缘无故地流鼻血，弄得一家人都很不安。其实，口渴了应该多喝水，饮料适当喝一点是可以的，但不能完全代替水。

3）不运动，暴饮暴食

能躺着绝对不坐着，能坐着绝对不站着，能走着绝对不跑着。这也是大学生的普遍现象，懒惰，不爱动弹，不做运动，日常养膘，造成虚胖，导致亚健康状态。

随着生活水平的提高和生活方式的改变，有肥胖倾向的大学生是越来越多了。许多专家认为，导致肥胖的主要原因是进食过量，营养过剩和缺乏运动。许多大学生在肥胖之后，花钱和时间去减肥，这是非常不合算的。

实际上，目前的任何减肥手段都是十分有限的。因为事后减肥不如事前预防，我们完全可以在体重超标之前就加以预防。例如，控制和调整饮食，防止暴饮暴食，加强体育锻炼等。

4）赶作业，心理负担重

就业、实习、竞争压力等，大学生对未来迷茫无措。心理压力大也会引起忧虑，焦急睡不好，影响身体健康。

5）不体检，病了才治

"凡事预则立，不预则废"，健康医学也是把预防作为第一道防线。等到疾病已经上了身，就已经对身体造成了危害，这时再去治疗，花费的成本可能是巨大的。

其实，疾病在形成之前都是有信号的，我们常说的亚健康状态就是信号。一旦进入亚健康状态，就要引起注意。还有许多疾病，光靠自我感觉是很难早发现的，只有定期去医院进行健康检查，才能早期发现，进行早期治疗。

有相当一部分大学生，平时自以为没有病，到医院一检查就发现了毛病。一些肝炎、肺结核、高血压、心脏病和糖尿病，包括许多癌症在常规的检查中也能及早发现。由此可见，无病也求医，坚持定期去医院体检对大学生是多么重要。

（2）同学们分组讨论，整理讨论结论

● 上面所描述的造成大学生身体不健康的原因，你们有几项？请列出。

- 造成大学生身体不健康的原因，你认为还有哪些？请列出。
- 你是怎么看身体锻炼的，你有身体锻炼的计划并持之以恒地执行了吗？

（3）课堂分享

各小组安排1人分享小组讨论结论，其他成员可以补充，也可以分享不同观点。

知识点：强健的身体素质是独立生活、工作的前提

曾有人用这样一组数字"10 000 000 000"来比喻人的一生，这里的"1"代表健康，而"1"后边的"0"分别代表生命中的事业、金钱、地位、权力、房子、车子、家庭、爱情、孩子等。

看着这么大的数字，这是不是说明这个人非常成功呀？这个人生活中拥有很多的财富，假如有一天丢了一个"0"或两个"0"对这个人有没有关系？有！但不会太大对不对？因为，丢了这几个"0"不是至关重要的，假如没有了健康这个"1"，后面的"0"再多对这个人还有意义吗？没有了！对，失去了健康就失去了一切！

曾有人说，权力是暂时的，财富是后人的，唯有健康才是自己的！一个人只有身体健康了，才会得到幸福。只有拥有健康的身体，我们才可以更好地学习和工作。

1. 健康是人生幸福的源泉

健康是生命之基，是人生幸福的源泉。健康不能代替一切，但是没有了健康就没有了一切。要创造人生辉煌、享受生活乐趣，就必须珍惜健康，学会健康生活，让健康成为幸福人生的源泉。

人生是否幸福，或许有很多的衡量标准，而健康永远被列在第一位。失去了健康，没有了健全的体魄与饱满的精神，生命就会黯然失色，生趣索然。

2. 健康是个人幸福的前提

拥有健康身心的人，更容易保持乐观，而乐观正是培养积极生活态度所不可缺少的条件。一个追求幸福的人应该把维护健康看作生命的崇高责任。而一个不爱惜自己生命的人又怎么能体验幸福的滋味呢？只有拥有充沛的生命力，才可以抵抗各种疾病，渡过各种难关，迎接一个又一个新的挑战。

健康的身体是人生最为宝贵的财富，没有健康，一切都无从谈起。而拥有了健康，就可以去创造一切，拥有一切，也只有健康，才是人生最为宝贵的财富。

3. 健康是事业成功的保障

健康是人们成就事业的本钱。身体健康与心理健康两者是相辅相成、互相影响的，且又制约着人际关系和谐与否，尤其是信心和勇气两种心理状态，直接关系到事业的成败。一个身体不健康的人，常常是思想消极、悲观、缺乏信心和勇气的，难以产生创造性的思维。人生不是一帆风顺的，具有健康的体魄才能经受得起各种挑战和挫折，成就一番事业。

本固枝荣，根深叶茂。要成就一番事业，就必须要有健康做支撑。因为，只有拥有了健康，你才能有足够的精力去开创事业的成功。

4. 健康是家庭幸福之源

现代生活节奏快，压力大，很多家庭忽视了对家人健康的经营。其实，我们需要将健康列为家庭的一个重点来维护，无论贫困或富裕，健康才是幸福的基础。

健康是一种自由，健康是一种财富，健康更是一种幸福！对于所有幸福美满的家庭来说，它们都拥有共同的财富，那就是健康。健康是每个家庭幸福的源泉！

没有健康，人生的追求、事业、财富、爱情，都失去了依附。健康的身心是成就一切宏图

伟业的基石，只有不断地为健康进行储蓄，你的财富才会倍增，否则，一切终将化为泡影。

所以，健康是每个人生命中的第一财富！健康，也是每个人幸福人生中的第一步。人要是失去了健康，那么，所有拥有的一切就都是浮云！

➡ 实现参考

3.2.3 提高独立生活能力，当然要强健体魄

参考方法：如何提高自己独立生活的能力

1. **迅速调整自己，为适应独立生活做心理准备**

从一定意义上说，上大学意味着独立走向社会，独立面对生活。在一个新的起点上，想要给自己的人生理想夯实基础，这就必须要求大一新生尽快调整自己的心态，摆脱依赖，树立自信、自律和自强的精神，勇于面对社会和生活。千万别再把自己当小孩子了，经常提醒自己要积极面对现在的生活。

2. **迅速熟悉校园环境，进入大学生的角色**

校园是大学生活中最重要的场所，对校园环境的熟悉和了解程度，决定了大学生能否在这个环境中自如地生活、学习。刚刚进入大学校门的新生，面对优雅静谧的校园，宽敞明亮的教室、博学多识的师长、浩如烟海的图书，无不感到新奇。

在激动、兴奋之余，有的人一经安排好行李，马上就到校园的各处熟悉情况。这样，在办理各种手续、解决各种问题时就会比别人更顺利、更节省时间、更早适应新环境。

那些对新环境适应快的同学，很快就成为班级中重要人物，担任班级的一些职务，承担了一些管理工作。因此，与老师、同学接触的多，掌握的信息多，锻炼的机会也多，能力提高很快，自信心也就逐渐建立起来了。

3. **尽快学会打理日常生活，从"给自己最好的照料"学起**

上大学是许多同学第一次体验独立生活。高中时代只要跟着家长和老师的节奏就够了，上了大学所有的日常琐事都要靠自己。有的同学缺乏起码的时间管理观念，难免顾此失彼；有的同学缺乏自我照料的能力，物品摆放毫无章法，经常找不到东西，甚至会大呼小叫谁偷拿了他的东西；还有的同学将自己的物品放在公共区域，一旦有人误用了，他们内心又充满委屈，"为什么不征得我的同意，也太不见外了！"

要学会准时起床、运动，学会自己整理床铺、收拾房间，学会自己洗衣服、缝补衣服，学会自己照料自己……在学习的过程中，如果能够和同学进行交流就更好了，因为同学间的互相影响和互相学习能够在一定程度上促进生活自理能力的提高。

卫生习惯也是个问题。尤其是男生宿舍，在家时家长督促睡前洗漱，家长帮忙洗衣服、刷鞋；住进宿舍没人管了，有的同学成为彻头彻尾"有味道的人"，令舍友们非常不满。当然也有一些同学能够保持个人卫生，却从来不知道参与宿舍卫生的维护，落下自私自利的名声。

一个人是否具有独立生活的能力与父母的教育思路有着密切的关系。很多父母觉得孩子完成学业已经很辛苦了，于是对他们的饮食起居大包大揽，孩子过着惬意生活的同时，也失去了独立生活能力的培养和训练。

事实上，一个人只有摆脱依赖才能意识到责任，只有独立才能主动承担责任。每个孩子在

小的时候都有强烈的被成年人认同的愿望，为了实现这个愿望，他们对完成一些自己的事情表现出强烈的热情。但父母经常觉得指导孩子做事比替孩子做事要麻烦得多，因而显得很不耐烦，甚至以孩子做得不好来制止他们的摸索，无意中给孩子一个错误的心理暗示："做事会出错，出错就挨批，不做就没有错。"于是孩子不再积极主动地承担他原本可以承担的任务。

但独立绝不是口号，而是实实在在的能力。你可以从最基本的事情做起，给自己最好的照料是大学新生的第一课。

为了尽快提高自身的综合素质，同学们必须在各个方面虚心求教，细心观察，多向周围老师、同学学习。大胆实践、不断积累生活经验，因为任何能力都是在实践中积累出来的，都有一个从不会到会的过程。人们常说，"生活是最好的老师"，意思是只有在生活实践中不断磨砺，不断积累，才能逐渐提高独立生活的能力。

4．不攀比，找到价值感，自信好过任何背景

高考之前，绝大多数学生是通过考试确立自己在同龄人中的位置；升入大学后，有的学生明确意识到家庭背景对人的影响客观而深远。有的大学新生，生怕露怯让别人瞧不起，在报到之前逼迫父母购置最新的手机、笔记本电脑，将自己打扮成"阔少"。他们花钱没有任何规划，无论是否适合自己，只要别人买了自己也要买下。让同学不得不怀疑他是否独立管理过钱，他花钱是在给谁看？

有的新生体谅父母的艰辛，为了避免给父母造成经济负担，他们拒绝一切团体活动，不和同学一起吃饭、逛街、娱乐……仿佛这些活动本来就与自己无关，他们就这样成了校园里的"苦行僧"。时间久了，有些人甚至对家境好的同学有强烈的排斥感。

还有一些学生喜欢结交家境优越的同学，他们觉得这些是比较有潜力的人脉，扩大这些人脉就能提升自己的价值。于是他们总喜欢结交这样的朋友，在蹭吃蹭喝蹭玩的过程中，也放弃了自己的判断和自尊。

年少时，孩子自信与否和父母所从事的职业、所处的社会地位没有关系，只要得到父母充分的爱他们就会充满自信。很多时候，将家庭社会地位灌输给孩子的是父母，只要孩子和某个同学关系比较近，父母就会追问那个同学的父母是做什么工作的，让孩子感到父母对他的朋友有什么爱好并不在意。随着成长，他们真切地体会到，不同的家庭背景给孩子提供的资源和机会是不一样的，有的孩子一出生就意味着与财富为伴，而绝大多数的孩子则注定了要靠个人奋斗开创生活。

其实生活对每个人都是平等的，事业成功的父母在给孩子创造更多平台的同时，就缩小了孩子上升的空间，使他们很难超越父母，有的还会陷入"虎父犬子"的自卑和焦虑之中。普通家庭的孩子无势可借，但从小树立的个人奋斗信念会帮助他们一路向前，在成就人生的同时获得实现自我的快感。如果你在与同学交往中经常冒出家庭背景这个念头，就说明你的独立意识还不强，对自己没有充分的自信。提高自我价值感的最好方案是做好自己，顺势而为。

5．逐渐学会人际交往：所有的选择都有利有弊

升入大学最令人自卑的是发现自己什么都不如别人，"热闹是他们的，与我无关"。高中阶段总是用一句"到了大学就好了"来忍受着各种烦、各种苦；可真正进入大学才发现，新的烦恼似乎更多了：繁重的学业、陌生的宿舍、遇到困难不知道向谁求助，不了解的事情不知道向谁询问……原本抱怨高中老师太细碎，现在才意识到那种安全感的宝贵。

一些不善于人际交往的大学生看着别的同学热火朝天地参与各种活动，心生羡慕，却无法效仿；一些同学除了学习之外没有别的爱好，升入大学后发现想交到朋友除了人品和成绩之外

一无所知，更直观的是，无业余爱好、无社会见识、无八卦桥段、品无牌常识等。

女生在人际交往中除了面对这些共性问题之外，她们对友情有着更强烈的依赖，一旦选中了"闺蜜"，就要同出同进，一起上课、逛街、吃饭，甚至连上厕所也要在一起。这种你中有我、我中有你的嵌入式姐妹关系在让女生摆脱内心孤独的同时，也陷进了无法独立的沼泽。

每个人进入新环境都会有不适感。有的同学先声夺人，貌似很快融入，但如果判断有误，极易造成负面的影响，比如给别人留下张扬、炫耀、轻浮等印象，对于自我形象的确立并不是一件好事；有的同学慢热、木讷，但如果内心有定力，借机观察周围人的行为特点，取人之长补己之短，则会给人留下沉稳可靠的印象。由此，我们不难看出，所有的选择都有利有弊，没有必要妄自菲薄，更无须东施效颦，仓促应战。

什么样的人既能获得友情又能享受独立生活呢？

- 建立友情的同心圆，以自己为中心，以各种爱好为半径，结交不同的朋友，形成不同的人脉圈，这样你和谁都能找到沟通的切入点。
- 对于任何一份感情都避免投入过多，如果你希望和这个人成为长久的朋友，就一定要保持距离，给对方留有独立的空间。
- 不能将朋友当作你精神上的救世主。如果将自己的心全部交托给朋友，对自己来讲丧失了独立判断的机会，对朋友来讲则很可能是一种负担，这种选择对双方都弊大于利。稳定的友情建立在人格独立、悦纳自己、尊重对方的基础上。

在处理人际关系时，学校就是一个小社会，可以看成今后步入社会处理人际关系的一次锻炼机会。我们应该多站在别人的立场上想问题，学会接受他人、关心他人、宽容他人，更重要的是如果与室友关系处理不好，不仅会影响心情，还有可能会影响学习。只有将心态调整到积极状态，然后与同学、室友和老师多交流才会尽快适应独立生活，这样才有利于自己的成长和发展。

6. 学会对自己钱财的管理

由于家长一般每月或每几个月给一次生活费，几千元的生活费对他们来说简直是一笔"巨款"。大学生就要自己独立计划如何进行消费。刚入大学时，同学们都没有太多"理财"的经验，有的同学在最初的时间里大手大脚，逛街、旅游、聚餐……两个月就把钱花得差不多了，以后的日子只好节衣缩食或再次向父母索要。在大学里不少同学因为不会理财，日子过得"前松后紧"，甚至到学期末要借债生活。

因此，建议大学新生要学会一种"理财"的观念，要注意考虑：在生活中，哪些开支是必须的，哪些开支是完全不必要的，哪些是可有可无的。钱要花在刀刃上，要避免完全不必要的消费，可花可不花的尽量少花。

此外，还要根据父母的经济能力和自己"勤工俭学"的能力来进行日常消费。有了这些基本情况的分析，再确定自己每个月的"消费计划"，使之切实可行。并且要尽量按照计划执行，多余的钱可以存入银行，以备急需时使用。

7. 养成良好的生活习惯

按时作息，养成早睡早起的习惯。学校公寓里大都有晚上卧谈的习惯，同学们深夜两三点钟睡觉是常见之事，结果第二天上课时非常疲惫，根本无心听课，有时干脆旷课，在宿舍里补足睡眠。长期如此，不仅影响课业，还容易引起失眠，还影响同宿舍的其他同学。晚睡的同学大都会晚起，一个直接的影响就是饮食不规律，很多人早晨起床较晚，来不及吃早饭便去上课，有的索性取消了早饭，有的则在课间随便吃些零食，时间一长，身体肯定受到影响。

坚持体育锻炼。"文武之道，一张一弛"，学习之余参加一些文体活动，不但能够缓解刻板紧张的生活，还可以放松心情，有助于提高学习效率。听音乐、跑步、做广播体操、踢足球等都有助于增强体质，提高对疾病的抵抗力，这是一种积极的休息。大学里有丰富的运动设施，同学们可千万不要浪费。

远离不良生活方式。由于没有监督，有的同学一进大学就开始放松对自己的要求，沾染上吸烟、酗酒等不良生活行为，其实大学并不是学习的终点，而是一个新的起点，这些不良行为将成为大学生求学道路上的一大障碍。

8. 远离危险，尤其是毒品

大学生活是丰富多彩的，校园之中相对来说也是安全的，但是，你所处的是一个全新的环境，可能面临很多选择、很多诱惑、很多危险……比如毒品。

（1）清醒认识毒品危害

面对危险的毒品，老话说得好"知己知彼，百战不殆"，现在你要做的就是了解敌人——了解毒品、认识毒品、学习毒品预防知识。

毒品，早不只是大家以往认知中的鸦片、海洛因，新型毒品们具有千奇百怪的形态，更披着极具欺骗性的伪装。

除了认识毒品外，还要给自己做好心理预防。拒绝毒品，必须要克服好奇心、盲目寻求刺激的心态、不合理的合群心态和逃避现实的心态。

大学生活中，难免会遇到各种突发事件，受到外界伤害，或者精神痛苦无法排解。此时，你可以向家长、老师、朋友或心理咨询机构寻求帮助，千万不要自暴自弃，借毒消愁，这只会把死亡的枷锁套在自己的脖子上。

（2）清醒观察，识别吸毒者

大学，就是一个小型的社会，形形色色的人都会有。你可能遇到的不全是好人，也并不都是坏人，在大学里，你可能通过各种途径认识各种人。作为年满18周岁的成年人，一定要学会保护自己，任何时候都保持一分清醒，不要脑子发热，被人骗了而不自知。

所以，你最基本的任务就是保持警惕，学会发现身边的吸毒者，远离身边的吸毒者。

（3）清醒面对全新的朋友圈

据研究，吸毒是一种习得行为，同伙或同辈群体相互影响或某种不良交往是青少年沾染上吸毒恶习的一个重要原因。

新型合成毒品泛滥下，"朋友圈"已成为诱引青少年吸毒的黑洞。毒贩们往往先通过免费赠送的方式吸引青少年"尝毒"，在青少年上瘾后再赚取高额毒资，他们是吸毒"朋友圈"的重要毒品源和组织者。

在"只吸一口不会上瘾""吸毒可以减肥""吸毒可以忘掉烦恼"等说辞的诱骗下，一些青少年被身边的朋友拉下水，一步步陷入毒品的沼泽，难以自拔。

（4）清醒面对"朋友"的劝诱

对于大学生来说，面对同伴劝诱吸烟、尝试毒品等情况，可以这样处理：

- 明确拒绝并解释为什么不，比如直截了当说明："不，我不想尝试，因为我明白它的伤害有多大"；
- 提出一个替代的想法，比如"吸这干吗呀，咱们去看个电影得了"；
- 离开！"不好意思，我马上要去送个东西"；
- 真诚对待："真正的朋友，不会强迫我做任何不愿意做的事情"；

● 转移对方的注意力，开玩笑地把东西一掰两半，"搞定，都不用抽了，走吧"。

请记住，慎重交友很重要！如果周围的朋友有吸毒等不良嗜好，很容易相互影响，千万不要为了融入朋友圈去做不该做的事。

9. 学会求助，给自己建一个"加油站"

升入大学，外界环境和内心环境都会发生很大变化，如果你没有充分的准备，一旦某个环节出现问题，就会呈现多米诺骨牌效应，出现心理冲突、情绪失控、人际矛盾等一系列问题。

对大一新生心理问题成因进行的大样本统计分析显示，与父母心理连接的切断是问题的根源。被父母替代成长的孩子从心理层面会出现青春期滞后，他们在中学阶段比较听话，几乎没什么逆反。但升入大学之后，他们发现自己被父母"骗"了，决定从父母的掌控中彻底逃离。于是他们对父母不再言听计从，甚至反其道而行之，凡是父母反对的都是自己要做的。面对孩子的逆反，父母往往通过减少生活费来阻止孩子的不理智行为，可是这种措施会让孩子感受到更加彻底的孤立。失去了亲情的保护，他们可能会将爱情或友情当作救命稻草，将自己的弱点充分暴露。因为内心不够坚定和强大，他们很难处理好各种情感问题，又会引发新的人际矛盾和冲突。

当个体面对困境，而先前解决问题的方式及其惯常的支持系统不足以使他应付眼前的困难时，这种暂时的情绪失衡状态就会造成心理危机，引发情感、认知和行为方面的功能失调，严重的可能会发展成为心理疾患。

上大学后，遇到矛盾和冲突要学会求助，但不要将太多的隐私讲给周围人，人与人之间交往其实就是一个博弈，如果一方暴露自己太多，就难以保持心理上的平等，由此会引起心理依赖。此时，找心理咨询师是最明智的选择，度过危机之后，一定别忘了给自己建一个"加油站"——学校的心理教育和疏导中心能跨越父母的代沟，是理想而有效的心埋支持系统。

参考建议：大学生们可以这样强健身体素质

《中共中央国务院关于深化教育改革全面推进素质教育的决定》强调指出："健康体魄是青少年为祖国和人民服务的基本前提，是中华民族旺盛生命力的体现。学校教育要树立健康第一的指导思想，切实加强体育工作。"如何树立"健康第一"的思想，如何全面提高大学生的体育素质、增强同学们的体质值得我们深思，并提出相应的建议。

1. 按时作息，形成规律

保证适合个人的睡眠时间，为什么说适合个人呢？每个人所必需的睡眠时间是有所不同的，有的人睡十个小时都不够，而有的人睡三四个小时就活蹦乱跳。

按时作息，就要求准点起床准点睡觉，当然了，差十几、二十分钟的也不是什么大事。习惯晚睡的同学要注意不要打扰到室友就可以了。熬夜，也并不一定是坏事，前提不影响别人，自己第二天起得来床，不影响学习，不影响身体，按时作息对身体健康很重要。

2. 规律饮食，结构合理

一天三顿饭，一顿不多一顿也别落下，而且是要形成某种习惯，固定时间吃饭。起床后一小时内吃早饭。饭菜营养要均衡，保证足够的蛋白质摄入及维生素的摄入。外卖少点，食堂是个好地方。

（1）食物多样，谷类为主，粗细搭配

人类的食物是多种多样的。各种食物所含的营养成分不完全相同，每种食物都至少可提供一种营养物质。平衡膳食必须由多种食物组成，才能满足人体各种营养需求，达到合理营养、促进健康的目的。

（2）多吃蔬菜水果和薯类

新鲜蔬菜水果是人类平衡膳食的重要组成部分，也是我国传统膳食重要特点之一。蔬菜水果能量低，是维生素、矿物质、膳食纤维和植物化学物的重要来源。推荐每天吃蔬菜 300～500g，最好是深色蔬菜约占一半，水果 200～400g，并注意增加薯类的摄入。

（3）每天吃奶类、大豆及其制品

奶类营养成分齐全，组成比例适宜，容易消化吸收。奶类除含丰富的优质蛋白质和维生素外，含钙量较高，且利用率也很高，是膳食钙质的极好来源。各年龄人群适当多饮奶有利于骨健康，建议每人每天平均饮奶 300 毫升，饮奶量多或有高血脂和超重肥胖倾向者应选择低脂、脱脂奶。

大豆含丰富的优质蛋白质、必需脂肪酸、多种维生素和膳食纤维，且含有磷脂、低聚糖，以及异黄酮、植物固醇等多种植物化学物质。应适当多吃大豆及其制品，建议每人每天摄入 30～50g 大豆或相当量的豆制品。

（4）常吃适量的鱼、禽、蛋和瘦肉

鱼、禽、蛋和瘦肉均属于动物性食物，是人类优质蛋白质、脂类、脂溶性维生素、B 族维生素和矿物质的良好来源，是平衡膳食的重要组成部分。瘦的畜肉铁含量高且利用率好。鱼类脂肪含量一般较低，且含有较低的多不饱和脂肪酸；禽类脂肪含量也较低，且不饱和脂肪酸含量较高；蛋类富含优质蛋白质，各种营养成分比较齐全，是很经济的优质蛋白质来源。

推荐每日摄入量：鱼虾类 50～100g，畜禽肉类 50～75g，蛋类 25～50g。

（5）每天足量饮水，合理选择饮料

水是膳食的重要组成部分，是一切生命必需的物质，在生命活动中发挥着重要功能。体内水的来源有饮水、食物中含的水和体内代谢产生的水。水的排出首先通过肾脏，以尿液的形式排出；其次是经肺呼出、经皮肤和随粪便排出。进入体内的水和排出来的水基本相等，处于动态平衡。饮水不足或过多都会对人体健康带来危害。饮水应少量多次，要主动，不要感到口渴时再喝水。饮水最好选择白开水。

一般来说，健康成人每日需要水 2500mL 左右，在温和气候条件下生活的、轻体力活动的成年人每日最少饮水 1200mL（约 6 杯）。

（6）三餐分配要合理，零食要适当

要天天吃早餐并保证其营养充足，午餐要吃好，晚餐要适量。合理安排一日三餐的时间及食量，进餐定时定量。早餐提供的能量应占到全天总能量的 25%～30%，午餐应占 30%～40%，晚餐应占 30%～40%。

零食作为一日三餐之外的营养补充，可以合理选用，但来自零食的能量应计入全天能量摄入之中。

3. 学习、能力拓展、娱乐合理安排

图书馆是个好地方。不管是谈恋爱还是学习甚至睡觉，图书馆都是个好地方。当然还是要以学习为第一要务，专业课的相关书籍，相关专业的书籍等，什么都可以看。

没课的时候和室友或者约异性出去打打球，跑跑步，多少毕业之后的人羡慕的生活。如果有精力有缘分，在大学期间谈恋爱是个很美好而浪漫的事情。这时候的爱情大多很单纯，因爱而恋。

社会实践能力和自主学习能力的提升，对于兼职与实习的选择，最好申请大企业的专业相

关实习岗位。至于发传单促销这类出卖廉价劳动力的兼职就不要去了。

4. 适量的体育运动,增强身体素质

(1) 激发运动兴趣,使体育成为日常生活的基本内容

随着社会的发展,人们越来越重视用体育减少文明病的发生,缓解和消除身心的疲惫,丰富生活内容,提高生活质量。因此,我们可以激发和保持自己的运动兴趣,使自觉、积极地进行体育锻炼成为生活的一部分。

(2) 适量运动,全面提高身体素质

大学生正处于身体发育最旺盛的时期,要注重发展自己的全面身体素质。上好体育课能使我们快乐学习,健康成长,大面积地提高自己的身体素质。

适量运动不仅能够让我们拥有健康的身体,还可以缓解生活中压力,减轻我们在学习上的负担,并为一切学习和生活上的事情与经历打好基础。但我们在运动时,要结合自身情况选择适当的运动方式,适量运动。

适量运动要求我们要循序渐进。平时缺乏体育锻炼,心肺功能和骨关节的灵活性都比较差的同学,不宜一开始就大负荷运动,运动量应该循序渐进,逐步增加,一般需要 2~4 周的适应过程。每次锻炼前应该做一些准备活动,如活动上下肢、腰部,使踝关节、腿部肌肉和肌腱充分活动开,肺的气体交换增加,心脏输出的血液增多,以避免肌肉、韧带拉伤和心悸气短。

适量运动要求我们要选择合适的运动量。运动量太小,达不到锻炼身体的目的,运动量过大会出现副作用。运动后肌肉不酸痛,睡眠、食欲正常。每次运动结束后或运动间歇,做些走动、慢跑、深呼吸等节奏缓慢的活动,使心脏、呼吸、血压等尽快从运动状态恢复正常。

(3) 培养终身体育的意识

要培养自己树立正确的健身观,系统地学习体育知识及健身方法,我们至少学会一种或两种以上能够常年坚持而且行之有效的体育技能或锻炼方法,养成良好的健身习惯与终身坚持锻炼的意识,逐渐学会并掌握自我锻炼方法,培养健全的生理、心理和良好的社会适应能力。

因此,体育锻炼一定要坚持如一,不能想练就练,不想练就不练,练练停停无益于身体的健康。为了坚持锻炼,我们可以每天选择不一样的锻炼方法,并选择自己喜欢的运动方式,这不仅比我们每天只是苦苦地坚持一种锻炼方法来得容易,而且多种锻炼方式的结合,更加有利于我们全身的锻炼。

5. 宽容别人,保持好心情

要保持健康,每天有好心情是非常重要的。我们在日常的学习或生活中,总会有一些不如意或是不开心的事情,面对这些,我们要把目光看得长远一些,不要总为一些小事生气,凡事往好的方面想。还有要学会微笑,常常笑的话,心境也会变得开朗起来。

要保持好心情,这就要求我们不要轻易和别人比,这样你的生活会过得很轻松,人最大的敌人往往是自己。如果我们总是拿自己的短处与别人的长处比,如果这样的话,我们就会觉得自己总有那么多的不足。但是,我们要和自己比,每天尝试着问自己,"和昨天的我相比,我进步了多少",哪怕是一点点的进步都是值得鼓励和表扬的。在自己达成一个目标时,可以为自己准备一些奖品来肯定自己,增强自己的信心。尺有所短,寸有所长,千万不要拿别人的标准去衡量自己!

要有一个好心情,我们还要学会豁达、宽容地对待每一个人。我们不必为身边的小事而斤斤计较,遇到问题时,我们也不能一时冲动,做出错事,相反,我们要静下心来,仔细想想,

每个人都有他自己的看法和态度，不是所有的人都会按照你的想法去办事，很多情况下，我们要站在别人的角度替他人多考虑考虑，想想他们的优点，这样问题就能很快想通，这一天模拟同样会有一个好心情。

此外，在学习或生活中，我们要学会自我调节，既不要开心过度，也不要为一件事太过悲伤，要学会调节自己的心情，掌握自己的情绪。在一天中，无论学习多忙，都要抽点时间来做自己喜欢做的事情，比如听听歌，做运动等，为自己留有空间，放松一下心情，这样会使你能够更勇敢地面对将来生活中的困难与挫折。

小调查：大学生课外体育锻炼情况调查

1. 性别：A．男　　　　　B．女
2. 你如何看待体育锻炼的重要性
   A．重要　　　　　B．无所谓　　　　　C．不重要
3. 每次锻炼的时间
   A．30 分钟以下　　B．30～60 分钟　　C．1 小时以上　　D．基本不锻炼
4. 你一周锻炼几次
   A．1～2 次　　　　B．3～5 次　　　　C．基本每天　　　D．基本不参加
5. 你选择什么时候锻炼
   A．早上　　　　　B．中午或下午　　　C．傍晚或晚上　　D．不固定
6. 你一般参加哪些体育活动（多选）
   A．慢跑　　　　　B．篮球　　　　　　C．乒乓球　　　　D．游泳
   E．健身房　　　　F．散步　　　　　　G．羽毛球　　　　H．其他
7. 你参加体育锻炼的动机（多选）
   A．增强体质　　　B．丰富课余生活　　C．减肥健美　　　D．爱好兴趣
   E．娱乐　　　　　F．体育考核　　　　G．其他
8. 哪些因素阻碍你进行体育锻炼（多选）
   A．学校场地、设施限制　　B．学业太重　　C．自身惰性　　　D．缺乏兴趣
   E．没有同伴　　　F．空气质量太差　　G．天气、温度
   H．身体条件不允许　　I．其他
9. 你对"每天锻炼一小时，健康工作五十年"的看法是：
   A．赞同　　　　　B．不赞同　　　　　C．无所谓
10. 你对学校体育教学（课程设置、教学方式）的评价是：
    A．满意　　　　　　　　　　　　　　B．还行
    C．不是很满意，有待改进　　　　　　D．很不满意
11. 你是否愿意高年级继续上体育课
    A．愿意　　　　　B．不愿意　　　　　C．无所谓
12. 你对自己的身体素质（身材）满意吗？
    A．满意　　　　　B．还可以，说得过去　C．不满意
13. 你会采取什么办法鼓励自己参加体育锻炼：＿＿＿＿＿＿＿＿
14. 你对学校体育课有什么好的建议：＿＿＿＿＿＿＿＿＿＿

任务实现

3.2.4 规划和践行独立生活、身体锻炼计划

任务一：规划你的大学独立生活

只有规划好了自己的大学生活，每天生活才会有目标、有动力，使大学生活过得更加有意义、更加精彩！

1. 请规划你的大学独立生活

请结合自己的实际情况，规划你的大学独立生活，并输出单独的文档。也可以放到你的职业生涯规划书的实施计划相关章节中。

2. 参考模板

（1）独立生活

上大学后，对大学新生来说最大的变化就是生活环境方面，没有了父母、长辈每日的悉心照料，许多事情都需要独自处理，真正的独立生活开始了。另外，从单处一室的"独立王国"到6人"群居"的集体宿舍，这一生活环境和习惯的适应和磨合，对没有过住校经历的同学来说，真的是一次考验。

（2）管好财物

从参加高考到进入大学，只有几个月的时间，但大学新生的生活费却是成倍地增长。刚入大学，大家都没有太多"理财"的经验，有的同学在最初的时间里大手大脚，逛街、旅游、聚餐，不久就把钱花得差不多了，以后的日子只好节衣缩食或再向父母索要。

在大学里不少同学因为不会理财，日子过得"前松后紧"，甚至到学期末要借债生活。因此，大学新生要树立"理财"观念。在刚入学的两三个月中，有计划地进行消费：钱要花在刀刃上，避免完全不必要的消费，尤其要根据父母的经济能力和自己"勤工俭学"的能力来进行日常消费，切不可盲目攀比。

（3）按时作息

首先，按时作息，养成早睡早起的好习惯，有的同学精力旺盛，习惯在晚上读书，深夜两三点毫无困意，结果第二天上课时心神疲惫，根本无心听课，有时候干脆旷课。长期如此，不仅会影响学习，打扰其他同学，还危害自己的身心健康。

其次，坚持体育训练。"文武之道，一张一弛"，学习之余参加一些文体活动，不但能缓解刻板紧张的生活，还可以放松心情，有助于提高学习效率。

任务二：制定大学期间，你的身体锻炼计划

大学时期是锻炼身体的黄金时间，千万别错过。因为课程安排很有规律，适合养成锻炼的习惯。因此，我们需要制订我们的锻炼计划。如果没有计划，在大学几年的时间内，很容易就被周边松散的氛围腐蚀，没日没夜地打游戏、逃课、看电影、看小说。

1. 请制订你的身体锻炼计划

请结合自己的实际情况，制订你的身体锻炼计划，并输出独立文档。也可以放到你的职业

生涯规划书的实施计划相关章节中。

2. 建议的大学生可以坚持的运动方式

（1）操场跑步

每天晚上固定时间约室友或者朋友去操场跑步，既增进感情，又锻炼身体。跑步要循序渐进，刚开始 800 米然后 1500 米，再然后 3000 米，量力而行。

（2）打羽毛球和爬山

算是户外运动，打羽毛球也算是一项技能。周末去打打羽毛球，爬爬山，也可以强身健体。而且今后工作之后，公司有羽毛球活动也可以秀秀自己的球技。

（3）游泳

有位大学生因为长期在床上看手机，脊椎出了问题，休学一个学期后来上课，整个人突然变挺拔了。她一米七的个子，以前走路有点弓背。医生建议她游泳，对脊椎有好处。效果还是很明显的。而且游泳像学会骑自行车一样，学会就忘不了。还是一项生存本领，运动量也够。

▶ 任务小结

3.2.5 独立生活、养成体育锻炼习惯，增强自信

按自己的规划进行独立的大学生活，我们就真的长大了，我们也越来越成熟了。

而且，体育锻炼应该养成一种生活习惯来一直坚持下去，它代表着一种健康，积极，坚持不懈的生活态度，对于身体和心理的健康都有极大的好处。因此，在做好计划后，你要行动起来，坚持运动，坚持一段时间，形成习惯，你就会越来越自信，爱上运动，身形也会慢慢无形中变好的。有一天我们就突然发现，镜子里的自己，怎么那么美！

3.3 我喜欢什么——职业兴趣探索

▶ 任务目标

3.3.1 发现兴趣，继续填写职业生涯规划书

▶ 任务名称

任务一：参与霍兰德测试，发现自己真正的兴趣。
任务二：继续填写职业生涯规划书相关内容。

▶ 任务分析

了解职业兴趣的作用，学习霍兰德兴趣六边形相关知识，通过参与霍兰德测试，发现自己真正的兴趣，再继续填写职业生涯规划书相关内容。

实现准备	课堂活动	活动一：职业兴趣作用有多大？
		活动二：您最想去哪个岛屿度假？
		活动三：迷路了，你会怎么做？
	课堂讲解	知识点：理解霍兰德职业兴趣六边形
实现参考	课堂讲解	知识点：了解霍兰德职业兴趣测试
	课堂活动	参考解读：霍兰德职业兴趣测试案例
任务实现	课堂实训	任务一：参与霍兰德测试，发现自己真正的兴趣
		任务二：继续填写职业生涯规划书相关内容
任务小结	课后思考	发现职业兴趣，保持工作稳定，相得益彰

实现准备

3.3.2 理解霍兰德职业兴趣六边形

活动一：职业兴趣作用有多大

1. 活动目的

了解兴趣与工作态度、工作成果之间的关系，从而重视探索自己的职业兴趣。

2. 活动流程

（1）阅读材料

据调查，33%的大学生"先就业后择业"，16.3%的人"没有太多考虑"就"跟着感觉走"选择第一份工作；仅有17.5%的人在择业时考虑了"兴趣爱好"和"未来的发展空间"这两个因素。

当代大学生第一份工作现状调查表明：找到第一份工作后，50%的大学生选择在一年内更换工作；两年内，大学生的流失率接近75%。

如果怀着兴趣从事某种工作，能发挥全部才能的80%以上，并且工作过程中有创造性、主动性，不易疲劳，效率高。

相反，如果从事没有兴趣的工作，那这种工作在心理上便会成为一种负担，只能发挥全部才能的20%~30%，并且会表现出工作时比较被动，工作态度十分消极，工作效率低，无精打采，业绩平平无所作为。

（2）快速思考，写下你的想法

- 兴趣与工作态度、工作成果之间的关系这么大，你知道吗？
- 你了解自己的职业兴趣吗？你对自己的兴趣了解多清楚？

3. 参考观点：兴趣是我们内心动力和快乐的来源

如果先不了解自己的兴趣，就盲目就业，就会带来这样的结果：做着自己并不真正喜欢的事情，或讨好自己并不喜欢的人。

兴趣是无论我们能力高低，也无论外界评价如何，我们依然乐此不疲的事情，可以说，兴趣是我们内心动力和快乐的来源。

活动二：您最想去哪个岛屿度假

1. 活动目的：通过参加活动，挖掘自己未知的、潜在的兴趣。

2. 活动流程

（1）活动规则和活动介绍

恭喜你！你获得了一次免费度假游的机会，有机会去下列六个岛屿中的一个。唯一的要求是你必须要在这个岛上待满至少六个月的时间。请不要考虑其他因素，仅凭自己的兴趣按照一、二、三的顺序挑出你最想前往的3个岛屿。

- 1号岛屿：自然原始的岛（代码：R）

本岛保留有热带的原始植物和河流，自然生态保持得很好，也有相当规模的动物园、植物园、水族馆。岛上居民以手工见长，自己种植花果蔬菜、修缮房屋、打造器物、制作工具。

- 2号岛屿：深思冥想的岛（代码：I）

有多处天文馆、科技博览馆及图书馆。居民喜好观察、学习，崇尚和追求真理，常有机会和来自各地的科学家交换心得。

- 3号岛屿：美丽浪漫的岛（代码：A）

岛上充满了美术馆、音乐厅，弥漫着浓厚的艺术文化气息。同时，当地的原住民还保留了传统的舞蹈、音乐与绘画，许多文艺界的朋友都喜欢来这里找寻灵感。

- 4号岛屿：友善亲切的岛（代码：S）

居民个性温和、友善、乐于助人，人们重视互助合作，重视教育，关怀他人，充满人文气息。

- 5号岛屿：显赫富庶的岛（代码：E）

居民善于企业经营和贸易，能言善道。经济高度发展，处处是高级饭店、俱乐部、高尔夫球场。来往者多是企业家、经理人、政治家、律师等。

- 6号岛屿：现代井然的岛（代码：C）

岛上建筑十分现代化，是进步的都市形态，以完善的户政管理、地政管理、金融管理见长。岛民个性冷静保守，处事有条不紊，善于组织规划。

（2）参加活动

- 你最想居住的岛屿是哪个呢？然后，在剩下的5个岛屿中你最想去的是哪个呢？最后，在剩下的4个岛屿中你最想去的是哪个呢？依次写下来：①_____　②_____　③_____。

- 按自己的第一选择的岛屿分组就座。同一岛屿的人交流一下：自己为什么选择这个岛屿，看看大家有什么共同的兴趣爱好，归纳为关键词把它们写下来，并给自己的岛屿命名和描画出你们心目中这个岛屿的蓝图。

- 每个小组请一位同学（"岛主"）用2分钟时间展示自己小组的组名并在全班介绍自己小组成员的共同特点。

知识点：理解霍兰德职业兴趣六边形

1. 职业兴趣的概念

兴趣是人认识某种事物或从事某种活动的心理倾向，它是以认识和探索外界事物的需要为基础的，是推动人认识事物、探索真理的重要动机。

职业兴趣则指的是个体对不同类型的工作、活动的心理偏好程度，说明的是心理能量的具体指向。职业兴趣是职业生涯选择的重要依据，它可以提高工作效率，充分发挥才能，也是保证职业稳定、职场成功的重要因素。

相应地，职业兴趣测验能够提供受测者对现代各类职业的喜好程度、职业兴趣分布状况，帮助受测者澄清自己的职业兴趣所在，认识自己的职业兴趣分布是否过于集中或分散，并能从侧面提供受测者一定的个性方面的信息。该项测验主要用于考察受测者对特定工作、职业的兴趣和偏好。

2. 霍兰德职业兴趣六边形

（1）霍兰德职业兴趣六边形模型及特征

美国著名职业指导专家J.霍兰德（Holland）编制的，在几十年间经过一百多次大规模的实验研究，形成了人格类型与职业类型的学说和测验。该测验能帮助被试者发现和确定自己的职业兴趣和能力专长，从而科学地做出求职择业。霍兰德在其一系列关于人格与职业关系的假设的基础上，提出了六种基本的职业类型：

- 实用型（Realistic）：1号岛屿。
- 研究型（Investigative）：2号岛屿。
- 艺术型（Artistic）：3号岛屿。
- 社会型（Social）：4号岛屿。
- 企业型（Enterprising）：5号岛屿。
- 事务型（Conventional）：6号岛屿。

六种基本的职业类型的特点、典型岗位和职业要求等特征如下：

类 型	特 点	典型职业	重 视	职业环境要求
实用型R	➢ 喜欢具体的任务 ➢ 工具使用、动手能力强 ➢ 喜欢做体力工作、户外活动 ➢ 更喜欢与物打交道	园艺师、木匠、汽车修理工、工程师、军官、外科医生、足球教练员	具体实际的事物，诚实，有常识	使用手工或机械技能对物体、工具、机器、动物等进行操作，与"事物"工作的能力比与"人"打交道的能力更为重要
研究型I	➢ 喜欢探索和理解事物 ➢ 平静、深邃、内敛 ➢ 有智慧的 ➢ 独立的	实验室工作人员、生物学家、化学家、心理学家、工程师、大学教授	知识，学习，成就，独立	分析研究问题、运用复杂和抽象的思考创造性地解决问题的能力，谨慎缜密，能运用智慧独立地工作，一定的写作能力
艺术型A	➢ 喜欢自我表达 ➢ 富有想象力、创造力 ➢ 追求美、自由、变化 ➢ 喜欢多样性与展示	作家、编辑、音乐家、摄影师、厨师、漫画家、导演、室内装潢设计师	有创意的想法，自我表达，自由，美	创造力，对情感的表现能力，以非传统的方式来表现自己；相当自由、开放
社会型S	➢ 对人感兴趣 ➢ 良好的人际交往技能，敏感的关系体验 ➢ 服务他人、微笑 ➢ 帮助别人解决问题	教师、社会工作者、牧师、心理咨询师、护士	服务社会与他人，公正，理解，平等，理想	人际交往能力，教导、医治、帮助他人等方面的技能，对他人表现出精神上的关爱，愿意担负社会责任
企业型E	➢ 推销自己的产品或观点 ➢ 追寻领导力与社会影响 ➢ 有抱负，责任感强烈，勇于承担压力 ➢ 言语说服能力强	律师、政治运动领袖、营销商、市场部经理、电视制片人、保险代理	经济和社会地位的成功，忠诚，冒险，责任	说服他人或支配他人的能力，敢于承担风险，目标导向

续表

类 型	特 点	典型职业	重 视	职业环境要求
事务型C	➢ 喜欢有条理、程序化的工作 ➢ 忠诚、乐于执行与服务 ➢ 有组织有计划 ➢ 细致、准确	编辑、会计师、银行家、簿记员、办事员、税务员和操作员	准确、有条理、节俭、盈利	文书技巧，组织能力，听取并遵从指示的能力，能够按时完成工作并达到严格的标准，有组织、有计划

图 3-3 霍兰德职业兴趣六边形，我们将一些专业大致对应到这个六边形中，但专业里面的岗位还可以再继续细分，主要还是选择自己感兴趣的岗位。

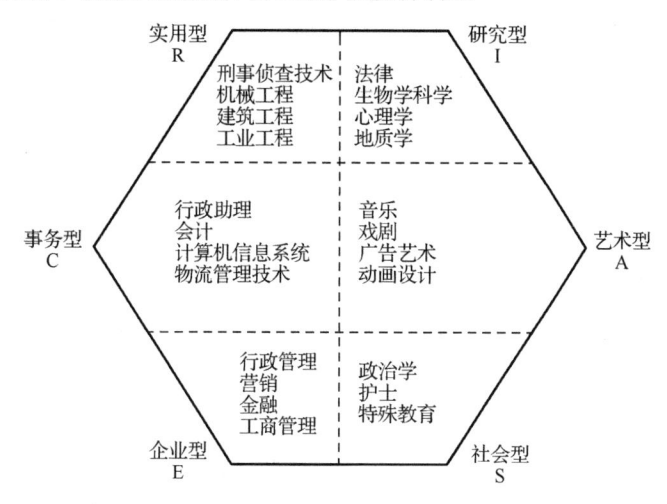

```
        实用型              研究型
         R                   I
    刑事侦查技术         法律
    机械工程             生物学科学
    建筑工程             心理学
    工业工程             地质学

    行政助理             音乐
    会计                 戏剧
    计算机信息系统       广告艺术
    物流管理技术         动画设计
  事务型                              艺术型
   C                                   A

    行政管理             政治学
    营销                 护士
    金融                 特殊教育
    工商管理
         E                   S
        企业型              社会型
```

图 3-3　霍兰德职业兴趣六边形

（2）霍兰德职业兴趣六边形的关键及内在关系

理解霍兰德职业兴趣六边形模型的关键是：

● 个体之间在人格方面存在着本质差异；
● 个体具有不同的类型；
● 当工作环境与人格类型协调一致时，会产生更高的工作满意度和更低的离职可能性。

霍兰德所划分的六大类型，并非是并列的、有着明晰的边界的。它们之间存在如下的内在关系：

● 相邻关系，如 RI、IR、IA、AI、AS、SA、SE、ES、EC、CE、RC 及 CR。属于这种关系的两种类型的个体之间共同点较多，现实型（R）、研究型（I）的人就都不太偏好人际交往，这两种职业环境中也都较少有机会与人接触。
● 相隔关系，如 RA、RE、IC、IS、AR、AE SI、SC、EA、ER、CI 及 CS，属于这种关系的两种类型个体之间共同点较相邻关系少。
● 相对关系，在六边形上处于对角位置的类型之间即为相对关系，如 RS、IE、AC、SR、EI 及 CA 即是，相对关系的人格类型共同点少，因此，一个共同人同时对处于相对关系的两种职业环境都兴趣很浓的情况较为少见。

活动三：迷路了，你会怎么做

（1）活动目的：通过活动，加深对霍兰德职业兴趣六边形的理解。

(2) 活动流程1：做出你的选择。

某一天，你开着车走在一个陌生的城市，到达一个十字路口的时候，你发现之前朋友告诉你的标志建筑物不见了，你发现自己迷路了，这时候，你会怎么做？

- 买地图，找路标，自己查着去。
- 问路，向他人寻求帮助。
- 自己开着车一圈一圈地找，直到找到目的地为止。
- 打电话埋怨朋友：你怎么也不跟我说清楚。
- 我从来没有这种类似的事情发生，在去一个陌生的城市之前，我一定会做足功课。
- 既然迷路了就迷路了吧，随便走走玩玩也不错，大不了不去了，回家好了。

(3) 活动流程2：根据你的选择，做出判断

根据你的选择答案，它分别属于霍兰德职业兴趣六边形哪种类型的人的选择？

实现参考

3.3.3 了解霍兰德职业兴趣测试及其结果解读

知识点：了解霍兰德职业兴趣测试

1. 了解心理测试

在日常生活中，我们会发现有的人热情活泼，有的人安静少言；有的人急躁冒失，有的人沉稳踏实；有的人反应敏捷，有的人反应迟缓等。

在心理学中，把这种表现在一个人身上所特有的、相对稳定的行为方式称作"心理特质"或"心理特征"。比如人的性格、气质、能力、兴趣、价值观等。但毕竟人的心理特质是看不见摸不着的，所以只能通过外在行为反应去"倒推"内在特质。心理测试就担任这个"倒推"工作。不同于身高、体重等外在特征可以用尺子、秤去测量，心理特质因其隐蔽性，使得心理测试工作并非易事。

那是不是就意味着人的心理特质就测不出来了？

凡客观存在的事物都有其数量。——E.L.桑代克

凡有数量的东西都可以测量。——W.A.麦柯尔

当然不是。事实上，心理特质作为一种客观存在，它不同于人的感觉、知觉、记忆、思维等心理过程，是一种相对稳定的东西，我们虽无法直接对它进行测量，但可以通过对个体施加刺激和观测行为反应特点来间接推测出其心理特质，换句话，就是让我们做一套试题，然后根据我们考试的答案来分析我们的心理特征。

咦？听着有点耳熟，这不是我们从小到大一提起来就不寒而栗，连做梦都会被吓醒的考试？当然，不要以为做个心理测试还得像准备考试那样，先划个重点？遇到不会的，三长一短选最短，三短一长选最长？

完全没必要。心理测试一般分为最高行为测试和典型行为测试。能力测试、成就测试属于最高行为测试，而一般的性格测试、气质测试、价值观测试、兴趣测试等属于典型行为测试。前者需要调动所学知识、技能对问题给出最佳答案。而后者只要根据自己的真实情况如实作答即可。人的性格气质等心理特质没有好坏之分，所以试题的选项并无对错。

兴趣测试就属于典型行为测试。目前心理学界对兴趣研究很多，但主要集中在相对稳定的职业兴趣领域。

2. 了解霍兰德职业兴趣测试

职业兴趣测试历史可以追溯到 1927 年。最早出现的是斯特朗编制的斯特朗职业兴趣调查表（简称 SVIB），之后是库德编制的库德爱好记录表（简称 KOIS），与这两者不同的是霍兰德在 20 世纪 50 年代末编制的职业爱好问卷（简称 VPI），这就是大名鼎鼎的霍兰德职业兴趣测试的前身。至此在职业兴趣测试领域形成鼎足之势。现如今，被使用范围最广的兴趣测试非霍兰德职业兴趣测试莫属。

什么是霍兰德职业兴趣测试？

想要了解一个测试，基本上可以从其理论来源、题目设置和结果解释三个方面对一个测试做整体上的认知。理论来源就是前面刚讲过的霍兰德职业兴趣六边形。

（1）题目设置

国内对测试的引进始于 1996 年，国内学者对 1985 年版进行修订和本土化。现在国内流行和通用的霍兰德测试（常规版）的题目设置大致可以分成四大部分：

- 你所感兴趣的活动。六大类型 R、I、A、S、E、C 各 10 题，共 60 题；
- 你所擅长或胜任的活动。六种类型各 10 题，共 60 题；
- 你所喜欢的职业。也是六种兴趣类型各 10 题，共 60 题；
- 你的能力类型自评。六种类型各 2 题，共 12 题。

把以上各部分题量加起来就是测试的总题量 192 题。看似题量很大，可由于前 180 题都是"是""否"判断题，最后一部分的能力类型——自评是七级评分，从 1 级到 7 级给自己的能力打分，所以完成整个测试其实用不了很长时间，基本上在 10 分钟到 15 分钟就能完成测试。

（2）结果解释

测试结果是你的六种类型得分最高的三个代码依次排列组合而成。所以基本上就是 R、I、A、S、E、C 六个代码中三个代码的组合。得到你的霍兰德代码后再根据代码检索表去寻找相对应的职业。

参考解读：霍兰德职业兴趣测试案例

图 3-4 是典型的霍兰德测试结果展示图：雷达图。六个顶点分别代表了六种兴趣类型，每种类型得分情况一目了然，按照得分高低很快就能得出三个代码。

系统直接给出了测试者三个代码 SIC：得分最高的三项是社会型（S）26 分、研究型（I）22 分和常规型（C）22 分，每一种类型满分是 44 分。

当得到属于我的霍兰德代码后，可能会面临以下三个问题。

1. 这三个代码意味着什么呢？

这就意味着主要兴趣领域是 S（社会型），次要领域是 I（研究型）和 C（常规型）。那么在选择职业时，首先选择的领域可以放在社会型上，比如心理咨询师、社会工作者、教师等职业，其次在此基础上再筛选 I 型和 C 型。

2. 那要是 SIC 或者 SCI 都不是我喜欢的职业怎么办？

这个时候就用到前面提到的霍兰德六边形模型规律：每两种类型之间有三种关系，即相邻、相隔和相对。相邻代码之间相关性最强，相隔次之，相对最弱。这里的相关性是指职业活动的相似性。相似性活动高的代码组合在一起会更容易做出选择。

您的霍兰德代码：SIC
霍兰德职业兴趣测评结果

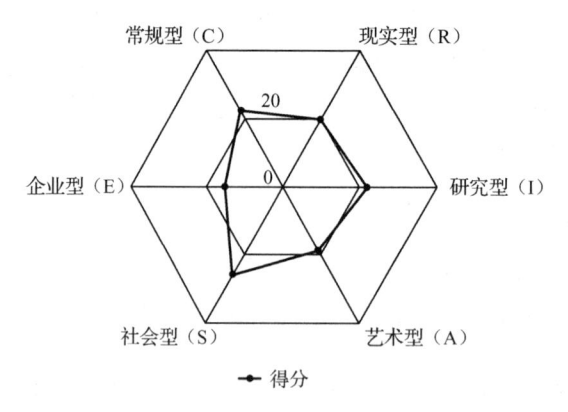

图 3-4 霍兰德兴趣测试结果示意

因此，除了我们得到的三个代码组合外，还可以寻找主代码的相邻代码进行组合。例如，测试者的主代码是 S（社会型），从六边形模型图上可以看出，相邻的是 E（企业型）和 A（艺术型），那么测试者还可以有 SEC、SCE、SAI 和 SIA 的代码组合。这样就扩大了职业领域，提供了更多的职业选择。

3. 必须按照测试结果给出的职业推荐来选择自己的职业方向吗？

首先，我们要明白任何一个职业决策都不是单从兴趣一个因素就能下定论的。个人的人格、气质、能力和知识技能储备也起着相当重要的作用。除了这些心理方面的因素，此外还要考虑社会因素，如市场需求、培训机会、上升空间、职业价值观等，甚至严格点还得考虑生理因素，比如性别、外貌、力量、感官、技能等。所以要结合自身的实际情况，综合多方面考虑才是明智的。

其次，请不要被一次测试结果束缚住我们的想象空间。每个人都是独一无二的，相同兴趣类型的人可能还有不同的倾向、爱好呢。测试结果只是在统计学范围内对同类型的人做出预测，在总体方向上给我们提供一些可行的建议。

最后，最终的选择权在我们自己手上。没有任何一项测试可以准确告诉我们哪种职业对我们来说是完美的，把测试结果作为一种职业决策道路上的参考但又不限于一次测试结果，才能最大限度地发挥测试的作用。

▶ 任务实现

3.3.4 参与霍兰德职业兴趣测试，完成任务

任务一：参与霍兰德测试，发现自己真正的兴趣

网上免费的霍兰德职业兴趣测试其实挺多的，但质量也参差不齐。通常收费的测试会更规范一些，请大家在网上查找自己适合的网页链接进行测试。

任务二：继续填写职业生涯规划书相关内容

请根据霍兰德职业兴趣测试结果，再结合自己的实际情况，填写职业生涯规划书职业兴趣的相关部分内容。

任务小结

3.3.5 发现职业兴趣，保持工作稳定，相得益彰

良好而稳定的兴趣才能使人在从事各种实践活动时，具有高度的自觉性和积极性。个人根据稳定的兴趣选择某种职业，兴趣就会变成巨大的个人积极性，促使一个人在职业生活中做出成就。反之，如果我们对所从事的职业不感兴趣，就会影响我们积极性的发挥，难以从职业生活中得到心理上的满足，不利于工作上的成就。

值得一提的是，需要是影响职业选择的重要的且不易觉察的内在因素，动机是在需要支配下受到外在刺激影响而形成的综合性动力因素，从而影响职业选择。兴趣是在需要基础上受到动机的影响，从而对职业选择产生一定的影响的、变化的、较为外在的因素。

因此，职场中不能盲目地去工作，一定要给自己制定好职业规划，这样才会有发展的方向和动力，一步一步地实现自己的职业规划，从而对自己从事的职业越来越感兴趣。

而一旦工作目标确定后，要保持工作稳定，才能对职业兴趣越来越笃定和坚定，在职场中不乏经常换工作的人，这样是不可能培养出对职业的兴趣的，只有保证工作稳定，才能把自己的心思和精力放在工作中。

3.4 我适合做什么——职业性格探索

任务目标

3.4.1 MBTI 性格测试，补充职业生涯规划书

任务名称

任务一：发现自己的职业性格。
任务二：补充职业生涯规划书的职业性格分析部分的内容。

任务分析

在学习 MBTI 相关知识、性格与职业的关系后，完成性格测试并补充职业生涯规划。

实现准备 1	课堂活动	活动一：签名活动
	课堂讲解	知识点：迈尔-斯布里格斯类型指标（MBTI）的主要特征
	课堂活动	活动二：识别自己的性格
实现准备 2	课堂活动	活动三：一度让父亲失望的卡夫卡
	课堂讲解	知识点：性格与职业的关系
		知识点：其他人才测评方法简介
	课后阅读	扩展阅读：MBTI 性格特征与名人
实现参考	课堂活动	活动四：了解职业性格测试和测试结果样例
任务实现	课堂实训	任务一：发现自己的职业性格
		任务二：补充职业生涯规划书的职业性格分析部分
任务小结	课后思考	正确看待 MBTI 性格测试

实现准备 1

3.4.2　迈尔-斯布里格斯类型指标（MBTI）的主要特征

活动一：签名活动

1. 活动目的

认识到连两只手都是有差异的，做合适的事情，需要选择合适的对象。

2. 活动流程

（1）做下面的活动

请同学们拿出一张空白纸，在纸上签下自己的名字。请换另一只手，再次在纸上签下自己的名字。

（2）快速思考

● 两次签名有什么不同的感受？请用几个词来形容一下。
● 看那一次签名好看？得到什么启发了吗？

知识点：迈尔-斯布里格斯类型指标（MBTI）的主要特征

1. 性格理论基础

卡尔·荣格（Carl Gustav Jung, 1875—1961）创立了荣格人格分析心理学理论，提出"情结"的概念，把人格分为内倾和外倾两种，主张把人格分为意识、个人无意识和集体无意识三层。

后来经过凯瑟琳·库克·布里格斯（Katharine Cook Briggs）和她的女儿伊莎贝·碧瑞斯·麦尔（Iasbel Briggs Myers）的发展，形成目前广泛应用的性格结构，这就是迈尔-斯布里格斯类型指标（MBTI）。

MBIT 的全名是 Myers-Briggs Type Indicator。它是一种迫选型、自我报告式的性格评估工具，用以衡量和描述人们在获取信息、做出决策、对待生活等方面的心理活动规律和性格类型。MBTI 是当今世界上应用最广泛的性格测试工具之一。它已经被翻译成近 20 种世界主要语言，每年的使用者多达 200 万。据有关统计,世界前 100 强公司中已有 89%引入了 MBTI,用于员工和管理层的自我发展、提升组织绩效等各个领域。

MBTI 从四个维度考察个人的偏好,具体是这样划分的,见表 3-3。

表 3-3　从四个维度考察个人偏好的 MBTI

Energizing 注意力方向 (精力来源)	Extraversion （E） 外向	Introversion（I） 内向
Attending 认知方式 (如何搜集信息)	Sensing （S） 感觉	iNtuition （N） 直觉
Deciding 判断方式 (如何做决定)	Thinking （T） 理性	Feeling （F） 感性
Living 生活方式 (如何应对外部世界)	Judging （J） 主观	Perceiving （P） 客观

(1) 区分外向（E）与内向 I

两人见面,相互询问对方三个问题,根据与对方开展的交流,我们能得出相互的印象。

外向（E）	内向（I）
善于表达	通常保留
自由的表达情绪和想法	情绪和想法不轻易流露
听、说、想同时进行	先听,后想,再说
朋友圈大	固定的朋友
主动参与	静静反思
大家	个人
忘我	自我
广度	深度

(2) 区分感觉（S）与直觉（N）

请给出"海洋"下定义,不同的答案就能得出这个人是感觉型还是直觉型。

感觉（S）	直觉（N）
明确、可测量	可发明、改革
细节、细致	风格、方向
现实、现在	革新、将来
看到、听到、闻到	第六感
连续的	任意的
重复	变化
享受现在	预测将来
基于事实、经验	基于想象、灵感

(3) 理解理性（T）与感性（F）

先阅读案例 1:选择"年度篮球先生"。

> **案例 1:选择"年度篮球先生"**
>
> 想象一下:你是一个篮球队的队长,你必须选择一名队员荣称为"年度篮球先生"。最后有两个候选人:Josh 和 Tom。那么你倾向于:
>
> 对于 Josh:很明显,他是一个明星队员。虽然他还是一个低年级学生,但是他为球队赢

得了许多分数，并使得全队获得年度金奖。虽然说 Josh 是天生的运动健将，但是他还是非常尽力地打好每场比赛。所以，出于公平起见，选择必须仅仅根据赛场表现来做出。否则，如果有偏袒，那么会开一个不好的先例。自然了，相信所有的人都会毫无异议地同意 Josh 获得这个荣誉。

Tom 虽然不是最佳的球手，但是他应该获得到这个荣誉。他付出了超出常人的努力去练习好球，他总是拿出 150%的努力打好每一场比赛。在每一场比赛里，他都热情高涨，并且能够很好地鼓动其他的战友共同努力，发挥出最佳的战绩。虽然 Tom 是一个高年级学生，但是因为他家境问题，他高中毕业后要去找份工作做，而不能进入大学学习。所以，这次可能是他篮球生涯的结束，也是他唯一一次获得这样荣誉的机会。

不同的选择是基于不同性格人的特征做出的，因此，可以看出理性与感性的区别。

理性（T）	感性（F）
客观、公正	主观、仁慈
批评，不感情用事	赏识，也喜欢被表扬
清晰	协调
基于分析的	基于体验的
关注事情和联系	关注人和关系
理智、冷酷	善良、善解人意
头脑	心灵
原则、规范	价值、人情
情有可原	情有可原

（4）理解主观（J）与客观（P）

"后天要开始期末考试，忽然有一个好朋友约你晚上去吃饭，去还是不去？"选择不同的人就体现了下面不同性格特征。

主观（J）	客观（P）
按部就班	随遇而安
随时控制	不断体验
明确规则和结构	确定基本方向
有计划、有条理	灵活的、即兴的
快速判断、决定	喜欢开放、获取
确定	好奇
最终期限	新的发现
避免"燃眉之急"的压力	从最后关头压力中得到动力

回顾前面的 4 个部分，每组类型（E/I、S/N、T/F、J/P）二选一，这四个字母的组合就是 MBTI 组合。

2. MBTI 各性格类型的主要特征

（1）感觉型

1）ISTJ

安静、严肃，通过全面性和可靠性获得成功。实际，有责任感，决定有逻辑性，并一步步地朝着目标前进，不易分心。喜欢将工作、家庭和生活都安排得井井有条。重视传统和忠诚。

2）ISFJ

安静、友好、有责任感和良知。坚定地致力于完成他们的义务。全面、勤勉，忠诚、体贴，留心和记得他们重视的人的小细节，关心他们的感受，努力把工作和家庭环境营造得有序而温馨。

3）INFJ

寻求思想、关系、物质等之间的意义和联系。希望了解什么能够激励人，对人有很强的洞察力，有责任心，坚持自己的价值观。对于怎样更好地服务大众有清晰的远景。对于目标的实现过程有计划而且果断坚定。

4）INTJ

在实现自己的想法和达成自己的目标时有创新的变换非凡的动力。能很快洞察到外界事物间的规律并形成长期的远景计划。一旦决定做一件事就会开始规划并直到完成为止。多疑、独立，对于自己和他人能力和表现的要求都非常高。

5）ISTP

灵活、忍耐力强，是个安静的观察者，直到有问题发生，就会马上行动，找到实用的解决方法。分析事物动作的原理，能从大量的信息中很快地找到关键的症结所在。对于原因和结果感兴趣，用逻辑的方式处理问题，重视效率。

6）ISFP

安静、友好、敏感、和善。享受当前。喜欢有自己的空间，喜欢能按照自己的时间表工作。对于自己的价值观和自己觉得重要的人非常忠诚。有责任心，不喜欢争论和冲突。不会将自己的观念和价值观强加到别人身上。

7）INFP

理想主义，对于自己的价值观和自己觉得重要的人非常忠诚，希望外部的生活和自己内心的价值观是统一的。好奇心重，很快能看到事情的可能性，能成为实现想法的催化剂。寻求理解别人和帮助他们实现潜能。适应力强，灵活，善于接受，除非是有悖于自己的价值观的。

8）INTP

对于自己感兴趣的任何事物都寻求找到合理的解释。喜欢理论性的和抽象的事物，热衷于思考而非社交活动。安静、内向、灵活、适应力强。对于自己感兴趣的领域有超凡的集中精力和深度解决问题的能力。多疑，有时会有点挑剔，喜欢分析。

（2）直觉型

1）ESTP

灵活、忍耐力强，实际，注重结果。觉得理论和抽象的解释非常无趣。喜欢积极地采取行动解决问题。注重当前，自然不做作，享受和他人在一起的时刻。喜欢物质享受和时尚。学习新事物最有效的方法是通过亲身感受和练习。

2）ESFP

外向、友好、接受力强。热爱生活、人类和物质上的享受。喜欢和别人一起将事情做成功。在工作中讲究常识和实用性，并使工作显得有趣。灵活、自然不做作，对于新的任何事物都能很快地适应。学习新事物最有效的方式是和他人一起尝试。

3）ENFP

热情洋溢、富有想象力。认为人生有很多的可能性。能很快地将事情和信息联系起来，然后很自信地根据自己的判断解决问题。总是需要得到别人的认可，也总是准备着给他人赏识和帮助。灵活、自然不做作，有很强的即兴发挥能力，言语流畅。

4）ENTP

反应快、睿智，有激励别人的能力，警觉性强、直言不讳。在解决新的、具有挑战性的问题时机智而有策略。找出关于理论上的可能性，然后再用战略的眼光分析。善于理解别人。不喜欢例行公事，很少会用相同的方法做相同的事情，倾向于一个接一个地发展新的爱好。

5）ESTJ

实际、现实主义，果断，一旦下决定就会马上行动。善于将项目和人组织起来将事情完成，并尽可能用最有效的方法得到结果。注重日常的细节。有一套非常清晰的逻辑标准，有系统性的遵循，并希望他们也同样遵循。在实施计划时强而有力。

6）ESFJ

热心肠、有责任心、合作。希望周边的环境温馨而和谐，并为此果断地执行。喜欢和他人一起精确并及时地完成任务。事无巨细都会保持忠诚。能体察到他人在日常生活中的所需并竭尽全力帮助。希望自己和自己的所为能受到他人的认可和赏识。

7）ENFJ

热情、为他人着想，易感应、有责任心。非常注重他人的感情、需求和动机。善于发现他人的潜能，并希望能帮助他们实现。能成为个人或群众成长和进步的催化剂。忠诚，对于赞扬和批评都会积极地回应。友善、好社交。在团体中能很好地帮助他人，并有鼓舞他人的领导能力。

8）ENTJ

坦诚、果断，有天生的领导能力。能很快看到公司/组织程序和政策中的不合理性和低效能性，发展并实施有效和全面的系统米解决问题。善于做长期的计划和目标的设定。通常见多识广，博览群书，喜欢拓宽自己的知识面并将此分享给他人，在陈述自己的想法时非常强而有力。

活动二：识别自己的性格

1. **活动目的**：通过活动了解自己的性格，加深对 MBTI 的理解。
2. **活动流程**

（1）阅读下面每一对描述，选择其中在大多数情况下最像你的一个。你必须设想最自然状态下的自己，你在没有别人观察情况下的举动。

- 关于你精力的描述，哪一种模式更适合你？是 E 还是 I？

E	I
喜欢行动和多样性	喜欢安静和思考
喜欢通过讨论来思考问题	喜欢讨论之前先进行独立思考
采取行动迅速，有时不做过多的思考	在没有搞明白之前，不会很快地去做一件事情
喜欢观察别人是怎么做事的，喜欢看到工作的结果	喜欢理解工作的道理，喜欢一个人或很少的几个人干事
很注意别人是怎样看自己的	为自己设定标准

- 下面是一些处理信息的方式，其中哪一种模式与你更接近？是 S 还是 N？

S	N
主要是通过过去的经验去处理信息	主要是通过分析事实所反映出来的意义以及两者之间的逻辑关系去处理信息
愿意用眼睛、耳朵和其他器官去察觉新的可能性	喜欢用想象去发现新的做事方法感受事物
讨厌出现新问题，除非存在标准的解决方法	喜欢解决新问题，讨厌重复地做同一件事
喜欢用已会的技能去做事而不愿去学习新的东西	与其说练习旧技能，不如说更愿意运用新技能
对于细节很有耐心，但当出现复杂情况时则开始失去耐心	对于细节没有耐心，但不在乎复杂情况

- 下面是描述你做决定的方式，哪一种模式与你更接近？是 T 还是 F？

T	F
根据逻辑决策	根据个人感受和价值观决策，即使它们可能不合逻辑
愿意被公正和公平地对待	喜欢被表扬，喜欢讨好他人，即使在不太重要的事情上也是如此
可能不知不觉地伤害别人的感情	了解和懂得别人的感受
更关注道理或事情本身，而非人际关系	能够预计到别人会如何感受
不太关注和谐	不愿看到争论和冲突，珍视和谐

- 下面是描述你日常生活的方式，哪一种模式更接近你？是 J 还是 P？

J	P
预先制订计划，提前把事情落实和决定下来	保持灵活性，避免做出固定的计划
总想让事情按"它应该的样子"进行	轻松应对计划外和意料外的事情
喜欢先完成一件工作后，再开始另一件	喜欢开始多项工作
可能过快地做出决定	可能做决定太慢
按照不轻易改变的标准和日程表生活	根据问题的出现不断改变计划

（2）回顾前面的 4 个选项，哪些类型（E/I、S/N、T/F、J/P 每组二选一）更接近于你？你的职业性格的四个字母是什么？这就是你的 MBTI 组合，请记住。

需要说明的是以下的注意事项：
- MBTI 并不适合所有的个体。
- 将测评结果与自己在生活中的经历和体验结合起来考虑。
- 随着自我了解加深，MBTI 的测评结果可能会发生变化。
- 思考自己个性特征在生活中的优势和不足，避免自身的局限，发挥长处。

实现准备 2

3.4.3 性格与职业的关系

活动三：一度让父亲失望的卡夫卡

1. 活动目的

通过案例理解一个人的性格与职业的关系，并树立每种性格都能成才的理念。

2. 活动流程

（1）阅读案例

案例2：一度让父亲失望的卡夫卡

19世纪末，一个男孩降生于布拉格一个贫穷的犹太人家里。随着男孩一天天地长大，人们发现他虽生为男儿身，却没有半点男子气概。他的性格内向、敏感、多虑，防范和躲避的心理在他心中根深蒂固。

男孩的父亲竭力想把他培养成一个男子汉，希望他具有刚毅勇敢的性格。在父亲严厉的培养下，男孩的性格不但没有变得刚烈勇敢，反而更加懦弱自卑，以至于生活中的每一个细节、每一件小事对他都是一个不大不小的灾难。他常独自躲在角落里，小心翼翼地猜度着会有怎样的伤害落到他的身上。

父亲面对儿子彻底失望了，你能够让他去当兵、去冲锋陷阵吗？不可能，部队还没有开始选拔，他也许就已经当逃兵了。让他去从政？依靠他的智慧、勇气和决断力，要从各种纷杂势力的矛盾冲突中寻找出一种平衡妥当的解决方法，那更是可望而不可即的幻想。他也不可能做律师，懦弱、内向的性格怎么可能面对法庭上紧张激烈的辩论。懦弱、内向的性格，也许是人生的悲剧，即使想要改变也改变不了。

这个男孩后来成为一名闻名世界的文学家，他就是捷克的作家卡夫卡。

为什么会这样？原因就在于卡夫卡找到了适合自己性格的职业。性格内向、懦弱的人往往有丰富的内心世界，能敏锐地感受到一般人感受不到的东西。他们也许是外部世界的懦夫，却是精神世界的国王。在自己营造的艺术王国中，在这个精神家园里，卡夫卡的懦弱、悲观、消极等性格弱点，反倒使他对世界、生活、人生、命运有了更尖锐、敏感、深刻的认识。他以自己在生活中受到的压抑、苦闷为题材，开创了文学史上一个全新的艺术流派，给我们留下了《变形记》《城堡》《审判》《美国》等不朽的文学巨著。

想象一下，如果卡夫卡当初听从父亲去做律师，法律界可能就多了一个失败的律师，更可惜的是世间也就少了这些不朽巨著。

（2）快速思考

- 你了解卡夫卡吗？他的成功你是认可的吧？
- 他作为一个文学巨匠，他的成功与其性格有关吗？请列出主要关键词。
- 对此，你有什么启发？请写出来＿＿＿＿＿＿＿＿＿＿＿＿＿＿＿＿＿＿。

知识点一：性格与职业的关系

职业与性格的最佳匹配使得我们成为更有焦点、更有效的工作者，因此我们可以每天都去工作并且喜欢我们所做的事情，也就是MBTI与职业的匹配的关系：

ISTJ 稽查员	ISFJ 保护者	INFJ 咨询师	INFP 治疗师/导师
ESTJ 督导	ESFJ 销售员	ENFJ 教师	ENFP 倡导者
ISTP 操作者	ISFP 艺术家	INTJ 科学家	INTP 设计者
ESTP 创设者	ESFP 表演者	ENTJ 统帅	ENTP 企业家/发明家

1. ISTJ 型：内向+感觉+理性+主观

（1）可能存在的盲点

ISTJ 型的人有一个缺点，就是他们常常会迷失在一件工作中的细节和日常操作中，一旦沉浸进去，他们就会变得顽固，而且对其他的观点置之不理。收集更广泛的信息，并且理智地评估一下自己的行为可能带来的后果，可以让 ISTJ 型的人在所有的领域中更有影响力。ISTJ 型的人有时不能明白别人的需求，因此可能被看成冷酷无情的人。他们应该把对别人的欣赏表达出来，而不是留在心里。

（2）适合的领域

工商业领域、政府机构金融银行业、政府机构、技术领域、医务领域。

（3）适合的职业

审计员、后勤经理、信息总监、预算分析员、工程师、计算机程序员、证券经纪人、地质学者、医学研究者、会计、文字处理专业人士等。

2. ESTJ 型：外向+感觉+理性+主观

（1）可能存在的盲点

ESTJ 型的人很冷淡而且漠不关心，因此他们常常需要对自己的感情以及别人的反应和情感更加留心和尊重。他们天生是批判性的人，ESTJ 型的人经常不能对别人的才能和努力给予赞同和表扬。ESTJ 型的人经常在还没有收集完所有必要的信息，或还没有花足够的时间了解情况的时候就跳到结果上。他们需要学会有意识地推迟做决定的时间，直到他们考虑过所有的信息，特别是他们可能会忽略的其他选择。ESTJ 型的人如果放弃一些他们追求的控制权，并且懂得生活中有一些灰色的区域，那么，他们一定会更好地适应社会并获得成功。

（2）适合的领域

无明显领域特征。

（3）适合的职业

银行官员、项目经理、数据库经理、信息总监、后勤与供应经理、业务运作经理、证券经纪人、电脑分析人员、保险代理、普通承包商、工厂主管等。

3. ISFJ 型：内向+感觉+感性+主观

（1）可能存在的盲点

他们生活得过于现实，他们很难全面地观察问题，也很难预见情况的可能性，尤其是他们不熟悉的情况。他们需要往前看而且设想一下如果换个办法做，事情能变成什么样。他们每做一件事都会小心翼翼地从头做起，这使他们容易劳累过度。他们需要将心中埋藏许久的愤怒发泄出来，这样才能摆脱这种不利的地位。他们也需要让别人知道他们的需求和理想。他们总是过度地计划，因此他们需要制定一些策略来调整自己专注的焦点。他们需要找到途径来给自己安排必要的娱乐和轻松。

（2）适合的领域

领域特征不明显，较相关的如医护领域、消费类商业、服务业领域。

（3）适合的职业

人事管理人员、计算机操作员、顾客服务代表、信贷顾问、零售业主、房地产代理或经纪人、艺术人员、室内职业生涯装潢师、商品规划员、语言病理学者等。

4．ESFJ 型：外向+感觉+感性+主观

（1）可能存在的盲点

在紧张而痛苦的时候，他们会对现实情况熟视无睹。他们需要学会直接而诚实地处理矛盾冲突。ESFJ 型的人总是由于想取悦或帮助他人而忽视自己的需求。当他们不能找到改变自己生活途径的时候，他们就可能变得消极和郁闷。从问题中跳出来更客观地对待它，常常可以给他们带来全新的视野。他们不愿意寻找解决问题的新方法，表现得不知变通。因此，如果延迟做判断的时间，并对处理问题的新途径持开放态度，可以使他们获得更丰富的知识，并帮助他们更好地做出决定。

（2）适合的领域

领域特征不明显。

（3）适合的职业

公关客户经理、个人银行业务员、销售代表、人力资源顾问、零售业主、餐饮业者、房地产经纪人、营销经理、电信营销员、接待员、信贷顾问、簿记员等。

5．ISFP 型：内向+感觉+感性+客观

（1）可能存在的盲点

ISFP 型的人天生具有高度的敏感，这使他们可以很清楚地看到他人的需要，并且他们有时会为了满足这些需要而拼命地工作以至于在此过程中忽视了自己。他们需要花些时间来像关心别人一样关心自己。

ISFP 型的人必须努力控制自己的冲动，并偶尔享受一下安静的生活。他们对别人的批评相当敏感，而且会因受到批评而生气或气馁。在分析中加入一些客观和怀疑的态度会让他们更准确地判断人的性格。

（2）适合的领域

手工艺、艺术领域、医护领域、商业、服务业领域等。

（3）适合的职业

优先客户销售代表、行政人员、商品规划师、测量师、海洋生物学者、厨师、室内/风景设计师、旅游销售经理、职业病理专业人员等。

6．ESFP 型：外向+感觉+感性+客观

（1）可能存在的盲点

ESFP 型的人把体验和享受生活放在第一位，这常常使他们不是那么的尽职尽责。他们喜欢交际的特点可能会令他们多管闲事并使自己陷入麻烦之中。ESFP 型的人易受干扰而分心，以至于不能完成工作的毛病使他们变得懒惰。ESFP 型的人应该对将来有所预料，并作两手准备，一旦结果不尽如人意，也不至于损失太大。ESFP 型的人经常在做决定时不考虑后果，而习惯相信自己的感觉，排斥更客观的事实。因此，他们需要后退一步，考虑一下事情的起因和结果，并努力让自己在工作中变得坚强。

（2）适合的领域

消费类领域、服务业、广告业、娱乐业、旅游业、社区服务等。

（3）适合的职业

公关专业人士、劳工关系调解人、零售经理、商品规划师、团队培训人员、旅游项目经营者、表演人员、特别事件协调人、社会工作者、旅游销售经理、融资者、保险代理、经纪人等。

7. ISTP 型：内向+感觉+理性+客观

（1）可能存在的盲点

总是独自做出判断，这使周围的人对 ISTP 型的人一无所知。这类人不喜欢与别人分享自己的反应、情感和担忧。过度向往空闲时间使他们有时会偷工减料。对刺激的追求也使他们变得鲁莽、轻率，而且容易厌烦。设计一个目标可以帮助他们克服自己主动性的缺乏，避免频繁的失望和无规律的生活习惯带来的危害。

（2）适合的领域

技术领域、金融业、贸易、商业领域、户外运动、艺术等。

（3）适合的职业

证券分析、银行职员、管理顾问、电子专业人士、技术培训人员、信息服务开发人员、软件开发商、海洋生物学者、经济学者等。

8. ESTP 型：外向+感觉+理性+客观

（1）可能存在的盲点

ESTP 型的人只着眼于现在的偏好以及在危机发生时采用的那种"紧急"的反应。常常一次着手很多事，到最后发现不能履行诺言了。他们需要把眼光放得远一点。ESTP 型的人在力求诚实时往往会忽视他人的情感，变得迟钝，只有把自己的观察能力用在周围的人群中，才能更有影响力。他们还需要掌握时间观念和长远规划的技巧，以帮助他们准备并完成他们的责任。

（2）适合的领域

贸易、商业、服务业、金融证券业、娱乐、体育、艺术。

（3）适合的职业

企业家、业务运作顾问、个人理财专家、证券经纪人、银行职员、预算分析员、技术培训员、旅游代理、促销商、手工艺人、新闻记者等。

9. INFJ 型：内向+直觉+感性+主观

（1）可能存在的盲点

因为太专注于"想法"，INFJ 型的人有时会显得不实际，而且会忽视一些细节。留意一下周围的情况，并且善于运用已被证实的信息会帮助他们更好地运用自己的创造性思维。他们时刻受到自己的原则的约束，没有远见，不知变通，抵制与他们的想法相冲突的想法，因为对他们来说自己的地位是毋庸置疑的。

INFJ 型的人有顽固的倾向，对任何批评都会过度敏感。当矛盾升级时，他们会感到失望和绝望。总之他们要客观地认识自己和自己的人际关系。

（2）适合的领域

咨询、教育、科研等领域。

（3）适合的职业

人力资源经理、事业发展顾问、营销人员、职业分析人员、企业培训人员、编辑、艺术指导、口译人员、社会科学工作者。

10. ENFJ 型：外向+直觉+感性+主观

（1）可能存在的盲点

过于认真和动感情，以至于有时会过度地陷于别人的问题或情感中。当事情没有如期地取得成功时，他们会感到失落、失望或绝望。这会使他们退缩，感到自己不被欣赏。很爱接受表扬，但对于批评却很脆弱，对无害和好意的批评都很难接受，通常对此的反应是慌乱、伤心或愤怒，甚至完全丧失理性。

（2）适合的领域

培训、咨询、教育、新闻传播、公共关系、文化艺术。

（3）适合的职业

人力资源开发培训人员、销售经理、程序设计员、生态旅游业专家、广告客户经理、协调人、作家、记者、交流总裁等。

11．INTJ 型：内向+直觉+理性+主观

（1）可能存在的盲点

由于有时给自己制定了不切实际的高标准，可能对自己和他人期望过高。实际上，他们不关心自己的标准是否会影响到其他人，只注重自己。他们常常不希望别人对抗自己的意愿也不愿听取别人的观点。INTJ 型的人要想变得更加有效率，就得学会放弃一些不重要的主意，进而成功地抓住那些重要的。

（2）适合的领域

科研、科技应用、技术咨询、管理咨询、金融、投资领域、创造性行业。

（3）适合的职业

管理顾问、经济学者、国际银行业务职员、金融规划师、运作研究分析人员、信息系统开发者、综合网络专业人员等。

12．ENTJ 型：外向+直觉+理性+主观

（1）可能存在的盲点

有时会急于做决定。比较粗心直率，无耐心并且不敏感，不妥协并且很难接近。他们过于客观地对待生活，结果没有时间去体会感情。他们会在一些小事上大发雷霆，而这种爆发会伤害与他们亲近的人。实际上并没有他们自己想象得那么有经验、有能力。

（2）适合的领域

工商业、政界、金融和投资领域、培训、专业性领域。

（3）适合的职业

人事/销售/营销经理、技术培训人员、国际销售经理、特许经营业主、程序设计员、环保工程师等。

13．INFP 型：内向+直觉+感性+客观

（1）可能存在的盲点

不太在意逻辑，所以有时会犯错误。他们总是用不切实际的高标准来要求自己，这会导致他们感到自己是不胜任的。试着更客观地看待自己的事情，可以增加对批评和失望的承受力。

（2）适合的领域

创作性、艺术类教育、研究、咨询类等。

（3）适合的职业

人力资源开发专业人士、社会科学工作者、团队建设顾问、编辑、艺术指导、记者、口译人员、娱乐界人士、建筑师、研究工作者、顾问等。

14．ENFP 型：外向+直觉+感性+客观

（1）可能存在的盲点

因为觉得想出新主意是很容易的，经常无法在一段时间里只专注于一件事，并且他们也不善于做决定。他们往往会因为失去兴趣而缺少一种完成任务的自制力。

（2）适合的领域

未有明显的限定领域。

（3）适合的职业

人力资源经理、变革管理顾问、营销经理、广告客户经理、战略规划人员、宣传人员、环保律师、研究助理、广告撰稿员等。

15. INTP 型：内向+直觉+理性+客观

（1）可能存在的盲点

他们可能不会考虑别人怎么样。如果某件事不和逻辑就很可能放弃它，就算它对他们来说很重要。即使善于发现一个想法中的缺陷，却很难把它们表达出来。他们可能对常规的细节没有耐心。

（2）适合的领域

计算机技术理论研究、学术领域、专业领域、创造性领域等。

（3）适合的职业

电脑软件设计师、系统分析人员、研究开发人员、战略规划师、金融规划师、信息服务开发商、变革管理顾问等。

16. ENTP 型：外向+直觉+理性+客观

（1）可能存在的盲点

由于注重创造力和革新胜过一切，他们的热情促使他们寻找新鲜事物，以至于会忽视必要的准备，而草率地陷入其中。他们需要不过多地着手有关事物。他们应该避免表现得自大而粗鲁。

（2）适合的领域

投资顾问、项目策划、投资银行、自我创业、市场营销、创造性领域、公共关系、政治等。

（3）适合的职业

人事系统开发人员、投资经纪人、工业设计经理、后勤顾问、金融规划师、投资银行职员、营销策划人员等。

扩展阅读：MBTI 性格特征与名人

有兴趣了解 MBTI 性格特征与名人的信息，请扫描二维码阅读。

MBTI 性格特征与名人

知识点二：其他人才测评方法简介

1. 职业锚

职业锚的概念是最早由美国的施恩教授出版的《职业动力论》这本书中提到的。职业锚的定义：职业锚就是最佳职业定位，是一个人在长期的职业生涯实践中通过内外部条件、因素的比较，自觉主动选择能最有利于自身发展和做出最大贡献的职业定位，简称职业锚。

职业锚主要用于在职员工，已经对自己的职业有所了解，尤其是前五年的工作，是处于职业转变期，需要在一次次的职业转变成找到真正属于自己的那份职业锚。主要用于转行、跳槽等员工先使用职业锚测评对自我的定位有个真实的认识。

俗话说："找到职业锚，做人生之舟的船长。"

2. DISC 行为模式

DISC 行为模式测试（性格测试）由美国心理学家马斯顿（"测谎机"的发明者）博士创立，

DISC 这四个字母分别代表 4 种行为模式：Dominance（支配性）、Influence（影响力）、Steadiness（稳定性）、Compliance（服从性）。行为模式包括：

（1）内在行为模式

内在行为模式是你天生的、固有的行为模式，代表着你最自然真实的内在动机和欲求。这种行为之所以常在你处于压力时显现，是因为你没有空间或时间去思考如何调整你的行为，这种行为模式你通常不自知。

（2）外在行为模式

外在行为模式是你基于你自身对环境的判断与认知，认为自己在特定环境下理应呈现的理想行为模式。这个模式通常代表个人试图在工作中采用的行为类型，是你的一张环境"面具"，这种行为模式通常不被他人所知。

（3）认知行为模式

在真实世界里，每个人对自己都有一种特定的认知，继而产生一种特定的行为模式，这种行为模式是个体来过去的习得性反映（经验）与环境期待的一种结合，这种行为模式相对稳定，因此也通常被他人自己所熟知。

DISC 行为模式测试的核心思想是：行为模式不同，与之匹配的职位不同。DISC 行为模式测试被广泛应用于员工招聘。招聘单位通过这个测试更注重的是你的行为模式，这是属于基本素质之一。DISC 行为模式测试也可以帮助个人更加成熟，更加具备主观能动性，基于环境的要求去调整自己的行为，而不要总是依着自己的性格去做事。

实现参考

3.4.4　了解职业性格测试和测试结果样例

MBTI 是当今世界上应用最广泛的性格测试工具。它已经被翻译成近 20 种世界主要语言，MBTI 是一种迫选型、自我报告式的性格评估工具，用以衡量和描述人们在获取信息、做出决策、对待生活等方面的心理活动规律和性格类型。

1. MBTI 性格测试核心规则

MBTI 核心规则可以浓缩成三个短句：倾向不是能力（Type not trait）、自己的判断才是最符合的判断（Own best judge）、类型无对错（No right or wrong）。

（1）MBTI 类型不显示能力的强度

问卷通过偏好来确定倾向，而不是能力强度或程度的能力。在这个意义上，它不同于基于性状的工具，比如 16PF（16 种人格因素问卷是美国伊利诺州立大学人格及能力测验研究所卡特尔教授编制的用于人格检测的一种问卷），其类型的偏好是对立的两极。

（2）个人所认为的自己的类型往往是最符合其自己的判断

MBTI 问卷提供报告的类型，可以被认为是可以参照的整体概貌。最佳拟合的过程通常是通过受测者对 MBTI 四维度两分法的理解，形成其自己的假设的整体类型，并和报告的类型相比较。通过比对，可以帮助受测者确定自己的最佳拟合。

（3）类型或偏好没有孰对孰错、孰好孰坏

没有偏好或总的类型被认为比另一种更好或更糟。不同偏好的人有着不同的天赋。

2. MBTI 性格测试施测流程

第 1 步　调整心态：MBTI 只测试自己的性格类型，而不同性格类型之间没有优劣之分；请放松心情，最大限度地摆脱各种外部环境的压力，尽量展现真实的自我。

第 2 步　测试的目的是了解真实的自己，而不是别人所期待的你，因此在回答问卷时不是考虑哪样更好，而是哪样更符合你自己。

第 3 步　答问卷：尽量在一种不假思索的状态下答题，无须过分思考"这道题是测什么的"。遇到一些觉得很纠结、无法取舍的问题是正常时，尽可能选择你在放松时最可能的倾向。

第 4 步　将第一步测试结果提供的性格类型描述不同部分与自我感觉相比较：通俗描述、气质类型、优势及潜在弱点是否吻合。

第 5 步　若希望尽可能精确自己的性格类型，可以进一步测试 MBTI 第二步。

3. MBTI 性格测试行为规范

受测者需始终处于轻松自如、零压力的状态下完成问卷。

受测者必须正确实施每一个步骤，以便准确理解 MBTI 的测试结果。MBTI 量表的分值代表了受测者对自身性格类型的清楚程度，而非其占有某种性格特征的完全程度或者表现强度；MBTI 提供的性格类型描述仅供受测者确定自己的性格类型之用，MBTI 的有效性取决于施测中规范、有序地执行每一个环节。

MBTI 旨在帮助人们了解自我的本来面目，即个人与生俱来的性格；既然后天的种种环境压力和客观条件可能扭曲甚至彻底逆转个人的行为表现，那么对自己性格最有发言权的当然只能是受测者自己。MBTI 就像一个经验丰富的"开道者"（而不是诊断病因的医生）提着灯笼照亮你面前的路却从不在意你去向何方——无论你的目的地在哪里，他只管提着灯笼照亮你的前方；然而，没有这样的开道者你便陷于沉沉黑暗之中无所适从。

MBTI 的评估系统说到底就是不断引导人们暴露、进而认清自我的本来面目。甚至量表得分也只是一种辅助或者参考，当测试结果与自评结果不合时，MBTI 不会一味坚持量表的得分，然后拿出一纸对应的行为描述来说服你接受这样的结果。最清楚自己性格的当然恰是你自己——无论从理论上还是实践中都是如此——这也正是 MBTI 的理念。

总之，MBTI 可以帮助我们认清自己，但是并不剥夺我们认知的自由，把结论强加于人；MBTI 可以有效地评估我们的性格类型；引导我们建立自信，信任并理解他人；进而在职业定位和发展、团队建设、领导力人格基础发展、人际工作关系、员工素质、组织内部沟通以及跨文化企业管理等领域为我们提供前所未有的帮助。

4. MBTI 性格测试结果样例

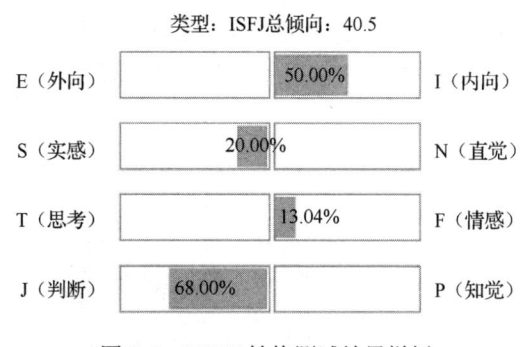

图 3-5 是 MBTI 性格测试结果样例。

类型：ISFJ 总倾向：40.5

E（外向）	50.00%	I（内向）
S（实感）	20.00%	N（直觉）
T（思考）	13.04%	F（情感）
J（判断）	68.00%	P（知觉）

图 3-5　MBTI 性格测试结果样例

MBTI 已经有了七十多年的广泛应用，实践证明该模型是行之有效的，而这有赖于我们恪守施测流程和测试行为规范。只有这样，MBTI 才能真正帮助我们认识自我、发现自我，迈出职业发展和职业规划最重要的一步。

➡ 任务实现

3.4.5 进行 MBTI 性格测试，补充职业生涯规划书

任务一：发现自己的职业性格

"知乎"上有很多可以在线进行 MBTI 性格测试的链接，可以自行选择一链接进入测试。

请输出测试结果，对照性格理论中的解释和工作匹配类型分析一下自己，和其他人组成小组，说一下自己属于哪个类型，有何特征，是否符合自己的认识，对自己适合的工作方向和工作内容有什么新的发现。

任务二：补充职业生涯规划书的职业性格分析部分

请根据 MBTI 性格测试结果，再结合自己的实际情况，填写职业生涯规划书性格相关部分的内容。

➡ 任务小结

3.4.6 正确看待 MBTI 性格测试

为了更好地理解性格类型，理解性格类型与职业的关系，需要注意以下几点：
- 性格类型没有对错，而在工作或人际关系上，也没有更好或更坏的组合。每一种性格类型和每一个人都能带来独特的优点。
- 哪一种性格类型最符合你，是由你自己做出最后判断的。你的性格测试结果是根据你回答问题的选择来建议你最可能属于哪一种性格类型的；但是，只有你自己才知道你真正的性格类型。
- 你可以用性格类型去理解和原谅自己，但不能以它作为你做或不做任何事情的借口。不要让性格类型左右你考虑选择任何事业、活动或人际关系。
- 要留意自己对性格类型的偏见，避免借此测试结果负面地把别人定型。

职业生涯的每一次质跃发展，都是以学习新知识、树立新观念为先决条件的，还需要继续努力！

3.5 我能做什么——职业能力探索

任务目标

3.5.1 制订专业学习和技能提升计划

任务名称

任务：制订针对性的专业学习和技能提升计划，并填写职业生涯规划书的相关内容。

任务分析

了解自身能力与目标要求的差距，结合学习专业的培养方案，完成本节任务。

实现准备	课堂活动	活动一：想想离目标要求还差多少？
	课堂讲解	知识点：提升专业技能是硬道理
实现参考	课堂讲解	案例参考：大学期间制订技能提升计划
		参考建议：培养专业能力以外其他能力
任务实现	课堂实训	任务：制订针对性的专业学习和技能提升计划
任务小结	课后思考	计划的执行需要找方法"对付"自己

实现准备

3.5.2 提升专业技能是硬道理

活动一：想想离目标要求还差多少

1. 活动目的

了解也许是你目标岗位的要求，算算离目标要求还差多少，激发赶上的学习动力。

2. 活动流程

（1）阅读下面者几个公司的岗位任职要求

> **岗位1：网络实习工程师（XX 科技 CMC）**
> 1）在校生，本科。（必须为在校生）
> 2）具备华为 HCIE 证书或思科 CCIE 证书优先考虑。（路由交换方向）
> 3）喜欢并善于与人沟通，性格外向，活泼。
> 4）逻辑性强，做事有条理。
> 5）思路清晰，有一定的 PPT 制作功底。
> 6）具备良好的责任心、较强的学习能力、优秀的团队沟通能力与协作能力。

岗位 2：软件测试工程师（武汉 XX 科技有限公司）

1）2021 年的应届毕业生，计算机网络、通信工程等相关专业，大专或本科学历。

2）掌握网络相关基础知识，获得 CCNA（含）以上水平专业证书者优先考虑。

3）对网络通信有浓厚的兴趣，在校期间有网络通信设备的实习或实践相关经历者，优先考虑。

4）学习能力较强，善于思考，肯钻研；接受重复性测试工作。

5）接受周一至周五每天 8 小时工作时间，本岗位需先进行实习，实习期合格转正。

岗位 3：实施运维工程师（成都 XX 信息技术有限公司）

1）大专及以上学历、计算机相关专业。

2）熟悉主流交换机、路由器、防火墙等网络设备的配置与调试。

3）熟悉 Linux 操作系统的安装、操作和维护；熟悉 Mysql 数据库。

4）具有软件系统的运维工作经历。

5）熟悉网络设备和网络安全设备，有一定网络安全解决方案的写作能力。

6）了解网络设备及相关交换机、路由器配置。

7）性格积极向上，沟通及承压能力强，能适应突发事件连续加班工作。

岗位 4：5G 无线通信督导（四川 XX 信息技术股份有限公司）

1）年龄要求 19 岁及以上，大专及以上学历。

2）熟练使用办公软件及相关业务软件。

3）服从公司安排及调度，能适应出差，适应不定时工作制。

4）工作积极主动，责任心强，严谨认真，有较好的自学能力和承压能力。

岗位 5：5G 通信网络优化（四川 XX 通信科技有限公司）

1）基础要求：年龄：20～32 岁，学历：大专及以上（个别能力优秀者可以放宽学历）。

2）通信类专业，计算机类专业，电子信息类专业等理工科专业优先。

3）熟悉电脑操作，擅长使用办公软件。

4）熟知测试流程，具有完整的优化思路，对常见的网络问题懂得解决的方法；熟练应用 Excel 表格，有良好的沟通交际能力。

5）学习能力强，工作热情高，富有责任感，在高级工程师的指导下完成工作内容。

岗位 6：Java 开发实习生（成都 XX 科技有限公司）

1）熟悉 Java 编程语言和思想，有扎实的编程基础。

2）熟悉 Spring、SpringMVC、mybatis、jpa 等框架开发。

3）熟悉 Mysql、MongoDB 数据库应用开发，了解数据库相关优化。

4）具有良好的表达能力和沟通能力，工作责任心强，善于学习。

5）熟悉 Springboot 框架者优先，有微服务及大数据开发经验者优先。

岗位 7：UI 设计师

1）能够把握整体 UI 风格，独立完成产品各端的界面设计工作。

2）精通熟练 Sketch、Photoshop、Illustrator，熟悉 AE 等图形设计软件。

3）良好的审美意识和艺术修养，能够对行业变化和设计趋势做出有效的判断，有一定的观察力及分析能力，并擅长把握用户需求，设计符合用户使用习惯的界面。

4）跟踪前端开发对 UI 设计的还原度，保持严谨的设计验收工作，重视细节，追求像素级精神。

5）良好的沟通能力、执行力、学习和创新能力，有自己的想法，善于解决问题，对设计工作有激情和责任感。

（2）快速思考
- 对这些职位的要求了解以后，知道需要学习的地方在哪里？
- 除了知识和技能的学习外，还有哪些能力、态度需要培养和提升呢？

3. 参考观点

从这些岗位要求的描述中可以看到，要从事 ICT 的岗位，既要在大学期间学好办公软件、ICT 基础和 Java 编程等专业技能硬能力，也要提升工作态度、责任心强、严谨认真和承压能力等软能力，更主要的是提升自己终身学习的能力。

知识点：提升专业技能是硬道理

在大学期间，一定要学好基础知识（数学、英语、计算机和互联网的使用，以及本专业要求的基础课程）。应用领域里很多看似高深的技术在几年后就会被新的技术或工具取代，只有对基础知识的学习才可以受用终身。如果没有打下好的基础，大学生们也很难真正理解高深的应用技术。而且在中国的许多大学里，教授对基础课程也比对最新技术有更丰富的教学经验。

数学是理工科学生必备的基础。很多学生在高中时认为数学是最难学的，到了大学里，一旦发现本专业对数学的要求不高，就会彻底放松对数学知识的学习，而且他们看不出数学知识有什么现实的应用或就业前景。但大家不要忘记，绝大多理工科专业的知识体系都建立在数学的基石之上。同时，数学也是人类几千年积累的智慧结晶，学习数学知识可以培养和训练人的思维能力。学习数学也不能仅仅局限于选修相关课程，而是要从学习数学的过程中掌握认知和思考的方法。

学习英语的根本目的是为了掌握一种重要的学习和沟通工具。在未来的几十年里，世界上最全面的新闻内容，最先进的思想和最高深的技术，以及大多数知识分子间的相互交流都将用英语进行。

该如何学好英语呢？最重要的学习方法就是尽量与实践结合起来，不能只"学"不"用"，更不能只靠背诵的方式学习英语。读书时，大家尽量阅读原版的专业教材，并适当地阅读一些自己感兴趣的专业论文。提高英语听说能力的最好方法是直接与那些以英语为母语的外国人对话。此外，大家不要把学习英语当作一件苦差事，完全可以用有趣的方法学习英语，例如，可以多看一些演讲、小说、戏剧甚至漫画。初学者可以找英文原版的教学节目和录像来学习，有一定基础的则应该看英语电视节目或电影。听英语广播也是很好的练习英语听力的方法。在互联网上也有许多互动式的英语学习网站，大家可以在网站上用游戏、自我测试、双语阅读等方式提升英语水平。

信息时代已经到来，大学生在信息科学与信息技术方面的素养也已成为他们进入社会的必备基础之一。所有 ICT 专业的每个大学生几乎都需要懂得计算机原理和编程知识，最起码所有 ICT 专业大学生都应能熟练地使用计算机、互联网、办公软件和搜索引擎，都应能熟练地在网上浏览信息和查找专业知识。

每个特定的专业也有它自己的基础课程。以计算机专业为例，许多大学生只热衷于学习最新的语言、技术、平台、标准和工具，因为很多公司在招聘时都会要求这些方面的基础或经验。这些新技术虽然应该学习，但计算机基础课程的学习更为重要，因为语言和平台的发展日新月异，但只要学好基础课程（如数据结构、算法、编译原理、计算机原理、数据库原理等）就可以以不变应万变。

虽然我们鼓励大家追寻自己的兴趣，但仍需强调，生活中有些事情即便不感兴趣也是必须要做的。打好基础,学好数学、英语和计算机就是这一类必须做的事情。

1. IT 类专业的知识结构、能力目标和核心课程

(1) 知识结构
- 掌握面向对象程序设计的基础理论知识;
- 掌握数据库设计与应用的技术和方法;
- 掌握 Web 前端开发及 UI 设计的方法;
- 掌握 Java 等主流软件开发平台相关知识;
- 掌握软件测试技术和方法;
- 了解软件项目开发与管理知识;
- 了解软件开发相关国家标准和国际标准;
- 掌握程序设计的基本知识。

(2) 能力目标
- 阅读并正确理解软件需求分析报告和项目建设方案;
- 具备计算机软硬件系统安装、调试、维护的实践能力;
- 具备简单算法的分析与设计能力,并能用 HTML5、Java 等编程实现;
- 具备数据库设计、应用与管理能力;
- 具备软件界面设计能力;
- 具备桌面应用程序及 Web 应用程序开发能力;
- 具备软件测试能力;
- 具备软件项目文档的撰写能力;
- 具备软件的售后技术支持能力;
- 具备对软件产品应用、行业技术发展进行调研与分析的能力;
- 初步具备企业级应用系统开发的能力。

(3) 核心课程
- 面向对象程序设计基础/高级;
- ICT 职业导论基础;数据结构与算法;
- HTML5+CSS3 基础;Java Web 程序设计和框架技术;
- 数据库应用技术;Python 数据分析;
- 专业项目综合实践(基础、进阶、仿真);
- WEB 前端框架技术;计算机组网技术;
- 软件测试工具应用、自动化测试;
- Linux 系统应用与配置。

2. CT 类专业的知识结构、能力目标和核心课程

(1) 知识结构
- 掌握移动通信网络的组成、各组成部分的功能作用与工作机制;
- 掌握移动通信设备的工作原理,移动通信网络规划设计;
- 掌握网络管理维护及优化的基本原理与常用方法等专业理论知识;
- 熟练掌握移动通信工程项目交互流程、电子电路基础、计算机网络等相关知识。

(2) 能力目标
- 英语资料的识读能力;

- 一般计算机软硬件和计算机网络的安装与维护能力；
- 具备通信基站调测能力；
- 移动通信网络勘测、制图、概预算编制能力；
- 移动通信网络优化软硬件的使用能力，移动通信业务的路测能力，测试报告的编制能力以及数据处理能力；
- 移动通信网络监控能力；移动通信工程项目的交互能力；
- 传输网络、数据通信网络的组建、业务配置能力；
- 具备通信设备、通信产品的销售能力；
- 传输设备的操作使用维护能力。

（3）核心课程
- 信息技术应用；计算机网络技术；
- 电子电路技术；数字通信原理；
- 移动通信技术概述及应用；LTE 移动通信技术及设备；
- 硬件电路设计与维护；光传输技术；
- 通信项目管理；通信工程制图；
- 移动通信网络规划与优化；
- 通信工程勘测设计与概预算；
- 智能移动终端技术及设备；无线传感网络技术及应用设备；
- 物联网技术导论；通信数据高级处理实训；网站设计；
- Linux 操作系统实训；Photoshop 应用技术；
- OTN 设备调测实训；IP RAN 设备调测；
- 产业仿真项目实践基础（无线网优）；产业仿真项目实践基础（监理）。

3. ICT 类专业的知识结构、能力目标和核心课程

（1）知识结构
- 在物联网电子企业和相关行业中所需要的计算机基础知识；
- 掌握物联网的基本理论和知识，了解物联网的基本知识；
- 掌握物联网智能系统设计的相关知识；
- 掌握 ZigBee 基本结构与开发知识；
- 掌握程序设计的基本知识。

（2）能力目标
- 具有熟练的计算机操作和应用，进行网络信息检索、处理的能力；
- 具备阅读本专业中英文相关资料的能力；
- 系统掌握物联网方面的基本理论和基础知识，了解物联网发展的动向，具有较强的专业素质和综合素质；
- 具有物联网系统设计与维护的能力；具有微控制器软件设计的能力；
- 具有 RFID 与 ZigBee 系统的处理和客户服务管理的能力。

（3）核心课程
- 信息技术应用；逻辑思维与编程；单片机原理及应用；电子电路基础；
- 嵌入式系统开发与应用；传感器原理及应用；无线传感器网络工程实践；
- 产业仿真项目实践基础；产业仿真项目实践进阶；产业仿真项目实践综合。

> 实现参考

3.5.3 制订技能提升计划并培养其他相关能力

案例参考：大学期间制订技能提升计划

1. 大一：探索期

（1）阶段目标

适应大学生活，树立规划意识。

（2）实施策略

- 了解就业形势，树立新的奋斗目标。如果说之前的努力是为了考上大学，那么现在的任务就是为了以后的就业和职业发展。
- 完成从中学生到大学生的角色转变，尽快适应大学生活。虚心请教师兄师姐，积极参加集体活动，建立新的人际关系圈。熟读学生手册，关注辅修专业和第二学位的申请条件，保证一定的学习成绩。
- 开始自我和职业的探索，树立职业规划意识。通过职业测评等工具全面客观地探索自己，思考有哪些职业与自己所读的课程、专业相吻合，通过互联网、报刊杂志和访谈等渠道进一步了解这些职业。

2. 大二：定向期

（1）阶段目标

确定主攻方向，培养综合素质。

（2）实施策略

- 虚心请教师长和校友，根据自己发展意愿选定专业或主攻方向。
- 建立合理知识结构，注重专业能力的培养，参加英语、计算机等工具性证书考试。
- 积极参加学生会或社团工作，培养自己的组织协调能力和团队合作精神，提升自己的综合素质。
- 尝试兼职、实习等，积累一定的职业经验。

3. 大三：提升期

（1）阶段目标

提升职业技能，积累职业经验。

（2）实施策略

- 加强专业知识学习的同时，考取与职业目标相关的职业资格证书。
- 增强兼职、实习的职业针对性，积累对应聘有利的职业实践经验。
- 扩大校内外交际圈，加强与校友、职场人士的交往，提前参加校园招聘会，与用人单位招聘人员进行沟通。
- 学习求职技巧，学会制作简历、求职信，了解面试技巧和职场礼仪。

4. 大四：冲刺期

（1）阶段目标

充分掌握资讯，实现毕业目标。

（2）实施策略
- 留意学校就业中心通知，以及其他重要的招聘渠道，不要遗漏关键的招聘信息。
- 登录招聘单位网站或通过咨询、访谈等方式，了解招聘单位的相关信息，为面试做好准备。
- 选择实用性高的毕业设计题目，借机证明自己的应用研究能力。

参考建议：培养专业能力以外其他能力

在大学期间，除了学习知识、提升专业技能外，我们还可以参加学校和班级的社团活动，学习驾驶、进行一些ICT领域专业的学习考试以取得相关证书。这样，一方面培养自己的责任感，为同学们服务并充实大学生活；另一方面这些经历和证书也是我们能力体现的明证，为我们今后的求职加分。

1. 积极参加社团活动

大学生社团是由高校学生依据兴趣爱好自愿组成，按照章程自主开展活动的学生组织。现阶段，随着社会发展、科技进步和教育改革的不断深入，高校学生社团在发展过程中出现了网络社团增多、跨校活动增多、与社会联系增多等新情况和新趋势。学生社团为高校学生提供了一个良好的展示自我的平台，也为营造和建设校园文化发挥着积极作用。在新时期，学生社团以学生为主体，充分发挥学生的主观能动性，为社会培养了大量的综合性人才。目前，第一课堂已远远满足不了高校学生张扬的个性和对技能知识的需求，越来越多的高校学生积极加入社团，通过参加精彩纷呈的社团活动，学习不同专业的知识和技能，提升自身的能力和水平。

高校社团作为培养学生实践能力的有效载体，不仅可以起到推动学生人格健全发展、鼓励学生自我探索、促进学生自主学习的作用，同时，社团的多元化特征也使广大学生自我展示、获得尊重和自我实现的需求得以满足。对于大学生来说，学生社团活动成了课堂学习的重要补充，也使学生的知识结构更加合理。

（1）活动类型丰富

很多社团活动举办周期较为固定，且并不局限于一种活动形式，而是采取多元化的方式丰富学生的课余生活。例如，以项目组的形式展开活动，以结果为导向的活动方式能明显提高社团成员的积极性和参与度；另外，有些社团对成员进行培训并组织参加省级、国家级比赛，参加比赛不仅能够与其他同类型社团进行交流，促进社团内部改革与自我管理，还可以为大学生未来就业提供筹码；还有些社团依托于各种传统节日，举行相应的社团文化活动，既能吸引参与者的兴趣，又能弘扬优秀传统文化。

（2）提高独立意识，增强就业能力

参加社团对于大学生就业能力的提高具有促进作用，体现在多个方面。

首先，高校社团类似于一个小型社会，需要各个层级、部门的成员相互配合才能够正常运转。社团与企业具有相似的组织架构，这有助于学生做好职业规划，培养其自身的独立意识和责任感。

其次，通过组织策划活动，完成项目方案，学生可以将自己所学的理论知识应用于实践。

最后，学生在组织社团活动时会与同龄人、老师、校外人员等频繁地沟通交流，人际交流能力得到了锻炼和提升。作为企业招聘时的重要考核指标，人际交流能力越来越受到高校学生的重视，积极参与社团活动的学生无疑会在求职过程当中具有更大的优势。

因此，社团作为高校校园文化的重要载体，可以为学生完善自我、提高自身综合素质提供平台，促进大学生顺利实现从学校到社会的过渡。建议在不影响学习的情况下，积极参与学校社团活动。

2. 考取自己需要的证书

首先，要明确自己的考证目的。为什么要考这个证，考取证书后有什么作用等一系列的问题都要清晰，不能毫无目的去考证，这样只会浪费时间与金钱。

其次，我们应该注意一些考证的问题，比如正确处理专业与考证的关系。考证可以理解，但不应影响专业学习。很多同学为了考证而考证，甚至牺牲学习专业课的时间参加某些培训机构，这是一种舍本逐末的行为。这也正如当下许多高校实行的第二学位考试一样，在第一专业学习都学不好的情况下，还选择第二学位考试，会得不偿失。

当我们花过多时间去考证的同时，我们不可避免地错失了许多在学校锻炼自己实践能力的机会。实践锻炼该如何兼顾？为了考证许多大学生放弃大学里许多锻炼自己的机会（如担任学生干部、进行社会实践等），放弃原本属于青年学生精彩的大学生活（如参加各种讲座、各种竞赛等）。那么同学们在大学里的实践历练从何而来？社会经验该如何积累？

用人单位重视证书，更重视实际能力。在这个更加注重能力和实践的社会，以后的就业面试又怎能比别人略胜一筹？所以，要提高保证金量，就要对自己负责，考真正有含金量的证书。不然就捡了芝麻丢了西瓜，既浪费钱又浪费宝贵的大学生活。

有关考取职业证书的计划，我们在前面章节已经确定了，这里可以再确认一下。

➡ 任务实现

3.5.4 制订针对性的专业学习和技能提升计划

结合本专业特点和学校的专业培训方案，结合自己的实际情况，制订专业学习和技能提升计划，并继续填写职业生涯规划书的相关内容。注意以下两点：

- 分析自身情况，找出自己的长处和不足；
- 结合之前我们规划的职业目标和学习目标，再分解出每年的具体目标，以明确自己每年努力的方向和重点。

另外，在制订学习计划时，要考虑大学学习的特点，并掌握学习方法。

1. 了解大学学习特点

（1）老师讲得少，讲得快

除了某些课程，大部分大学专业课程一个学期顶多安排 48 个学时和 48 节课时，老师要把一门专业课程全部讲完讲到，这本来就是不现实的。

所以老师更大的作用是重点导引，而不是全盘灌输。这和在高中阶段一门课反复讲，反复训练是完全不同的。

（2）不一定完全依赖教材授课或学习

有些老师讲课，特别是一些优秀的老师授课，旁征博引，一堂课的信息量不完全受限于教材，如果只看教材，或者只读教材，那么这一点也是很多大学生不适应的。

（3）信息量大，习题量少

越是重要的课程，越是信息量大，但是往往老师布置的训练习题量并不大，这对于掌握课程知识点，是有难度的。

（4）不同课程之间有体系上的联系

高中的课程，语文学三年，数学学三年，学的是不同领域的知识点。比如数学就是一个数学体系的大杂烩，什么数学知识都教一点，但是这些数学知识之间的联系，来龙去脉，发展，统统都没有涉及。

但是大学阶段的几年学习，课程之间是有设计、有衔接、有互补关系的，单独去学一门课你可能看不出有什么用途，但是几个学期下来，这些专业课程组织起来就可以解决一些比较复杂的实际问题了。你在单一课程学习的过程中会很难体会到这一点，需要思考、需要沉淀思想。

（5）缺少气氛，很难坚持自学

在高中你不想上自习都不行，在大学你想上自习还得提防被别人叫"学霸"，一不留神还能被同学孤立了。

（6）要考虑各种杂事对学习计划的冲击

在大学除了学习，你还要自己照顾自己的衣食住行，发展各种兴趣，参加社团班级活动，尝试各种勤工俭学，去企业实习，准备考研考证……

这和高中只有单一学习任务的情况完全不同，如果你不考虑这些事情对你学习计划的影响，你的学习计划可能就沦为一张废纸。

（7）要考虑学习环境的影响

大学不像高中，提供了固定的学习教室和固定的座位。大学上自习的地点弹性很大，特别到了某些考试期间，比如四六级考试，考试周，教学楼自习室可能都不能用。

即便是平时，每个学期教学楼排课情况也不同，图书馆占座一向高度紧张，结果很多同学难得提起兴致上自习，却因为找不到好座位，而临时放弃。

在寝室学习，说实话，寝室从来就不是学习的好选择。

2. 针对性地制订大学学习计划

- 围绕目标全面考虑计划。我们在职业生涯规划书里面基本明确了职业目标，那么我们的计划制订要围绕这个目标来考虑和展开。而且学习计划同时也要有娱乐生活，所有这些都要考虑到计划中。计划要兼顾多个方面，学习时不能熬夜，这对身体不好。
- 围绕每周学历统筹安排包括学习、生活、社团、爱好、锻炼等各种事情，不仅仅是关注学习目标。
- 固定的时间做固定的事情，绝不挪用，然后充分利用各种碎片化时间；
- 学习计划保留了一点的弹性，每天对照计划检查和调整，这一点很重要。

按照每周学历安排学习，坚持下来就可以形成学习的节奏，而且每周学历是围绕学校安排的教学时间设计，能让你的时间管理和学校的教学管理最大限度吻合，不造成冲突，时间利用效率会最大化。

任务小结

3.5.5 计划的执行需要找方法"对付"自己

习惯了给自己找借口、习惯了对自己失信、习惯了为自己的行为开脱，从而导致学习计划无法完成。不妨用下面的方法来"对付"自己。

拖延法：当你此刻的计划是看书，你却想看一场球赛时，别急着冲到电视机前，拖延十分钟再做。当你急于想做一件事情时，甚至是急于发脾气时，别急，等几分钟再做。这几分钟可以让你冷静地思考，以便降温。

自我奖励：我们在每一个小计划完成后，不妨给自己一个小小的奖励措施：做完这两个小时的题，我奖励自己 20 分钟时间打篮球；完成今天的计划，我给自己买一个可口的冰激凌等。我们在这里始终要强调满足感、成就感，只有我们从自己的行为中得到满足，获得成就，才能自觉主动。

想象法：本来是要看书的，突然有了诱惑。怎么办？做决定之前，不妨先想象一下：如果我今天把这个计划完成了，我该是多么的高兴，当我晚上睡觉时，我会很满足，我会为自己今天战胜诱惑的行为而高兴，相反，如果我放弃了计划，我虽然能获得一时的开心，但是，开心过后，我不会后悔吗？我不会内疚吗？完成计划与放弃计划，哪个我会获得更多更久的快乐？我真的想做让自己失望的人吗？

3.6 我能出奇制胜吗——创新能力探索

任务目标

3.6.1 创新人格测试，更新职业生涯规划书

任务名称

任务：创新人格测试，更新职业生涯规划书。

任务分析

实现准备	课堂活动	活动一：淘宝网与亚马逊（Amazon）对比，是创新吗？
	课堂讲解	知识点：了解创新能力和创新人格特质
实现参考	课堂讲解	参考建议：怎样培养创新能力
	课外活动	活动二：宇宙飞船
任务实现	课堂实训	任务 1：进行创新人格测试 任务 2：更新职业生涯规划书
任务小结	课后思考	人的知识越丰富，创新的机会就越多

实现准备

3.6.2 了解创新能力和创新人格特质

活动一：淘宝网与亚马逊对比，是创新吗

1. 活动目的

通过实例，树立什么是创新的概念。

2. 活动流程

（1）请看图 3-6

（2）快速思考

● 普通的购物袋，和图 3-6 的购物袋，你觉得这个是创新吗？

● 美国亚马逊（Amazon）作为第一家真正开启电子商务大门商业模式的公司，无疑可以称为创新，那么淘宝网则带有一定的借鉴性质，也可以称为创新吗？如果也算的话，那么这两种创新又怎么区分呢？

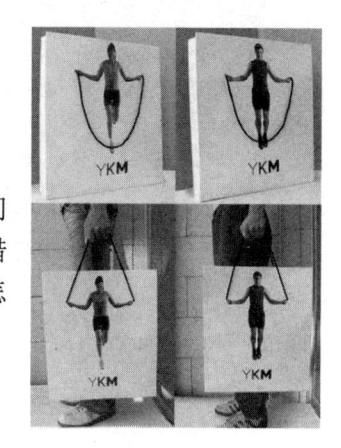

知识点：了解创新能力和创新人格特质

1. 创新能力的定义

图 3-6　YKM 购物袋

通常，创新是指引入新东西、新概念、制造新变化。作为专业词汇，创新具有两个基本特点，一是世界范围内的第一次，二是有显著性变化。

创新能力简称创造力，特指创新者进行创新活动的能力，也就是产生新的想法和新的事物或新理论的能力。而创造力也是一种改造世界的能力！要改造这个世界，首先要认识这个世界，因此，创造力包括智力，智力也是创造力的必要条件。

可以说，创造力=智力+创造性，而创造性=创新精神+创新思维+创新方法。

● 创新精神：特指人的创新意识和创新性格，前者包括创新愿望和正确的创新动机，后者包括自信、敢想敢干、敢于实践和百折不挠，不怕失败等特质。

● 创新思维：包括相似联想、发散思维、逆向思维、侧向思维和动态思维等。

● 创新方法：包括善于发现问题、分析问题和解决问题等。

2. 创新人格概述

创新能力人人都有，创造力是潜力，需要经过开发才能释放，创造力也是无穷无尽的，创新能力的来源至少包括：

● "无知"有助于创新；

● 经验基础上的创新；

● 动机所产生的创新；

● 完善性的创新；

● 错误、机会和偶然诱发的创新。

因此，我们需要了解自己的创造力，再提升和激发我们的创造力。

（1）创新人格的概念

所谓创新人格，也称创造型人格，是指主体在后天学习活动中逐步养成，在创造活动中表现和发展起来，对促进人的成才和促进创造成果的产生起导向和决定作用的优良的理想、信念、意志、情感、情绪、道德等非智力素质的总和。

（2）创新人格的作用

● 内在动力作用；

案例 1：发现与研制非放射的铈钨电极的故事

20 世纪 70 年代中期，上海灯泡厂在生产钨钍电极。该厂的技术员王菊珍深知钍钨电极中的钍元素具有放射性，会损害该厂工人和使用焊枪（其中有钨钍）的电焊工人的健康，轻者白细胞大量减少，重者致癌。出于对需要接触钨钍电极的成千上万工人的爱心，使他们不再受放射性之害，她决心研制非放射电极，也就是寻找非放射材料来代替钨钍电极中的放射性元素钍。

王菊珍经过十多年艰辛努力，经历多次失败，终于发明并研制成功非放射的钨铈电极，广泛应用于焊接、切割、喷漆、熔炼、激光技术方面，为我国的经济和国防建设立下了新功。该技术于1987年获得美国专利，获国家发明奖一等奖，产品远销近10个国家，获利税近千万元。

- 长期坚持，最终成功的作用。

案例2：《本草纲目》的故事

李时珍（1518—1593）从35岁起动手编写《本草纲目》，走访了河南、江西、江苏、安徽等很多地方，收集药物标本，收集民间验方，花了整整27年的时间。

历尽千辛万苦，参考了八百多种书籍，记载了药物1892种，内附了1160幅药物形态图，记载了11096个医方，到他61岁，终于完成了这部共52卷190万字的"东方医学巨典"。

3. 了解创新人格的基本素质

（1）善于与他人交流合作

案例3：哥本哈根精神

杰出物理学家尼尔斯·玻尔（1885—1962），由于在他领导的哥本哈根物理研究所中注重招收和扶持来自世界各国学术传统不同的年轻科学家，并大力倡导和实践各成员之间交流互补、友爱合作的精神，促使这个研究所创造了世界科学史上一个惊人的奇观：在1920—1930年十年中，来自17个国家的60多名学者云集该所，其中有10多位学者曾获得诺贝尔奖。由此，科学界把这种交流互补、友爱合作的精神称颂为哥本哈根精神。

案例4：比尔·盖茨

标志知识经济时代即将来临的"知本家"——比尔·盖茨，之所以能够白手起家，经过十多年的技术创新和经营创新，飞速成为连续五年的世界首富，创造了资产上千亿美元的世界名牌企业——微软公司，其中的关键因素之一，是他在创业过程中善于与多家电脑公司进行经营和销售方面的合作。

（2）善于批判继承

案例5：亚里士多德

古希腊的伟大哲学家亚里士多德（前384—前322），善于批判继承他的老师柏拉图的理论，综合了当时哲学、自然科学和人文科学方面的观点和材料，进行理论创新，写出了哲学、逻辑学、物理学、动物学、心理学、伦理学、政治学、美学等学科的专著，或对这些学科提出了新的见解，成为古希腊哲学、自然科学和人文科学的集大成者，成为影响西方学术界两千多年的大思想家。

案例6：米·瓦·罗蒙诺索夫

被称为俄罗斯科学之父的米·瓦·罗蒙诺索夫（1711—1765）也是一位善于批判继承当时的哲学、自然科学、社会科学、人文科学理论，善于跨学科综合创新，在众多领域获重大创造成果的大师级科学家。他在物理学领域否定了燃素说，论证了物质的多样性；在化学领域提出了物质不灭定律；在哲学领域，他坚持了唯物主义路线，提出感性认识与理性认识有机统一的论点等。另外，他在数学、天文学、矿物学、冶金学等学科领域均有所建树；在教育领域，他成为莫斯科大学的创始人。

（3）勇于反思、质疑、发现问题的探索精神

案例7：马克思

马克思曾把"怀疑一切"作为自己"喜爱的箴言"，可见马克思是提倡建立在辩证唯物主义基础上的怀疑精神的。

案例8：爱因斯坦/徐荣祥

爱因斯坦之所以能创建狭义相对论和广义相对论，被称为最有创造性的伟大科学家，其重要原因之一，就是他具有勇于质疑和发现问题的精神。而且，他还特别论述过提出问题的重要性，他说："提出一个问题往往比解决一个问题更重要。因为解决问题也许仅是一个数学上或实验上的技能而已，而提出新的问题，却需要有创造性的想象力，而且标志着科学的真正进步。"

中国青年发明家徐荣祥之所以能发明"湿润烧伤膏"和"湿润疗法"，关键原因之一就是他在青岛读医科大学时受到爱因斯坦上述观点的影响，开始培养质疑和提出问题的精神。他敢于对传统的烧伤疗法提出质疑，提出了一系列问题，问了360个为什么。

（4）敢冒风险的大无畏精神

案例9：诺贝尔

瑞典著名化学家和发明家诺贝尔（1833—1896）就是具有大无畏精神的典型代表。1864年，诺贝尔父亲的实验室发生大爆炸，他亲爱的弟弟和四名助手被炸死，房屋被毁，他父亲因晚年丧子悲痛欲绝而得了半身不遂症，附近居民和警察局不准他家在原地恢复炸药生产。这一切危难并没有吓倒诺贝尔。他把自己的生死置之度外，在远离市区的马拉伦湖上租了一只平底船，冒着生命危险继续进行各种炸药的试验研究。他陆续发明了雷管、黄色炸药、胶质炸药、无烟炸药，获得了一系列发明专利，这给他带来了巨大财富。他逝世时留下遗嘱，用他的巨额资产创立了诺贝尔奖。他为技术发明敢冒风险的大无畏精神和他创立的诺贝尔奖激励着一代又一代科学家、发明家为攀登世界科学高峰而奋斗不息。

（5）能承受失败和委屈、压力，持之以恒的精神

案例10：桑格夫人

美国计划生育的开拓者桑格夫人（1883—1966）为了改变多生育妇女痛苦、多病和贫穷的现状，在美国创办了第一家实行节育手术的诊所，创办了第一个宣传计划生育的刊物。由于她的言行触犯了美国当时的法律，她的诊所曾先后三次被警察捣毁，她也先后三次被捕入狱。但她坚信自己的主张和行为有利于千百万妇女和家庭，每次释放出狱后，她又再次创办起节育诊所和宣传计划生育的刊物。正是她这种为坚持正确主张，不怕坐牢和杀头，敢于承受失败和委屈的压力，百折不挠、持之以恒的精神，获得了广大人民的理解和支持，终于迫使国会修改了有关法律，她开创的节育手术和计划生育主张传遍了全美国，传遍了全世界。

1921年，美国控制生育联合会成立，她成为第一任主席；1953年，国际计划生育联合会成立，她成为第一任主席。

> 实现参考

3.6.3　怎样培养创新能力

参考建议：怎样培养创新能力

1. 开拓创新要有创造意识和科学思维

（1）强化创造意识
- 创造意识要在竞争中培养；不畏常规，敢于超越。
- 要敢于标新立异：第一要有创新精神；第二要有敏锐的发现问题的能力；第三要有敢于提出问题的勇气。
- 要善于大胆设想：第一要敢想；第二要会想。
- 创新的源泉：第一要有兴趣；第二要适合所从事的事业。

（2）确立科学思维
- 相似联想。
- 发散思维。
- 逆向思维。
- 侧向思维。
- 动态思维。

2. 开拓创新要有坚定的信心和意志
- 坚定信心，不断进取。
- 坚定意志，顽强奋斗。
- 当创新活动误入歧途，需要调整方向时，它能够强迫自己"转向"或"紧急刹车"。

3. 从现在开始实际行动

树立终身学习的理念，不断学习，不断总结，不断研究外部环境的变化，不断对自己提出新挑战，紧跟时代的发展，建立健全合理的知识体系。
- 以开放的心态，不断接受新事物。
- 培养自我反思的意识。
- 培养各种能力，做到知识与能力并重。
- 热爱生活，关注生活。
- 正视创新的核心：创新思维。
- 人生是不断成长、不断变化的过程，就要不断打破自我，进行自我更新。

活动二：宇宙飞船

1. 活动目的

体验统一的目标和价值观对于团队绩效的重要性；培养员工的创新精神。

2. 活动流程

（1）所需材料

每组2只生鸡蛋、4～6张普通A4纸、6～10张软纸巾、2～4根筷子、一些透明胶带、

4 根不超过 30cm 的小绳子、3～4 根橡皮筋。

(2) 活动内容
- 将学生分成 5 人的小组。将上述材料分给各小组。
- 任务：各小组用上述材料制成一个适合运输鸡蛋的宇宙飞船。这个飞行器将要运输鸡蛋，这个飞行器将接受 2 次考核测试。第一次是飞行器装载着鸡蛋从 1 米高的空中以自由落体形式垂直降落；第二次是装载着鸡蛋从 5 米高的高度自由坠落。每次鸡蛋都力争不被摔坏。
- 两次测试的时间间隔为 15 分钟。

(3) 思考讨论
- 你们怎样形成计划的？为什么会选择那个执行方案？
- 在计划形成的过程中，你们是怎样达成共识的？
- 是谁最先提议那个方案？是什么让你们大家同意那个方案？
- 刚才的过程有没有值得改善的地方？

(4) 活动总结

团队的决策需要所有人的参与，每个人的反应都可能会对团队的决策造成影响。在团队决策的过程中，有几种人的行为尤其要引起注意：

- 最先想出主意的人：这些人往往有创造力但有可能不愿将自己的想法表达出来，表达出来之后也很可能由于他不够"权威"而不被采纳。
- 专家或顾问型的人：他们会仔细分析方案，从正面和反面都考虑方案的可行性。
- 决策者：决策者的性格决定着他选择哪种类型的方案，是稳健的还是创新的。
- 团队成员：他们可能会要么不关心，要么局限于某个细节。但一旦方案确定，他们是实施的中坚力量。

团队决策中的重要点就是让以上人员坦然说出他们的想法。

- 团队的决策过程是一个沟通过程，成员间要相互保持聆听、争论和给予反馈的良好沟通状态。

任务实现

3.6.4 进行创新人格测试，更新职业生涯规划书的相关内容

任务一：进行创新人格测试

1. 尤金·劳德塞测试法简介

美国普林斯顿创造才能研究公司总经理、心理学家尤金·劳德塞，根据几年来对善于思考、富有创造力的男女科学家、工程师和企业经理的个性和品质的研究，设计了下面这套简单的试验。试验者只要用 10 分钟左右的时间，就可测出自己是否具有创新人格。

2. 课堂测试：尤金·劳德塞创新人格测试

(1) 测试题

测试时，只要在每一句话后面用一个字母表示你同意或不同意：同意的用 A，吃不准或不知道的用 B，不同意的用 C，但是，回答必须准确、忠实，不要猜测。

创新人格测试题

1）我不做盲目的事，也就是我总是有的放矢，用正确的步骤来解决每一个具体问题。（ ）
2）我认为，只提出问题而不想获得答案，无疑是浪费时间。（ ）
3）无论什么事情，要我产生兴趣，总比别人困难。（ ）
4）我认为，合乎逻辑的、循序渐进的方法是解决问题的最好方法。（ ）
5）有时，我在小组里发表的意见，似乎使一些人感到厌烦。（ ）
6）我花费大量时间来考虑别人是怎样看待我的。（ ）
7）做自认为是正确的事情，比力求博得别人的赞同要重要得多。（ ）
8）我不尊重那些做事似乎没有把握的人。（ ）
9）我需要的刺激和兴趣比别人多。（ ）
10）我知道如何在考验面前，保持自己的内心镇静。（ ）
11）我能坚持很长一段时间解决难题。（ ）
12）有时我对事情过于热心。（ ）
13）在特别无事可做时，我倒常常想出好主意。（ ）
14）在解决问题时，我常常凭直觉来判断"正确"或"错误"。（ ）
15）在解决问题时，我分析问题较快，而综合所收集的资料较慢。（ ）
16）有时我打破常规去做我原来并未想到要做的事。（ ）
17）我有收集东西的癖好。（ ）
18）幻想促进了我许多重要计划的提出。（ ）
19）我喜欢客观而又有理性的人。（ ）
20）如果要我在本职工作之外的两种职业中选择一种，我宁愿当一个实际工作者，而不当探索者。（ ）
21）我能与自己的同事或同行们很好地相处。（ ）
22）我有较高的审美感。（ ）
23）在我的一生中，我一直在追求着名利和地位。（ ）
24）我是喜欢坚信自己的结论的人。（ ）
25）灵感与获得成功无关。（ ）
26）争论时，使我感到最高兴的是，原来与我观点不一致的人变成了我的朋友，即使牺牲我原先的观点也在所不惜。（ ）
27）我更大的兴趣在于提出新的建议，而不在于设法说服别人接受这些建议。（ ）
28）我乐意独自一人整天"深思熟虑"。（ ）
29）我往往避免做那种使我感到低下的工作。（ ）
30）在评价资料时，我觉得资料的来源比其内容更为重要。（ ）
31）我满意好些不确定和不可预言的事。（ ）
32）我喜欢一门心思苦干的人。（ ）
33）一个人的自尊比得到他人的敬慕更为重要。（ ）
34）我觉得那些力求完美的人是不明智的。（ ）
35）我宁愿和大家一起努力工作，而不愿意单独工作。（ ）

36）我喜欢那种对别人产生影响的工作。（ ）
37）在生活中，我经常碰到不能用"正确"或"错误"来加以判断的问题。（ ）
38）对我来说，"各得其所、各在其位"是很重要的。（ ）
39）那些使用古怪和不常用的词语的作家，纯粹是为了炫耀自己。（ ）
40）许多人之所以感到苦恼，是因为他们把事情看得太认真了。（ ）
41）即使遭遇到不幸、挫折和反对意见，我仍能对我的工作保持原来的精神状态和热情。（ ）
42）想入非非的人是不切实际的。（ ）
43）我对"我不知道的事"比"我知道的事"印象更深刻。（ ）
44）我对"这可能是什么"比"这是什么"更感兴趣。（ ）
45）我经常为自己在无意中说话伤人而闷闷不乐。（ ）
46）纵使没有报答，我也乐意为新颖的想法花费大量的时间。（ ）
47）我认为，"出主意无甚了不起"这种说法是中肯的。（ ）
48）我不喜欢提出那种显得无知的问题。（ ）
49）一旦任务在身，即使受到挫折，我也要坚决完成。（ ）
50）从下面描述人物性格的形容词中，挑选出 10 个你认为最能说明你性格的词：精神饱满的、有说服力的、实事求是的、虚心的、观察力敏锐的、谨慎的、束手束脚的、足智多谋的、自高自大的、有主见的、有献身精神的、有独创性的、性急的、高效的、乐意助人的、坚强的、老练的、有克制力的、热情的、时髦的、自信的、不屈不挠的、有远见的、机灵的、好奇的、有组织力的、铁石心肠的、思路清晰的、脾气温顺的、可预言的、拘泥形式的、不拘礼节的、有理解力的、有朝气的、严于律己的、精干的、讲实惠的、感觉灵敏的、无畏的、严格的、一丝不苟的、谦逊的、复杂的、漫不经心的、柔顺的、创新的、泰然自若的、渴求知识的、实干的、好交际的、善良的、孤独的、不满足的、易动感情的。

（2）评分标准

序号	A	B	C	序号	A	B	C	序号	A	B	C
1	0	1	2	13	2	1	0	25	0	1	3
2	0	1	2	14	4	0	-2	26	-1	0	2
3	0	1	4	15	-1	0	2	27	2	1	0
4	-2	0	3	16	2	1	0	28	2	0	-1
5	-2	0	1	17	0	1	2	29	0	0	2
6	-1	1	3	18	0	0	-1	30	-2	0	3
7	3	0	-1	19	0	1	2	31	3	5	1
8	0	1	2	20	0	1	2	32	0	1	2
9	3	0	-1	21	0	1	2	33	3	0	-1
10	1	0	3	22	0	0	-1	34	-1	0	2
11	4	1	0	23	0	1	2	35	0	1	2
12	3	0	-1	24	-1	0	2	36	1	2	3

续表

序号	A	B	C	序号	A	B	C	序号	A	B	C
37	2	1	0	42	−1	0	2	47	0	1	2
38	0	1	2	43	2	1	0	48	0	1	3
39	−1	0	2	44	2	1	0	49	3	1	0
40	2	1	0	45	−1	0	2	50			
41	3	1	0	46	3	2	0				

对于第 50 题，评分标准如下：
- 下列每个形容词得 2 分：精神饱满的、观察力敏锐的、不屈不挠的、柔顺的、足智多谋的、有主见的、有献身精神的、有独创性的、感觉灵敏的、无畏的、创新的、好奇的、有朝气的、热情的、严于律己的。
- 下列各词得 1 分：自信的、有远见的、不拘礼节的、不满足的、一丝不苟的、虚心的、机灵的、坚强的。
- 其余的词汇，得 0 分。

（3）测试结果评价

将所得分数全部加起来，扫描二维码，看看自己属于创造性程度 6 个等级中的哪一级。

创新能力测试结果评价

任务二：更新职业生涯规划书

在完成创新人格指数测试后，结合自己的实际情况，请更新职业生涯规划书的相关内容，比如叙述自己的创新能力和自己的思考等。

任务小结

3.6.5 人的知识越丰富，创新的机会就越多

创新的本质是进取，是不做复制者，单纯的模仿不是创新，令人生厌的重复也只会造成原创力的降低。创新不容易但并不神秘，可以说，任何人都可以创新。当然知识越丰富的，创新的机会就越多。

人的创新能力不是天生就有的，而是后天培养出来的。要培养自己的创新能力，大家从小就要敢于梦想，那些奇异丰富的想象往往会孕育成奇妙的创新，比如莱特兄弟发明飞机，就是源自童年时的异想天开。当然，梦想又往往和现实有着遥远的距离，所以大家还需要为实现梦想付出汗水、心血，把梦想当作自己生活的目标，每天为了这个目标而努力学习、勤奋工作，一点点缩短现实与梦想的距离，最终才能把梦想变成现实。只有超越前人的成果，不被权威的观点所束缚，不因眼前的困难而退缩，我们才能提高自己的创新能力。

希望大学生们不断在学习中创新，在生活中创新，在活动中创新，努力把自己培养成为一个具有创新能力的人，为中华民族的伟大复兴贡献出自己的力量。

3.7 完成职业生涯规划书

任务目标

3.7.1 完成职业生涯规划书的制订

任务名称

任务：完成职业生涯规划书，并严格执行。

任务分析

通过前面章节的学习和准备，再学习一些技巧和参考案例，结合自己的思考和心得，完成职业生涯规划书是不难的。

实现准备	课堂活动	活动一：我的旅游计划
	课堂讲解	知识点：学习职业生涯规划的技巧
实现参考	课堂活动	案例参考1：网络工程师怎么做职业目标规划 案例参考2：大学四年学业规划书
任务实现	课堂实训	任务：完成职业生涯规划书，并严格执行
任务小结	课后思考	作为做 ICT 人，必须持续提升自己的职业综合素质

实现准备

3.7.2 学习职业生涯规划的技巧

活动一：我的旅游计划

1. 活动目的

了解规划一件事的流程，开启对职业生涯规划的认识。

2. 活动流程

（1）制订我的旅游计划

制订假期到峨眉山旅游 3 天的计划，包括景点、路线、时间安排、交通工具、住宿等项目，并考虑安全措施、费用估算等情况。

（2）快速思考

- 制订这个旅游计划经历了几步？
- 如何落实这个旅游计划？
- 为顺利完成这个旅游，将做哪些准备？

- 这个过程与职业生涯规划有什么相似之处？

认知行业、认识自我，职业生涯规划的基础

正确认识自己真不是一件容易的事。正所谓"当局者迷"，我们有时也不善于认识自己。我们对自己的优点、缺点、兴趣爱好、性格、气质、能力等，都不太能够全面准确地把握。但我们通过本章的学习和课堂活动，同学们都能更好地了解自己了吧？我们来会回顾一下相关内容：

首先要学会独立生活，强健体魄为前提，在此基础上了解自己喜欢做什么？也就是你喜欢什么职业。其实，你自己可能也不知道喜欢什么职业，因此，我们需要用一些方式比如霍兰德的职业兴趣六边形来了解自己的兴趣，如你是适合实用型（Realistic）、研究型（Investigation）、艺术型（Artistic）、社会型（Social）、企业型（Enterprising）、事务型（Conventional）中的哪种职业？这样可以了解自己在人格方面与别人的异同，而当你的人格类型与工作环境协调一致时，就会产生更高的工作满意度和更低的离职可能性。

其次，喜欢做什么不一定就是你适合的职业，因为，你适合做什么与你的性格息息相关，在很大程度上决定了你在某一个领域的优势，而在这个优势的领域发展，你能够比别人更加得心应手，成长也更快、心情自然也更加愉悦。我们需要用一些方法比如MBTI性格测试来了解自己是性格是内向还是外向、是凭感觉还是自觉做出判断、是理性还是感性为主、是主观还是客观的人。根据测评的结果，我们可以更深入地了解到自己的优劣势，在职业决策中，也可以做到更加理性。

再次，你适合做什么不一定保证你能做好什么，因此，我们要了解自己需要掌握的职业技能，并培养自己的擅长领域。为此，我们要了解自己的专业对应的岗位类型、岗位工作内容和岗位要求等，在此基础上，我们除了学习好自己的专业技能外，可以了解一下岗位对应的职业证书，并通过考试获得证书。这样，在你毕业找工作时，会觉得心中有底，做到有备而来。

最后，我们还需要了解自己的创新能力如何？创新能力与你的创新意识和科学思维相关，也与你的信心和意志有关，更与你的行动力关系密切。

通过前面章节的学习，相信同学们对行业环境、自己的方方面面都有了比较深刻的了解和理解，也完成了职业生涯规划书相关内容的初稿填写，下面再学习一些职业生涯规划的技巧，就可以完成整个职业生涯规划书的制定了。

知识点：职业生涯规划的技巧

人们在进行职业生涯规划、调整等过程中，逐渐积累了一些感悟和技巧，其可以作为同学们进行职业生涯规划的参考。

- 职业生涯发展的道路上，重要的不是你现在所处的位置，而是迈出下一步的方向。
- 职业生涯开发与管理：只要开始，永远不晚；只要进步，总有空间。
- 职业生涯的每一次有实质的飞跃都是以学习新知识、建立新观念为前提条件的。
- 在职业生涯早期，对自己锻炼最大的工作是最好的工作；在职业生涯中期，挣钱最多的工作是最好的工作；在职业生涯后期，实现人生价值最大的工作是最好的工作。
- 在职业生涯发展的进程中，什么时候你的工作热情、努力程度不为工资待遇不高、不为上级评价不公而减少，从那时起你就开始为自己打工了。

- 千万不要把你的主要精力放在帮助你的上级改正缺点上，用同样的时间和精力，你能从他身上学到的优点，一定多于能帮他改正的缺点。
- 确定你的职业锚之日，就是你的职业转变为你的事业之时。
- 在职业生涯发展的道路上没有空白点；每一种环境、每一项工作都是一种锻炼，每一个困难、每一次失败都是一次机会。
- 职业生涯发展过程中，只要不放弃目标，每一次挫折、每一次失败都是有价值的。
- 在职业生涯初期，我们可能做的是自己不喜欢而且不想从事一生的工作。要分清：喜欢不喜欢这份工作是一件事，应该不应该做好这份工作、是否有能力做好这份工作是另一件事。切记：职业生涯发展是从做好本职工作开始的。当你还没有能力做好一件工作时，就没有资格说不喜欢。
- 成功的人和不成功的人就差一点点：成功的人可以无数次修改方法，但绝不轻易放弃目标；不成功的人总改目标，就是不改方法。
- 职业生涯没有目标不行，目标太多不行，目标老是变化也不行。对目标执行的处理方法是：选择、明确、分解、组合，加上时间坐标。
- 目标分解是在现实处境与美好愿望的实现之间建立可拾级而上的阶梯，目标组合是找出不同目标之间互为因果、相互促进的内在联系。
- 企业不仅是挣钱谋生的场所，更是学习进步、实现人生价值的舞台。
- 正确的角色定位需要理智，及时的角色转换需要智慧。

实现参考

3.7.3 ICT 职业生涯规划案例

案例参考一：网络工程师怎么做职业目标规划

1. 职业发展阶段

在 IT 行业，一个人的成长大致可以分为如下几个阶段：

第一阶段：22～25 岁，深入研究技术，熟练掌握一种工具，体会大学中学习的理论在实际工作中的运用，熟悉工作的环境和工作方法，人与人合作的方式。

第二阶段：25～28 岁，参加项目开发，并成为项目小组技术带头人或者是系统分析人员，学会从系统角度理解软件和技术，并学会与用户交流沟通，丰富其他非 IT 方面的行业知识，如运输行业，金融行业的工作方式。

第三阶段：28～30 岁，通常职业发展会有变化，一般会成为：
- 高级工程师，做公司的总工程师职位；
- 成为售前支持工程师，与用户谈判，答辩，书写项目方案书的高手；
- 成为项目经理，逐步学会管理队伍；
- 可能成为技术型销售人员；
- 或者成为公司的 CTO，走向职业经理生涯。

2. 网络工程师的职业优势
- 最具增值潜力的职业，掌握企业核心网络架构、安全技术，具有不可替代的竞争优势；

- 新型网络人才缺口大，27%的行业增长速度导致网络人才年缺口达 30 万，高薪高福利成为必然；
- 可实现专业零基础入行，4～10 个月的强化训练和职业化引导，就可成为企业急需的技能型网络人才；
- 就业面广，一专多能，实践经验适用于各个领域；
- 增值潜力大，职业价值随着自身经验的丰富以及项目运作的成熟，升值空间一路看涨；
- 职业发展前景广阔，网络工程师到项目经理仅一步之遥，从容晋升经理。

3. 网络工程师解读

网络工程师是通过学习和训练，掌握网络技术的理论知识和操作技能的网络技术人员。网络工程师能够从事计算机信息系统的设计、建设、运行和维护工作。

具体来说，我们可以从企业信息化的岗位体系中做一些了解。例如，企业（或政府）信息化过程中需要如下四种人：

- 企业信息化主管：负责信息化建设中的目标与方案决策，信息化建设中的方向研究；
- 工程技术人员：负责信息化系统的设计、建设，包括设备、系统、数据库、应用系统的建设；
- 运行维护人员：负责信息化系统的运行、维护、管理及基本的开发；
- 操作应用人员：主要应用信息化系统进行本职工作。

一般来说，IT 企业的 IT 技术职位根据职能可以分为：

- 管理岗位：企业信息主管 CIO、总监、IT 经理、项目经理等；
- 工程技术岗位：规划设计师、网络工程师、系统工程师、软件工程师和数据库工程师等；
- 运行维护岗位：数据库管理员、系统管理员、网络管理员、服务器管理员等；
- 操作岗位：办公文员、CAD 设计员、网页制作员、多媒体制作员等。

规模较小的企业，一个岗位可能涵盖几个岗位的内容，系统管理员既要负责系统管理，又要承担网络管理；大企业则会分得比较专业，有网络设计师、系统集成工程师、网络安装工程师、综合布线工程师和系统测试工程师等。

4. 网络工程师职业规划过程

网络工程师职业规划主要有以下几步：

第一步，小企业的网络管理员（系统管理员）；

第二步，进入大中型企业，同样的网络管理工作，工资就可能完全不同了，一般都在 4000 元以上。做了部门经理时，还可以高达 5000 元或以上；

第三步，学习更全面的知识成为普通的网络工程师，工资就高达 4000 元以上；

第四步，学习更全面的知识成为专业的网络工程师，如网络存储工程师、网络安全工程师的工资就可以达 9000 元以上，做大型企业或专业网络公司 IT 经理的工资就更高了，基本在万元以上。

案例参考二：大学四年学业规划书

经历了高考，我们站在了大学校园门口，这时，我们就必须要思考自己的未来，自己的学业规划。我们应该干什么，怎么干，要让自己拥有一个明确的目标。

进入大学，我们仍应清醒地认识到自己的身份是学生，自己的职责仍是学习。要明确地认识到学业是大学生立身之本。我们应集中精力掌握知识、能力、素质，具备和拥有良好的文化知识体系。绝不可以为所学的东西暂时没有发挥作用而不去学习。我们需要社会发展趋势，和个人兴趣，特长及所学专业确定自己的学业目标，做好切实可行的职业规划来指导自己以后的学习和生活。

大学，我们要树立正确的学业观。要珍重自己的学业，热爱自己的专业。来到了大学，再也没有人来安排我们去上晚自习，没有了清晨"催命"似的起床铃声。大学，多了那么多的时间，多了可以做自己喜欢做的事情的时间。但是，一个学期几十门课的考试必须要继续，一份份作业还要继续，各种证书的考试准备仍要继续。大学是我们步入社会的最后一个阶段，有人将大学比喻成一个小型社会，我觉得这样很贴切，我们在大学所学的不仅仅只是专业知识，还有我们的实践能力。大学学习是有深度的，只有充分利用时间才能掌握真正的专业知识。

1. 自我分析

（1）我的兴趣

爱运动，包括各种球类运动和跑步，喜欢利用互联网来丰富自己的业余生活，业余时间喜欢看书，听音乐、写文章。乐于观察生活，并且习惯用自己的方式记录下生活中令自己感动以及自己感兴趣的东西，做事讲求脚踏实地，有始有终，不喜欢弄虚作假、半途而废。往往对身边的每一件事情都持有自己的想法和看法。并且能够对自身进行总结和反思，善于向他人学习，具有团队精神。

（2）我的优点

乐观，不怕困难，有很好的抗压能力，充满热情，对未知世界有强烈的好奇心，喜欢探索，不喜欢一成不变，具有良好的学习能力，当遇到自己感兴趣的事，能不畏一切困难，全心全意投入其中。

（3）我的缺点

性格不稳定，容易懒散。粗心，三分钟热度。自主学习能力差，缺乏主见。

（4）总结

必须沉下心来，虚心接受他人的建议和意见，缺乏意志力，培养毅力。

2. 社会行业分析

随着中国经济的高速发展和经管类专业近年愈加火爆的趋势，市场需要大量的财务管理人才，可以说，我们这个专业毕业的大学生将来都有较高的收入，但是，这也造成本专业人才的基础化，大众化，缺乏更高级别的专业人才，这就需要我们将基础知识学扎实以后并向更高一方面发展。

3. 学业规划的意义

当学业规划选定以后，很多人或者拖延不动或者立即行动，结果导致很多人有了学业规划却不能实施或实施不能持久，最终无法实现既定的学业。所以，我们要强化学业规划，下面我具体列出几点制定好的学业规划并能实施下去的好处。

做好学业规划能增强自我约束力和自我管理能力，没有学业规划，我们的时间精力容易处于荒废和散化之中，生活上漫不经心，心态消极怠慢，很容易进入跟学业无关的琐事之中，虚度大学美好光阴，浪费青春。而学业规划能让我们明白现在做的每一点都是实现目标的一部分，从而重视现在，把握现在，集中时间、精力和资源选定学业。

做好学业规划能增强生活和学习的主动性。一份有效的学业规划，能够引导我们认识自身的个性特质，现有的和潜在的资源优势，对自己的综合优势和劣势进行对比和分析，树立正确的学业发展目标和未来职业理想，评估个人目标和现状之间的距离，学会运用科学有效的方法，采取切实可行的步骤和措施，不断增强自己的学业竞争力，实现学业目标和职业理想。从大一开始，同学们就应该认清自己的目标和努力，而不是到大四快毕业了，才开始想自己到底想要什么，改变以往的被动局面，由要我学变为我要学。

做好学业规划能促使大学生积极向上和自我完善。学业规划是我们努力的依据，也是对自我的鞭策。随着学业规划的每一个具体目标的实现，我们就会越来越有成就感，我们的思维方式及心态就会向着更积极的方向转变。好的学业规划为我们提供了完成学业的清晰画面，使自己对学业的实现过程有了清晰透彻的认识，进而更有信心、勇气，达到自我完善。

做好学业规划有助于自我定位。要不断地了解自己，发掘自己的特点，进而进行不断的调整与修正，找出自己感兴趣的领域，确定自己能干的工作即优势所在，明确切入社会的起点，其中最重要的是明确自我人生目标，即自我定位。而学业规划确立的就是一个明确自己能干什么，社会可以给我提供什么机会，我选择干什么等问题的过程，进而理想具有可操作性。为进入社会提供明确方向。

4. 学业规划分解

（1）大一

大一时期是培养基础的时候，在这一阶段的学习上我会将重点放在必修课程上，如数理基础类课程和英语，计算机应用等课程，夯实数理基础。逐渐适应和掌握大学时的学习方法，培养良好的自主学习习惯。当然在这一阶段，我会好好培养自己的沟通、表达和写作能力，练好自己的普通话，同时，我要坚持每天记单词和阅读，争取在第二学期就将四级通过。计算机也不能轻视。另外保持一定的阅读量，完成自己高中就感兴趣而没实现的愿望。

另外，要看一些有关自己专业的书，丰富专业知识。同时在这一阶段要根据自己的兴趣选好必修课和专业选修课，拿到足够的学分。

（2）大二

在这一年里，我要将基础抓好。还要做好向专业课过渡的准备，而且，还要浏览一下大三的课程，以便自己从容过渡到高年级的课程。同时，在这一时期，我要积极参加考研训练创新实践。另外，也浏览学习一下其他专业的课程，使自己的知识多元化，也尝试一些有关自己专业的兼职，体验不同层次的生活，培养自己吃苦耐劳的精神。另外，英语也不能松懈毕竟过了四级就不代表一切都结束了，自己要努力将六级通过。而且在这一年，要能熟悉掌握技术及基本操作，这一年贴近专业的课也多了起来，因此在专业课上，我要学会从大一的粗浅理解课本到钻研琢磨，对课本内容都自己深入地理解和思考，同时到图书馆运用大量时间来阅读书籍，提升自己的管理实践思维能力，提升自己财务管理的专业素养。

我还要广泛涉猎，读一些自己喜欢的书，比如历史学、社会学、经济学的书，开阔视野，储藏知识，同时，大二留给自己的思考时间是最多的，我要着手准备职业规划和考研准备，做足准备，为自己接下来的一到两年打好基础。

（3）大三：……

➡ **任务实现**

3.7.4 完成职业生涯规划，并严格执行

请按照自己的意愿，参考前面所学所思，将自己的职业生涯规划结果形成文档。

- 请将职业生涯规划书在班会课上大声朗读。
- 将学习计划和职业规划打印三份，分别交给父母和班主任各一份，自己保留一份。

根据自己的计划和规划严格要求自己，从现在做起，并切实付出实际行动，为成就自己的事业不懈努力！

→ 任务小结

3.7.5 做 ICT 人，必须持续提升自己的职业综合素质

知识点一：ICT 人的特别品质

ICT 不仅在现代社会中占有不可缺少的地位和作用，在经济，政治，教育方面也具有很强的推动作用。而且 ICT 具有以下行业特性：行业从业员工普遍年轻，思维活跃；行业技术更新快，对从业员工知识更新要求快；行业工作特性大部分岗位属于技术服务，且直面客户需求，行业工作环境有些地方艰苦、恶劣，需要吃苦耐劳的精神和很强的坚韧性。

1. 抗压能力要特别强

你要能够应对需求，始终如一地执行，在压力下坚定、专注、自信，并不断推动实现长期目标的能力。

经过无数次高强度的工作打磨，系统割接升级，维护基站抢修光缆，上山下水抗震救灾，严寒酷暑风雨无阻，无论你在哪，都需要尽快到达现场处理各种问题（图 3-7），无论怎样的工作，都必须难不倒 ICT 人。

2. 服务意识要特别强

说话做事要有分寸，不该说的话不说，该做的事情必须做到，不该做的事情不做。

行业性质决定，毕竟 ICT 是保障千家万户正常通话和上网的。出现任何问题都要第一时间解决。手机都 24 小时开机，随叫随到。如果你的手机突然哪天打不通，那你面临的就是来自客户的投诉。

图 3-7　抢修通信设备

3. 要特别有定力和责任心

准备材料就要写几个小时，甲方、乙方、丙丁方，各方之间再改几个小时，没有强大的定力是根本不可能完成的。

还要在艰苦或不利的条件下能克服自身困难，努力实现目标；面对他人的敌意，能保持冷静和稳定的状态，忍受这种压力，ICT 行业中人也需要有"工匠精神"，不浮躁，一步步走向成功。

4. 心思要特别细，特别能创新

在事无巨细、剪不断理还乱的线路中，考虑问题要全面，练就出计算机一般的脑子。

随着现高科技应用于各领域，越来越多流程驱动的工作正在或即将被机器人取代。只有拥有持续创造力，不断推陈出新的人才能受到企业的青睐。ICT 人才成长，需以实践能力为基础，以创新素质为核心。

5. 要特别能吃苦

为了社会主义的共同理想，养成了特别能吃苦，特别能战斗的精神。绝大部分通信兄弟们的工作及生活都很单调，常年就是"机房—住所"两点一线，社交圈子主要就是同行和客户。而且更恼人的是，大部分日常通信工作，工作量都很大，而且烦琐，一旦遇上每年的"517"等重大通信活动日，甚至多日无休。

6. 要特别有大局意识

ICT 工作基本都需要长期出差，必须走南闯北，不断地奔波和忙碌于不同地方的不同项目。披星戴月地奔波，只为一扇窗，不知不觉把他乡当作了故乡。为了工作需要，天南海北闯下去，如图 3-8 所示为春节期间加班的通信人。

万物互联的世界，"单打独斗"是行不通的。在团队中，工作让我们能够从不同的角度获得洞察力，从经验丰富的同事那里学习经验，从彼此的错误中吸取教训。对于需要融合多方向技术能力，不断创新的 ICT 人才而言，团队协作能力显得尤其重要。

图 3-8　春节期间的通信人

7. 要特别能学习

随着社会的进步，ICT 人才需求发生新的改变，从单一技术人手到复合型能力人才发展，从技术能力到应用能力，从技能精通到复合创新，从静态学习到动态成长。因此，需要我们不断更新个人知识结构，增强个人竞争力。

而且，运营商对于项目组人员要求越来越高，项目上需要通过各种笔试和面试，而且一年不止一次。

知识点二：ICT 人，必须持续提升自己的职业综合素质

因此，我们可以总结出 ICT 从业人员的职业素质模型（图 3-9）。在正确评估自己之后，你自然对自己有了更深的理解，接下来不断地努力提升自己是很重要的。人活多少年，没有一个人生下来就注定优秀。

1. 提升自我

如何提升自我，我们可以从以下几个方面来进行：

自我管理能力包含的内容非常多，包括人生规划、职业生涯规划、时间管理、身体品质管理、压力管理、情绪管理、心理素质管理、个人品牌管理、礼仪形象管理、修养提升、学习能力、表达能力、智慧提炼与财富创造等。

这些自我管理能力如何提升，我们后面将学习大部分的内容。我们在认识自我部分已经讲解了学习能力提升的内容，而自我管理能力主要聚焦时间管理、情绪管理和压力管理。

学习能力可以保持自己知识和观念的持续更新、与时俱进。学习能力不足既有学习动力不足的原因，也有学习方法和技能的问题，还与你能否坚持学习有关。ICT 行业知识和技术升级很快，比如移动通信短短 30 多年从 2G 发展到了 5G，这就要求你的工作技能更新要做到及时自主更新、主动更新。

主动性是我们能够积极去承担或参与做事的内在动力，这是我们需要首先提升自己并即刻可以实践的能力提升。既然我们已经开始主动做事情，成功导向性能保证我们全力以赴做一件

事情，就成功做成一件事情。而执行力可以促进我们不拖沓，立即行动并且保质保量完成我们的工作。

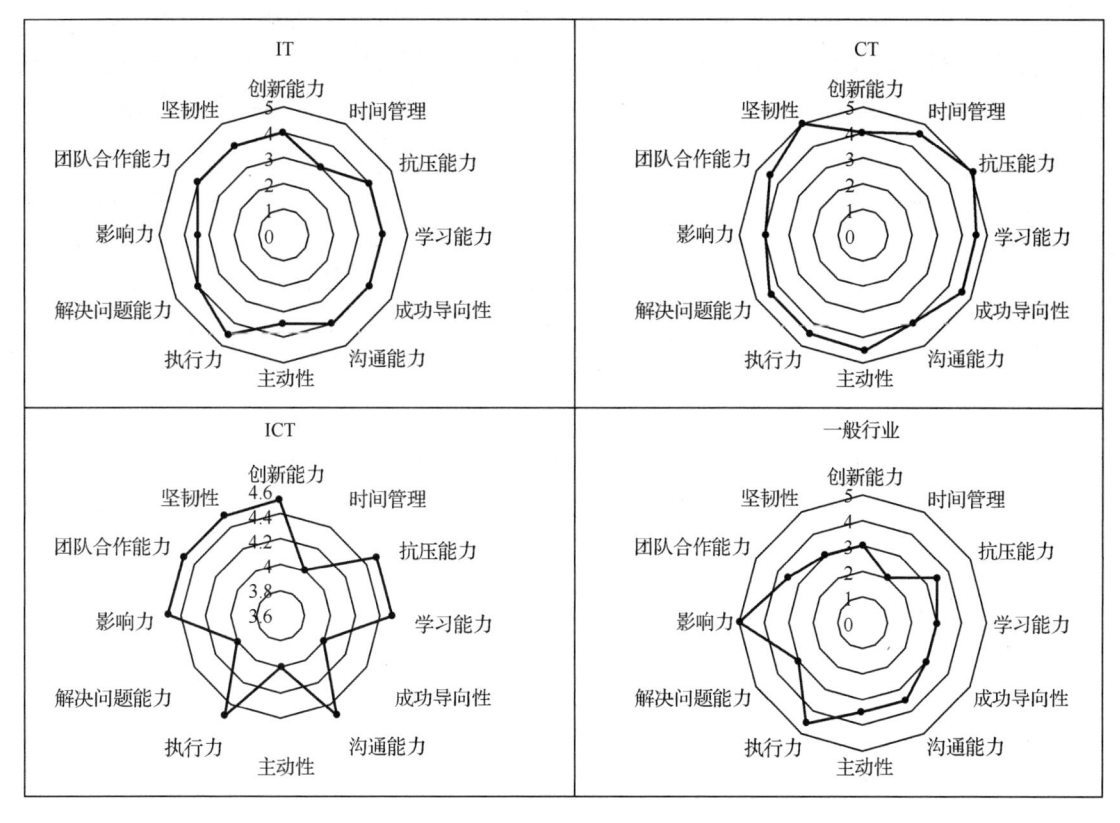

图 3-9　ICT 人的职业素质模型

同时，我们可以丰富我们的职场礼仪知识，提升自己的职场形象，从内到外把自己培养成为职业人，逐步实现学生向职业人的转变。

ICT 行业要求对客户服务理解深入，因此对个人职业素养要求较高，而且要求能勇于承担工作压力，拥有正向的自信心。提升自我才能逐渐满足这个行业的职业要求。

2. 磨炼自我

ICT 行业业务复杂、技术难度大，必然需要相互合作，因此，作为团队合作的基本能力——沟通能力是需要培养和实践来磨炼的。作为其中额外部分的异性交往艺术，希望你能同时学习和提升与异性相处的知识，同时，收获你的爱情和婚姻。

解决问题能力属于职业核心能力的一部分，是人人都需要提高的。这些实用的方法将有助于你切实找到解决问题的突破口。

团队合作有助于你在团队中找到合适的定位，发挥个人的作用为团队达成最终目标贡献力量。如何在团队中脱颖而出呢？个人影响力的提升必不可少。

3. 挑战自我

跳出舒适圈，挑战自我是最难做到的，但要成功的你，必须走出这一步，并立刻去做！

ICT 行业对你对工作的忠诚度要求较高，因为工作周期长，你需要坚定地坚持；也一定会遇到很多的困难和阻力，需要发挥你坚强的韧性，坚守到最终成功的时刻！

如果你才华横溢并且遇到机会，那么就请你大方地施展才华，让智慧的光芒展示出来，让自己变得瞩目。

4. 挖掘自己的潜质，大胆去尝试

古语云，千里马常有而伯乐不常有。现实的确是这样，有些时候我们不能总是等着别人来发现我们的闪光点，我们必须要自己挖掘自己的潜质，培养、提升、磨炼自己的综合素质，练成自己的"降龙十八掌"（见表3-4）。机会永远把握在自己手上，一定要把握自己的人生。

表3-4 "降龙十八掌"，你练了多少招？

招　数	能 力 素 质	是否练成	招　数	能 力 素 质	是否练成
1	独立生活	☑	10	执行力	☐
2	坚持体锻	☑	11	职场礼仪	☐
3	创新能力	☐	12	职场形象	☐
4	时间管理	☐	13	沟通能力	☐
5	压力管理	☐	14	解决问题能力	☐
6	情绪管理	☐	15	影响力	☐
7	学习能力	☐	16	团队合作能力	☐
8	主动性	☐	17	跳出舒适圈	☐
9	成功导向性	☐	18	坚韧性	☐

第4章

提升自我，构筑基础能力

学习目标

- 提升自我综合素质包括时间管理、情绪管理、学习能力、主动性、成功导向性、执行力等，以构造自己的基础能力。
- 从内到外地提升自我，当然还要学习职场礼仪与形象、异性交往艺术等内容。

任务安排

- 制订三周的时间计划，并收集情绪调节和缓解压力的妙招。
- 测试你的学习能力。
- 主动安排自己去做一件事。
- 你三天卖出去了多少套职业装？
- 哪个团队的纸飞机飞得远？
- 职场交际情景演练。

学习指南

- 课堂内：通过课堂活动、案例分析来加深新知识要点的理解；通过学习"实现参考""课堂实训"来学习解决问题、完成任务的方法。
- 课堂外：扫描书中二维码进行扩展阅读或参考分析；结合"课外活动""情景演练"等多种方式完成本章的任务安排。

4.1 自我管理能力

➡ 任务目标

4.1.1 制订 21 天计划，进行时间、压力、情绪管理

任务名称

任务一：制订 21 天（三周）的时间计划
任务二：情绪调节和缓解压力的妙招收集

任务分析

了解自我管理的内容，学习时间管理、情绪管理、压力管理等相关知识和控制管理方法，就能尝试完成本节任务了。

实现准备	课堂活动	活动一：近四成人没有休闲时间 活动二：时间都到哪儿去了 活动三：抑郁自测 活动四：压力测试
	课堂讲解	知识点：为何要进行自我管理 知识点：时间管理的特征和原则 知识点：了解常见的情绪状况 知识点：为何要进行压力管理 知识点：自律、慎独是自我管理能力的修炼之路
实现参考	课堂活动	活动五：一种自我排解负面情绪的方法
	课堂讲解	方法参考：时间管理的技巧 方法参考：如何进行情绪管理 方法参考：排解、缓解压力的方法 方法参考：如何做到自律
任务实现	课堂实训	任务一：制订 21 天（三周）的时间计划 任务二：情绪调节和缓解压力的妙招收集
任务小结	课后思考	自我管理是自我提升的基础

➡ 实现准备

4.1.2 自我管理、时间管理、情绪和压力管理的必要性

知识点一：为何要进行自我管理？

1. 活动一：近四成人没有休闲时间

（1）活动目的

尝试分析"近四成人没有休闲时间"背后的原因，反思自我管理能力是否有待提高？

(2) 活动流程

1) 阅读材料：近四成人没有休闲时间

陈小姐每天 8 点就到了公司，比公司要求的时间早到了 1 个小时。她自认为是个勤快人，吃完早点，洗洗手，擦擦桌子，整理一下书架，再泡杯茶，翻翻报纸，接了几个电话，转眼就 11 点了，这才想起来有个重要的报表没完成呢。

小王刚进入职场不久，还没脱掉一身稚气。身为网络达人的他，一坐到电脑前，先是微信、QQ、旺旺登录，马上一片对话框在闪烁。随后几个新闻首页弹出来，挨个看完，再刷微博、查邮件、看网购信息、股票行情……忙活一天，几乎没干啥实事，老板指派的活儿都是"抽空"干的。等到发薪水的时候，发现业绩那部分少得可怜，这才傻了眼。

蒋先生刚刚荣升了项目经理，一下子各种繁杂的事务摆在眼前，可偏偏这时候老家有个亲戚病了，非让他帮忙找知名的医生看病。蒋先生怕被骂"忘本"，不好推脱，每天陪着上医院。这样一来，好多人都听说他在医院有门路，纷纷找他帮忙看病，蒋先生怕得罪人，都没拒绝。很快就是年中了，项目一点进展都没有，老板的脸色越来越难看。蒋先生这才发现，自己这半年的忙碌都是无用功。

一项调查结果显示，52.2%的人表示"太忙了，几乎没时间休息"，56.6%的人会习惯性地问朋友"最近你在忙什么"，38.4%的人表示每天几乎没有休闲时间，32.1%的人表示不知道都忙了什么，就是觉得没时间。

2) 快速思考

- 是他的能力不够应付他的业务？
- 是他的工作缺乏系统性？
- 是他的时间管理真的出了问题？
- 或是他不善于安排其员工的工作，以致自己离开时工作就无法运行？

2. 自我管理的定义

自我管理就是指个体对自己本身，对自己的目标、思想、心理和行为等表现进行的管理，自己把自己组织起来，自己管理自己，自己约束自己，自己激励自己，自己管理自己的事务，最终实现自我奋斗目标的过程。

古人云："吾日三省吾身"就指的是人们对自己所思所想所做所为的一种自我反思，从反思中总结得失利弊与经验教训，这是一种自我管理。现在比较时髦的一些词语如"人生规划""时间管理""个人品牌""压力管理"等都属于自我管理的范畴。

3. 为什么需要自我管理

每个人都是有着无穷发展潜力的个体，自我管理的终极目标就是挖掘自己的潜力，按心中所想去改变自己的命运；每个人都是独一无二的个体，自我管理的目的也就是要发挥自己的特长，把自己的人生经营得多姿多彩，而不要去复制别人的平庸；每个人都可以主宰自己的命运，自我管理就是要克服对生活的焦虑和沮丧，学会做自己的主人；我们的人生只有一次，所以，我们一定要用心管理好自己的人生。

案例 1："随心所欲"的小于

小于早上慌慌忙忙到了公司，差点迟到，真险。早会上，小于打开提包，突然发现里面只装了一只化妆袋，《工作日志》和展业工具都忘在家里了，真糟糕！回不回去拿呢？小于想来想去，最后还是决定算了。

早会结束了，正好这时小于的一个好朋友打电话过来，说是好多商城正在举行春节打折活动，一定有看头，让小于陪着去逛逛。就这样，小于忍不住答应了邀请。如果明天主管问到展业情况，就说今天遇到了一个难缠的客户，花去了一整天的时间。

半年后，小于离职了。

案例2："井井有条"的小珊

小珊听到了闹钟，赶紧起床梳洗，按老习惯把家里人的早餐做了，自己吃了些东西，又回忆了一下昨晚是否把今天需要的东西都装好了，然后匆匆出了门。

早会上，在主管的帮助下，小珊又把昨晚写的《工作日志》拿出来，对全天的拜访计划做了一个周全的部署。

早会一结束，小珊首先拜访已经约好的城南方向的第一个客户，看看地图，她坐上了22路公交车，在车上，小珊又想象了去见城南方向的另外几个客户可能出现的问题，以及如何应对。

小珊的第一个客户在听完她的介绍后，决定在下周一签单。

小珊按计划赶到第二个客户那儿，这是上周已经约好签单的客户。很快小珊签完了这单，在恭喜客户的同时，小珊也在心里为自己祝贺。看看时间，已到午餐时间了，小珊打电话约第三个客户出来共进午餐，可是这位客户临时有事，不能来。小珊简单吃了点，又开始整理下午的拜访思路。

中午还有些时间，小珊决定去见见她的一位老同学，看她现在过得如何，于是，小珊接通了同学的电话……

一年后，小珊已经是全系统闻名的优秀经理。

"所有的胜利，与征服自己的胜利比起来，都是微不足道的；所有的失败，与失去自己的失败比起来，更是微不足道。"一个有能力管好别人的人不一定是一个好的管理者，而只有那些有能力管好自己的人才能成为好的管理者，所以在谈成功之前，先征服自己。

4. 自我管理能力的内容

自我管理能力是指个人依靠自己的主观能动性按照一定的目标，有意识、有目的地对自己的思想、行为、价值观进行控制的能力。个体透过内控的力量控制自己的行为，减少对个人发展目标不利的行为，增加好的行为出现。

第一，人在世界上要有信仰或精神，要有使命与责任，要对世界有客观正确的认识，这样就有了世界观、责任感规划；在此基础上，对自己的人生必须要有一个明确的规划，即人生规划，职业生涯规划等，并通过自律和对时间的妥善安排以确保人生规划的实施，即时间管理等。

第二，人生一切的梦想、愿望和追求都不能脱离载体而独自存在，所以，要管理好自我人生的载体，即身体品质管理、压力管理、情绪管理、心理素质管理……

第三，从市场与竞争的角度来讲，实现自我竞争力提升的关键是个人品牌价值的提升，所以，要管理好自己的品牌，即个人品牌管理、礼仪形象管理、修养提升。

第四，要想不断地攀登人生的高峰，就必须不断地充实自己、完善自己，不断地积累知识和提升能力，包括学习能力、表达能力、创新能力等。

第五，人不能脱离群体而独立存在，每个人都是团队或人际关系大网中的一个节点，因此，自我管理绝对不能忽视团队合作和人际关系网，尤其是要维护好我们的亲情、友情和爱情，包括团队合作、沟通能力、情感管理。

第六，在此过程中，人不可能不犯错误，我们需要自我改进来纠偏，使得我们沿着既定的目标继续前进，如自我反省、自我批评。

总之，人生的终极目的是快乐，而快乐的最重要的两个载体就是智慧和财富，而且，拥有智慧和财富也是个人成功的直观体现，所以，自我管理最后的两个课题就是智慧提炼与财富创造。

当然，实事求是地评估自己是进行自我教育、自我完善的重要前提之一。

在认识自己、了解自己、评估自己之后，对自己有明确清晰的认识和定位，知道自己的优点和缺点，了解自己的优势和劣势，在同事、朋友、同行业之中所处的地位，知道自己的竞争力，才能制订有针对性的自我培养计划，针对自己的不足，完善自己。

在此自我完善过程中，针对自己不同的方面进行自我管理就显得尤为重要。因为我们每个人有一点是相同的，那就是我们所要对付的都是人性的弱点，比如说懒惰、逃避、恐惧等。战胜了这些，我们才能成功，才能真正成长！

本节我们主要聚焦时间管理、情绪管理、压力管理和自律，自我管理的其他大部分内容我们在本书的后续章节中展开学习。

知识点二：时间管理的特征和原则

1. 活动二：时间都到哪儿去了？

（1）活动目的：认识到时间管理的重要性，启发思考如何做好时间管理。

（2）活动流程

阅读案例

案例3：陈超的一天

8:30到单位上班，突然想起下午要上的课还没有预习，就拿出课本偷偷看起来。

9:00 部门经理开会安排本周要完成的任务和分解到今天必须完成的任务。陈超想到最近课程感觉很吃力，会议的事，会后问问同事就明白了，所以又躲在椅背后紧张地看起课本来。

10:00 开完会，大家都领到任务去做了，同事小张来找他谈两人怎么配合完成今天的任务，他不知所云，小张给他解释了半天才明白，已经11点了。下午倒休去上课啊，他赶紧想做完自己的那份任务，做了一半已经12:00，先吃饭吧。

吃完饭已经快12:40了，赶到中心听课到一半接到同事小张的电话，问他什么时候做完剩下那一半工作，否则不好配合下一步工作，他心里一阵慌乱，听课过程中都在想这事，一点都没听进去课上讲了什么。

下午5:10下课后，他赶紧回到单位加班到7:00才完成剩余工作。晚饭后已经8:00了，想起今天留的作业还没有做，拿出课本一看傻眼了，因为没有好好听课大都不会做。只好自学今天的课程，真难啊！不，要坚持……

12:00了，睡吧，可是刚才看了半天书还是有些不明白啊，唉……

请思考：

1）陈超的时间使用是否存在问题？存在哪些问题？

2）你认为应如何改进？

分组讨论：

请组长汇集组员意见后代表小组上台讲述,请大家根据小组发言进行评论。

2. 时间管理的概念、特征和原则

(1) 时间管理的概念:时间是过去、现在、未来组成的一连串事件。

(2) 时间管理的特征

- 公平性:每人每天都是 24 小时,每小时都是 60 分钟,每分钟都是 60 秒;
- 单程性:时间一去不返,人生是一次单程旅行。

(3) 时间管理的原则

1) 计划为要,遵循 SMART 原则

计划的定义是为完成一定的目标而事先对措施和步骤做出的部署;计划的作用是事先计划,是时间管理的根本途径,要想控制时间,必须首先制订计划。价值量(v)=时间价值(q)×时间(t)。制订计划的 SMART 原则:

① S:明确的(Specific)

所谓明确就是要用具体的语言清楚地说明要达成的行为标准。明确的目标几乎是所有成功团队的一致特点。很多团队不成功的重要原因之一就是因为目标定得模棱两可,或没有将目标有效地传达给相关成员。

实施要求:目标设置要有项目、衡量标准、达成措施、完成期限及资源要求,使考核人能够很清晰地看到部门月计划要做哪些事情,计划完成到什么样的程度。

② M:可衡量的(Measurable)

可衡量性就是指目标应该是明确的,而不是模糊的。应该有一组明确的数据作为衡量是否达成目标的依据。如果制定的目标没有办法衡量,就无法判断这个目标是否能实现。比如领导有一天问"这个目标离实现大概有多远?"团队成员的回答是"我们早实现了"。这就是领导和下属对团队目标所产生的一种分歧。原因就在于没有给他一个定量的可以衡量的分析数据。但并不是所有的目标都可以衡量,有时也会有例外,比如说大方向性质的目标就难以衡量。

实施要求:目标的衡量标准遵循"能量化的量化,不能量化的质化"。使制定人与考核人有一个统一的、标准的、清晰的可度量的标尺,杜绝在目标设置中使用形容词等概念模糊、无法衡量的描述。

③ A:可达成又具挑战性的(Achievable)

目标是要能够被执行人所接受的,如果上司利用一些行政手段,利用权力性的影响力一厢情愿地把自己所制定的目标强压给下属,下属典型的反应是一种心理和行为上的抗拒:我可以接受,但是否完成这个目标,有没有最终的把握,这个可不好说。一旦有一天这个目标真完成不了的时候,下属有一百个理由可以推卸责任:你看我早就说了,这个目标肯定完成不了,但你坚持要压给我。

实施要求:目标设置要坚持员工参与、上下左右沟通,使拟定的工作目标在组织及个人之间达成一致。既要使工作内容饱满,也要具有可达性。可以制定出跳起来"摘桃"的目标,不能制定出跳起来"摘星星"的目标。

④ R:相适的(Relevant)

目标的相适性是指在现实条件下是否可行、可操作。可能有两种情形,一方面领导者乐观地估计了当前形势,低估了达成目标所需要的条件,这些条件包括人力资源、硬件条件、技术条件、系统信息条件、团队环境因素等,以至于下达了一个高于实际能力的指标。另一方面,可能花了大量的时间、资源,甚至人力成本,最后确定的目标根本没有多大实际意义。

实施要求：部门工作目标要得到各位成员的通力配合，就必须让各位成员参与到部门工作目标的制定中去，使个人目标与组织目标达成认识一致，目标一致，既要有由上到下的工作目标协调，也要有员工自下而上的工作目标的参与。

⑤ T：时限性（Time-bounding）

目标特性的时限性就是指目标是有时间限制的。例如，我将在 2021 年 5 月 31 日之前完成某事。5 月 31 日就是一个确定的时间限制。没有时间限制的目标没有办法考核，或带来考核的不公。上下级之间对目标轻重缓急的认识程度不同，上司着急，但下面不知道。到头来上司可以暴跳如雷，而下属觉得委屈。这种没有明确的时间限定的方式也会带来考核的不公正，伤害工作关系，伤害下属的工作热情。

实施要求：目标设置要具有时间限制，根据工作任务的权重、事情的轻重缓急，拟定出完成目标项目的时间要求，定期检查项目的完成进度，及时掌握项目进展的变化情况，以方便对下属进行及时的工作指导，以及根据工作计划的异常情况变化及时地调整工作计划。

2）80/20 原则（"帕雷托"原则）

"帕雷托"原则是指 80%的学习或工作效果来自 20%的有效时间，而剩下的 20%的学习或工作效果来自 80%的无效时间安排。

① 启示：一是 20%的有效时间创造 80%的学习或工作效果；二是抓住学习或工作的关键，集中 80%的主要精力突破 20%的学习或工作难点，可以保证 80%的学习或工作效果；三是突破这 20%的学习或工作难点，可以获得 80%的学习或工作效果。

② 误区：一是完全主义：都想做完，平均分配时间和精力；二是面面俱到：都想做好。

● 排序分时原则

你是如何安排你的工作时间的呢？参见图 4-1 所示的四象限原理，合理地按照紧急和重要两个纬度划分自己的学习或工作安排。将大部分时间和精力放在第一象限（紧急且重要）的学习或工作安排上，主要根据第一象限的学习或工作制订计划。

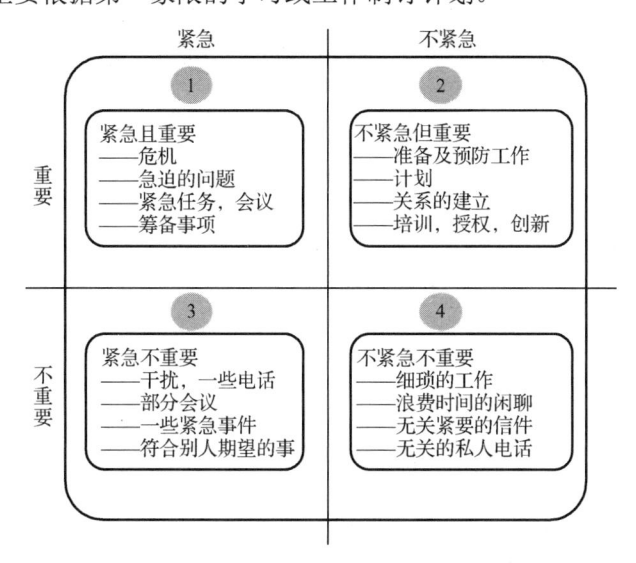

	紧急	不紧急
重要	① 紧急且重要 ——危机 ——急迫的问题 ——紧急任务、会议 ——筹备事项	② 不紧急但重要 ——准备及预防工作 ——计划 ——关系的建立 ——培训、授权、创新
不重要	③ 紧急不重要 ——干扰，一些电话 ——部分会议 ——一些紧急事件 ——符合别人期望的事	④ 不紧急不重要 ——细琐的工作 ——浪费时间的闲聊 ——无关紧要的信件 ——无关的私人电话

图 4-1 用"四象限原理"规划时间

对于紧急且重要的事情，安排 20%~30%的时间，且要马上去做；对于紧急不重要的事情，安排 40%~50%的时间，或安排下属去做；对于不紧急但重要的事情，安排 15%~30%的时间，可以从做工作计划开始；而对于不紧急不重要的事情，尽量不投入或投入 5%左右的时间，并且安排碎片时间去做。

知识点三：了解常见的情绪状况

拜伦说："悲观的人虽生犹死，乐观的人永生不老。"一个人的一生像一支曲子，有主旋律也有变调。再悲观的人也有快乐的时候，再乐观的人也有沮丧的时候。

1. 人类情绪的特点

（1）情绪的概念

情绪是个体对客观事物是否符合自身需要而产生的一种态度和体验，是一个生理、心理、社会诸因素相互作用的动态过程。因此，情绪有其生理基础，情绪也是一种内心感受和体验。

（2）情绪的类型

常说的七情是指喜、怒、哀、惧、爱、恶、欲这 7 种，人们情绪的表现如图 4-2 所示。

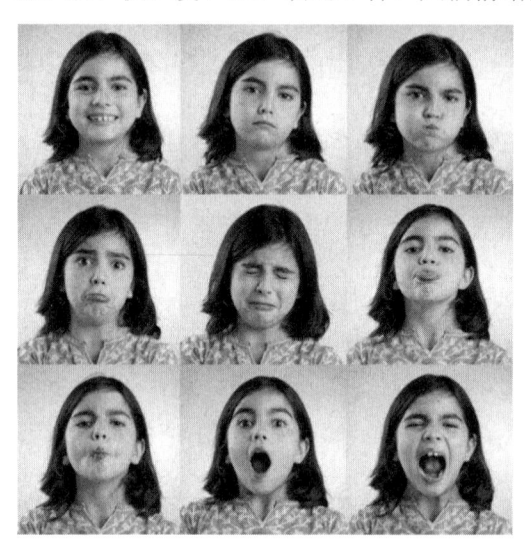

图 4-2 人们情绪的表现

而情绪的状态，根据情绪发生的强度、持续性、紧张度可分为三种状态：

1）心境

心境是指比较微弱、持久地影响人整个精神活动的情绪状态。具有弥散性的特点。"忧者见之而忧，喜者见之而喜"就是心境的表现。有消极和积极之分。

2）激情

激情是一种强烈的、短暂的、有爆发性的情绪状态，如狂喜、愤怒、绝望等都属于这种情绪状态。在激情状态下，人的理解力、自制力等都有可能降低。激情也有积极和消极之分。

3）应激

应激是在出乎意料的紧迫情况下所引起的高度紧张的情绪状态，在人们遇到突如其来的紧急事故时就会出现应激状态。例如，地震、火灾等。

（3）对情绪认识的误区

- 情绪是与生俱来的——"我天生就是多愁善感的"。
- 情绪是无可奈何、无法控制的，既无从预防、来了又无法驱走——"不知何时才能没有这份惆怅！"
- 虽然认为情绪是无法消除的，但同时又要求别人把情绪抛掉——"不要把情绪带回家"。
- 情绪的原因是外界的人、事、物——"一见他那个模样我就生气！"
- 情绪有好坏之分：愉快、满足、安静就是好的；愤怒、悲哀、焦虑就是修养不够——"不准在客人面前这个样子！真丢脸！"
- 坏的情绪，只有这两个方法处理：不是忍在心里，就是爆发出来——"我有什么办法？不忍，难道发火？"
- 情绪控制人生——"最近没有心情，什么都不想做。还是等心情好的时候再说吧！"
- 事情与情绪牢不可分——"每次他这样我都生气，这十年我过得真辛苦！"

（4）情绪的表现
- 生理变化，如血流加速、心跳加快、呼吸加快、手掌出汗以及内分泌的变化等；
- 主观感觉，如愉快、平和、不安、紧张、厌恶、憎恨、嫉妒等感觉；
- 表情变化，如眉头紧皱、嘴角下垂、拳头紧握、肌肉紧绷、眉开眼笑、声调变化、哈哈大笑等；
- 行为冲动，如鼓掌、抚摸、打人、骂人、摔东西等。

（5）情绪的功能
- 自我保护的功能；
- 人际沟通的功能；
- 信息传递的功能。

（6）健康情绪的特点
- 情绪反应适当：情绪健康的首要条件；
- 情绪表现稳定：心理健康的重要指标；
- 主导心境愉快：情绪健康的主要表现。

（7）健康情绪的表现
- 开朗、豁达，遇事不斤斤计较；
- 及时、准确、适当地表达自己的主观感受；
- 情绪正常、稳定，能承受欢乐与痛苦的考验；
- 充满爱心和同情心，乐于助人；
- 正确地认识自己和他人，人际关系良好；
- 对前途充满信心，富有朝气，勇于进取，坚韧不拔；
- 善于寻找快乐，创造快乐；
- 能面对现实、承认现实和接受现实，善于把个人需要与社会的需求协调起来。

2. 常见的情绪困扰

（1）愤怒

愤怒是由于客观事物与我们的主观愿望相违背，或愿望无法实现时，我们内心产生的一种激烈的情绪反应。愤怒会使人感到紧张、压抑甚至狂躁的感觉。

（2）焦虑

焦虑是当我们预料会有某种不良的后果而产生的不安的感觉，或是自尊心受到潜在威胁时产生担忧的心理，有忧虑、烦恼、害怕、紧张等情绪体验。

中等焦虑能使我们维持适度的紧张状态，注意力高度集中，促进学习。但过度的焦虑则会让我们因紧张而烦躁不安，思维混乱，注意力不集中，甚至记忆力下降，同时容易产生头痛、失眠、食欲不振、胃肠不适等不良反应，影响我们日常的学习和生活。

应当强调的是，焦虑是一种比较普遍的情绪表现，并非所有的焦虑都是病理性的，有些比较轻微的焦虑往往会事过境迁，随时间的延长而自动消失。

（3）抑郁

抑郁是一种感到无力应付外界压力而产生的消极情绪。导致抑郁的两个重要原因是遭受挫折或自尊受损。抑郁的表现：

- 压抑、苦闷。
- 负面自我评价、无价值、无意义，悲观失望。
- 缺乏兴趣、依赖性强。
- 脑子反应迟钝、脑力活动水平下降。
- 回避交往。
- 体验不到快乐、自卑、自责、自罪。
- 身体反应（失眠、食欲下降、言语动作迟缓、乏力、面色灰暗、哭泣、叹息等）。
- 自杀倾向。

（4）冷漠

冷漠是指对外界的事物缺乏相应的情感反应，凡事漠不关心、冷淡、退让的消极情绪体验。

（5）嫉妒

嫉妒就是当别人在某些方面，尤其是我们看重的方面胜过自己时，有时就会引起我们的不快，甚至觉得痛苦。

适度的嫉妒在一定程度上可以激起我们的自尊心，从而奋发向上。但过度的嫉妒则会影响我们的心情。它会使我们处于消沉、怀疑、痛苦、自卑的不良情绪之中，长期如此就会影响身心健康，影响学习的效率。

3. 活动三：抑郁自测

（1）活动目的：通过活动，了解抑郁，正确认识抑郁。

（2）活动流程

按规则做题：

填表注意事项：下面有 20 个问题，请仔细阅读每一个问题，把意思弄明白。然后根据您最近一星期的实际情况在适当的方格里画一个"√"。

问题	选 择			
	A. 没有或很少时间	B. 小部分时间	C. 相当多时间	D. 绝大部分或全部时间
1）我觉得闷闷不乐，情绪低沉				
2）我觉得一天之中早晨最好				
3）我一阵阵哭出来或觉得想哭				
4）我晚上睡眠不好				
5）我吃得和平常一样多				

续表

问　题	选　择			
	A. 没有或很少时间	B. 小部分时间	C. 相当多时间	D. 绝大部分或全部时间
6）我与异性密切接触时和以往一样感到愉快				
7）我发觉我的体重在下降				
8）我有便秘的苦恼				
9）我心跳比平时快				
10）我无缘无故地感到疲乏				
11）我的头脑跟平常一样清楚				
12）我觉得经常做的事情并没有困难				
13）我觉得不安而平静不下来				
14）我对将来抱有希望				
15）我比平时容易生气激动				
16）我觉得做出决定是容易的				
17）我觉得自己是个有用的人，有人需要我				
18）我的生活过得很有意思				
19）我认为如果我死了，别人会生活得好些				
20）我平常感兴趣的事仍然照样感兴趣				

记分办法：

A、B、C、D 分别记 1、2、3、4 分，将所有得分相加，再将总分乘以 1.25，取整数即可得到标准分。2、5、6、11、12、14、16、17、18、20 为反向计分。

判断：

请扫描二维码查看自测结果。

抑郁自测结果判断

4. 情商和逆商

（1）情商的概念

情商也称为情绪智力，又称为情感智慧，英文表达是 Emotional Quotient（缩写为 EQ），心理学家认为高情商的人比高智商的人更容易取得成功，研究和实验证明：在人成功的诸多主观上的因素中，智商（IQ）大约占 20%，情商（EQ）则占 80% 左右。

情商是指人认知和调控自我及他人的情感，把握自己心理平衡，形成自我激励、动机与兴趣相结合的内在动力机制；形成坚强和受理性调节的意志；妥善处理人际关系等的心理素质和能力。

（2）情商的表现

- 情绪的知觉、评估和表达能力；
- 思维过程中的情绪促进能力；
- 对情绪的理解、感悟能力；
- 对情绪进行成熟调节的能力；

- 维系和谐的人际关系的能力；
- 挫折应付能力。

（3）情商的功能
- 知觉、评价与表达功能；
- 调控功能；
- 解决问题的功能；
- 动机激发功能。

（4）逆商

逆商（AQ）来自英文 Adversity Quotient，全称逆境商数，一般被译为挫折商或逆境商。它是指人们面对逆境时的反应方式，即面对挫折、摆脱困境和超越困难的能力。

思考："上山是逆境"还是"下山是逆境"？答案可以有四个，你选择哪个答案呢？你有何理由去支持你的决定？
- 上山是逆境，下山是顺境；
- 上山是顺境，下山是逆境；
- 上山、下山都是逆境；
- 上山、下山都是顺境。

知识点四：为何要进行压力管理

1. 活动四：压力测试

（1）活动目的

了解压力的概念，通过压力测试知晓自己的压力情况。

（2）活动流程

1）压力的定义

压力是人们对刺激产生的一种心理与生理上的综合感受。压力既是一种刺激或消极的感受，也是一种人与环境的互动历程。压力的大小，既取决于压力源的大小，又取决于个人身心承受压力的强弱程度。

案例 4：汇报工作前的小张

小张是一外企公司培训部经理，接公司人力资源部通知，总部人力资源副总裁将于下周到中国区考察人员发展情况。小张被要求在人力资源副总裁到达后，向对方汇报中国区的人员培训和领导力发展规划及已经达到的业绩。对方将会据此进行评估，如果评估不合格，则整个中国区的 HR 业绩将受到影响。

小张在接到这个任务后，感到这几天饭吃不香，觉也睡不好。

2）小组讨论

分组讨论压力的来源，探讨自己经历的压力，请把结果记录下来，时间 20 分钟。

3）压力测试

各项压力大小的估算可以参照表 4-1 霍尔姆斯和雷赫编制的《社会再适应评定量表》（也称应激评定量表）。请各位同学选择你面临的压力项。

表 4-1 社会再适应评定量表

排列等级	生活事件	平均分值	排列等级	生活事件	平均分值
1	配偶亡故	100	23	子女成年离家	29
2	离婚	73	24	官司缠身	29
3	夫妻分居	65	25	个人有杰出成就	28
4	坐牢	63	26	妻子新就业或刚离职	26
5	亲人亡故	63	27	子女初入学或毕业	26
6	个人患病或受伤	53	28	改变生活条件	25
7	结婚	50	29	个人改变习惯	24
8	失业	45	30	得罪上司	23
9	夫妻破镜重圆	45	31	改变工作时间或环境	20
10	退休	45	32	搬家	20
11	家庭中有人生病	44	33	转学	20
12	怀孕	40	34	改变消遣方式	19
13	性关系适应困难	39	35	改变宗教活动	19
14	家庭又添新成员	39	36	改变社交活动	18
15	改变买卖行当	39	37	借债少于万元	17
16	经济状况改变	38	38	改变睡眠习惯	16
17	密友亡故	37	39	家庭成员团聚	15
18	跳槽从事新的行业	36	40	改变饮食习惯	15
19	夫妻争吵加剧	35	41	休假	13
20	借债超过万元	31	42	过圣诞节	12
21	抵押被没收	30	43	涉及轻微的诉讼事件	11
22	改变工作职位	29			

4）评分方法和结果解读：将表中各项目的分值相加，如果

≥300 分　　　　　　　近期患病率约为 80%
≤299 分且>150 分　　近期患病率约为 50%
≤149 分　　　　　　　近期患病率约为 30%

2. 压力的来源

人生活在两个环境中，一是外部环境，二是心理环境。这两者都会对人形成压力，心理环境是压力感受源。

（1）常见的外部压力

- 家庭压力：经济负担大（房贷等）；家务负担大（上有老下有小）；家庭矛盾；人生大事（婚孕、子女求学等）。
- 工作压力：工作超负荷；工作要求高（甚至苛刻、挑剔等）；职业发展不顺；人际关系紧张等。
- 社会压力：很难快速适应或跟上社会的变革和发展，落后于时代。

- 环境压力：环境恶劣（噪声、污染）；过度拥挤；缺乏有安全感的环境。

（2）常见的内部压力

- 不能自我肯定：自我价值感较低、非常在意别人的看法、敏感于别人的评语、常不喜欢自己、常认为自己被伤害、常怨天尤人、怨恨自己不如人。
- 追求完美：标准定得很高、常觉时间不够用、选择牺牲休息、休闲的时间，导致长期失眠、缺乏与家人相处的时间、处于紧张状态。

我们经常遇到的"压力炸弹"分为大型炸弹和小型炸弹两种。大型炸弹包括失业、提拔、离婚、结婚、生子、搬家、怀孕、生大病、家庭成员死亡等；小型炸弹包括挨批评、小摩擦、不顺心、冲突、加班、小病、疲劳等。

按压力方向又可以分为来自金钱、社会、工作、环境、心灵、身体、人际和休闲等方面的压力。

3．压力表现症状

（1）适当的压力

- 适当的压力是一次提高自己的机会。
- 为了按期完成任务，你就会更努力地工作。
- 它会使你以更积极、高度的感情投入工作。
- 提高免疫力。

（2）过大的压力

使你变得工作效率低下，过度紧张使你无法完成任务。而且压力的产生会在个体身体、情绪和行动上出现了一系列的压力征兆：

在身体上，个体会进一步去面对并克服所面临的障碍，或干脆逃避并忽略有障碍的相关知觉。

- 短期生理征兆：头痛、头晕、眼睛疲劳、胃痛、气喘、便秘、心跳加快、血压上升、血糖增加与血液凝结。
- 长期生理征兆：心脏病、高血压、胆固醇增加、心室肥大、皮肤起疹、淋巴腺炎、甲状腺异常、秃头、胃及十二指肠溃疡、狭心症以及心肌梗死。

个体在面对压力时，其在心理上或情绪上表现出来的差异是显著的，这与个人对情境的认知评价密切相关。

- 与压力战斗所引起的心理征兆：消极、厌倦、不满、生气。
- 逃避压力所形成的心理征兆：冷淡、认命、健忘、幻想、心不在焉、能力丧失。

在行为上，压力是指人们身处在一个工作困境过程中所表现出来的思考与感受。压力过大时会发生：体重变化、抽烟频率增加、饮用咖啡、饮用酒精及使用迷幻药、缺勤、旷工、离职、恐慌型的行为以及做出错误的判断。

4．正视压力

（1）压力不足的弊端

- 没什么可做的、大部分生活都很平淡。
- 觉得学习或工作太轻松、不具挑战性。
- 使人过于放松，忽略了防范风险。
- 使人长期回避责任。

（2）压力是生存的需要，压力能激发潜能
- 大多数人能承受很大的压力。
- 蝴蝶幼虫破茧的故事。
- 豆芽是如何粗壮的。
- 世界纪录是怎么创造的。
- 长颈鹿的脖子怎么那么长。
- 什么时候学习或工作效率最高？

（3）压力必须是适度的
- 研究发现，人所忧虑的东西40%是永远都不会发生的，纯属杞人忧天。
- 30%是涉及过去所做出的决定，永远都不会改变，忧虑毫无价值。
- 12%的忧虑集中于与别人比出于自卑感而做出的批评。
- 10%的忧虑与健康有关，而且越忧虑问题越严重。
- 只有8%的忧虑可以列入合理范围。
- 压力感过重，易起副作用，至刚易折。

5. 为什么需要压力管理

（1）实现工作与生活的平衡

工作和生活是一块硬币的两面，互为补充，互为因果。生活幸福和安宁的人才能保持持续的工作热情，使得事业有成，进而家庭和睦，形成良性循环。

（2）实现压力与个人承受力的平衡

压力就像一根小提琴的弦，没有压力，就不会产生音乐。但是，如果琴弦绷得太紧，就会断掉。

从图4-3中我们可以得出如下启示：
- 不同的人有不同的压力曲线。
- 压力有积极压力和消极压力之分。

压力管理的目的：使压力处于曲线的"最佳区域"也就是平衡点，绩效高峰。

（3）实现身心健康，避免极端情况发生

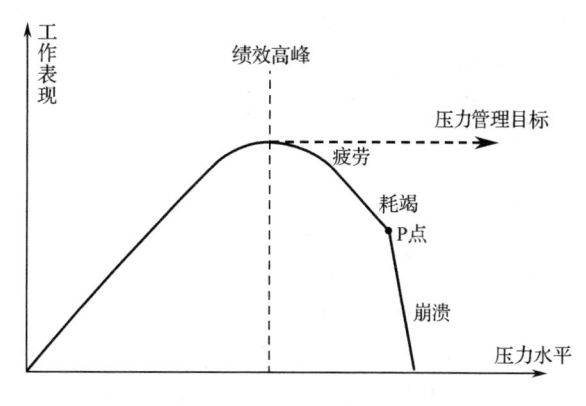

图4-3 压力与工作绩效的关系

案例5：压力过大的极端情况

美国有半数未成年人的死因与压力有关；欧洲每年平均有一千万人患有职业病；挪威每年用于职业病治疗的费用，高达国民生产总值的10%；在芬兰，心理健康失调是发给伤残津贴的主要原因，50%的劳工或多或少都有与压力有关的症状，7%的劳工工作过度而导致过度劳累及睡眠失调等症状；日本的过劳死非常常见。

国际劳工组织（ILO）发表的一项调查指出，在英国、美国、德国、芬兰和波兰等国，每10名员工就有1人处于忧郁、焦虑、压力或过度工作的处境之中。

知识点五：自律、慎独是自我管理能力的修炼之路

1. 什么是自律？

在生活中我们常常发现这样一个现象，有的人默默无闻，但始终坚持把简单的事情做好，

总是能如愿以偿地成功。其实，在这里面隐藏了一个奥秘，那就是长时间地把简单的事情做好，就是不简单。

古希腊哲学家苏格拉底思维敏捷，关爱众生又为人谦和。许多青年慕名前来向他学习，听从他的教导，都期望成为像他那样的智慧的人。他们当中很多人天赋极高，天资聪颖者济济一堂，大家都希望自己能脱颖而出，成为苏格拉底学问的继承者。

一次苏格拉底说今天我们只做一件最简单的事，每个人把胳膊尽量往前甩，然后再尽量往后甩。苏格拉底示范了一次，说："从今天起，每天做三百下！大家能做到吗？"孩子们都笑了，这么简单的事情有什么做不到的。

第二天，苏格拉底问孩子们："谁昨天甩胳膊三百下？做到的请举手。"几十名孩子的手哗哗地举起来，一个不落，苏格拉底点点头，一周后，苏格拉底如前所问，只有九成孩子举手。过了一个月，苏格拉底问："哪些孩子坚持了？"只有一半的孩子举起了手。

一年后，苏格拉底再一次问大家："请告诉我，最简单的甩手动作还有几个同学坚持？"整个教室只有一个孩子举手。这个孩子就是日后成为伟大哲学家的柏拉图。他继承了苏格拉底的哲学并创造了自己的哲学体系，培养了堪称西方孔夫子的哲学家亚里士多德。

许多看似简单的事情，其意义不在于做事情本身，而在于做这些事情的人的坚定意志的修炼。首先，一如既往地做好简单的事情，是坚持，是积累，时间长了，便会内化成为人的一种韧性。其次，我们还能知道，能坚持做事情所蕴含的是个人的自律品质！

自律是指在没有人现场监督的情况下，通过自己要求自己，变被动为主动，自觉地遵循规则，拿它来约束自己的一言一行。也指不受外界约束和情感支配，依据自己的善良意志，按自己颁布的道德规律而行事的道德原则。

2. 慎独是自律的最高层次

如果在空荡荡的街道上，遇到红绿灯，你是否会遵守交通规则？

如果凌晨三点钟一个人走在路上，你会不会乱扔垃圾，随地吐痰？

如果一个人开车，遇上交通堵塞或被超车，你会不会不停按喇叭或者开骂？

所谓慎独，就是在别人不能看见的时候，能慎重行事；在别人不能听到的时候，能保持清醒。不要认为隐藏的和危险的过失，就可以去做，而放松对自己的要求。因此，当独自一人时，同样要严格要求自己，防微杜渐，自重自爱，把握住自己。

自律的最高层次是慎独。"慎独"的前提是坚定的内心信念和良知，是以自己的道德意识为约束力。做人做事需要有一个清醒的头脑，有一个目标，能做什么，不能做什么。因此，要时时刻刻利用多种形式警醒自己，"有人在与无人在一个样"，"有控与无控一个样"，引导自己达到这种"慎独"的境界。总之，慎独是一种情操，是一种良知，是一种修养，是一种坦荡。

3. 自律、慎独是自我管理能力的修炼之路

前面我们描述了自我管理能力的内容，而要提升这些能力主要是靠我们自己去学习、实践和修炼，在这个学习、实践和修炼过程中，只能依靠自律、慎独来驱动自己去完成。

自律和慎独的人是能够以学习为乐，以境界为荣的人，在生活和工作中能自觉地约束自己的行为，在工作学习和生活中养成了良好的习惯。"每天叫醒的不是闹钟，而是梦想。"因为自律的人是勤奋学习的人，是有人生梦想的人，是有人生追求的人。而且自律的人往往能够从自律中尝到甜头，感悟到自律给人生带来的好处和快乐、人越自律越健康、人越自律越幸福、人越自律越成功！

→ 实现参考

4.1.3 做好自我管理、时间管理、情绪和压力管理

方法参考一：时间管理的技巧

1. 设定阶段主题（每周、月、阶段）和计划
- 按照 SMART 原则做计划。
- 合并同类项。
- 今天抽点时间为明天最重要的事情做点准备。
- 取消无效安排。
- 拒绝额外无关的事情。

2. 用 80%的精力做 20%的主要工作
- 避免迷恋游戏。
- 减少不必要的社会交往。

3. 将你的计划放在抬头可见的地方

（1）随时记得提醒自己，按计划前进。

（2）打扰是第一时间大盗！日本专业的统计数据指出，每天因打扰而产生的时间损失约为 5.5 小时。
- 对于无意义的打扰电话要学会礼貌地挂断。
- 要多用干扰性不强的沟通方式（如 E-mail）。
- 要适当地与上司沟通，减少来自上司的打扰等。
- 要与别人的韵律相协调，不要唐突地拜访对方，了解对方的行为习惯等。

4. 期望不要太多，专心做好一两件事
- 这个星期主要把 Java 前面的作业题补上。
- 循环语句还不熟练，去网上找 10 个循环语句的题目练习。
- 把我超炫、超靓、超前卫的个人主页做出来。
- ……

5. 利用个人生理周期
- 上午效率高，早起学习和掌握最重要的知识。
- 效率不高的时候运动一下。

6. 每天留出一个小时机动
- 记得问候父母、同学。
- 把杂事集中处理。
- 利用意料之外的空闲时间。

方法参考二：如何进行情绪管理？

一个人要成为自己情绪的主人，必先觉察自我的情绪，并能觉察他人的情绪，进而能管理

自己的情绪，保持鲜活的心情面对人生。

情绪管理第一步就是要能察觉自身的情绪，并且接纳自身的情绪。

为什么会有这种情绪？为什么生气？为什么难过？为什么觉得挫折无助……只有找出引起情绪的原因，才知道这样的反应是否正常，也才能对症下药。

如何有效处理情绪？ 找到情绪的真正原因后，我们就要想一想，该用什么方法来缓解自己的情绪？平常自己心情不好时会怎么处理？什么方法对自己比较有效？有的同学也许可以通过深呼吸、肌肉松弛法、静坐冥想、运动、到郊外走走、听音乐等来让心情平静；有的同学也许会大哭一场、找人聊聊、涂鸦、用笔抒情等方式，来宣泄一下或者换个乐观的想法来改变心情。

1. 察觉情绪的方法
- 大声说出感觉。
- 记录伤感情绪。
- 回忆童年往事。
- 关注此时此地的感觉。
- 运用感官去体验外部和内部世界。

2. 学会宣泄情绪

情绪是一份能量，而能量是不灭的，它会累积爆发。宣泄情绪的方法：
- 运动。
- 倾诉：向朋友、家人、同事及自己，倾诉自己的困惑痛苦。
- 欣赏能自我投射的影片。
- 无害的破坏。
- 狂舞疯唱。
- 喊山喊水。
- 安全地表达感受。

3. 转换情绪的方法

转换情绪"三栏目"技术：

将你当时头脑出现的随想统统写在纸上，不要让它们老是盘旋在你的头脑中，想到什么写什么。

当所有随想都写下来以后，对每一种随想进行分析，将其与前面的认知失真表进行对照，找出你的认知失真，准确地揭示你对事实的歪曲。

练习对失真的思想进行无情的反击，以更客观的思想取代失真的思想。例如：

随想（自责）	认知失真	合理反应（自卫）
被老师当众批评，真丢死人了	极端化思维	每个人都会有错，所以被人批评是正常的事，没有什么丢人不丢人的。虽然老师当众批评我，让我很难堪，但也不至于那么可怕。没有时间观念，的确不是什么好习惯，以后尽力改正
同学们肯定在嘲笑我，他们会看不起我，以后我在同学中还怎么做人	瞎猜疑 极端化思维	不对，大部分同学都很友好，起码同宿舍的同学知道我身体不好，他们会同情我。一个小小的错误并不会影响我在同学们心中的地位
我真是个失败者，怎么会落到这样落魄的地步	人格化 以偏概全	不对，我能进入大学，就说明我很优秀，在学习方面我一点也不比别人差，今天的事只是一个小插曲而已，改掉就好
我真倒霉，偶尔迟到一次，就被老师碰上	诅咒	弱者才会怨命，只要我积极进取，我的命一定很好。目前我要做的是，找老师沟通，解释一下迟到的原因

4. 追寻快乐情绪

（1）顺其自然，接纳自己的情绪

如果你对周围的任何事物感到不舒服，那是你的感受所造成的，并非事物本身如此。借着感受的调整，可在任何时刻都振奋起来。

（2）乐观豁达，培养你的幽默感

幽默感是自觉地用表面的滑稽逗笑形式，以严肃的态度对待生活中的事物和整个世界。

案例6：幽默的萧伯纳

有一天，萧伯纳正在一条很狭窄的小路上行走，迎面遇到一个对他不满的同行，那人不但毫无让路的打算，还出言不逊："我从来不给傻瓜让路！"

萧伯纳听了，非但没有生气，反而主动让到一边，面带笑容，幽默地说："我恰恰相反！"

（3）学会表达，懂得寻求专业援助

心理医生受过专业训练，有一套成熟而有效的健康的助人方法，可以助人在最短的时间内走出情绪低谷。寻求专业帮助，保养好自己的情绪，是现代人享受幸福生活的一个必要保障。

5. 活动五：一种自我排解负面情绪的方法

（1）活动目的：推广一种负面情绪排解法。

（2）活动流程

1）阅读自我排解负面情绪的方法

当感受到自己被负面情绪掌控时，不妨给自己一个澄清情绪、说出自己真实感受的机会。具体操作有以下几个步骤：

- 拿出一张白纸写下此时的真实感受，并且按照强烈程度排序；
- 从积极的角度重新审视这些事情对自己的启发；
- 为自己制订排解行动的计划，并按照计划努力实现。

2）快速思考

- 这种方法你用过吗？效果好吗？
- 没用过的话，你感觉是否有效？你是否采纳？

6. 常见情绪困扰的调试方法

（1）处理愤怒情绪的方法

处理愤怒情绪的方法是分散注意力：当突如其来的愤怒袭上心头，言辞冲撞只能让局面变得更糟。此时最关键的是保持冷静。这不太容易，但你可以试试：默念从 1 到 10；去一个无人的地方大声喊叫；摔打枕头、撕纸片等转移注意力；或者跟好友打电话倾诉一番……好了，只有克制对刺激物的瞬间情绪反应，才能进入下面更理性的环节。

（2）焦虑情绪的调适

以预防为主，防治结合，并从社会、学校、家庭、个人方面入手进行调节与控制。

1）自我放松法

具体做法是：保持坐姿，身体向后靠，松开束腰的皮带或衣物，将双掌轻轻放在肚脐上，要求五指并拢，掌心向下，先用鼻子吸足一口气，保持胀满状态两秒钟，再用鼻子慢慢轻轻地呼气，观察你的手，手向靠近身体的方向移动。反复多做几次，以使你掌握现在使用的腹式呼吸，并能达到腹式呼吸的深度要求。接下来控制呼吸的速度，你可以在呼吸时数数"1、2、3、4……"你要自己慢慢地数数，用四个节拍吸气，再用四个节拍呼气，如此循环。下次连续做上 4 至 5 分钟甚至更长，经常这样做深呼吸，对放松身心、缓解焦虑大有好处。当你能在坐姿下熟练地运用深呼吸技术之后，你可以进一步增加操作难度，尝试在不同的姿势下运用。如果你在各种复杂的场合都能运用自如，那么，在感到焦虑、紧张时，运用起来就能更加得心应手，更具效用了。

2）纵情想象放松法

想象放松是通过对于一些安宁、舒缓、愉悦的情景的想象，以达到身心放松的目的。要尽量运用各种感官，观其形、听其声、嗅其味、触其柔，恰如亲临其境。例如，可以想象在校园的林阴道上散步。晚饭后，夕阳西下，缕缕金黄色的阳光透过树丛，洒在林阴道上，你独自一人在宁静的林阴道上散步，一天的劳累与一天的收获让你感到心里很惬意，你慢步往前走，心里没有任何负担，阳光不冷不热，空气中似乎能嗅到太阳光的香味，你舒展全身，慢慢地做深呼吸，感到无比的轻松舒坦。

3）肌肉放松法

以舒服的姿势坐下来。闭上眼睛，让自己尽量放松。仔细听你所能听到的声音，在心里把这些声音列出一份清单。你会感到惊讶，原来，周围有这么多种声音。确保所有的声音都已列入了你的清单。现在，握紧右手，其他部位仍旧放松。把右手握得越来越紧，注意体会右手和前臂的紧张感。然后放松，把右手手指松开，注意体验放松的感觉。最后全身放松，深深地吸气，深深地呼气。

左手重复上述过程。体会手和前臂放松时紧张逐渐消失的感觉。随着紧张的消除，你会觉得手臂变得越来越沉重，越来越舒服。最后全身放松，深深地吸气，深深地呼气。

前额皱紧，然后放松。放松前额，让头皮越来越平和。接下来，紧紧地皱眉，让额头也皱起来，体会紧张的感觉……再放松，消除紧张，让前额更松弛。随着紧张的消失，前额越来越放松。

拉紧腹肌，使腹肌保持紧张，然后放松，让腹部完全松弛，紧张感逐渐离开你的身体，松弛的感觉扩展到胸部、肩部、前臂。最后，你的全身非常放松，紧张感逐渐消失，继续放松，体会更深的放松。

（3）抑郁情绪的调适

1）经常放声大笑

伟大作家高尔基说："只有爱笑的人，生活才能过得更美好。"笑对健康的作用已为越来越多的人所认识。笑的疗法已风靡世界，笑的行业也应运而生，笑会向大脑传递感到快乐的信号，也可促进血液循环。笑是健康的兴奋剂，是一种良好的健身运动，是一种最有效的消化剂，能提高机体的抗病能力。大仲马曾说："人生是一串由无数小烦恼组成的念珠，乐观的人是笑着数完这串念珠的。"

2）睡个好觉

睡眠和休息有助于保持良好情绪，睡眠时间太短，时断时续或被打扰，那么，醒来时就会感觉烦躁、疲惫、昏昏欲睡，使心灵失去冷静地解决问题的机会，因此，大学生休息时不要多想白天的事情，更不要闲聊太久，安心睡觉，以保证第二天能精神饱满地去学习和生活。

3）转移注意力

情绪不佳时，要尽量转移自己的注意力。装作自己很快乐，是一种控制情绪的好办法。如果遇到烦闷、苦恼的事情时，不妨去听听音乐、看看电影、闻闻花香；初次上台演讲，如果心情紧张就把注意力集中到讲话的内容上；如果怒气上升要发作时，尽快离开引起将要发怒的情境，进行"冷处理"。总之，多想一些令人高兴和愉快的事情，每天都对自己说一些"正面的提示"，说出自己所希望的样子，表现出自己希望变成的样子。有了快乐的思想和行为，你就能时刻感到快乐，每一天都是一个新的开始。

4）多运动

在自己极度抑郁或愤怒时，体育锻炼是最好的发泄方式。体育锻炼一方面可使注意力集中到活动中去，转变和减轻原来的精神压力和消极情绪，释放由激动情绪带来的能量。另一方面还可以加速血液循环，加深肺部呼吸，使紧张情绪得到缓解。大学生每天保持坐姿的时间比较多，大部分时间都是在从事脑力劳动，肢体活动的机会较少，因此，应该加强体育锻炼。最新的研究结果表明，缺乏自然日光将导致忧郁沮丧，而运动可以舒缓压力，并释放出一种能够让人快乐的化学物质。健身运动可以有效地消除轻微的抑郁症和恐惧症，运动可减少敌视及嫉妒心理，减轻心理压力，能振奋精神。多参加运动还可增加与别人交往的机会，增强交往的主动性，改变孤僻、退缩的行为方式，使郁闷的情绪有所缓解。

5）少生气

有分析表明：人生气十分钟会耗费大量精力，其程度不亚于参加一次3000米的赛跑；而且生气时的反应也十分剧烈，分泌物比其他任何情绪状态下的分泌物都复杂，且更具毒性。因此，动辄生气的人很难健康、长寿。心理研究表明：如果愤怒不止，长期性的高血压和心脏病就会随之而来。为了自身的健康，千万不要生气。学会用积极的思想替代消极的思想，学会克制、宽容等消气艺术。

6）乐观地展望未来

所谓乐观是指面临挫折仍然坚信形势会有所好转。所谓未来就是希望。如果遇到不愉快的事情，要乐观地展望未来，相信明天会更好。泰戈尔曾说："只管走下去，不必逗留着采了花朵来保留，一路之上花儿会次第开放！"面对大学生活和学习，有的同学能轻松、从容，学得充实，玩得愉快，各方面的效率都很高，但是有的同学却整天忧心忡忡、沉默寡言，抑郁甚至痛苦，常常显得无力自拔。要想摆脱抑郁的阴影，生活得愉快、潇洒，就必须要对未来充满希望，对挫折进行正确的归因，对自我价值给予肯定、合理的评价。只有这样，一切才会变得更美好。

(4) 冷漠情绪的调适

- 培养兴趣，强化自信。
- 结伴同学，立体呵护，训练感恩。
- 给予任务，唤醒责任，驱走冷漠。
- 疏导家庭关系，帮助梳理正确家庭教育观。
- 参加社会慈善，激发爱心热情。

(5) 嫉妒的调适

1）要开阔视野，开阔心胸

懂得"天外有天，人外有人""强中自有强中手"的客观规律。真正做到豁达开朗并非易事，如果正处在愤怒、兴奋或消极的情态下，能较平静、客观地面对现实，是能达到克服嫉妒的目标的。

2）充实自己的生活

培根说过："嫉妒是一种四处游荡的情欲，能享受它的只是闲人，每一个埋头于自己事业的人，是没有工夫去嫉妒别人的。"因此，要积极参与各种有益身心的活动，使大学生活真正充实起来，嫉妒的毒素就不会滋生、蔓延。为了缓解自己因失败带来的心理上的不平衡感，可以找一些理由，使自己不再嫉妒别人。要培养广泛兴趣，使生活充满欢乐，在学习和生活中不断丰富知识、发展能力、完善个性、陶冶情操，就一定能告别嫉妒心理，与同学一起携手并进、共谋发展。

3）学习并欣赏别人的长处，化嫉妒为动力

一个人在嫉妒别人时，总是关注别人的优点，忽视自己的优点。一般而言，嫉妒心理较多地产生于周围熟悉的年龄相仿、生活背景大致相同的人群中。因此，只有采取正确的比较方法，将人之长比己之短，而不是以己之长比人之短，有意识地想一想自己比对方强的地方，这样就会使自己失衡的心理天平重新恢复到平衡的状态。

4）建立正确的自我意识，提高自我意识水平，正确地评价自己和别人

嫉妒是一种突出自我的表现。在这种心理支配下，待人处事常常以我为中心，无论什么事，考虑到的是自身的得失，因而会引起一系列的不良后果。若出现嫉妒苗头时，应及时自我约束，摆正自身位置，努力驱除嫉妒心，尽量达到"心底无私天地宽"的境界。

方法参考三：排解、缓解压力的方法

对于可以找到解除压力的解决方法的，称为排解压力，否则，只能缓解压力了。

1. 排解压力的办法

面对压力时，最直接的办法是逃避？还是放弃？但这都不是正确的办法！如何正确地对待压力，应采取消除压力的"4D"模式。

- Detect（发现）：要找出到底是什么原因让人感到压力，即找出压力源。
- Divide（区分）：要对压力源进行区分，图 4-4 是一个压力分析矩阵图，在这个矩阵图中，我们可以看到两个关键因素：一个是优先级的区分；另一个是可控性或可改变性的区分。

	有可改变因素	不能改变因素
高优先级	1	3
低优先级	2	4

图 4-4 压力分析矩阵

找出压力源后，要分析这个压力源是需要优先解决的压力源，还是非优先解决的压力源。所谓需优先解决的压力源是指该压力源已经严重影响健康，或者已经严重影响到职业发展，或者对生活、工作产生了极大的干扰等。高优先级的压力源需要首先处理，低优先级的压力源可以随后处理。

然后需要区分压力源的可控性，即是否有可改变的因素。高优先级、有可改变因素的压力源应最先处理，接下来依次是低优先级、有可改变因素的压力源，高优先级、不能改变因素的压力源和低优先级、不能改变因素的压力源。

- Decide（决定）：决定应对的策略，即用什么样的方式来处理不同区间的压力源问题。
- Do（行动）：就是采取行动，通过采取行动可以改变承受压力的现状。

那么，如何一步一步消除压力，我们给出的建议如下。

(1) 直面压力

1) 积极心态，充分认识

无论是学习压力、生活压力、就业压力还是工作压力，无处不在，人人都会遇到，每个人的一生也会经常相伴。这样，我们就能以积极心态和平常心看待面临的压力了。

2) 凯利魔术方程式

克服压力事件的负面影响，可以借助"凯利魔术方程式"。凯利空调的创始人凯利先生发明了这套流程来面对压力。

- 设想可能的最坏状况。
- 准备接受最坏状况。
- 设法改善最坏状况。

在不能迅速地逃脱负面情绪对我们的影响时，应用凯利先生的魔术方程式，可以帮助我们用理性战胜负面的感性。

(2) 分析来龙去脉

分析来龙去脉包括分析当初的想法、目前的情况和以后的出路这三方面的对策。

在此过程中，我们用"4D"模式中的 Detect（发现）：要找出到底是什么原因让人感到压力，即找出压力源。

(3) 重新认识自我能力

- 完成任务所需条件：内部条件，外部条件。
- 我已经拥有的资源：内部资源，外部资源。
- 还需具备哪些条件：认真比较，列出清单。

从这三个方面进行分析，重新评估、认识自我能力与完成原定目标的差距还有多大。

(4) 寻求有效帮助

- 寻求帮助之渠道：工作上的支持、生活上的支持。
- 情感上的支持：寻求帮助之方法、主动请求帮助、恰当表达请求。
- 备选方案的准备。

在上面第 3 步和第 4 步过程中，综合我们自身的能力和能得到的外部帮助支持，我们用"4D"模式中的 Divide（区分）对压力源进行区分：高优先级、有可改变因素的压力源应最先处理，接下来依次是低优先级、有可改变因素的压力源，高优先级、不能改变因素的压力源和低优先级、不能改变因素的压力源。

这个时候，我们的心态就应该非常坦然了，因为能解决的事不必去担心，不能解决的事，担心也没用。

(5) 给出策略和实施方案

按照"4D"模式中的 Decide（决定）各处应对的策略和实施方案，明确用什么样的方式来处理不同区间的压力源问题。

(6) 积极处理问题

- 实施方案：及时实施、果断执行。
- 过程监控：自我监控、他人监控。
- 寻求反馈：内部反馈、外部反馈。
- 及时调整：围绕目标、及时有效。
- 得到结果：比较目标、自我激励。

在此过程中，我们用"4D"模式中的 Do（行动），通过采取行动来改变承受压力的现状。

（7）善于总结

我们要总结经验、吸取教训，并固化到后续流程中。

2. 压力缓解的方法

高压锅为什么要有减压阀？这个道理很简单，压力锅也是有压力限制的，压力大了它就会炸锅，而减压阀的作用就是将较高的压力减小到所需要的合适压力。

同理，当我们压力大时，首先也要立即启动我们的"减压阀"，先释放部分压力，以避免"炸锅"。每个人都有适合自己的减压阀，我们举几个例子以作参考。

（1）从整理办公桌开始减轻压力
- 任何东西堆在桌上三个月不被光顾，就应该进行清理，或存进文件夹，或丢进废纸篓。
- 整理办公桌要力求最常用的东西最便于拿取。
- 改善工作场所环境：绿色植物、家人照片……

（2）换个角度看问题：由负向思维转向正向思维

认知压力，灵活调整自己的心态。人往往不是被事情本身所困扰而是被他对事情的看法所困扰。我们要改变一些看法，放弃一些不合理的观点：
- 我做事必须尽善尽美（速度第一，完美第二）。
- 我必须待在这里，因为这些事情离了我不行。
- 凡事应按照我期待和喜欢的方式进行。
- 我就是这样的人，我就是无法改变了。

"无压"人士深信，事情总能朝着所期望的方向发展。所以，总是以最乐观的心情想象最好的结果。需要做的所有事都已经在进展当中，即使遇到麻烦，也一定会以最快的速度重新调整状态。

学会积极正向的思维方式，养成客观辩证的思维习惯。
- 事情原来并没有想象得那么糟糕。
- 还有很多可以回旋的余地。
- 即使是一败涂地，也还有重新站起来的机会。

例如，同样是8：00在高速公路上遭遇堵车，A先生与B先生的应对就很不同。

应对	A先生（紧张、低效应对）	B先生（放松、有效应对）
想法	为什么那辆卡车不驶入慢车道？真气死我了	我才不会为此而不安，因为我不能为此做些什么
反应	猛按喇叭，紧握方向盘，试图超车，然后加速	等待堵塞结束。等待的同时，边放松边听广播；然后按正常速度行驶
结果	血压和脉搏升高。到达后工作起来心烦意乱	保持安静与轻松状态。到达后工作起来神清气爽

（3）提前规划，早做准备

许多引起压力的事件是难以预料的，但对那些你能事先估计到的情况可以及早采取缓解措施。"一切尽在掌握中"，这种感觉本身就能很好地缓解压力。

（4）问题应对：由担心问题转向问题解决
- 整天生活在焦虑之中，不如马上行动；
- 兵来将挡、水来土掩，问题来了莫怕，攻克它就是；骨头太硬莫怕，啃下它就是；
- 努力争取以最有效的方式处理外界要求，将负面压力转为正面动力。

对于可以克服的困难，我们要摆正心态，鼓足勇气去面对。若已完全尽力，短时间内问题仍无法克服，则表示问题本身处理的难度甚大，有可能需要长期奋战不懈，除了必须培养坚韧不拔的斗志，可能还需要其他的精神力量支持，或者选择放弃。对于实在无法达成的目标或要求，不要再勉强，让自己活得洒脱一些，则压力自然随风而逝。

（5）多了解、多倾诉、多学习
- 寻求尽可能多的信息，未了解事情全部真相时，你可能有抵触情绪。
- 把自己的担心讲给别人听。
- 尽可能快地随着变化而调整自己。
- 尽量练习多种技能：熟悉最新技术，使自己有充足工作余地。

（6）音乐与生理保健法
各种声音通过耳朵被人感受，如他人的赞扬声、指责声、议论声等都会影响你的心态，因此，你可以多听些优美的音乐，缓解不愉快的心情。养成良好的生活与自我保健行为习惯极为重要，同时，创造和谐的家庭氛围更不容忽视。

（7）顺其自然自我解脱法
学会自我放松，在适当的情况下，找信得过的人想说便说，想休息便休息，想娱乐便娱乐，实在不想做事时可暂时放下。

时间是解决问题的最好办法，积极忘记过去的、眼前的不愉快，随时修正自己的认知观念，不要让痛苦的过去牵制住你的未来。

（8）运动消气
法国出现了一种新兴的行业：运动消气中心。中心均有专业教练指导，教人们如何大喊大叫、拧毛巾、打枕头、捶沙发等，做一种运动量颇大的"减压消气操"。在这些运动中心，上下左右皆铺满了海绵，任人摸爬滚打，纵横驰骋。

3. 提升抗压能力的方法

每个人的抗压能力都是不同的。对于企业来讲，更欢迎那种抗压能力强的员工（许多招聘职位描述中都有这样的要求）。因此，做好压力管理，除了减压之外，我们还要增强自己的抗压能力。

（1）做好情绪管理，提升情商
压力缓解的方法中，很重要的一点就是转化对压力问题的情绪应对。因此，拥有良好的情绪管理能力并逐渐提升自己的情商，抗压能力自然会得到提升。例如，当我们遇到批评时，脸皮厚一点（这是情商高的表现），诚恳地接受建设性的意见，不要太有挫折感，那么，压力感就不会很强了，抗压能力也就提升了。

（2）做好时间管理，让生活井井有条
焦头烂额的生活会带来很大的压力，而有条不紊、井然有序的日程安排可以消除紧张情绪。
- 如果我们无法同时面对千头万绪的事情，可以在一段时间内只做一件事。
- 今日事今日毕——很多事情搁着未做，本身就能造成巨大的心理压力。
- 不可无休止地执着于某一个任务，快速结案，甩掉包袱。

（3）养成好习惯，发挥减压阀的作用
每个人都可以设置自己的"减压阀"，但很多人往往沉浸在压力中不可自拔。如果能够平衡工作和休息的时间安排，经常锻炼身体，避免精神和体力上的过度疲劳，自然能够提高自己的抗压能力。例如，据研究表明：10分钟的散步能带来随后两个小时的充沛精力，并使紧张感和疲劳感减轻。

（4）培养意志力，不断发掘自身潜能

人的抗压性能力不是天生的，加强意志品质的培养，磨炼人的意志力是增强抗压性的有效方法，也是减轻心理压力的重要心理基础。

- 不屈不挠为实现目的而奋斗，在困难面前不退缩，在压力面前不屈服，在引诱面前不动摇。
- 古之成大事者，不唯有超世之才，亦必有坚忍不拔之志。——苏轼
- 坚持使平凡变得非凡。——稻盛和夫

方法参考四：如何做到自律

1. 制定出你做事的优先顺序，然后按这个顺序去做

如果一个人只看自己的心情，和一时的方便而行事，肯定是不会成功的，更不要说别人尊重并跟随他了。有一句话说得好："完成重要任务有两项不可缺少的伙伴：一是计划，二是不太够用的时间。"作为一位职场人，你的时间相当紧凑，所以免不了要做计划。如果你能够确定出何者最为重要，刻意从其他的事情中抽身出来，这会让你有足够的精力去完成首要的任务。这正是自律的基本精神所在。

2. 把自律的生活方式当成目标

向高度自律的成功人士学习，你会发现自律不能只是偶尔为之，它必须成为你的生活方式。培养自律最佳的方式是为自己制定系统及常规，特别是在你视为重要的需要长期的成长及追求成功的指标项目上。例如，为了持续的写作及演讲，我每天固定将所读的资料存档起来，以作为日后参考之用。再者，我养成每天早晨运动的习惯。这些都不是我做做停停的事，我会在有生之年持续做下去。

3. 向你的借口挑战

如果想培养自律的生活方式，首要的功课之一就是破除找借口的倾向。正如法国古典文学作家佛朗哥所说："我们所犯的过错，几乎都比用来掩饰的方法，更值得原谅。"如果你有几个令你无法自律的理由，那么，你要认清它们只不过是一堆借口罢了。如果你想成为更有成效的人士，就必须向你的借口提出挑战。

4. 工作完成之前，先把奖励挪开

著名作家麦克·狄朗尼说过这么一句智慧的隽语："任何一个企业或机构，如果给予怠惰者和贡献者同等待遇，那么，你将会发现前者越来越多，后者越来越少。"如果你缺乏自律，那么你可能就是把甜点放在正餐之前享用的那种人。

以下的小故事说明了暂停奖励的威力。一对老夫妇来到露营区扎营，两天之后，有一家人也到达隔壁的营地。当这家人的度假车一停稳当，就看见这对夫妇和三个孩子一拥而下，一个孩子迅速地从车上搬下冰柜、背包和其他用品，另外两个孩子立即把帐篷支开，前后不到15分钟，整个营盘便布置就绪。

隔壁的老夫妇看得目瞪口呆。"你们这家人真是少见的露营高手呀！"老先生充满赞佩地对新邻居称赞道。"其实做事情只要有系统就好办多了，"隔壁的年轻爸爸回答："我们事先规定，在营地架设完成之前，没有一个人可以去洗手间。"

5. 把目光注视在结果上

无论任何时候,只要你把注意力放到工作的难度本身上,而不考虑结果和奖赏,就很容易灰心丧气;如果沉浸于其中太久,就会养成自怜的毛病。因此,下次当你再面对一件不得不做的任务,心中开始企图抄捷径而不按规矩踏踏实实去完成时,切记要打消自己这样的盘算,把目光转回到目标上。认真权衡按部就班的好处,下功夫彻底做好它。

➡ 任务实现

4.1.4 制订 21 天计划,收集情绪调节和缓解压力的妙招

任务一:制订 21 天(3 周)的时间计划

- 计划制订要求精确到每 2 小时,SMART 化。
- 完成后,自己监控自己对计划的实施执行。
- 每周写出计划执行总结,看看哪些做到了,哪些还没有做到?怎么改进?
- 计划和执行总结提交给老师。

任务二:情绪调节和缓解压力的妙招收集

1. **活动目的**:收集同学们常用的情绪调节和缓解压力的方法,推广使用。
2. **活动流程**

(1)活动规则

- 请每一位同学准备一张纸,然后逐一列出自己情绪调节和缓解压力的方法,并在每条方法的旁边配上一幅漫画或者一首小诗歌。
- 将所有同学的作品在教室里找个合适的地方展示。同学们在欣赏作品的时候,如果发现哪个作品对情绪调节和缓解压力很有启发,可以在上面画上"☆"。

(2)思考与讨论

- 大家一起来,分小组对那些得到星星最多的作品进行讨论。
- 小组派一人分享,其他人补充。

➡ 任务小结

4.1.5 自我管理是自我提升的基础

自我管理,是以自我认识为基础,通过自我体验获得认识自我的情感动力,最终实现在自我行为上的自我监控。

进入大学这一宽松的学习环境,大学生有较多的时间安排自己的学习和生活。大学阶段也是一个人在道德、智力和社会方面肯定自己的时期,所以,培养大学生的自我管理能力,既符合大学生的心理特点,也是社会对他们的客观要求。

提高自我管理能力,时刻提醒自己要学会自我管理。给自己制定明确的学习目标,树立学

习的榜样，一定要按自己制定的计划严格贯彻执行，并且长期坚持下去。

大学生自觉进行自我管理，使我们在自我管理中约束自我、教育自我，培养提高其自我管理的能力，从而提高学习、生活各方面的技能。大学生在实践活动中实施自我管理，注重自我激励，创造性地完善自我，从而促进自我提升。

4.2 学习能力

任务目标

4.2.1 测试你的学习能力

任务名称

任务：测试你的学习能力

任务分析

了解学习能力的相关知识，并参考如何改进提高学习能力的方法，最后，通过完成任务测试自己的学习能力。

实现准备	课堂活动	活动一：动物公共汽车
	课堂讲解	知识点：拥有学习能力才能让我们实现自我更新
实现参考	课堂活动	参考建议：学习能力不强的原因分析和改进建议
		活动二：适合自己的学习方法
		方法参考：学习能力如何修炼
任务实现	课堂实训	任务：完成学习能力测试
任务小结	课后思考	出色的学习能力，才是你唯一可持续的竞争优势

实现准备

4.2.2 拥有学习能力才能让我们实现自我更新

活动一：动物公共汽车

1. **活动目的**：认识记忆力在学习中的重要性，并且活跃课堂气氛。
2. **活动流程**

（1）阅读题目

一辆公共汽车从始发站开出时只有 1 条鳄鱼、2 只小鹿和 3 只小羊。第一站：下 1 只小鹿，上 1 匹马。第二站：下 1 只小鹿，上 1 只豹。第三站：下 1 匹马，1 条鳄鱼，上 3 头猪。第四站：下 1 只小羊，上 1 只狼和 5 只鸡。第五站：下 1 只豹，上 1 只鸭。第六站：下 2 头猪，上

2条蛇。

（2）合上书，学生分组，快速回答下面的问题

"动物公共汽车"需要回答的问题，请扫描二维码获得。

"动物公共汽车"需要回答的问题

3. **展示记忆的成果，评选出优胜的小组**

选出每组正确答案的数量。

优胜小组向大家分享好记忆的方法。例如，创设一定的情景和练习在应用、实践中巩固这些记忆的方法。

知识点：拥有学习能力才能让我们实现自我更新

1. **学习能力的概念**

可惜这不是段子，很多大四的同学在临近毕业的时候哭得死去活来，你们一定以为那是依依惜别的不舍，是分分合合的惆怅，是难以割舍的友情，是刻骨铭心的爱情。事实上，真实的情况远没有那么华丽，没有那么悲壮，没有那么荡气回肠，很多毕业生最真实的泪水是：毕业了，一无所知，一无所获，一无所有。

美国教育家、心理学家伯尔赫斯·弗雷德里克·斯金纳（B.F.Skinner）曾说："如果我们将学过的东西忘得一干二净时，最后剩下来的东西就是教育的本质了。"所谓"剩下来的东西"，其实就是自学能力，也就是无师自通的能力。在大学期间，学习专业知识固然重要，但更重要的还是学习思考和自学的方法，培养举一反三的能力，只有这样，大学毕业生才能适应瞬息万变的未来世界。

2. **拥有学习能力才能让我们实现自我更新**

学习能力是学习的方法与技巧，是指以快捷简便、有效的方式获取准确知识信息，加工和利用信息，把新知识融入已有的知识、分析和解决实际问题的能力，学习能力是所有能力的基础。

学习能力必须在大学期间开始培养。有些同学总是抱怨老师教得不好，懂得不多，学校的课程安排也不合理。大学生不应该只会跟在老师的身后亦步亦趋，而应当主动走在老师的前面。最好的学习方法是在老师讲课之前就把课本中的相关问题琢磨清楚，然后在课堂上对照老师的讲解弥补自己在理解和认识上的不足之处。

如果中学生在学习知识时更多的是追求"记住"知识，而大学生就应当要求自己"理解"知识并善于提出问题。对每一个知识点，都应当多问几个"为什么"。事实上，很多问题都有不同的思路或观察角度。在学习知识或解决问题时，不要总是死守一种思维模式，不要让自己成为课本或经验的奴隶。只有这样，我们潜在的思考能力、创造能力和学习能力才能被真正激发出来。

《礼记·学记》讲："独学而无友，则孤陋而寡闻。"也就是说，大学生应当充分利用学校里的人才资源，从各种渠道吸收知识和方法。除了资深的教授，大学中的青年教师、博士生、硕士生乃至自己的同班同学都是最好的知识来源和学习伙伴。每个人对问题的理解和认识都不尽相同，只有互帮互学，大家才能共同进步。

应该充分利用图书馆和互联网，培养独立学习和研究的本领。首先，大学生一定要学会查找书籍和文献，以便接触更广泛的知识和研究成果。读书时，首先应尽量多读一些英文原版教材。其次，在书本之外，互联网也是一个巨大的资源库，大学生们可以借助搜索引擎在网上查找各类信息。

只有拥有了学习能力，并坚持终身学习，才能让我们实现自我更新、自我提升，适应瞬息万变的现代社会。

> **案例 7：广东移动员工手册之"快速学习"**
>
> 能力定义：优秀的中国移动广东公司员工能够主动、快速并持续地学习新的知识和技能。
> - 对与自身业务相关的新知识和新事物非常敏感，善于利用各种途径和机会及时汲取或更新；
> - 开放地看待和接受改变，主动寻求自身的提高以迅速适应变化；
> - 善于自我反思找到差距、积极寻求他人反馈和吸取自己/他人经验教训或先进成果，并立即采取行动加以改善；
> - 能快速应用所学，发现与尝试新的方法解决实际业务问题，并提升自身未来发展的能力。
>
> 负面表现：
> - 局限于过去的经验和方法，不根据业务流程的变化掌握新知识、新技能和新方法；
> - 对于第一次遇到的不寻常的问题，无法敏锐而灵活地学习处理；
> - 遇到困难时，容易放弃或快速决定使用最容易的解决方案或等待他人解决。

➡ **实现参考**

4.2.3 学习能力改进建议和修炼"秘籍"

参考建议：学习能力不强的原因分析和改进建议

学习能力是其他能力的基础，也是你在社会和职场立足的最基本能力。在互联网环境下，理论上讲我们每个人都有机会学习到全世界最新、最有价值的知识，可以用这些知识来提升自己的能力。

但这有一个前提是你需要具备足够的学习能力！那大部分人是否具备这种能力呢，可能没有想象中那么乐观。相信大家都对自己的学习能力有初步的了解，你觉得自己学习能力强吗？大部分人都受过高等教育，都是久经考试过来的，大家默认能考上大学其实已经证明了自己学习能力不错。真是这样的吗？

我们的学习能力不等于学校的考试能力：所有的考试都有自己的范围（教学大纲、目标），用来测量范围内理解和掌握程度。如果毕业走向职场，面对纷繁复杂的社会，当准备开始学习时，却发现不知道"范围"是什么，即该学什么，目标是什么，加之互联网造成的信息泛滥和知识充裕，对大部分被教育"喂养"出来的缺乏选择能力的人，最大的问题就成了"我也爱学习，但不知道学什么，那就什么也不学了"，还有少部分的人，就"什么都学"，造成许多原来"学习很好"的人也不会学习。

在中国当前的环境下，取得所谓的"成就"和"卓越"的人，许多时候不是因为人的知识能力，这也造成许多人根本不学习或者放弃学习。

所以，对于大部分人来说，可能你没有你认为的那么会学习。下面这几种情况，你属于哪一种或哪几种呢？

- 大部分人都认为自己爱学习，但大部分认为自己爱学习的人没有学习，原因是有意识没行动，学习动力不足；
- 大部分想学习的人不知道自己该学什么，因为缺乏方向和目标；
- 大部分人不具备在互联网环境下自主学习的能力，因为缺乏学习方法和学习技能；
- 爱学习也认为自己会学习并知道该学什么的人，大部分人也没学习成效，因为缺乏实践和坚持。

因此，有学习的意识、不知道学什么、想学而未学、不掌握方法、学了很长时间却没学到有价值的东西，都算学习能力差的表现！

如果学生进行了自己的职业生涯规划，就不会缺乏学习的方向和目标。所以，我们来分析另外几项学习能力差的原因，并给出改进建议。

1. 学习动力不足或缺失

（1）学习动力不足的表现

态度消极，学习上缺少抱负和期望，对学习好坏持无所谓态度，满足于被动接受知识、一知半解、应付考试。不主动寻求适合自己的学习策略。精力分散，课堂不听讲，不思考，课后不看书。行为懒惰，生活上懒散贪玩，平时不愿看书，不愿动脑筋，学习上拖拉散漫，怕苦怕累，并经常为自己的懒惰行为找借口，独立性差，学习行为往往表现出从众性和依赖性，随大流，对学习冷漠、萎缩、逃避、厌倦。

（2）学习动力不足的原因

1）学习动机不明确

凡动力缺乏的学生被问到为什么学习、为什么读书、为什么上大学等问题时，他们往往会给出一个共同的答案：以前念书就是为了考大学，考大学是为父母，为了将来找一份工作，为了离开穷乡僻壤等。

学习的目的、作用认识不足，缺少集中注意力的自觉性；对学习内在的价值认识不足，缺乏学习的动力和兴趣。

2）对所学专业缺少兴趣

在高考填报志愿时，一种情况是学生和家长对专业缺乏了解，到校开始学习后才发现对本专业并不喜欢；另一种情况则是家长的意志，家长从当前社会就业形势要求子女填报所谓好找工作又挣钱多，或相比之下较轻松的专业，事实上学生本人对家长选定的专业并没兴趣，还有些学生是受考试成绩的限制，只能服从调配，不具备选择专业的条件。兴趣是力求认识、探索某种事物的心理倾向，是一个人对某一事物所抱有的积极态度。既然对所学专业没兴趣，那就必然不会有学好它的积极态度。

3）错误归因

归因是个体寻求导致某种结果原因的一种心理倾向，根据个体进行归因时常涉及的能力、努力、任务难度和机遇等几个方面的问题，把归因分为四种：

- 内归因，把成败归结为自己的努力；
- 外归因，把成败归结为任务的难度和机遇；
- 稳定性归因，把成败归结为任务的难度和自身能力不够；
- 非稳定性归因，把成败归结为机遇和努力。

不同归因的大学生对成败的理解不同，从而影响到他们的学习动机、兴趣、态度。如当考试未通过时，做内部归因的大学生会认为是自己努力不够，今后还需要付出更多的努力。而做外部归因的学生会认为失败是由于运气不好,考题太难或老师教学无方等,从而把失败的原因归结于他人。

（3）学习动力不足的改进建议

大学生要想在学习中发挥积极性和创造性,就要对自己所学的知识培养浓厚的兴趣,才会心向神往,保持积极的学习态度。

学习兴趣是可以在学习过程中培养的。做到多读、多听、多看、多动手、多参与。

- 多读,就是多读书,古人说:"开卷有益。"多读书不仅能增加信息量,扩大知识面,更重要的是能够养成良好的阅读习惯,培养学习兴趣。
- 多听,就是要多听学术报告,了解学术动态、当前最新研究成果,这样不仅可以加深对所学知识的理解消化,更重要的是可以激发求知欲和探索欲。
- 多看,就是要多参观一些学术成就展览,多看一些科技资料片,这样往往能对大学生起到很大的鼓舞和启示作用。
- 多动手,就是多参加实验活动,并要坚持亲自动手操作,在实际操作中增长技能,使理论联系实际。
- 多参与,就是要积极参与学校的各种科技文化活动,包括各种小发明、小创造活动,有条件的要参加教师的科研项目,撰写论文。

案例8：宿舍五姐妹，全部考研成功

青岛理工大学理学院应届毕业生在2020年研究生招考录取中捷报频传,其中应用物理学专业16级1班同一宿舍的5名女生全部考上研究生,她们分别是徐荣（山东大学光学工程专业）、王蓓蓓（中国海洋大学光学工程专业）、祝凯娴（东华大学光学工程专业）、王瑞亭（南京邮电大学光学工程专业）、朱名业（南京邮电大学光学工程专业）。

考研是一段漫长又煎熬的路程,幸运的是女孩们不是一个人踽踽独行,有优秀的舍友比肩同行,相伴共进。白天,她们都各自紧张有序地忙碌备考,晚上回到宿舍,在"卧谈"时光里,她们都会聊聊天,互相打打气,分享一下各种考研信息,畅想一下未来的日子。

从这个案例中可以看出,与同学们一同学习,可以相互鼓励、相互打气,良好的氛围会激发偶尔想放弃的人。

另外,没有目标,人往往会迷失方向。我们在完成职业生涯规划后,有了明确的职业和专业目标,会产生强大的动力,最终完成"不可能完成的任务"。

2. 缺乏学习策略、方法和技能

（1）缺乏学习策略、方法和技能的表现

学习计划不当,视兴致而学；有兴致连续学习,兴致消减则多日不学；或是学习虽有计划,但不会科学安排学习；白天抓不紧,晚上睡得迟；疲惫不堪听课方法不当,课前不预习；作业方法不对,照搬教材内容或抄袭别人,不思考；复习方法不当,平时不温习,考前大突击。

（2）缺乏学习策略、方法和技能的原因

中学的教学方式是灌输,教师天天上课,几乎天天辅导,学习的内容固定,课程几乎是多年一贯制,教师安排学生的学习内容。而大学教师每天上课来,下课走,课程多,内容深,进度快,跨度大,抽象性强,授课多是提纲式的,往往只讲授有关内容的重点或难点,介绍有争议的问题和学科发展趋势,较多的内容则要求学生通过自学掌握,学生在学习上要有独立性和自觉性。

(3）缺乏学习策略、方法和技能的改进建议

1）培养自主学习的习惯

学生应培养自己的自学习惯和自学能力，有选择地学习，有计划地学习。

2）学会用四象限法排出先后次序的学习策略

按照重要性和紧迫性把事情分成两个维度，其一是按重要性排序，其二是按紧迫性排序。然后，把所有事情纳入四象限，按照四象限的顺序灵活而有序地安排工作，如图4-5所示。

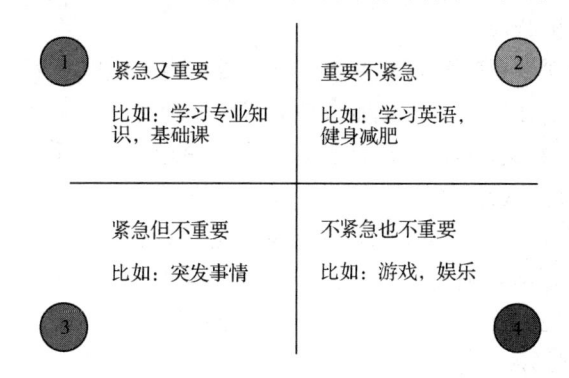

① 紧急又重要 比如：学习专业知识，基础课	重要不紧急 ② 比如：学习英语，健身减肥
紧急但不重要 比如：突发事情	不紧急也不重要 比如：游戏，娱乐
③	④

图4-5 "四象限法"安排学习生活

至于具体的学习方法和技能，我们将在后面系统地提出，希望对你的学习能力提升有切实的帮助。

3. 不能坚持学习

（1）不能坚持学习的表现

- 心理疲劳。表现除对学习感到倦怠外，还有情绪烦闷、易怒、精神涣散、反应迟钝、注意力不集中等。
- 身体疲劳。比如肌肉疲劳和神经疲劳。
- 注意力稳定性很差，难以长时间保持在特定的对象或活动上，注意力分散且难以持久；或注意力稳定性极高，例如持某种观念固定不变，也无法摆脱，不能转移。
- 学习焦虑。学习焦虑是指学生由于不能达到预期目标或不能克服障碍的威胁，致使自律心、自信心受挫，或失败感、内疚感增加而形成的一种紧张不安、带有恐惧的情绪状态。表现在注意力涣散、记忆力减退、思维混乱、烦躁、易怒等。严重时还常伴有头晕、头痛、忧虑等。虽然适度的焦虑对于学习是有益的，但是过度的焦虑会影响学习的效率。影响正常水平的发挥。
- 记忆力问题。识记速度慢、保持时间短，记忆不精确、信息提取有障碍等。

（2）不能坚持学习的原因

- 心理疲劳的原因。可能是学习动机淡漠、学习强度高、学习材料枯燥、单调和学习环境过差等。
- 身体疲劳的原因。可能是违背大脑活动规律、长期保持一种姿势和代谢产物堆积等。
- 学习注意力稳定性差的原因。情绪不稳定，紧张、焦虑、烦躁、兴奋等都妨碍学生集中注意力；自制力差、缺乏恒心、易冲动等人格因素也会造成学生注意力差。此外，某些外部原因，如家庭意外、人际冲突等也会导致学生注意力难于集中。

- 学习焦虑的原因。内部原因包括自信心不足、成就动机过强、失败恐惧心理、兴趣爱好单一、性格内向和自我封闭等；外部原因包括学业压力、考试压力、环境压力等。
- 记忆力问题的原因。记忆动机不强、记忆方法不当、过度疲劳、紧张等。

（3）不能坚持学习的改进建议

1）心理疲劳的改进建议
- **科学用脑**：包括合理安排用脑时间、有效调整大脑兴奋中心、合理调节学习情绪波动、劳逸结合、爱脑护脑等。
- **保持兴趣**：兴趣在繁重的学习活动中起着重要作用。俄国教育家乌申斯基曾说过："没有丝毫兴趣的强制性学习，将会扼杀学生探求真理的欲望。"教育实践证明，如果学习兴趣浓厚，学习时心情愉快，即使长时间地学习也不易感到疲劳。反之，没有学习兴趣，则很快就会进入疲劳状态。
- **创设良好的学习环境**：学习环境尽量布置得优雅、整洁、使人感到心身舒畅；不在有刺耳噪声的地方学习，避免心烦意乱、焦躁不安；不在过暗或过亮的地方学习，避免头晕目眩，出现视觉疲劳；不在空气污浊的条件下学习，避免胸闷，呼吸困难。

2）身体疲劳的改进建议

避免过长时间学习、保持充足的睡眠、学会科学的休息方法、保证大脑营养的供应。

3）学习注意力稳定性差的改进建议

要调整注意力不集中，就要了解自己注意力不集中的原因，以利于对症下药，例如：
- 树立合适的、明确的学习目标，培养学习兴趣，尤其是对专业课的兴趣；
- 减少社会活动，把生活的用心放到学习上来；
- 戒除网络依赖或游戏成瘾，正确应对挫折，减少因挫折而致的情绪困扰；
- 劳逸结合，注意锻炼，减少学习疲劳；
- 运用强化等行为矫正技术，如上课时，一旦自己做到注意力集中一节课或自习时注意力能集中一小时，就给自己奖励。

4）学习焦虑的改进建议
- **充分发挥自我调节的能力，控制焦虑的程度**：自我调节的能力包括自我放松、自我暗示、向他人倾诉等方法，这些方法可以减轻焦虑的程度。
- **找出学习焦虑的原因，稳定情绪**：如果自己无法排除焦虑和苦恼，可以向自己信赖的老师、同学、好友诉说，增强自信心。
- **正确认识和评价自己的能力**：确立适合自身实际的学习目标，增强自信心和毅力，不怕困难和失败；保持适度的自尊心，降低对胜败的敏感度；保持情绪的稳定；摸索总结出一套适合自己的学习方法等有助于克服严重的学习焦虑。
- **转移注意力，做好应试准备**：情绪稳定后，要努力使自己的注意力从对考试情境及结果的担忧上转移到如何做好应试准备上。一方面进行知识准备；另一方面进行心理准备。此外，要进行应试技能训练，尽量多了解有关考试的信息，如题型、题量、范围、难易程度、评分标准等，尽可能做到心中有数。
- **努力创造一个关系和谐的集体和轻松愉快的学习气氛**：一个班级、一个宿舍，良好的人际关系，可以给学习者积极向上的情绪状态。
- 记忆力问题的改进建议

请参见图4-6所示的方法，以改善和强化自己的记忆力。

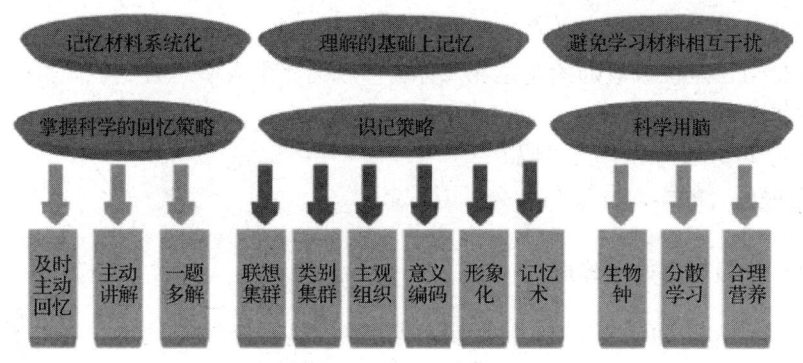

图 4-6 提升记忆力的方法

活动二：适合自己的学习方法

1. **活动目的**：参考别人的学习方法，思考适合自己的学习方法以提升学习能力。
2. **活动流程**

（1）阅读材料

1）王云五先生的"深度学习"

胡适的英语老师、出版家王云五先生是这样自学英语写作的：找一篇英文的名家佳作，熟读几次以后，把它翻译成中文；一星期之后，再将中文反过来翻译成英文，翻译期间绝不查阅英语原文；翻译好后再与原文比对，找出自己翻译的错误、失误和不够精良之处。

如此反复练习，王云五先生积累了扎实的英文功底，为日后从事英语教学和出版事业打下了坚实的基础。在那个科技、信息远不如今天发达的年代，有限的学习条件迫使人们静下心来深度学习。

2）学习金字塔

美国缅因州国家训练实验室有个学习理论，叫学习金字塔原理（图4-7）。其核心结论，就是如果一个知识，你学到了能够去教别人的程度，那么你的学习内容的留存率就可以达到90%。

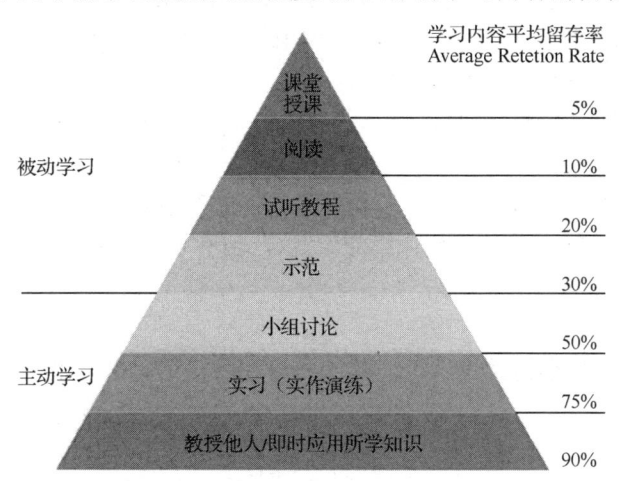

图 4-7 学习金字塔

这个原理，往深处探讨，其实就是一个角色定位的问题。

你把自己定位成学生，你就只有学生的学习视界，你多半会止于对知识本身的理解，获得的信息量自然就有限。

而如果你把自己定位成老师的角色呢，你自然就会比别人多思考更多高价值的问题。

（2）快速思考
- 上面的学习方法对你有启发吗？
- 你自己最适合的学习方法是什么，请思考。

方法参考：学习能力如何修炼？

学习能力是所有能力的基础能力。练就学习能力是一个缓慢的过程，但它却是回报最高的投资。我们无法通过掌握一种方法就实现"快速提高"，但是正确的方法一定可以帮助你少走弯路、不会兜兜转转又回到原点。

学习能力如何修炼

扫描二维码，了解别人的学习方法，也许对你有用。

任务实现

4.2.4 完成学习能力测试

1. 分小组完成下面的题目，准备时间 3 天

中国知识管理中心按照现代知识工作者知识获取和学习方法，设计出 5 道题目，用来测试个人高效学习力中 5 个不同维度的内容，从而真正判断你是否有学习力。我们稍作更改，将测试题目聚焦于 ICT 行业，请同学们测试一下，看看你的学习力如何？

- 用互联网的方式，如何快速找到 5 位全球研究人工智能算法的专家？
- 如何通过收集资料，研判国内 5G 未来发展趋势？
- 在有限时间内，让你去学习关于 UFO（不明飞行物）的知识，目的是掌握人类在该领域积累的知识内容。你应该学习哪几个方面，请列出。
- 小明遇到一个题目，百思不得其解！小明的哥哥看了一眼后跟他说，你应该用我教给你的某个方法，这个时候有两种情况：

第一种情况：小明"恍然大悟"，一下子就做出来了。为什么小明在哥哥的指点后才能做出来，而之前却做不出来呢？

第二种情况：小明哥哥说了，小明还是不明白，仍然不会做，这是为什么？

- 能否将您最熟悉的专业（即你在学的专业），用不超过 10 个关键词表达出来，并画出这些关键词之间的关系？

2. 课堂分享

各小组安排 1 人分享小组讨论结论，其他成员可以补充，也可以分享不同观点。

任务小结

4.2.5 培养学习能力

正如管理大师彼得·德鲁克所说："一个人的学习能力，才是他/她的核心竞争力。"

著名作家王蒙说：一个人的实力绝大部分来自学习。本领需要学习，机智与灵活反应也需要学习，健康的身心同样是学习的结果，学习可以增智、可以解惑、可以辨是非。

有一种说法，本科毕业后 2 年，硕士毕业后 3 年，博士毕业后 4 年，如果不持续学习，其之前所学的专业知识将完全老化。相关数据表明：我们在学校学习时获取的知识，最多只占我们一生所需知识的 10%，而另外 90% 则需要我们通过终身学习来获取。

"活到老，学到老"，在信息爆炸时代，知识更迭越来越快。名校代表过去，能力代表现在，学习能力代表未来。简单来讲，学习能力就是将所学知识转化为成长动力和养分的一种能力。

不断且快速学习新知识的能力，是在飞速变化世界中取得成功的关键。

4.3 主动性

任务目标

4.3.1 安排自己去做一件事

任务名称

任务：安排自己去做一件事，并提交总结。

任务分析

作为自己主动性的体现，本次任务就是自主安排任务并完成。相关参考学习建议为：

实现准备	课堂活动	活动一：一次面试与三个电话的故事
	课堂讲解	知识点：主动性的概念和主动性的重要性
实现参考	课堂活动	活动二：你的主动性靠什么调动
	课堂讲解	方法参考：怎样才能变得具有积极主动性
		扩展阅读：影响工作主动性发挥的原因和对策
任务实现	课堂实训	参考建议：工作中如何发挥主动性
		任务：安排自己去做一件事，并提交总结
任务小结	课后思考	工作要有主动性与激情

实现准备

4.3.2 为何要积极主动

活动一：一次面试与三个电话的故事

1. 活动目的

了解主动性在工作中的作用和重要性。

2. 活动流程
（1）阅读案例

案例1：一次面试与三个电话的故事

我在招聘会上转了半天，终于看中了一家自己向往已久的公司。放下简历后，我就站在公司招聘位置附近观察，看看给这家公司投简历的都有些什么人，我把这叫作知己知彼。

一个下午，该公司大概接了不下百份简历。我心里想，自己不可以就这样被动地等着他们打电话过来，因为100多份简历就招一个人，我的机会只有百分之一。

第二天一大早，我就按照招聘材料上的电话打了过去，接电话的是个年轻女孩。我告诉她我昨天投了简历，想知道什么时候会有结果，女孩记下了我的名字和联系电话，然后让我等着，说面试通知三天之内就会有。

第三天，我被通知参加面试。到了单位后，才发现一共有10个人被选中参加这次面试。面试我们的是个年轻的女孩子。在说到薪酬时，我把自己的真实想法说了一通，我觉得自己目前还没有谈薪酬的条件，自己的实际工作能力也还没有得到发挥，这时候是无法去估量它的价值的。当我说这些话时，我注意到面试的女孩在一边点头。临走时，女孩说她并不是这里的负责人，主管出差了，所以最后的面试结果还要看主管根据简历来定。

又是三天，我还没有等到第二轮面试通知，于是我又打了个电话过去。仍是第一次接我电话的女孩，她在问了我的名字后说她可以先帮我去人事部问问看。

中午的时候，公司通知我当天下午去参加第二轮面试。下午，我赶到公司时，人事主管对我说："你们四个都去体检吧，体检结果出来后再说。"

参加体检后，好久没有我的消息。思考后，我又给公司打了第三次电话。公司回复我，他们正在商量，等决定后再打电话给我。就在我挂断电话后不到5分钟，公司打电话过来让我下周一过去见习。

现在我已经在公司正式上班一个多月了。在公司的一次聚会中，我才知道三次面试的名单中都没有我，我的三个电话给了我三次机会。

后来，人事主管对我说："小陈，你很主动。尽管你不是面试中最优秀的学生，但公司选中的就是你的这种主动精神，公司欢迎真诚想发展的人。是你为自己赢得了这个工作机会。好好干吧！"

案例2：阿诺德和布鲁诺

在英格兰的一家餐饮店，老板同时雇用了两个同年龄、同学历的年轻人，过了半年，名字为阿诺德的小伙子得到了老板的嘉奖，加了薪水；而名字为布鲁诺的小伙子却还在原地踏步。布鲁诺很不满意老板，认为这是不公的待遇。终于有一天他到老板那儿发了一通牢骚。老板一边耐心地听着他的抱怨，一边在心里思量着怎样消除布鲁诺的抱怨。

"布鲁诺，您现在到集市上去，看一下今天早上有什么卖的，好吗？"老板开了口。布鲁诺很快从集市场上回来，向老板汇报说："今天集市上只有一个农民拉了一车土豆在卖。""有多少土豆呢？"老板问道。布鲁诺赶快戴上帽子又跑到集市上去，然后回来告诉老板，一共有40袋土豆。"价格是多少呢？"老板又问道。于是，布鲁诺第三次跑到集上，问来了价格。"好吧，现在请您坐到这把椅子上，一句话也不要说，让我们看看别人是怎么做的。"老板说。

老板把同样的任务交给了阿诺德，他很快也从集市上回来了。向老板汇报说："到现在为止，只有一个农商在卖土豆，一共有 40 袋，价格是 1 英镑每袋，土豆很新鲜，我带回了一个样品，您可以看看；对了，这个农商明天还会弄来三箱西红柿，据我了解，昨天他拿到集市上的两箱西红柿物美价廉，卖得很快。考虑到我们的库存不多，这样便宜的西红柿，我想老板您或许想进一些作为存货，所以我把这个农商请来了，他现在正在门外等着您的回话，老板。"

（2）同学们分组，快速讨论
- 小陈面试过程中，她的主动性发挥了什么作用？
- 小陈对第一次就业薪资的想法，与你的想法一致吗？你对求职薪酬有什么想法？
- 阿诺德与布鲁诺做事结果差别大的原因是什么？布鲁诺的抱怨，你理解吗？

（3）课堂分享
各小组安排 1 人分享小组讨论结论，其他成员可以补充，也可以分享不同观点。

3. 观点参考：主动性的作用至关重要
上面两个案例主动性发挥的作用以及可以得到的启发，参考观点分享，请扫描二维码阅读。

主动性的作用至关重要

知识点：主动性的概念和主动性的重要性

1. 什么是主动性

主动性是指人在完成某项活动的过程中，来源于自身并驱动自己去行动的动力的强度。主动性又是一种道德境界，是为整体利益建功立业的精神。

有些人的工作是"挤牙膏"式的，或者叫懒"蛤蟆"式的，顶头上司不施加压力就不动，施加压力就动一动，不分配工作就不多干一丁点，分配了工作又嫌工作量大，这种工作态度是消极的，必将为职场竞争所淘汰。

当今社会、当下职场，已经不能单凭勤勤恳恳、任劳任怨做事就会取得成功。不积极主动，不仅不成功，可能还得不到赏识，因此，要成功对个人主观因素方面提出了更高的要求。

在职场工作主动性有多重要？主动性于职场内外、于工作本身、于个人前途是多么的重要。可以说，缺少了工作主动性，可谓是缺少了对个人成长、事业成功的强有力的助推剂之一。

工作主动性不是通往事业成功的唯一条件，但却是成功的必备素质之一，所谓工作主动就是依据公司的运营情况，我们作为公司的个体要发挥主观能动性，积极地、创造性地去完成任务，最终使公司或者领导潜移默化地认可你、赏识你和褒奖你。

案例 3：广东移动员工手册之"主动负责"

能力定义：优秀的广东移动员工始终能够主动承担责任

- 总是乐于接受组织的决定和任务委派，并自觉投入更多努力去完成；
- 能够主动承担职责不清晰或灰色地带的职能；
- 及时反思工作中可能存在的机遇和风险，迅速采取行动或主动探讨/建议/实践解决方案；
- 愿意适时做出决策，尤其是情势急迫时能够勇于承担决策风险，并能尽全力执行决策以实现目标；

- 反对推诿扯皮的现象，注重以自身做出榜样而带动他人承担责任。

负面表现：
- 需要监督和催促才能完成工作；
- 借口职责不清，推诿工作；
- 抱怨自己承担了过多的责任。

2. 工作主动性的一般特征和形成原因

（1）工作主动性的一般特征

主动性最明显的表现就是，从我出发，从"要我做"到"我要做"；从"要我学"到"我要学"。确定目标，马上行动。

在没有人监督和要求的情况下，主动地去完成自己的工作，不断地为企业创造价值；在没有人监督和要求的情况下，主动地进行学习，活到老学到老，不断地获取知识，把知识运用到生活当中，从而创造更多的价值。

- 有预见性：能够超前思考工作，根据自己的工作内容和特点，提前做好工作准备。
- 及时和准确：对领导安排的工作，能够按时完成且工作程序规范、工作质量良好。
- 团结协作：在部门之间、部门内部能够做好协作工作。
- 坚持工作创新：在理论上、实践上有思考，在工作内容和工作方法上有探索，并做出一定的工作成绩。

（2）工作主动性的形成原因

- 信仰推动：信仰是指人们对某种事物、思想或主义极度推崇和信服，信仰推动具有极强的坚定性。
- 思想意识推动。思想意识推动具有很强的自觉性，自觉源于清醒。思想意识推动的第一层次是政治素养推动，即基于政治理论素养、政治敏锐性、政治鉴别力形成的推动；第二层次是道德推动，即通过道德品格、道德荣誉感、道德判断等来实现的推动。
- 惯性推动。惯性推动具有较强的稳定性。通过单位长期形成的工作氛围和个人的工作习惯来推动和维持。惯性推动分为有意识和无意识两种情况。
- 外因激励内因形成的推动：这种外因激励推动的力度非常弱，也难以持久。

3. 主动与否的常见表现

下面的情况，主动性是哪种表现？

- 不用别人告诉你，你就能出色地完成任务。
- 次之，就是告诉你一次，你就能去做。
- 再次之，就是这样一些人，别人告诉了两次，他们才会去做。
- 更次之，就是只有在形势所迫时才能把事情做好。这种人是在磨洋工。
- 最次的是这种人，即使有人追着他，告诉他怎么去做，并且盯着他做，他也不会把事情做好。

4. 工作生活中的积极主动性

（1）在工作中，领导布置了任务，当距离汇报的日子还远时，你是……

- 慢腾腾地去做。
- 干脆放在一边置之不理，而当日子临近时，便仓促上阵，临阵磨枪，最后急忙突击把任务应付过去。

- 尽早行动，细心准备，主动提交任务结果。

（2）如果看到或想到了自己应该去做的工作，你是……
- 等领导也看到了或想到了，交代你去做时再做，而且做的质量一般。
- 抢在领导看到或想到之前就开始行动，把它们做得比领导要求的更加出色。
- 即使是等领导交代后再做的，也会把它们做得比领导要求的更加出色。

（3）在工作中遇到问题时，你是……
- 不去主动想解决的办法，而是等，等领导指示，或别人提醒。
- 积极主动地去想解决办法，即使自己想出来的办法不够好，但至少也能保证问题的解决。
- 积极主动地向别人请教，寻求更好的解决办法。

5. "完成目标"的主动性

案例 4：舍友的考研之路

某大学宿舍有四位同学，他们是小张，小王，小李和小赵。

小张聪明好学，在课堂学习之余，经常阅读各类课外书籍和报刊杂志，同时还积极参加各项校内活动和校外实践。在学习和实践中，小张发现自己对研究工作很感兴趣，决定毕业以后搞研究。通过多方面的了解，发现考取硕士研究生是做研究工作的有效途径，因此准备"考研"。为了"考研"的成功，他说服了父母，得到了家庭的坚决支持；对时间进行了有效管理，按照"轻重缓急"对任务进行了分类，不同任务不同对待；主动发起了"考研者同盟"协会，会员每周聚会一次，进行信息的交流和共享；主动联系以前"考研"成功的同学，寻求帮助和指导；还参加了一个考研辅导班。他挤出一点一滴的时间来学习，经过一年多不断的努力，最后考上了理想的名牌大学。

小王踏实肯学，看到小张准备"考研"，逐渐培养起"考研"的兴趣，主动向小张询问了一些"考研"的信息，发现"考研"是一条很好的发展道路，随后确立了"考研"的目标。在准备"考研"的过程中，小王除了常规的学习外，还将周六作为"考研"的专门学习日。并且积极响应小张的倡议，鼓动其他的同学也来参加"考研者同盟"，经过近一年的准备，终于考上了理想的大学。

小李是小王的饭友。小王在吃饭时经常谈论"考研"的好处，并鼓励小李"考研"。小李觉得小王说的有道理，也确立了"考研"的目标。每天一有时间，就去教室或图书馆自习。经过半年多的准备，最后也"考研"成功。

室友小赵看到他们三个在准备"考研"，觉得不以为然，认为"车到山前必有路"。无奈，父母说："现在的本科生到处都是，不考研就没有出路。"随后，也只好将"考研"作为自己的目标。在准备"考研"的过程中，如果有其他同学的带动，也能去教室学习；如果没有其他同学一块学习，自己就不想去教室了。最后由于准备不充分，"考研"失败了。

通过分析这四位同学的"考研"历程，我们可以抽象出"完成目标"的一般过程。不难发现，这四个同学在"完成目标"的各个环节上的表现都不同。他们表现出了不同的主动性。我们可以从他们的行为中抽象出"主动性"的等级标准。具体如下：

- 优（主动性3级）：通过自己收集信息并加以分析，设立了难度比较大的挑战性的目标，在实现目标的过程中，主动开辟出多种独特的方式和渠道，采取了很多次的主动行为，最后实现了目标（如小张）。

- 良（主动性2级）：通过分析现成的信息，设立了中等难度的挑战性的目标，实现目标的过程中，除了运用常规的方式和渠道外，还能开辟出其他方式和渠道，采取了多次的主动行为，最后实现了目标（如小王）。
- 中（主动性1级）：在别人的帮助和指导下，设立了稍有挑战性的目标，实现目标的过程中，运用常规的方式和渠道，采取了不止一次的主动行为，最后实现了目标（如小李）。
- 差（主动性0级）：别人帮自己设定了目标，自己被动接受，行动多数需要别人督促，目标能否实现不能确定（如小赵）。

6．"人际交往"的主动性

"人际交往"的主动性可以通过小组讨论来体现。在小组讨论中，人们就某个主题，互相讨论，最后形成小组的一致意见。根据小组讨论中的常见表现，我们可以对"主动性"做如下的等级定义：

- 优：多次主动提出自己的观点，表情丰富，有朝气和活力。对别人的观点进行分析和思考后，多次积极陈述自己的见解和想法，不断地推进讨论的进程。
- 良：能够主动提出自己的观点，表情丰富，有朝气和活力。能够对别人的观点分析和思考后，积极陈述自己的见解和想法。
- 中：表情自然。能够对别人的观点进行分析和思考后，积极陈述自己的见解和想法。
- 差：表情生硬。只有在别人的询问之下，才陈述自己的见解和想法。

7．为何要积极主动？

（1）"积极主动"最能体现出优秀与普通的差异

主动工作是一种积极的做事心态，无论领导在与不在，都能主动做事，从不偷懒。而且不管公司碰到什么困难，都能迎难而上，绝不临阵脱逃。而被动工作则是一种消极的心态，被动工作的人认为是在为别人工作，不仅不会主动工作，而且对待工作毫无乐趣。工作不主动，前途很被动。

能否积极主动地对待工作，是一名员工从平凡到优秀的关键。在任何一项工作中。"积极主动"最能体现出优秀与普通的差异。如果在工作中，你不能表现出自己的主动性，那么，就意味着你与别人也没什么区别。如果你想证明你的实力，那么你凡事都要积极主动。该做的事立刻着手去做，绝不拖拉，尽职尽责地完成每项工作。唯有如此，才能使你脱颖而出。

在人生的长河中，你不愿主动地承担责任，看上去你没有损失什么，但实际上你在原地踏步，你的精神天天在萎缩；你天天听到别人的成功与失败，就是与你无关。当你勇敢地面对生活与工作中的每一个难题时，不回避，你失去的是狭隘的小我；当你跨过这些问题时，你会感觉到自己的成长，还会感觉到天地的宽广，人生的意义。

案例5：被替换的张延

总经理办公室：

"张延，上个星期我让你准备的财务报表做完了吗？"

"这个……还没有。"

"为什么？你遇到了比这更重要的事情了吗？"

"没有。"

"是生病请假了？"

> "没有。"
> "公司的财务出了问题,你做起来很棘手?"
> "不是。"
> "你忘了这件事?"
> "啊,不,我没有忘。"
> "那为什么没有完成?"
> "我……我以为您不着急要,所以昨天才刚动手。"
> 同样是在这间总经理办公室:
> "李军,你明天去上海全面接替张延的工作。记住,上海的市场对我们公司来说举足轻重,你只许成功,不许失败。"

(2)表现积极却被批爱出风头,怎么办?

在学校或职场上积极主动、锋芒毕露,却被朋友或同学说你爱出风头,是"假积极",我们应该怎么办呢?

1)反思自己是不是真的积极主动

一个人是积极带头还是出风头,这在思想动机上、在出发点上是根本不同的。在工作学习等方面积极带头,和为个人出风头,表现在行动上,也是根本不同的。前者在工作中必然不计个人利害得失,只要对事情成功有利的事就抢着干,认真干,无论人前人后,白班夜班,他的行动表现都一个样。而后者却相反,他常常以能否在大庭广众之中抛头露面、出风头,作为他是否努力工作的条件。对自己不能得利、不能出风头的事就不愿干,不好好干,更不必说为了把事情做成功,在"默默无闻"中做更大的牺牲了。

在工作中做出成绩时,两种人的态度也不同。前者无论在工作中做出了多大成绩,他都看作自己应该做的,因而他能够始终谦虚谨慎,而且能够以充沛不断的主动精神,力求把工作做得更好。而出风头的人,有了一点成绩,就会津津乐道,唯恐别人不知。他不把所取得的成绩当成他前进的新起点,而成了他在人前卖弄自己的资本,甚至作为伸手要名利地位的本钱。

如果自己真的是积极主动,那就光明磊落,真金不怕火炼,不怕别人说什么出风头,坚定地积极带头干下去。这样经过一段时期以后,别人对你的误解终归会消除。

2)观察一段时间

同学或朋友是用来相处的,一个人对你好不好,观察一段时间,自然就知道了,你成功了,看看他是不是真心祝福你。

3)幽默式的回击

引用华为老总任正非说的话:一辈子假积极,就是真积极。原话是:"不要瞧不起假积极的人,如果他一辈子都能做到,积极本身已经是他的行为习惯了。"

4)尽量远离

如果这个同学或朋友永远都是在嫉妒你,甚至一直在背后议论你,我们还是尽量远离他吧,也可能这个人讨厌你是因为你比他做得好,比他成功,他心里不平衡,所以就会这样。

5)择友的时候需要谨慎

通过这个朋友也可以意识到,不是什么朋友都值得去交往的,有些"朋友"对我们的关心可以说是别有用心的,所以,真正的朋友是要经得起时间的考验的。

> 实现参考

4.3.3　怎样才能变得具有积极主动性

活动二：你的主动性靠什么调动

1. 活动目的

认识上大学认真读书的必要性，端正大学学习的态度，重视大学学习的重要性。

2. 活动流程

（1）准备工作

这个游戏中提前将几张一元的钞票放置在座位下（或是粘贴在座位下）。

（2）活动内容

- 对同学们说："请举起你们的右手。"过一会，谢谢大家，问他们"你们为什么举手"？回答会是："因为你要我们这么做"，或是"因为你说了请"等。
- 得到3至4个答案后，说"请大家站起来，并把椅子举起来"。绝大多数的情况下，没有人会采取行动。
- 老师继续说："如果我告诉你们，在椅子下面有钞票，你们会不会站起来并举起椅子看看？"
- 绝大多数人仍然不会行动，于是老师说："好吧，我告诉你们，有几张椅子底下真的有钱。"（通常2至3个学员会站起来，然后很快，所有人都会站起来。）于是有人找到了纸币，叫着："这里有一张!"

（3）相关讨论

- 为什么第二次请你做事时，要花费更多的努力？
- 钱是否能激励你？
- 能够让你积极主动地做事的唯一正确方法是什么？

（4）启发：

人的主动性是内在的，而外在的奖励和惩罚都只是被动的。因此，主动性的定义是发自内在的，而非来源于外在的做某事的想法。

方法参考：怎样才能变得具有积极主动性

1. 克服懒惰和拖延

事实上，几乎没有人不明白积极主动对于学习和工作的重要性，但是往往有些人明知应该积极主动地去学习和工作，却往往不能积极主动。究其原因如下：

一是他们身上所固有的懒惰阻止了他们的积极主动性。懒惰是人的天性，几乎没有一个人的身上不存在懒惰的性格，如果一个人放松对自己的要求，放任自己的懒惰左右自己，那么他的积极主动性便永远都无法从他的身上体现出来，因为懒惰会将人的意志完全消磨。

二是他们对自己的放任。有许多人对自己总是非常宽容，而学习和工作又不是一朝一夕之事，因而他们往往会给自己一些借口：来日方长，时间有的是，明天再做。就这样，明日复明日，每天都给自己一些借口，一天天地把时间放走，把学习和工作放松。

一个想要成功的人，必须克服自己身上的这种懒惰情绪与拖延习惯，采取积极主动的态度，使学习和工作成为自己每天必须做的一件事，做一个积极主动的人。

我们怀着怎样的心态来做工作就决定着我们的工作态度。如果我们能从爱一行、做一行到做一行、爱一行，把工作当作一项事业来奋斗，我们就能轻松克服懒惰和拖延，工作也将会给我们一个理想的结果。

2. 宁可做错，不可不做

现实中，一些人经常陷入"宁可不做，千万别错"的退缩中。确实是，一个人做得越多，犯错的次数就越多，挨骂的次数也就越多。并且由于事物的多面性，可能你认为正确的，他人以为是谬误。世界上没有绝对正确的东西，阳光的背面是黑暗，管理中任何事情都可以引发正方与反方之争。

多做，易错事，理之当然。曾国藩曾云："名满天下，谤亦随之。"不做不错，因为错的对象都不存在了。管理讲究责权利的相符，当一个人主动或被动地去承担一件责任的时候，心中总是在掂量：权够不够，利够不够（当然还有能力够不够，本书中我们假定能力都足够，只讨论人的能动性的问题）。当他认为权和（或）利不够的时候，他就会有多种表现形式：

- 遇到问题，不收集材料也不提自己的见解与方法，只将问题提出请领导拍板。
- 为什么又是我？！
- 这件事应该由相关部门解决。
- 最无可救药的是，既不说这件事可行，也不说这件事不可行，好像这件事不存在，无休止地把一件事拖下去。

我们还可以见到另一种麻木的情况：明明是该人的本职工作，由于长期在一种他认为失望的氛围中工作，生成了一种习惯性懒惰，不求有功，但求无过，有事能拖则拖，多一事不如少一事。但更糟糕的是，他已将之上升为无意识的习惯，还自认为老成。

案例6：王安的猫

IT老英雄王安在他的回忆录《教训》中写道，他6岁的时候，在路上捡了一只活的小麻雀，欢天喜地地拿着往家赶。到了家门口，想起母亲不喜欢这类小东西进房间，于是就将小麻雀放在家门口，进屋去请示。妈妈竟然破例同意了！王安飞快地去拿他的宝贝。不幸啊！他看见小麻雀已经在猫的嘴里。

王安小小年纪受到如此重大打击，促使他6岁时就立下志向：任何事做了再说，千万不要先请示汇报。

毛泽东主席在《矛盾论》中一再强调人的主观能动性："人是要有一点精神的。"现代的说法是，人要有积极的心态。希望一个人做事，当然要赋予这个人适当足够的权与利。

不求有功，但求无过是最大的过，在于其本质就是"平庸""无能""懒散"和"无为"。让自己处在安全区和舒适区，放弃了更进一步的机会，可能暂时不会有什么坏结果，但想要有什么成绩，可能吗？

求上得中，求中得下，求下不得。因此，一定要积极进取，宁可做错，不可不做。

3. 具备主动、率先的精神

具备积极主动性其实是敢于担责的一种表现，遇事主动请缨，谁比别人更早一步去争取，谁才有可能成为最后的赢家。另外，每个人的这种精神也能感染其他员工，使员工们在工作中事事争取主动。

> **案例 7：庄艳主动请缨 清运口罩**
>
> "每天提前一个小时到岗，晚一个小时下班，忙碌的时候，中午休息时间也没有了。"从 2020 年农历正月初二开始，全国人大代表、辽宁省鞍山市垃圾清运工庄艳基本就维持了这样一个工作强度，没有休过一天假期。工作量的加大，源于庄艳主动要求承担废弃口罩的清运工作。
>
> 为了防止废弃口罩造成二次污染，有效阻断病毒传播途径，鞍山市各地区、单位按照属地管理、全覆盖原则，设置了废弃口罩专用垃圾桶。庄艳主动请缨，第一个向所在单位报名参与废弃口罩的清运工作。
>
> "那个时候，全国确诊病例数每天都在增加，没有人能确保自己不会被感染。"庄艳告诉记者，清运废弃口罩还是存在一定的风险，说不害怕是假的，但是，这项工作总得有人做。"作为全国人大代表，我应该走在前，带好头"。
>
> 此后，庄艳每天除了负责片区 1000 多户住户的垃圾清运，还承担起了废弃口罩的清运工作。她所负责的区域，有 30 多个废弃口罩专用垃圾桶，每天需要清运 3 到 4 次。
>
> "口罩回收后，还要对垃圾桶进行消毒。我们用白灰撒到垃圾桶周围，用 84 消毒液围着垃圾桶喷。"庄艳说，每一个步骤都不能落下。
>
> 3 月 22 日，辽宁省实现了本土确诊病例全部清零。然而，庄艳的废弃口罩清运工作还是一如既往地进行着，她说："国家花大力气把疫情控制住了，我们更不能因为废弃口罩的问题疏忽大意。只要大家的口罩还没摘，我们这项工作就不停。"

有些人之所以在公司没有受到重用，没有做出任何成功的事情，就是因为他们在工作中总是被动地应付，甚至没有人吩咐就不去做，他们只是机械地完成工作任务，而不是主动去完成。这样的员工，不会受到上司的青睐，也不会成为优秀的员工，因为他们身上缺乏主动执行、自动自发完成工作的精神。

4. 在第一时间去做

能快捷、高效、主动地完成任务的员工，是目前许多公司急需的。那么，如何才能快捷、高效地完成任务呢？答案只有一个：第一时间去做！即在接受任务后，立即行动，而不是找借口拖延。

这是身在职场中的每一位员工都应牢记的一条金科玉律。只有在第一时间去做，机会才不会错过；也只有在第一时间去做，才能更快、更好、更完美地完成任务。

凡事都应积极主动，被动不会有任何收获。被动就是将命运交给别人去安排，是消极等待机遇的降临，一旦机遇不来，他就束手无策。

（1）不要阳奉阴违

接受了任务，就要立即去做，不要在领导面前响亮地回答了一声"是"，转过身却在办公室上网聊天，打电话，玩手机游戏，而把任务抛到了九霄云外；或是即使做了，也是偷工减料，或是请人帮忙，或是弄虚作假。当然，纸最终是包不住火的，这样的工作态度最终会害了你自己。

（2）不瞻前顾后，左摇右摆

接受任务后，慎重考虑是有必要的，但如果一味谨慎，前怕狼后怕虎，迟迟不敢去做，也是一件非常可悲的事情。正如威廉·沃特说："如果一个人永远徘徊于两件事之间，对自己先做哪一件犹豫不决，他将会一件事情都做不成；如果一个人原本做了决定，但在听到自己朋友的反对意见时犹豫动摇、举棋不定，那么，这样的人肯定是个性软弱、没有主见的人，他在任何事情上都只能是一无所成，无论是举足轻重的大事还是微不足道的小事，概莫能外。"

（3）有意识地强迫自己

要想成为一个高效率的员工，就要树立时间观念，即确定做一件工作所需的时间，并且强迫自己在预期内完成，即使公司交给你的工作并没有严格的时间限制，也应该经常训练自己。当你养成立即去做的习惯时，就会为自己的成功加重砝码。

案例8：不要只想不做

老张和老王是邻居。凑巧的是，他们俩前后只相差3天的时间都从各自单位下岗了。面对残酷的现实，老张很乐观，因为他下岗前是自己单位的工程师，有满脑子的"智慧"，下岗后不愁找不到工作。而老王呢，是自己单位的一名普通装卸工，干的是体力活。尽管两人以前地位不同，知识水平和性格都有极大差异，但两人有一个共同的目标，如何尽快找到工作，重新上岗。

每天，老张都坐在院落里翻看各种有招聘信息的报纸，并根据上面列示的招聘职务，大谈特谈如果自己去应聘，怎样说和怎样做就一定能获得那个职位，老王在一旁虔诚地听着，他非常钦佩老张的智慧与求职经验，并且开始按照老张的求职设想去付诸行动。

半年后，老王果然被一家生产奶制品的工厂聘为仓库管理员，而老张依然在那里谈着他的求职设想。

的确，好的思想固然重要，但行动往往更重要。在工作中，我们的原则是主动行动而不是消极等待。积极主动不仅能使我们选择对某种特定环境的反应而且能使我们创造环境。

许多人等待着事情发生，或等待着别人照顾他们，但那些最终获得成功的人都是那些解决了问题而不是为问题所困住的能动型的人，这些人按照正确的原则掌握主动，做了需要做的事情，完成了所有的工作。

不管你制定的目标多么宏伟，如果不去落实，则永远只是空想。成功在于意念，更在于行动。制定目标是为了达到目标，目标制定好之后，就要付诸行动去实现它。如果不化目标为行动，那么所制定的目标就毫无意义。

事实上，实现目标的捷径不是靠你的天分，更不是靠你的等待，而是靠你的实际行动，行动才是实现目标的关键。

5. 主动多做一些，始终比他人领先一步

多做就是机会，不要以为自己比别人多付出不值得，事实上，当你换一种眼光看问题时，你所有的付出都能为自己和公司带来最大的利益。

古希腊哲学家苏格拉底曾说："要使世界动，一定要自己先动。"中国的古谚语也说："早起的鸟儿有虫吃，会哭的孩子有奶喝。"这些充满智慧的话语和谚语道出了同一个道理：凡事要主动，消极等待则有可能什么也得不到。

案例9：抢先一步的郭台铭

一次，海外某公司的一位采购员准备到中国台湾来采购一大批计算机方面的产品。为了争取到这个大客户，几家大型的计算机代工厂都派出人马去机场等待采购员下飞机，准备把他接到自己的公司。一家计算机代工厂的主管亲自带队，以为志在必得，一定能把采购员接到自己的公司。

> 但出乎意料的是，在出关大厅里，他看见广达董事长林百里亲自出马，率领工作人员也在这里等候。看着对方强大的阵营，这位主管心中叹道："没想到一开始就落于别人下风，自己已迟到了一步。"但他还是硬着头皮，和林百里一起等待那位采购员，心里想着至少可以和对方打个招呼。
>
> 飞机降落后，各公司派出的迎接代表都往接机口拥去，谁都想把这位"财神爷"请回家。然而令众人大跌眼镜的是，当那位采购员出现在他们的视野中时，他的身边却多了个郭台铭，他们俩边走边谈笑风生，所有的接机人员都愣在了当场。
>
> 原来郭台铭早就掌握了对方的行踪，并抢在竞争对手的前面，在客户转机时，"巧遇"他，并和他搭上同一航班返回。郭台铭仅仅比别人领先一步，就为公司争取到了一大笔订单，因为那位采购员和他一起回到了富士康的总部。

由此可见，比别人领先一步是非常有必要的，否则，策略再好，管理能力再强，但迟迟不行动，一切都是枉然。

6. 用心做好事情，保证成功

在工作中要主动完善，自我检查、自我检讨、自我完善。不要等别人来指出你的问题，不要等出了问题再来解决问题。用心一点，努力做对事情，把主动争取来的事情做好！这样，你就有一种做好事情的成就感，也能从中得到表彰和重用，激励你自己继续保持主动性。

扩展阅读：影响工作主动性发挥的原因和对策

在工作中，你可能会遇到各种情况影响你的工作进展，或者说影响你主动性的发挥，有什么好的对策呢？请扫描二维码阅读参考。

影响工作主动性发挥的原因和对策

任务实现

4.3.4 发挥主动性，完成自己安排的一件事并提交总结

参考建议：工作中如何发挥主动性

有同学会说，我一直在寻找发挥我积极主动性的机会，但还没有找到。其实，体现你积极主动性的机会可以说无处不在，有主动性思维，发挥你主动性的机会从来就不缺乏。

1. 从小事做起，培养习惯

- 你可以组织班上或小组、公司或部门的任何活动；
- 如果别人组织了，你可以积极主动参与班上或小组、公司或部门的任何活动，做到准时到场，或者看能否做一些小事；
- 在活动过程中，主动承担一些小事，比如做一些杂事、照顾弱势组员等；
- 偶尔看到教室或办公室脏了，主动打扫一下……

2. 成为"眼里有活"的人

工作中经常用这人"眼里有活""有眼力见儿"夸人，说明这个人善于观察、主动做事。举个例子：领导交给你去跟进装修进度，你去了现场，知道了装修的进度，几个人在干活，回来向领导反馈了，这样完成工作就是眼里没什么活。如果到装修现场发现木工们干活时在抽烟，

不遵守装修时间等违规行为,你首先给予木工警告,并且主动与物业进行装修时间的沟通,同时了解了小区的入住情况,在物业处留下公司的联系方式,借机沟通业务,回来向领导反馈时拿出自己的意见,加强监管力度,安装临时监控设施,安排专人不定期抽查、配备消防灭火器,这样干工作就是"眼里有活"。

在公司求得发展就必须学会站在比你现在的位置更高的角度思考问题,眼里的活就特别多。"眼里有活"是细心地观察,能感觉到领导或同事的需求,积极主动地去做,或者是配合帮助他人完成。几个同事在一起喝酒聊天,其中有个朋友点了烟,服务员马上就把烟灰缸拿过来,这个服务员就做到了细心观察并且付诸满足客人的需要的行动。

"眼里有活"也要注意:有眼力见儿不是和你有关系、没关系或者分内的、分外的工作都抢着去做,先得分清隶属关系,免得给自己带来没有必要的麻烦,眼里有活也得分时间、分场合,不经思考就抢事情做,可能有抢功的表现,有的还把事情弄巧成拙,好心可能反而办了坏事。

3. 有重大项目时,主动请缨

一个人 80%的个人成就通常来自 20%的职场机会。如果公司或部门有重大的项目即将启动,请一定要主动向领导争取参与的机会。

即使你只是作为一个微不足道的角色参与,但作为一个战略项目的参与者,这也能够为你的履历添上亮丽的一笔,更何况用我们的未来角色附身大法,也能让你快速成长;即使你最后没能进入项目组,你积极主动的态度也会让领导记在心里,再有机会时,自然会优先考虑你。

4. 洞察到新的趋势时,主动跟进

ICT 行业的发展、技术的发展一日千里。对于新的趋势不注意跟进,也很有可能突然被时代抛弃。只有什么样的人才能与时俱进呢?那就是主动去拥抱趋势的人,而这样的人也会获得更多的机会。

比如,以前有个朋友公司做广告代理、媒体投放。她发现智能手机占比大幅上涨,不少客户开始尝试新媒体投放,就主动向领导请示跟进新媒体投放的拓展。后来智能手机普及,公司成立新媒体部门,已在新媒体领域跟进一年多的她当仁不让地就成为新媒体部门总监,成为公司最年轻的总监,比其他总监小了五六岁。如果不是当时主动跟进,怎么会有这样的机会呢!

所以大家平时要留心行业新趋势,主动了解学习,纵然公司内部没有相应岗位,也会在人力市场获得更多的机会。不是有很多"90 后"的职场新星凭着新媒体运营方面的经验把"70 后""80 后"都抛到了后面吗?

5. 关键时刻,主动站出来担当责任

项目到关键时刻,必须有人当场做决策,领导联系不上,现场只有和你平级或级别比你低的人,你会怎么办?突然接到一个项目,领导征集愿意主动担当项目负责人的人选,你会如何选择?

给大家的建议就是:关键时刻,要勇于主动承担责任,争取更多的发展机会。这样做,也能赢得领导信任,使其更愿意把重要的工作交给你。

一个员工在平时工作中是否勇于主动承担责任,是多数公司进行中高层提拔考量的标准。而具备这一品质的人,在提拔中总会被优先考虑。遇事总往后躲,总是推卸责任的员工,很难指望他关键时刻能够担当重任。

在职场中,有意识地主动去多做一些、多给自己一些压力,久而久之,担当会成为你下意识的行为。而这一点,会让你终身受益。

任务：安排自己去做一件事，并提交总结

1. 任务描述

体现你的主动性，安排自己一件事情，然后自己去完成这件事，并将过程和结果用图文方式记录下来，提交给老师。

2. 任务参考

下面列举的任务，仅供你参考。你可以选择自己认为更有意义的任何事情去完成。

（1）工作上的主动行为

- 主动了解工作计划，明白自己将来一段时间内有什么需要完成的任务；
- 在工作中遇到问题时，及时和同事们沟通确认，遇到重大问题时，及时知会相关人员，避免延误；
- 在工作中遇到新的知识点，自觉去查找资料学习，归纳总结，并传播给其他同事一起学习；
- 做好工作周报记录和重大问题的备忘笔记，用于改善工作方式和完善工作流程；
- 对事不对人，该坚持的原则要坚持，但不会无端要求和乱发脾气；
- 注意观察团队里的同事和任务开展情况，需要时及时伸出援手。

（2）生活上的主动行为

- 注意保持居住环境的卫生整洁和舒适；
- 合理安排作息时间和饮食；
- 身边的人行为与日常不一样时，注意关心和询问；
- 注意与亲近的朋友联系，必要时提供帮助或求助；
- 注意锻炼身体，保持身体的健康与活力；
- 对身边亲近的人，注意沟通和表达，不冷战不争吵。

（3）沟通上的主动行为

- 不问在吗？在不在的问题，有事直接留言说事；
- 影响他人的安排，容易引起他人担心的事情，提前知会一声；
- 在亲近的关系中，说说近来在做的事情，在交流中增进相互的了解；
- 关心亲近的人和朋友，问问他们近来在做些什么，有什么喜悦、困难和烦恼等；
- 多一些互动，少一些防备，多一些付出，少一些等待和被动。

任务小结

4.3.5 工作要有主动性与激情

闻名世界的美国钢铁大王卡耐基说："有两种人注定一事无成，一种是除非别人要他去做，否则绝不会主动做事的人；另外一种人则是即使别人要他做，他也做不好事情的人。那些不需要别人催促，就会主动去做应该做的事，而且不会半途而废的人必定成功，这种人懂得要求自己多努力一点，多付出一点，而且比别人预期的还要多。"

千万不要认为只要准时上下班、不迟到、不早退就是尽职尽责了，就可以心安理得地去领工资了。工作需要的是一种自动自发的精神，自动自发工作的员工，将获得工作所给予的更多

的奖赏。

"工作"是一个包含诸如智慧、热情、信仰、想象和创造力的词汇。没有人会告诉我们需要做的事,这都要靠我们主动思考。在自动自发工作的背后,需要我们付出比别人多得多的智慧、热情、责任。当我们清楚地了解了企业的发展规划和我们的工作职责,我们就能预知该做些什么,然后马上行动,不需要老板吩咐。

在职场里,对每一家企业而言,他们需要的绝不是那种仅仅循规蹈矩,却缺乏热情和责任感,不能够积极主动、自动自发工作的员工。因为个人主动进取的精神更重要。

4.4 成功导向性

任务目标

4.4.1 三天能卖出多少套职业装

任务名称

任务:三天能卖出多少套职业装?

任务分析

成功导向性首要的目标是结果导向,除了心态、坚持等,也有一些可借鉴的办法。

实现准备	课堂活动	活动一:皮鞋在南非有市场吗?
		活动二:安迪·杜弗伦的自由之"道"
	课堂讲解	知识点:一切为了成功需要什么态度和行动
实现参考	课堂活动	活动三:安迪受到老板责骂,冤枉吗?
	课堂讲解	参考建议:成功是有方法的
任务实现	课堂实训	任务:三天能卖出多少套职业装?
任务小结	课后思考	成功导向性促使我们征服更多的绩效高峰

实现准备

4.4.2 一切为了成功需要什么态度和行动

活动一:皮鞋在南非有市场吗

1. **活动目的**:体现心态、情绪在追求成功上的重要性。

2. 活动流程

（1）阅读材料

有两个美国的销售员被同时派到南非，为了推广本厂生产的皮鞋，开拓那里的皮鞋市场。第一个销售员到南非后发现，由于那里的天气非常炎热，而且当地人根本不穿鞋。这名销售人员顿时泄了气；第二个销售员发现当地人不穿皮鞋时，他非常的高兴，如果当地人没有皮鞋市场，那么在此开辟一个新领域，前景是无限广阔的。

（2）快速思考

- 同样的市场，为什么两个人的看法差异这么大？
- 分别体现了他们的什么心态？等待他们的后续事情发展分别会是什么？

3. 观点分享：心态决定行动

不同的心态决定了两个人不同的行动和结果，请扫描二维码，学习分享的观点。

心态决定行动

成功导向性概述

1. 成功导向性的概念

成功：就是逐步实现一个有意义的既定目标。

成功导向：就是一旦设定目标，不轻易改变目标，为实现目标而全力以赴。

成功导向性：在此过程中，追求成功的人所具备的特有素质称为成功导向性。

2. 成功导向性的作用

强烈的成功欲望与成功导向是个人取得高绩效的动力之源，是取得卓越绩效的核心驱动力。

有强烈成功导向性的人希望出色地完成企业和团队布置的任务，在工作中极力达到某种标准，愿意承担重要的且具有挑战性的任务。这种人在工作中有强烈的表现自己能力的愿望，不断地为自己设立更高的标准，努力不懈地追求事业上的进步。

在企业中，有成功导向性的人表现为要做出比别人更好的业绩；表现为对业绩的不满足，完成工作之后总是为自己设立更高、更具有挑战性的目标；表现为个人关注结果、效率和标准，并追求改进工作或服务，力求资源使用最优化；表现为在困难面前不认输，下定决心去完成一项有难度的任务。

强烈的成功欲望，促使他们对未来充满信心，在野心勃勃、朝气蓬勃的激情和锐气驱动之下，他们精神抖擞，斗志昂扬，在征服一个又一个绩效高峰的过程中，他们达到了自我实现的最高境界。

案例 1：蒂勒的答案

1998 年，法国最年轻的媒体大亨、财富排名前 50 之一的巴拉昂因病去世，他将自己赚到的 4.6 亿法郎的股份捐赠给了医疗机构，用于改善人们的健康。同时，他还为后人留下了一份意味深长的遗嘱，并声称，谁回答了遗嘱中的问题，就会得到 100 万法郎的馈赠。

这份遗嘱被公布在《科西嘉人报》上。遗嘱的大致内容是：我曾经是一个穷人，可是死去时却是以一个富人的身份走进天堂的。在跨入天堂之门的时候，我不想把我成为富人的秘诀带走，现在秘诀就锁在法兰西中央银行我的一个私人保险箱内，保险箱的三把钥匙在我的律师和两位代理人手中。如果谁能通过回答"穷人最缺少的是什么"这个问题而猜中我的秘诀，他将能得到我的祝福。当然，那时我已无法从墓穴中伸出双手为他的睿智而鼓掌，但是他可以从那只保险箱里荣幸地拿走 100 万法郎,那就是我给予他的掌声。

之后,《科西嘉人报》收到了 48561 封来信,在五花八门的答案中,只有一位叫蒂勒的小姑娘猜对了秘诀,这就是——野心。

蒂勒和巴拉昂都认为穷人最缺少的是成为富人的野心。很多记者带着满腹好奇,问年仅 9 岁的蒂勒,为什么会想到是"野心"呢?蒂勒说:"每次我姐姐把她 11 岁的男朋友带回家时,他总是警告我说不要有野心!不要有野心!我想也许野心可以让人得到自己想得到的东西。"蒂勒简单的答案轰动了法国,也震动了世界。

长期以来,"野心"这个词被我们误解了,甚至还带有贬义的味道,实际上,我们纵观古今中外的大成者,他们的发迹和成功不都源自野心吗?野心促使他们采取行动、实现目标;野心驱动他们勇往直前、不懈追求;野心激励他们夙兴夜寐、闻鸡起舞!

再看看我们身边那些取得卓越绩效和非凡成绩的人,他们是不是每天都在憧憬着自己未来更高的目标,他们是不是每天都在为心中的理想而进取拼搏?野心其实是强烈进取心的代名词,有了这种野心,我们就会主动地去寻找实现目标的方法;有了这种野心,我们才能全力以赴、马不停蹄。"任何会动的东西,都是我们的猎物。"正是这种非凡的野心和一往无前的动力,比尔·盖茨才成就了他的微软帝国。

知识点:一切为了成功需要什么态度和行动

1. 充满必胜的信心

影响我们的往往不是事物本身,而是我们对事物的看法。对事物的看法必然会影响我们的信心和行为。

信心是一种精神状态,是一种积极的态度,是灵魂的源泉。信心就是靠着调整你的内心,配合你明确目标的一种适应表现,也是将你的想法付诸实现的原动力。

信心的力量大得惊人,它可以改变恶劣的现状,造成令人难以相信的圆满结局。信心是"不可能"这一毒素的解药。有方向感的信心,可令我们每一个意念都充满力量。当你用强大的自信心去推动你的成功车轮,你就可以平步青云,无止境地攀上成功之巅。

如果成功已经是你的一种习惯,你就会对成功特别自信。因为你已经习惯于做什么事都很认真很执着,还能不做什么成什么吗?

案例 2:我将要登上马特洪峰的北峰

马特洪峰海拔高 4478 米,是欧洲阿尔卑斯山系最著名的山脉之一。几十年前,有一支由业余爱好者组成的登山队准备攀登马特洪峰的北峰。他们的攀登活动引起了当地新闻媒体的关注。

在攀登前,新闻记者对这些来自世界各地的登山爱好者进行了采访。

记者问其中的一名登山队员:"你打算登上马特洪峰的北峰吗?"

这名登山队员回答说:"我将尽力而为。"

记者又问另一名登山队员:"你打算登上马特洪峰的北峰吗?"

得到的回答是:"我会全力以赴。"

接着,记者又问了第三名登山队员同样的问题,对方回答说:"我将竭尽全力。"

最后,记者问第四名登山队员:"你打算登上马特洪峰的北峰吗?"他近乎激动地呼喊

> 着:"我将要登上马特洪峰的北峰!我一定会登上马特洪峰的北峰!"他的身体看起来并没有前面采访过的三名队员强壮。
>
> 随后,这些登山队员就出发了。记者也对此进行了跟踪报道。本次登山活动结束后证实,真正登上了马特洪峰北峰的只有一个人,就是那名说过"我将要登上马特洪峰的北峰!我一定会登上马特洪峰的北峰"的队员。

所以,目标是否能实现常常取决于你的信念够不够坚定,你的竞争意识够不够强烈!

2. 聚焦主要目标,不为其他目标或路边风景而忘却主要方向

如果你期望凡事都迈向成功,那么你就必须聚焦目标。聚焦目标意味着你要摆脱所有可以做但不是必须做的事,专注于你应该做的事。要明白,事事都有轻重缓急,你必须从中找出最重要的那件事,这样你的目标和行动之间就有了更紧密的联系。

在奔向目标的过程中,不为其他目标而忘却既定目标,也不要贪恋路边的风景与掌声,要时刻记住,你的工作目标是什么,你要达到什么样的结果,当然在此过程中有激励与认可是值得高兴的,但别忘记你的目标,并时刻校正自己的努力方向。

例如,你这半年的工作目标是A客户销售1000万和B客户销售200万,在项目拓展过程中,你要聚焦的是A客户,但同时也要关注B客户的项目。你不能因为B客户需要你投入70%的时间,而A客户的项目并不紧急就忘记了对A客户的拓展,更不能因为临时安排你去做C事项,把A客户和B客户的项目拓展给撂下不管!

在生活中的例子就比较多了,家里没有米和油了,你要出去买。走在街上,你看到超市的床上用品在打折,你兴高采烈买了一堆床单、被子和被套回家,那么,你中午就只能吃菜或挨饿了。

3. 为成功以终为始,践行不止

为了成功,你必须有强烈的成功动机和坚定的信念,你要坚信,过去成功或失败不等于未来,也不会影响未来的成功;没有失败,只是暂时停止成功的步伐。

毛主席在著名的《实践论》中说:"你要知道梨子的滋味,就要亲口吃一吃。"你要获得人生的知识,就要亲身去实践,实践是最好的导师。只有行动才能使你增长才干,只有行动才能使你获得成功。

> **案例3:两个和尚**
>
> 蜀地有两个和尚,一个贫穷,一个富有。穷和尚问富和尚:"我要去南海,怎么样?"富和尚说:"你凭着什么去呀?"穷和尚说:"我有一个盛水的瓶子和一个盛饭的钵就足够了。"富和尚说:"我这几年来一直想雇船沿着长江往下游走,还没去成呢!你凭什么去呀?"
>
> 到了第二年,穷和尚从南海回来,把事情告诉了富和尚,富和尚露出了惭愧的神色。

蜀地距离南海不知道有几千里远,有钱的和尚不能到,没有钱的和尚却可以到。这个故事让我们懂得,天下的事有困难和容易的区别吗?两个人的梦想原本一样,但现在只有一个人实现了,差别就在于这个人行动了。

行动说起来容易,做起来也真难。行动就要克服懒惰,行动就要遇到难以想象的困难,迎接无数的挑战。有思想是一种能力,能行动也是一种能力。离开了行动,自信、勇气都是空谈,抑或是一种阿Q式的自我安慰。

案例4：害怕失败的小林

广告设计师小林刚加入一家公司就面临着非常激烈的竞争，这里有很优秀的策划人，有时为了竞争同一个广告的策划方案，彼此之间势如水火，争得不开可交。没有经验的小林，有些手足无措，经常不知该怎么办才好。重要的是，他拿不出足够的勇气去迈出竞争的第一步。

在广告创意、设计和策划方面，他本来是一个极有能力的年轻人，总监起初也非常欣赏他，想对他重点培养。但在如此激烈的环境里，他开始变得不自信。某个广告，总监让他们每人交一份初步的方案。大家都按时完成了工作，只有他还在修改调整，总觉得相比别人，自己的想法没什么优势。所以他犹豫不决，生怕被挤掉。公司当然不会坐视一个人有这么低下的工作效率，总监对他非常失望，试用期刚结束就让他离职了。

小林变成自由人，进行了痛苦的反思。到了二次就业时，他调整心态，以主动的态度迎接竞争，自信地向上司展示自己的创意，勇敢地跟每一个同事进行交流，融入他们的圈子，展示自己的个性。他变得非常有行动力，做事果断，敢于竞争，不停地尝试自己的想法。

没过多久，他成为该公司最年轻的总监助理。

行动才是对你是否真正具备自信、勇气的严峻考验，不管等待你的是什么。就算碰壁让你头破血流，那也是一笔财富。流血可以让你强壮起来，变得睿智坚韧！

4. 灵活应对，实现成功的路不止一条

在通往成功的道路上，绝大多数情况下都会出现问题，问题的产生更是千奇百怪。而真正好的解决方案是你从多个备选方案中挑出来的。

你需要对你已有的解决方案进行再思考，并且不断推翻自己已经形成的解决方案，因此，给你的解题思路是用更多数量来筛选出更好的质量。

比如，如果你问自己，"今天晚上要不要去看电影。"你可能会去看电影。如果你问自己，"是去看电影还是把看电影的钱省下来去做自己想做的任何事情。"你可能就不会去看电影了。仔细想想，这两种问法的区别在于，后面的问法增加了一句看似正确的废话，你不去看电影当然可以把钱花在任何你想花的地方。但是，这么一句废话对于结果的影响是显而易见的。

又比如，当你在某个行业有了一定的竞争优势，但是你所在的领域不断有新的玩家来搅局，你觉得必胜的办法是什么？有人会说，创新，不断地创新，让后来者连你的车尾灯都看不到。垄断了就要提价，领先了就要创新，这些观念可能根植于很多人的潜意识中，以至于我们很少会去思考，如果不这么做会怎么样？

但在美国亚马逊（Amazon）公司推出AWS（云计算服务平台）云平台的前十年，在没有什么竞争压力的情况下，AWS自主降价了51次。降价带来的是更大的竞争门槛及更大的市场份额，当后来者发现老玩家把利润压得这么低的时候，也不敢贸然入场了。

这就是拓宽自己选择空间的第二种方式，打破思维定势。

案例5：华为的另类方案

华为做了一个海外项目，对方需要一套公共安全类的全套摄像头解决方案。这个方案华为在中国和欧洲都是做过的，多个摄像头都通过互联网接入数据中心，然后在数据中心统一分析。

但是，本来万无一失的项目却卡在了意想不到的地方……对方国家的网速很慢，图像视

频传不回来。似乎这个问题没法解决了？

这时候，华为拿出了自己独特的解决方法：

直接把计算芯片装到各个摄像头里，让各个摄像头自己负责计算，只把结果传回数据中心，这样就瞬间不需要那么高的带宽了。

华为确定了新方案，然后回家从库房里拿出自己生产的物联网芯片装了上去，然后又把几个月前自己在另一个项目里的算法快速移植了过去，经过测试居然一切顺利。

由于不同行业对成本和性能的平衡点要求不一样，有的怕贵（更在乎成本），有的怕不贵（更在乎性能）。其实每个项目拼的都是反复沟通，都是审时度势，都是经验和技术积累。

躺着赚钱，从来都只是传说！遇到问题，怎么解决问题才是项目成功的关键！

总之，我们解决某个问题，单一线性的思维方式是大概率不能帮助你很好地解决这个问题的。你需要常常反思自己的思考成果，永远保有一份不断推翻自己重来的勇气，这才是第一流的智慧。

5. 不到最后一刻绝不放弃

有些项目周期比较长，而且某些时间段需要做的事情并不多，但我们一定要坚持去关注，去给客户服务，持续投入时间进行例行的拓展。

在这个相对漫长的过程中，遇到各种困难、挫折是非常正常的，为了成功，切忌有始无终，半途而废。需要我们具有极大的韧性和毅力，正视所遇到的挫折和失败，坚持不懈、不达目的决不罢休。

案例 6：永不言弃的松下

出身贫寒的松下，年轻时到一家电器工厂去谋职，这家工厂人事主管看着面前的小伙子衣着肮脏，身体又瘦又小，觉得不理想，信口说："我们现在暂时不缺人，你一个月以后再来看看吧。"这本来是个推辞，没想到一个月后松下真的来了，那位负责人又推托说："有事，过几天再说吧。"隔了几天松下又来了，如此反复了多次，人事主管只好直接说出自己的态度："你这样脏兮兮的是进不了我们工厂的。"于是松下立即回去借钱买了一身整齐的衣服穿上再来面试。负责人看他如此实在，只好说："关于电器方面的知识，你知道得太少了，我们不能要你。"

不料两个月后，松下再次出现在人事主管面前："我已经学会了不少有关电器方面的知识，您看我哪方面还有差距，我一项项来弥补。"这位人事主管紧盯着态度诚恳的松下看了半天才说："我干这一行几十年了，还是第一次遇到像你这样来找工作的。我真佩服你的耐心和韧性。"于是松下幸之助这种不轻言放弃的精神打动了人事主管，他得到了这份工作。

后来，松下通过不断努力，逐渐成为电器行业非凡的人物！

松下的成功告诉我们。失败不仅是一次挫折，也是一次机会，它使你找到自身的欠缺，不轻言放弃，补上这一课，就成功了。

项目不到最后一刻，就要抱着必胜的信心，全力以赴，争取项目成功。即使最终项目失败了，要总结项目中的所得所失，并要找到项目失败的原因，这就是你能获得的最大收获。

6. 1%的希望，投入100%的努力

现实生活中，有很多事，也许没有多少希望可以实现的，但是却有很多人，抱着哪怕只有1%的希望，也要付出100%的努力，去做他们认定的一件事。虽然希望很渺茫，但是只要坚持

努力,也许就会成功。

在做很多事情比如项目拓展过程中,形势和各种信息总是瞬息万变,前几天还对项目的成功信心满满,突然某天就会获得项目不利的消息,有时眼看招标方快要决策让竞争对手中标的情况下,我们是否就心甘情愿签城下之盟了呢?

我们需要综合分析,看还能做些什么?这个时候就是还有不到1%的希望,我们还要付出100%的努力去争取,这样最终成功的案例应该不胜枚举。

案例 7:不认输的李娜

中国女子网球名将李娜,她是亚洲第一位女子大满贯冠军。她获得过法网和澳网两个大满贯冠军,还获得过两次澳网亚军。

2013 年的澳网决赛,李娜和阿扎伦卡打得十分激烈。本来两个人势均力敌,谁都有获胜的可能。但是李娜因为摔了两个跟头,一次扭伤脚踝,一次磕到了头,而处了下风。可是她依然咬牙坚持,拼命地打球。虽然她最后落败了,但是她感动了全场的观众。

2014 年的澳网,李娜又打进了决赛,这一次,她依然拼命努力,终于用自己的实力证明了自己,战胜了对手,如愿以偿地拿到了澳网冠军。

虽然成功的人很少,失败的人很多,但是在失败的人里,也有一部分人,从不后悔自己曾经的付出。因为他们知道从失败中总结经验教训,继续从头再来,让成功离自己越来越近。哪怕只有1%的希望,也要付出100%的努力,因为她相信,她一定会成功。

案例 8:绝不放弃的抢救

小王在一家大医院工作,是一名心内科临床医生。有一次,他在大街上遇到一位因心脏病发作而晕倒的中年妇女,心脏骤停。围观的很多人都认为可能没救了。

此时,小王马上拨打了120电话,迅速来到患者面前,半跪在地上,为患者实施心脏复苏术。只见他双手交叠地按在患者左胸部,用力一下一下按压,有时还要对患者做人工呼吸。坚持了几分钟,患者毫无生还迹象。围观的人都说:"小伙子,别费劲了,你看你汗都下来了,她也没醒过来,放弃吧。"

小王说:"我是一名医生,面对危重患者,只要有1%的希望,我就要付出100%的努力去挽救她。毕竟人的生命只有一次。"小王一边说,一边继续抢救,又经过了几分钟的努力,患者终于醒了过来。小王这才松了一口气,虽然满身疲惫,但是有一种成就感填满了他的心。

周围的人都被小王的行动和话语感动了。这时120的车也到了,众人全都帮着把患者抬上了救护车。

像小王这种尊重生命,善待生命,为挽救垂危生命而全力以赴的好医生,真的很让人感动。他懂得自己作为一名医生的责任,在患者面前,无愧于心。

万丈高楼平地起,所有的成功都需要辛勤的付出。面对工作中遇到的种种困难,我们必须始终保持"只要有1%的希望,就要尽100%努力"的决心和信心,满怀激情,不松懈、不放弃。要把握每一个机遇,抓住每一个有利因素,进行各方面不懈的努力,争取赢得最终的胜利。

活动二:安迪·杜弗伦的自由之"道"

1. **活动目的**:理解成功之路需要的是坚韧与坚持。

2. 活动流程

（1）回顾电影片段

《肖申克的救赎》主角银行家安迪·杜弗伦被指控枪杀了妻子及其情人，安迪被判无期徒刑，他将在肖申克监狱中度过余生。二十年后的某天夜里，风雨交加，雷声大作，已得到灵魂救赎的安迪越狱成功。原来二十年来，安迪每天都在用那把小鹤嘴镐挖洞，然后用海报将洞口遮住……（图4-8）。

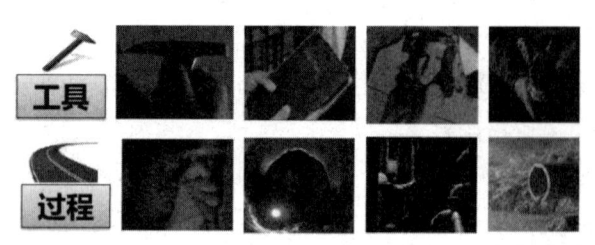

图4-8 安迪的自由之"道"

（2）分组讨论，课堂分享
- 安迪·杜弗伦的自由之"道"的主要因素是什么？
- 他的哪些特质帮助他成功越狱？
- 各小组安排1人分享小组讨论结论，其他成员可以补充，也可以分享不同观点。

➡ 实现参考

4.4.3 善于成功是有方法可循的

活动三：安迪受到老板责骂，冤枉吗

1. 活动目的：

通过活动认识到成功导向性必须是得到想要的结果，而不是努力了就行！

2. 活动流程

（1）回顾电影片段

回顾一下电影《穿普拉达的女王》，安迪作为时尚杂志《天桥》主编米兰达的助理，一开始就没打算在时尚界长期工作下去，而是一心想从事自己喜欢的记者工作，因此，安于现状，并没有意识努力改变自己的形象去适应这份工作。

安迪因为没有做到在暴风雨的晚上为米兰达找到飞机从迈阿密去纽约看她双胞胎女儿的演奏，受到米兰达的责骂。安迪觉得很委屈，认为米兰达让自己做的事情虽然没有达成，但是自己已经努力，米兰达非但没有感谢，反而责骂。因此，心里有很多抱怨。

（2）快速思考
- 安迪"身在曹营心在汉"，先在公司混着，你觉得可取吗？
- 你认为安迪"没有功劳有苦劳"吗？她受到老板责骂，冤枉吗？

参考建议：成功是有方法的

1. 善于整合可用的资源

我们身边确实会有这样的人，你看他其貌不扬，好像什么能耐都没有，但是在这个世界上他确实能够比你获得更多的东西，道理非常简单，就是因为他利用资源的能力比你强大。人处在社会上，如果周边存在可利用的资源，我们为什么不去利用呢，那会使我们少走很多弯路，少犯很多错误，提高我们的工作效率，促进我们的成长，提高我们的竞争力。

善于利用资源，懂得利用资源，将利用资源转变成自己每天的习惯，成功的道路就会缩短很多。无论是在生活中还是工作中，硬件上还是软件上，可利用资源无处不在，不管这些资源是多还是少，只要我们懂得利用，哪怕只是微不足道的方面，都会对我们的成长和成功有所帮助。

卡耐基说过，一个人的成功只有15%取决于专业知识，而85%取决于其人际关系和处事能力。所以，成功就是要充分利用现有的资源、挖掘潜在的资源，把事情做成，并实现个人的价值。

当然，前提是要了解自己的资源和找到可以整合利用的资源。资源的体现如下：

一是你个人所拥有的先天资源，比如你的身材和姚明的一样高，你就可以去打篮球，身高这种资源永远属于你个人，别人是没法剥夺的。

二是后天习得的资源，比如通过努力学习，你的英语水平非常高，精通计算机语言编程，沟通交流能力强，个人影响力大等。

三是你能够去运用的公司和部门资源，包括资金、硬件、软件、品牌、资料等；但最主要是人的资源，包括你的领导，在拜访客户上可能称为你可调用的资源，你的同事因为在某些方面能力强，可以向他求助，临时成为你可动用的资源。

四是你可动用的其他临时资源。

能通过动用你能协调到的资源，帮助你成功的决定因素是你拥有足够的能力，合理安排、善于利用这些资源为最终的成功服务。

对于外部资源的利用，通常就是合伙一起成功，现在流行的说法称为整合资源。

任何企业家都不可能拥有世界上所有的资源，你手中可支配的资源总是有限的。想要实现自己的发展目标，就必须利用自己手中可占用和支配的资源与他人交换自己所需要的资源，同时让对方也能得到他想要的资源。这样的例子很多，比如蒙牛和工厂、银行和奶农的整合。

> **案例9：蒙牛的快速发展离不开资源整合**
>
> 蒙牛集团的创立者牛根生当年创业时，也跟很多人一样，缺衣少食，可是蒙牛却跑出了火箭一般的速度：他整合工厂，整合政府农村扶贫工程，整合农村信用社资金。没运输车，整合个体户投资买车；没宿舍，整合政府出地，银行出钱，员工分期贷款。这样，农民用信用社贷款买牛，蒙牛用品牌担保农民生产出的牛奶包销，蒙牛一分钱没花，整个北方地区300万农民都在为蒙牛养牛。

2. 善于求助

（1）求助并不是可耻的事

有这样一个小故事：一个小男孩在院子里搬一块石头，父亲在旁边鼓励："孩子，只要你全力以赴，一定搬得起来！"但是石头太重，最终孩子也没能搬起来。他告诉父亲："石头太重，我已经用尽全力了!"父亲说:"你没有用尽全力。"小男孩不解,父亲微笑着说:"因为我在你旁边,你都没有请求我的帮助!

求助其实是一种敬畏的态度,承认自己是一个凡人。求助是一种将自己的人生放在无限的时空来做事。求助其实也是自己张开双手和这个世界开始连接,因为你的求助,对方被需要,我们感受到了人间的爱,对方感受到了自己的价值,何乐而不为呢?请求别人帮忙,其实是一件相互成就的事情。

案例 10:"请求帮忙"使回复率提高了 2 倍

美国最著名的销售员肯·戴克先生曾说到一个例子,他以前寄给代理商的询问函件,所得到的回复信件总数还不到全部发出信函的 8%。假如有 15%的回信,就已经很不错了。可在他学习了卡耐基的社交技巧并成功运用在工作中以后,信函的回复率高达 42.5%,上升了三倍。

这些创造奇迹的信件,其实内容很简单。肯·戴克把主题定位在"请求帮忙":

先让收信人感觉到自己受到了重视,优越感倍增;之后讲述这次合作的主要目的,但在讲述的过程中,戴克先生没有强调自己的公司多么有名,而是强调他有多么仰仗对方。并且说:"如果没有您的帮助,我甚至都不能向公司的经理汇报工作,只有您才能回答我的问题。"

请求帮助的重点,就是让对方感到自己受到重视,受到尊重。因此,戴克先生不仅放低了姿态,还一直用"您"来称呼对方。正是因为这种被尊重的感觉,会让被请求帮忙的人敞开自己的心扉,发自内心地想要帮助你。

时代发展到今天,要想成功,最快速的办法就是寻求成功者的帮助,并与对方齐心合力共同完成。懂得在适当的时候寻求他人的帮助并不意味着依赖他人,也不是可耻的事,完美的互助与合作永远不能被忽视。有时候,尽力而为,竭尽全力,实际上不如借力而行。

乔布斯说过,大多数人缺少人生经历的原因是他们从来不去求助。而不去向人求助,明明很简单的事情,可能变成不可逾越的高山。

受制于每个人眼界、学识、经验、格局的不同,每个人都能尝试性地拿出不同的方案来,有的人可以一上来就能拿出一个相对比较合适的方法,但是更多的人是不具备这个能力的;而有的人却可以更好地去实施新的方案。因此,需要借助别人的能力来推动成功。

(2)能找到合适求助渠道也是能力的一种体现

求助是一种能力,一种和别人建立亲密关系的能力。有时还能趁机解决过去一直没有解决的问题,如下面的案例。

案例 11:富兰克林借书化敌为友

在富兰克林年轻的时候,他将所有的积蓄都投资在了一家印刷厂。因此他必须设法让自己成为那家印刷厂所在城市的议会书记,因为那个职务,更容易接到政府的印刷生意。

但是有一点,富兰克林有个敌人,他是议会中最富有、最有能力的人,如何突破这个障碍就成了当时的富兰克林最大的难题。继续和政敌对着干,显然是吃力不讨好,去迎合政敌,又一定会引起对方的轻蔑和怀疑,那么富兰克林是怎么做的呢?

富兰克林通过朋友了解到,那位政敌的藏书馆里有一本极为少见的奇书。之后,富兰克林便写信给他,求这位政敌能够将书借给自己。

富兰克林在信中表达了对对方的知识和成就的钦佩,并含蓄委婉地表达了仰慕之情。之后，这位政敌很快就托人把书送来。一星期后，富兰克林把书还给对方时还附上了一封信，深深表达了自己的感激之情。

几天后，当富兰克林与这位政敌见面时，这位政敌不仅主动开口跟富兰克林讲话，并且讲话的语气非常客气。还表示，之后在其他事上也愿意帮助富兰克林。这种态度的改变，就是富兰克林请对方帮忙，使对方获得了充分的自重感而得到的。

如果你想征服珠穆朗玛峰，那么你最好去请教一位已经成功登顶过的登山者。生活中也是这样，如果你想追求什么建议，一定要去找一位已经做到过的人。如果你想在某个领域里做到超乎常人的水平，那就不只是找个内行请教，而是要找到一位可以让你长期请教的内行。

因此，能到有针对性的合适的求助渠道求助，是一种体现甄别问题、解决问题的能力。因为你不能遇到问题就立刻去求助，你自己要先思考，找到自己的"卡"点，再去求助，并明确向谁求助能解决你的问题。

3. 坚持不懈是真谛

成功切忌有始无终，半途而废。许多人之所以无法取得成功，不是因为能力不够、热情不足，而是缺乏一种坚持不懈的精神。工作时往往虎头蛇尾、有始无终，做事东拼西凑、草草了事。对目标容易产生怀疑，行动也始终处于犹豫不决之中。例如，看准了一项工作，充满了热情开始去做，常常在刚做到一半时又会觉得另一份工作更有前途。时而信心百倍，时而又低落沮丧。可以说，这种人也许能短时间取得一些成就，但是从长远来看，最终一定会是一个失败者。因为在这个世界上，没有一个做事虎头蛇尾、迟疑不决、优柔寡断的人能够获得真正的成功。

对一位积极进取的员工来说，有始无终的工作恶习最具破坏性，也最具危险性。它会吞噬你的进取之心，它会使你与成功失之交臂，使你永远不可能出色地完成任何。古人云："行百里者，半于九十"就是这个道理。

成功需要正视所遇到的挫折和失败；要具有极大的韧性和毅力，不达目的决不罢休。例如，《肖申克的救赎》主角安迪·杜弗伦用六年的时间写信，终于获得各方的支持和捐助，在监狱建成了图书阅览室。

任务实现

4.4.4 分组比赛，三天卖出职业装的套数

任务：三天能卖出多少套职业装

1. 任务目的
培养敢于挑战"不可能"的勇气和追求成功的心态，培养发散性思维和创新思维。

2. 任务目标
3天能卖出多少套职业装？售卖对象不限。以小组为单位计算，并计算最后的利润。

3. 任务规则
- 提供服装宣传彩页、服装样品，各小组向目标人群推广销售职业装。
- 服装限制最低销售价格，可以卖高价，以提高利润。
- 各小组不得恶意竞争或发生争吵。

4. 汇报分享

- 统计、公布销售结果和利润率。
- 各小组安排1人分享销售方案、亮点和不足之处。
- 其他成员可以补充，也可以分享不同观点。

➡ 任务小结

4.4.5 成功导向性促使我们征服更多的绩效高峰

成功最大的敌人其实并不是缺少机会，或是能力有限，而往往是缺乏对自己情绪的控制。其实，每一个成功的人都是能够控制自己情绪的高手，不会被自己的情绪所左右，成功也更容易被他们得到。

从某种程度上来说，真正打败你的敌人不是别人而是你自己。因为我们的失败往往是因为我们不能控制自己的情绪而造成的，如果我们能够掌握自己的情绪，那么我们就更容易掌握命运。

有成功导向性的人愿意承担重要的且具有挑战性的任务，努力不懈地追求事业上的进步；有成功导向性的人表现为要做出比别人更好的业绩；表现为对现在业绩的不满足，完成工作之后总是为自己设立更高、更具有挑战性的目标；表现为个人关注结果、效率和标准，并追求改进工作或服务，力求资源使用最优化；表现为在困难面前不认输，下定决心去完成一项有难度的任务。

强烈的成功欲望，促使我们对未来充满信心，在野心勃勃、朝气蓬勃的激情和锐气驱动之下，我们精神抖擞，斗志昂扬，在征服一个又一个绩效高峰的过程中，我们可以达到自我实现的最高境界。

4.5 执行力

➡ 任务目标

4.5.1 哪个团队的纸飞机飞得远

◎ 任务名称

任务：哪个团队的纸飞机飞得远？

◎ 任务分析

学习执行力相关的知识和提升执行力的建议措施，然后，开心完成体现团队执行力的实训活动。

实现准备	课堂活动	活动一：你怎么看他们的观点？
	课堂讲解	知识点：理解执行力对个人和企业的重要性 知识点：体现个人执行力的特质
实现参考	课堂活动	活动二：从《亮剑》看执行力
	课堂讲解	个人缺乏执行力的原因和提升措施
	扩展阅读	组织缺乏执行力的原因和提升措施
任务实现	课外实训	任务：哪个团队的纸飞机飞得远？
任务小结	课后思考	高效的执行力是职场成功的关键

➡ 实现准备

4.5.2 理解执行力对个人和企业的重要性

活动一：你怎么看他们的观点

1. **活动目的**：加深、加强对执行力重要性的认识。
2. **活动流程**

（1）阅读这些业界领袖的观点

"在企业运作中，其战略设计只有10%的价值，其余的全部都是执行的价值。"——哈佛商学院前院长波特	确定目标不是主要的问题，你如何实现目标和如何坚持执行计划才是决定性的问题。"——德鲁克	"没有执行力，就没有竞争力！微软在未来十年内，所面临的挑战就是执行力。"——比尔·盖茨	"一位领导者的成功，5%在战略，95%在执行"——ABB公司董事长巴尼维克

（2）快速思考、讨论分享
- 你理解的执行力是什么？请举例说明。
- 你看了这些业界大佬的观点，你怎么看？
- 请你对自己的执行力进行评分？

知识点一：理解执行力对个人和企业的重要性

1. **执行力的概念**

执行力指的是贯彻战略意图，完成预定目标的操作能力。是把企业战略、规划转化成为效益、成果的关键。执行力包含完成任务的意愿，完成任务的能力，完成任务的程度。

对个人而言，执行力就是办事能力；对团队而言，执行力就是战斗力；对企业而言，执行力就是经营能力。

衡量执行力的标准，对企业而言就是在预定的时间内完成企业的战略目标。对个人而言就是按时、按质、按量完成自己的工作任务；执行力重过程，更要结果，不是执行就完了，更重要的是执行过后的结果，如果只有过程没有结果，从企业的角度来看，就是在做无用功。

2. **如何理解执行力**

在这个充满竞争的世界里，有的人成绩斐然，有的人庸庸碌碌，一个重要的原因就是优秀者更有实现构想的能力，这就是一个人的执行力。

伟大事业的成功源自每一个细节的完美。同样，任何一次重大灾难也源自一些不起眼的小事上的失误。因此，从个人的角度来讲，执行力就是"行动力"，就是每个员工在每个阶段都做到一丝不苟，从而最终不折不扣地完成任务。

案例1：把信送给加西亚

美西（西班牙）战争爆发时，美国总统需要立即与古巴的起义军首领加西亚取得联系。但没人知道加西亚在古巴的哪座山里，怎么办？

有人对总统说："如果有人能够找到加西亚的话，那么这个人就是罗文。"

于是总统把罗文叫来，交给他一封信，让他把信送给加西亚。罗文接过信之后，并没有问"他在什么地方"？没有抱怨，没有问一大堆问题，而是马上行动，自己想办法，出生入死，历尽艰辛，把任务完成了。

个人如此，企业也是如此，一个优秀的企业做同样的事情，但是却比别人做得更好，落实得更到位、更迅速，能够从激烈的竞争中脱颖而出，独占鳌头，靠的就是企业的执行力。

对企业而言，《执行力》（Larry Bossidy 与 Ram Charan 合著作）一书中阐述："执行力应该成为一家公司的战略和目标的重要组成部分，它是目标和结果之间'缺失的一环'。"由此，从组织的角度来讲，我们对执行力可以这样理解，执行力就是连接目标和结果的"那一环"，是将企业的长期战略一步步落到实处的能力。因此，判断一个组织的执行力如何，即看这个组织能否保质保量地实现既定战略。

从个人和组织的两个角度，将对执行和执行力的理解总结如下：

类　　别	个　　人	企　　业
执　行	即"行动"，指把想法变成行动；把行动变成结果；保质保量完成任务，不折不扣得到结果！	指"贯彻、实施"，即将战略落实到实处。
执行力	即"行动力"，是指把想干的事干成功的能力，注重细节、保质保量、按时完成任务的能力。	指贯彻战略意图，完成预定目标的能力。

3. 执行力原则

（1）执行开始前：决心第一，成败第二

有些事情，我们现在不做，可能，我们永远都不会做了。

案例2：你真正做决定了吗

郭台铭随身带个小闹钟，性格十万火急。他带人如带兵，看不得年轻人不上进，看不得事情没效率，他可以三天三夜不睡觉赶出货来，可以直接冲到生产线，连续6个月守在机器旁，硬是盯着磨出技术！

"执行力说穿了，就是看你有没有决心。"

如果已在执行阶段，还在想是不是应该做，这时执行就会有问题！如果不想做事的话，任何人都可以找N个理由来不做。

这个时候只有一样东西发生作用，那就是我们有没有决心！执行的关键是建立必胜的信心和决心，任何事，只要我们认为做不成，那成功的概率就是零！

建立我们的决心！不能再有"以后再做"的事发生，因为根本没有明天再做这回事。今天不是决定我们明天做什么，而是决定我们明天成为什么。

不要错过今天，将一星期前、一个月前、一年前的害怕、怯懦、毁灭信心的思想从我们心中除去，今天是我们充满信心，永远摈弃害怕的日子，我们今天才会充满信心地行动！这就是支撑我们每天走向成功的秘诀。

（2）执行过程中：速度第一，完美第二

"速度第一，完美第二"，是因为完成比完美更重要，而不能因为一味地追求完美，而导致迟迟不能完成任务或严重降低了完成任务的速度。现在不是大鱼吃小鱼的时代，而是快鱼吃慢鱼的时代。

竞技场上，一个出拳速度快的小个子一定能够击败动作迟缓的大块头，快如闪电，就会瞬间爆发惊人的力量。所有的经济组织无不追求"更高、更快、更强"，它不仅是奥运会的著名格言，也是企业运行的不二法则，企业永远喜欢有速度的人。

（3）执行结束后：结果第一，理由第二

领导相不相信信誓旦旦，相不相信你的承诺不重要，但领导一定只相信已经发生的事实，只关心正在发生的事实和数据。不管白猫黑猫，抓住老鼠的就是好猫！因此，不要总是首先想到给自己开脱，总是先找一堆借口和理由。

案例3：联邦快递——把客户所托变成使命

2000年11月初，台风"象神"袭击台湾，带来大暴雨，基隆河水位暴涨，新店、文山及瑞芳地区几乎成了一片汪洋，最严重的汐止地区还出现两层楼高的严重积水，有不少人因此溺毙，台湾全省道路也出现多处塌方，再加上泥石流夹击，电力、电信系统严重受损，台湾地区笼罩在一片凄风苦雨中。

虽然行业内其他的货运快递业者都已停止递送，但联邦快递没有宣布停止服务，所有一线的员工都坚守在岗位上，丝毫不敢懈怠。

在四处都有积水的情况下，送信当然是一件十分危险的任务，快递员刘天一回想，"当时完全没有考虑危不危险、辛不辛苦，心里只想着公司的精神是'使命必达'，无论如何也得把货送到。"

"当客户开门的一刹那，看到的是全身滴着水，满脸笑容的刘天一。那时客户的表情只能用'除了惊讶，还是惊讶'来形容，因为没有人会想到，台风天还能准时收到货。"虽然，冒着风雨送货最后只换来一句简单的"谢谢"，不过刘天一依旧笑容满面地表示，"但是我相信，他们将成为我们一辈子的客户。"

眼中有结果，就不会有困难，眼中有困难，就不会有结果，结果和困难是跷跷板上的两极。我们是靠结果生存，我们不能靠理由生存，没有结果，我们就不能生存，这是硬道理！所以，在执行过程中，多想办法，少想借口。

4. 执行力对个人的重要性

对个人而言，没有执行力，一切梦想、设想、构想、理想，统统都只能是幻想和空想！没有执行力，将一事无成。

执行力强的人，不但能得到上级的表扬、考评、奖金的加分、团队的整体表现受到表扬，而且个人素质将得到显著的提高。

（1）有能力没表现等于零

每个人都有自己的长处，知晓自己的长处并通过实践让自己的价值得到他人认同，才能获取更大的发展空间。所以，如果自认为是匹千里马，请先日行千里路，在展现自己能力的同时，伯乐也会出现。千万记住：潜在优势只有发挥出来才能成为优势，否则就会变成包袱。

（2）有计划没行动等于零

计划只是执行的前提，而行动才是执行的真谛，如果计划不能通过行动去实践与总结，任何完美的计划都只能是一个永不能实现的童话。所以说，创新的关键不是制定多么完美的方案，而是即刻行动。

（3）有机会没争取等于零

授之以鱼不如授之以渔，工作绝不仅仅是一份薪水，工作中，市场上涌现的种种机会同时也是培养和锻炼自己能力的一个良机，争取机会、把握机会只需要比别人多想一点、多做一点。

（4）有布置没监督等于零

工作要有布置、有落实、还要有监督，只有通过监督总结，才可能从监督总结中发现问题、处理问题、总结经验、吸取教训。才可能在最后把工作开展得更好。在这一点上，PDCA 循环系统是每个员工必须面对和思考的问题。

（5）有行动没持续等于零

每个人都积极谋求进步，团队才能进步，持续的进步将是团队不断成长，"无功就是过，功小也是过"，如果进步没有持续或有一点小进步就原地不动，最终的命运只能是末位淘汰。

（6）有问题没处理等于零

面对瞬息万变的市场，任何计划在实施过程中都有可能由于小小的疏忽而导致整个行动的失败。所以，除了完美的计划、细节的把握及时地实施外，还需要对过程中发现的每一个小问题进行处理、弥补，以防"千里之堤，溃于蚁穴"。

（7）有行动没结果等于零

执行力强，也辛苦了，但没有结果，对做成事还有意义吗？

案例 4：俄罗斯人种树的故事

一天，一对中国夫妇坐飞机去俄罗斯旅游，一下飞机就看见飞机场旁边的空地上有两个人在那里，一个人在前面挖坑，另一个人在后面就把坑填平。

一直重复着这样的动作，中国人都很好奇，于是就站在那里看那两个俄罗斯人到底在做什么？可是看了很久也看不明白这两个人到底在做什么，于是这一对中国夫妇就上前去问了，说："请问你们两个人在做什么呀？"俄罗斯人就说了："我们在栽树啊。"

中国夫妇嘴巴张得大大的，"奇怪呢？这里树都没有怎么说是在栽树呢？"

俄罗斯人解释说："我们栽树本来是三个人，一个人负责挖坑，一个人负责放树，一个人负责培土，今天负责放树的人请假了没有来，我们又不能不做自己的工作，所以还是一个人挖坑，一个人培土。"中国夫妇恍然大悟。

这个故事告诉我们，完成了种树的任务，但不一定真种了树，种的树也不一定都会结果。

---

5. 执行力对组织的重要性

（1）执行力低下是企业管理的最大黑洞

- 为什么伟大的理想不能如愿转变为现实？
- 为什么无懈可击的战略方案达不到预期的效果？
- 为什么经过科学论证的目标不能如愿变成具体的结果？
- 为什么小心翼翼费尽心思却被对手抢占先机？
- 为什么同样的计划，同样的策略，业绩却相差十万八千里？

一系列的"为什么"让人很难找出理想的答案！但是，这些"为什么"的背后都隐含着一个重要的现实，那就是执行不力！

曾有一权威公司做过调查：在整整一年的时间里，许多公司只有15%的时间在为顾客提供服务，其余85%的时间所做工作对顾客而言根本没有意义。

换言之，公司为了维护组织自身平衡稳定，将大量的时间和精力花在了企业内部协调、开会、解决人事问题、处理各种管理纷争上了，此时企业组织变成了"为了存在而存在"而非"为了顾客而存在"。然而顾客却必须为15%的价值，向公司支付100%的货币。执行力低下，已成为企业管理的最大黑洞。

（2）强大的执行力是实现战略的必要条件

当企业的战略方向已经或基本确定，这时候执行力就变得最为关键。许多企业的失败不是战略的问题，而是战略执行的问题。再好的战略，如果不去执行，也只是空谈。

其实，很多公司都有许多大致不二的方法和程序，执行力的不同造成了结果的巨大差异！执行力是一切战略得以顺利实现的关键要素。如果没有执行力，战略最终只是一句空话。

知识点二：体现个人执行力的特质

1. 自动自发，诚信工作

要提高个人的执行能力，必须解决好"想执行"和"会执行"的问题，把执行变为自动自发的行动。有了自动自发的思想就可以帮助你扫平工作中一切挫折。

在日常工作中，我们在执行某项任务时，总会遇到一些问题。而对待问题有两种选择。一种是要充分发挥主观能动性与责任心，不怕问题，想方设法解决问题，千方百计消灭问题，结果是圆满完成任务；另一种是面对问题，一筹莫展，不思进取，结果是问题依然存在，任务也不可能完成。

反思对待问题的两种选择和两个结果，我们会不由自主地问到，同是一项工作，为什么有的人能够做得很好，有的人却做不好呢？关键是一个思想观念认识的问题。事实上是，观念决定思路，思路决定出路。观念转、天地宽，观念的力量是无穷的。所以要提高个人执行力就要加强学习，更新观念，变被动为主动。

在实际工作中我们发现所有的工作，有制度，有措施，可是还有违章。究其原因，就是态度问题，一个做人是否诚实、做事是否认真的问题，做人要有一个做人的标准，做事也要有一个做事的原则。要时刻牢记执行工作，没有任何借口，要视服从为美德；无论在任何岗位，无论做什么工作，都要怀着热情、带着情感去做，真正做到诚信做人，勤奋做事。

2. 敢于负责，注重细节

工作中无小事，工作就意味着责任，责任是压力，也是努力完成工作的动力。做工作的意义在于把事情做对做好，最严格的标准应该是自己设定的，而不是别人要求的，如果对自己的期望比领导对你的期许更高，而不是做五成、六成的低工作标准，甚至到最后完全走形而面目全非，同时把做好工作当成义不容辞的责任，而非负担，就没有完不成的任务。因此提高个人执行力就必须树立强烈的责任意识和进取精神，坚决克服不思进取、得过且过的心态，养成认真负责、追求卓越的良好习惯。

认真负责的同时，我们还要养成一种叫作追求完美或者说注重细节的习惯。看不到细节，或者不把细节当回事的人，对工作缺乏认真的态度，对事情只能是敷衍了事。这种人无法把工作当作一种乐趣，而只是当作一种不得不受的苦役，在工作中也就缺乏工作热情。他们只能永远做别人分配给他们的工作,甚至即便这样也不能把事情做好。而考虑细节、注重细节的人,不仅会认真对待工作,勤奋工作,也一定会将大事做好,将小事做细,并且在细致的工作中找到工作的成就感。因此在工作中注重细节,养成完美的习惯将是提高个人执行力不可或缺的一项条件。

3. 追求新知,创意工作

"未来的文盲不再是不识字的人,而是没有学会怎样学习的人。"从这位哲人的话语中我们不难体会到,善于学习是最基本、最重要的第一能力。没有善于学习的能力,其他能力也就不可能存在,因此也就很难去具体执行,更何谈执行力呢?

当今社会,一切均在不断地发展变化中,而且发展变化的速度不断加快。这个社会中,唯一不变的也是变化。要想适应社会的变化,跟上社会的变化进程,武装自己头脑是我们唯一的选择,努力学习追求新知,就成为提高个人执行力的重要条件。

4. 忘我工作,永不放弃

忘我工作,也可以说是全身心地投入工作。如何全身心地投入工作呢?就必须发扬严谨务实、勤勉刻苦的精神,坚决克服夸夸其谈、评头论足的毛病。真正静下心来,从小事做起,从点滴做起。一件一件抓落实,一项一项抓成效,干一件成一件,积小胜为大胜,养成脚踏实地、埋头苦干的良好习惯。而没有忘我的工作,好高骛远、作风漂浮,就无法将工作进行到底,对成功就少了一份执着。而有了这份执着的精神,在执行中就不会斤斤计较得失,不会吝啬付出和奉献。从而才能真正地提高个人的执行能力。

永不放弃是指在工作中具有挫折忍耐力、压力忍受力、自我控制力和意志力;永不放弃首先表现为坚强的意志,对目标的坚持,"不以物喜,不以己悲",认准的事情,无论遇到多大的困难,仍要千方百计地完成它。另外,在工作中保持良好的体能和稳定的情绪状态,同样体现永不放弃的精神。当处于巨大压力或产生可能会影响工作的消极情绪时,能够运用适当的方式消除压力或消极情绪,避免自己的悲观情绪影响他人,可也不是每个人都能做到的。因此具有永不放弃的精神也是高效执行力的重要表现。

5. 和谐友好,注重团队

俗话说"人无完人",就个人而言是不可能独立完成所有工作的。要提高个人的执行力就必须建立良好的人际关系,不仅在别人寻求帮助时提供力所能及的帮助,还要主动帮助同事;反过来我们也能够坦诚地乐于接受别人的帮助。

另外,好的沟通是成功的一半,通过沟通,群策群力集思广益可以在执行中分清战略的条条框框,适合的才是最好的。通过同事间的合力达到完美执行的目的。

➡ **实现参考**

4.5.3 提升个人执行力和企业执行力的措施

活动二:从《亮剑》看执行力

1. 活动目的:

理解、感悟执行力对于团队的重要性,而团队最终必须依赖个人执行力。

2. 活动流程

（1）阅读材料

电视剧《亮剑》中，李云龙的队伍就是一支非常讲究战斗力、讲究执行力的团队，整个队伍因为"执行——不要问老子为什么"的气氛，形成了超强的执行力，每个人都像一匹野狼，整个队伍更像是狼群，所向披靡，让敌人闻风丧胆！

《亮剑》执行力

相关视频，可以扫描二维码或在网上查看。

（2）快速思考

- 李云龙团队进行了二十二年的武装斗争，从弱小逐渐走向强大，靠的是什么？
- 我们能得到什么启发呢？尤其是当我们遇到天灾人祸、重大困难时。

观点参考：个人缺乏执行力的原因和提升措施

1. 个人缺乏执行力的原因

（1）没有上进心，自我要求标准低

没有追求，没有上进心的人，对自己的要求标准低，做事浅尝辄止，遇到困难就掉头。这样的员工很难有很强的执行力。

（2）优柔寡断，不敢决策

如同马云说的一样，很多人晚上想想千条路，早上起来走原路！

如果优柔寡断，不敢决策，则会白白地失去许多机会。

（3）拖延磨叽，缺乏行动

"最消磨意志、最摧毁创造力的事情，莫过于拥有梦想而不开始行动"。

拖延不会让事情凭空消失，只会让普通的事情变成紧急的事情。

拖延消磨了意志，使人丧失进取心。一旦开始遇事拖沓，就很容易再次拖延，直到变成一种根深蒂固的习惯。拖延只能让他人领先。任何憧憬、理想和计划，都会在拖延中落空。

（4）意志不坚定，缺乏毅力，不能吃苦

不能吃苦，没有毅力，没有坚决完成任务的坚强信念，遇到困难时往往选择逃避，而不是勇敢面对、积极寻找方法或者寻求帮助。

2. 提升个人执行力的方法

（1）树立目标，并加强危机意识

改变自己浑浑噩噩的状态，认识到社会竞争的残酷性，做好个人的职业生涯规划，制定阶段化的目标和切实可行的计划，并严格要求自己，提高自己的工作能力和执行力。

通过目标的牵引和危机感的催促，改变自己麻木不仁、安于现状、裹足不前的危险状态。

（2）不要迟疑，当机立断，立即行动

哥伦布说："即使决定是错误的，那我们也可以通过执行来把事情做对，而不是再回头讨论。"

如果我们总是希望能把事情考虑周全以后再行动，这固然没错，但这也是瞻前顾后、犹豫不决的体现。我们做事不能当机立断，一旦犹豫不决的时候，我们便会畏缩。畏缩就无法前进，就会失去很多机会，就会白白地蹉跎时光，留下悔念。

晏子说，"为者常成，行者常至"。行动未必带来好的结果，但不行动就永远不会有结果。

行动，撬动梦想。

说一尺，不如做一寸，想一丈，不如做一尺，任何事都立刻去做的人才是伟大的人。什么事情不怕自己不懂，只怕自己不做，边做边学，总会有成绩的。

因此，要做行动的巨人！圣雄甘地说："重要的是行动本身，而不是行动的结果。你必须做正确的事情，你的权利也许不够大，时间也许不够多，但是这并不表示你就应该停止做正确的事。也许你永远也不能预知你所采取的行动会带来什么成果，可是如果你什么也不做，那就绝对不会得到任何成果。"

（3）积极进取，增强责任意识

责任心和进取心是做好一切工作的首要条件。责任心强弱，决定执行力度的大小；进取心强弱，决定执行效果的好坏。因此，要提高执行力，就必须树立起强烈的责任意识和进取精神，坚决克服不思进取、得过且过的心态。把工作标准调整到最高，精神状态调整到最佳，自我要求调整到最严，认认真真、尽心尽力、不折不扣地履行自己的职责。绝不消极应付、敷衍塞责、推卸责任。养成认真负责、追求卓越的良好习惯。

（4）接受任务做到100%的理解，在理解任务中发现问题及时反馈

明确自己的工作岗位职责，熟知生产工艺流程，岗位操作步骤、注意事项，公司相关管理规定以及上级传达信息的内容。具体到每次任务或指令都要多做到100%的理解。

发现上级的指令有错应立即提醒上级，发现文件资料写的与实际不符且操作困难应及时报告上级，并提出自己的观点。

（5）脚踏实地实干，提高办事效率

"天下大事必作于细，古今事业必成于实。"虽然每个人岗位可能平凡，分工各有不同，但只要埋头苦干、兢兢业业就能干出一番事业。好高骛远、作风漂浮，结果终究是一事无成。因此，要提高执行力，就必须发扬严谨务实、勤勉刻苦的精神，坚决克服夸夸其谈、评头论足的缺点。真正静下心来，从小事做起，从点滴做起。一件一件抓落实，一项一项抓成效，干一件成一件，积小胜为大胜，养成脚踏实地、埋头苦干的良好习惯。

"明日复明日，明日何其多。我生待明日，万事成蹉跎。"因此，要提高执行力，就必须强化时间观念和效率意识，弘扬"立即行动，马上就办"的工作理念。

坚决克服工作懒散、办事拖拉的恶习。每项工作都要立足一个"早"字，落实一个"快"字，抓紧时机、加快节奏、提高效率。做任何事都要有效地进行时间管理，时刻把握工作进度，做到争分夺秒，赶前不赶后，养成雷厉风行、干净利落的良好习惯。

（6）磨炼意志，培养毅力

"中国式管理之父"曾仕强说："我们要了解，一个人如果没有做大事的打算就算了，既然要做大事，就要面对困难和挫折。挫折越严重，你就越知道自己是要做大事的人，这样激励自己才能成功。"

错误并不可怕，就怕错了不能够清醒地认识到错误的严重性，将导致再犯同样的错误。认真对待错误的处罚，处罚目的是为了激发你进步。因此，遇到困难或挫折，要有"啃下硬骨头"的勇气和决心，绝不要轻易放弃！

（7）关注细节，追求卓越；开拓创新，改进工作方法

众所周知，德国是一个严肃认真的民族。德国在"二战"前修建的高速公路现在还用着。再来看我们的高速公路，没几年就出现问题了。

我们与德国的高速公路，从硬件上看，相差不大，但从软件上看，却在设计和施工上缺少

那么一点认真。也就是说，在工作时不注重细节，不追求完美。可以说，在世界上，讲到追求细节、完美，很少会有人提到中国人。中国想做大事的人太多，而愿把小事做细、做完美的人太少。一个做事不追求完美的人，是不可能成功的，而要达到完美，就必须注重细节。然而，环顾我们周围，大而化之、马马虎虎的毛病随处可见。"差不多"先生比比皆是，"好像""几乎""将近""大约""大致""大概""应该""可能"成了"差不多"先生的常用词。如果执行得不好，那么再好的设计也只能是纸上蓝图。唯有执行得好，才能完美地体现设计的精妙，而执行过程中最重要的就在于细节。

只有改革，才有活力；只有创新，才有发展。面对竞争日益激烈、变化日趋迅猛的今天，创新和应变能力已成为推进发展的核心要素。因此，要提高执行力，就必须具备较强的改革精神和创新能力，坚决克服无所用心、生搬硬套的问题，充分发挥主观能动性，创造性地开展工作、执行指令。

（8）完成任务，更要结果

任务在这里指工作过程的描述，而结果是我们想要的东西。例如，吃饭是任务，吃饱是结果；看书是任务，学到东西是结果；广告是任务，销售是结果……

看看窗外的大街上，很多人熙熙攘攘，来来往往。上班如洪流一般的人们，有多少人，在一天天进步；而又有多少人，碌碌而无所获；有多少人在追逐任务，有多少人在追逐结果。追逐结果的人，才能成长。

管理上的很多道理，可以应用在个人成长方面，对我们的人生会产生积极帮助。对结果的渴望，会让我们忽略很多可能成为借口的东西。结果是有价值的，没有结果时，任务也是没有价值的。

扩展阅读：组织缺乏执行力的原因和提升措施

影响组织执行力的元素包含企业文化、制度流程、领导力表率、监督考核机制、员工执行力和奖惩方法等。如何提升组织执行力呢？请扫描二维码阅读了解。

组织执行力提升措施

任务实现

4.5.4 看哪个团队的纸飞机项目得分最高

任务：哪个团队的纸飞机飞得远

1. **任务目的**：体现团队和个人执行力。
2. **任务类型**：室外空旷场地
3. **任务形式**：分团队进行，每团队 10~12 人，每个团队选出 1 个队长
4. **任务规则**：

（1）先发给每人一张白纸，让大家按照自己的想法把白纸折成飞机，每个团队轮流站到一条直线前，队员一个个把飞机扔出去，每个队长会记住谁的飞机飞得最远，然后指定这架纸飞机的主人为教导员。

(2)等所有团队都试飞过自己的飞机后,给每个团队 75 张白纸,并且要求在 15 分钟内把纸变成飞机从刚才的直线的后面向前扔,如果飞机落地时超过 15 米外的一条直线就得到 1 分,通过最后的得分统计确定团队前三名。

5. 问题讨论、分享
- 同样的白纸,同样的时间,每个团队的得分为什么会出现如此大的差距呢?
- 各小组安排 1 人分享小组讨论结论;其他成员可以补充,也可以分享不同观点。

6. 观点分享:折飞机活动的启示

在这个游戏中,团队中有的飞机飞得远,有的飞得近。但最终取得高分的团队一定是多项措施都做得比较好的。扫描二维码阅读分享的启示。

折飞机活动的启示

> **任务小结**

4.5.5 高效的执行力是职场成功的关键

成功从来不是一蹴而就,对于任何人来说,比起各种成功思维、各种想法、各种计划,我们更需要的是执行力。

给自己确定目标,设置目标愿景、再拆解目标,一步步脚踏实地地完成各个小目标,长此以往心无旁骛的坚持,我们才能离成功更进一步。

记住:想,都是问题;做,才有答案。

4.6 职场礼仪与形象

> **任务目标**

4.6.1 职场交际情景演练

> **任务目标**

任务:职场交际情景演练

> **任务分析**

学习相关职场礼仪和职场形象相关知识,现场演练完成本节任务。

实现准备	课堂活动	活动一:职场礼仪演示
	课堂讲解	知识点:认识礼仪、个人职场礼仪和办公室礼仪
		知识点:个人职业形象
任务实现	课堂实训	任务:职场交际情景演练
任务小结	课后思考	知礼仪,修形象也是获取事业成功的重要保障

> 实现准备

4.6.2 职场礼仪和职场形象

活动一：职场礼仪演示

1. 活动目的

意识到礼仪无所不在，礼仪是否规范是需要学习的。

2. 活动流程

（1）现场模拟

选班上一个男同学和一个女同学到讲台，模拟职场初次见面的自我介绍、握手场景。

（2）现场评判
- 先看服饰、穿戴是否符合礼仪？
- 再看他们的自我介绍、相互握手的礼仪是否合适？

知识点一：认识礼仪、个人职场礼仪和办公室礼仪

1. 认识礼仪

（1）什么是礼仪

亚里士多德强调人与人之间交往和沟通的必要，他说："一个人不跟别人打交道，他不是一个神就是一个兽。"

我国是"文明古国，礼仪之邦"。孔子曰："非礼勿视，非礼勿听，非礼勿言，非礼勿动。"古人说："礼出于俗，俗化为礼。"早在先秦周公的"制礼作乐"、北京人的"老礼儿"，到"五讲四美"、各行业的服务规范，都包含了仪容仪表、言行举止、为人处事等内容。

礼仪是一门综合性较强的行为科学，是指在人际交往中，自始至终地以一定的、约定俗成的程序、方式来表现的律己、敬人的完整行为。礼仪是人们在交往活动中向对方表达尊重、友好、善良、平等的各种行为规范总称。礼就是<u>道理、规矩、规则</u>；仪则是<u>仪态、仪容、仪式</u>。

礼仪表达具有民族性、区域性。学习礼仪的核心价值是美好与和谐。

（2）礼仪的内容
- 礼貌：人们在相互交往过程中应具有的相互表示敬意、友好、得体的气度和风范。
- 礼节：人们在社会交往过程中表示出的尊重、祝颂、致意、问候、哀悼等惯用的形式和规范。
- 仪式：在特定场合举行的、具有专门程序、规范化的活动。如发奖仪式、签字仪式、开幕式等。
- 仪表：是指人的外表。如容貌、服饰、姿态等。

（3）礼仪的原则

1）律己

<u>自我要求、自我约束、自我控制、自我对照、自我反省、自我检点</u>，这是礼仪的基础和出发点。

2）敬人

这是礼仪的重点和核心。是对待他人的诸多做法中最重要的一条，就是要敬人之心常存，处处不可失敬于人，不可伤害他人的尊严，更不能侮辱对方的人格。掌握了这一点，就等于掌握了礼仪的灵魂。礼仪的核心是敬人，即尊重为本，尊重分自尊与尊他。

① 自尊
- ◇ 首先，自尊为本，自尊自爱，爱护自己的形象。
- ◇ 其次，要尊重自己的职业，"闻道有先后，术业有专攻"。
- ◇ 最后，要尊重自己的公司。

② 尊重他人：对不同人的尊重体现的个人修养
- 尊重上级是一种天职；
- 尊重下级是一种美德；
- 尊重客户是一种常识；
- 尊重同事是一种本分；
- 尊重所有人是一种教养。

3）宽容

既要严于律己，更要宽以待人。要多容忍他人，多体谅他人，多理解他人，千万不要求全责备，斤斤计较，过分苛求。

4）平等

对任何交往对象都必须一视同仁，给予同等程度的礼遇。不允许因为交往对象彼此之间在年龄、性别、种族、文化、身份、财富及关系的亲疏远近等方面有所不同而厚此薄彼，给予不同待遇。但可以根据不同的交往对象，采取不同的具体方法。

5）真诚

务必诚实无欺，言行一致，表里如一。只有如此，自己在运用礼仪时所表现出来的对交往对象的尊敬与友好，才会更好地被对方理解并接受。

6）适度

必须注意技巧及其规范，特别要注意做到把握分寸，认真得体。

7）从俗

由于国情、民族、文化背景的不同，必须坚持入乡随俗，与绝大多数人的习惯做法保持一致。切勿目中无人、自以为是。

（4）学习礼仪的现实意义

学习礼仪既是稳定秩序的保障、精英阶层的需要，也是社会发展的必然和文明进步的象征。

① 学习礼仪可以帮助我们
- 懂得人际交往的一般礼节；
- 提升职业成熟度；
- 掌握职业素养的评价标准；
- 提高职业修养和礼仪水准，使之固化为习惯；
- 培育高素质的职场环境，提升企业与个人的附加价值。

② 驰骋职场，礼仪更能帮助我们
- 塑造令人愉悦且符合规范的个人形象；
- 能与人和谐、友善、流畅地沟通；

- 化解各种矛盾、协调人际关系；
- 赢得好感、联络感情、积累人脉。

2. 个人职场礼仪

个人职场礼仪包括握手礼仪、介绍礼仪、名片礼仪、称谓礼仪、寒暄礼仪、约会礼仪、聚餐礼仪等，下面分别加以介绍。

（1）握手礼仪

① 握手的原则：尊者为先原则，由尊贵一方先伸手

② 握手的意义
- 表示友好；渴望结识。
- 愿意联络；加深印象。

③ 握手的顺序
- 男人和女人之间，由女人先伸手；
- 上级与下级之间，由上级先伸手；
- 长辈与晚辈之间，由长辈先伸手；
- 主人与客人之间，由主人先伸手。

④ 握手的要求

对方伸手后，我方应迅速迎上去，但避免很多人互相交叉握手，用大约2公斤的力，避免上下过分地摇动。
- 目视对方；面带笑容。
- 稍事寒暄；稍许用力。

握手禁忌：不能用左手，与异性握手不可用双手，不能戴墨镜、不能戴帽子、不能戴手套。不要在与人握手时递给对方冷冰冰的指尖，不在握手时长篇大论，或点头哈腰过分热情。

（2）介绍礼仪

① 介绍的原则：尊者优先了解对方情况

② 自我介绍
- 先递名片，再自我介绍；
- 介绍时间要短；
- 内容要规范。

③ 介绍别人
- 谁当介绍人：代表对客人的待遇；
- 介绍的先后顺序：客人优先了解情况。

④ 介绍礼仪的要素
- 先递名片；简短清晰。
- 内容完整；语言生动。

⑤ 介绍的顺序
- 男人与女人相遇时，将男士引见给女士；
- 上级与下级相遇时，将下级引见给上级；
- 长辈与晚辈相遇时，将晚辈引见给长辈；
- 来宾与主人相遇时，将来宾引见给主人；
- 已婚和未婚者相遇，将未婚引见给已婚；

- 介绍同事、朋友与家人相识，将家人引见给对方；
- 介绍与会先到者和后到者，应引见后来者给先到者。

（3）名片礼仪

① 名片的制作与使用

名片是个人形象与职业形象的有机组合，违反职业礼仪等于形象自残。

② 名片使用三不准

- 不得随意涂改；
- 不提供两个以上的头衔；
- 不提供私人联络方式。

③ 交换名片的礼仪

- 如果是坐着，尽可能起身接受对方递来的名片；
- 辈分较低者，率先以双手递出个人的名片；
- 到别处拜访时，经上司介绍后，再递出名片；
- 接受名片时，位置低者以双手去接，并确定其姓名和职务；
- 接受名片后，不宜随手置于桌上或轻慢地放置于裤兜中；
- 经常检查皮夹，不可递出污损或皱褶的名片；
- 名片夹或皮夹置于西装内袋，避免由裤子后方的口袋掏出；
- 尽量避免在对方的名片上书写不相关的东西；
- 不要无意识地玩弄对方的名片；
- 上司在时不要先递交名片，要等上司递上名片后才能递上自己的名片。

（4）寒暄的礼仪

早晨的打招呼是一天工作情绪和干劲的发端。要"先发制人"地给予对方以明朗的招呼，打招呼是你自己赋予自己的一方精神良药，把自己焕发的精神传达、感染于周围的人。

以正视对方的坦诚的眼睛、面带微笑的面容、明朗的声音向人打招呼，是一个成功的职员应具备的素质。

① 改变国人打招呼的习惯

- 吃了没有？
- 到哪去啊？
- 出少钱买的？

② 问询别人的私生活，其实就是没有修养的体现

③ 多问：早上好、晚上好，恰如其分地欣赏夸赞别人

点头礼，作为日常礼仪，微微地点头，以对人表示礼貌。适用于比较随便的场合，如在路上行走，或是在公共场所与熟人相遇，无须驻足长谈时，可行点头礼，还可以随之说些问候的话。与相识者在同一场合多次见面，只点头致意即可。对一面之交的朋友或不相识者，在社交场合均可点头或微笑致意。

（5）称谓礼节

① 重视称谓

称谓体现当事人的教养与背景，体现现代人际交往技巧的基本礼节。

② 基本原则

- 让别人感到尊重、礼貌和舒心、愉悦；

- 社交称谓、职称称谓、职务称谓、习惯称谓，不同场合适当选择；
- 学会使用尊称，尤其在电子邮件和手机短信。

（6）约会礼节：养成凡事都习惯提前约会，以示正规和尊重
- 按约前往；
- 准时赴约；
- 爽约解释。

（7）聚餐礼节

① 中餐与西餐比较认识
- 餐桌不同，东方讲究热闹，西方讲究优雅；
- 餐具不同，东方使用筷子，西方用刀叉勺；
- 菜肴烹制不同，西方多煎炸烤拌，中方多煮蒸炒炖；
- 进餐方式不同，西方分餐制，中方合餐制；
- 就餐环境不同，西方安静，东方热闹。

② 中西餐席间礼节
- 西餐三不劝：不劝酒，不劝烟，不全主食；敬酒不起座位以免他人尴尬。
- 席间注意绅士风度；席间接听电话尽量回避。
- 进出正在就餐的席间要致意；注意进餐时自己的吃相和说话。
- 别人问询点菜不说"随便"；剩菜努力打包带走不浪费。

3. 办公室礼仪

（1）办公室日常礼仪

① 日常礼仪
- 真诚相待；成为大家的一份子。
- 多与同事沟通；帮助周围的人。
- 好的肚量；不传闲话。

② 与上司的关系
- 尊重与体谅；了解上司的脾气。
- 工作第一位；体谅上司并协作工作。
- 学会赞扬；距离就是美。

③ 与同事相处
- 平等与相互尊重；协作精神。
- 人情交往；一视同仁。

（2）电话礼仪

接听电话是个人素质的直接体现，维护企业形象，树立办公新风，从接听电话开始。

① 接听电话的注意事项
- 认真做好记录；使用礼貌语言。
- 讲电话时要简洁、明了；注意讲话语速不宜过快。
- 注意听取时间、地点、事由和数字等重要词语。
- 电话中应避免使用对方不能理解的专业术语或简略语。
- 打错电话要有礼貌地回答让对方重新确认电话号码。

② 拨打电话的注意事项
- 要考虑打电话的时间，对方此时是否有时间或方便。
- 注意确认对方的电话号码、单位、姓名，以避免打错电话。
- 准备好所需要用到的资料、文件等；讲话的内容要有次序，简洁、明了。
- 注意通话时间，不宜过长；要使用礼貌语言。
- 避免私人电话；外界的杂音或私语不能传入电话内。

③ 电话礼仪所涉及的要点
- 电话绅士"三个一点"原则：声音轻一点；语速慢一点；口齿清晰一点。
- 通话的时机技巧：不选周一上午、上班的前两个小时；不选周末、周五下班前；不选晚 10 点到第二天早上 7 点之间打电话。
- 通话时举止表现：表情、动作、态度、语气的好与否是对通话人的尊重与自尊的体现。
- 电话公务、代传（5W）：Who=何人；What=何事；Why=何因；When=何时；Where=何地。

④ 电话礼仪禁忌
- 不允许接电话以"喂，喂"或者一张嘴就不客气地说"你找谁呀""你是谁呀""有什么事儿啊"像查户口似的。
- 打电话过程中不可以吸烟、吃零食、打哈欠，如果你弯着腰靠在椅子上，前仰后合，对方也能听出你的声音是懒散的、无精打采的。
- 通话中不可以与别人闲聊，不要让对方感到他在对方心中无足轻重。
- 电话最好在响三声之内接听，长时间让对方等候是很不礼貌的行为。
- 如果电话是在响了五声后才接起，请别忘记先向对方道歉"不好意思，让您久等了"。
- 不要抱怨接到的任何电话，即使与你无关，做好记录是对同事的尊重，对工作的责任。
- 永远不要对打来的电话说：我不知道！这是一种不负责任的表现。
- 确认对方打错电话，应先自报家门，然后告知电话打错了。

（3）沟通礼仪

① 沟通要做到三到，即眼到、口到、意到。
- 眼到：要有目光的交流，注视别人目光应友善，采用平视，必要的时候仰视，与人目光交流时间 3～5 秒，其他时间看嘴巴和眼部中间的位置，注视对方的时间是对方与你相处时间的 1/3。
- 口到：讲普通话，热情正确称呼，表示对交往对象的尊重，体现社会风尚，反映个人修养。
- 意到：通过微笑把自己的友善、热情表现出来，不卑不亢，落落大方，不能假笑、冷笑、怪笑、媚笑、窃笑。

② 沟通时如何说
- 细语柔声；善于与交谈对象互动。
- 注意尊重对方：不打断对方、不补充对方、不纠正对方、不质疑对方。

③ 沟通说什么
- 不要非议公司；不要涉及公司秘密与商业秘密；不谈论格调不高的话题。
- 不能随便非议交往对象；不在背后议论领导、同行和同事。

④ 沟通禁忌
- 不问收入、不问年龄、不问婚姻家庭。

- 不问健康问题、不问个人经历。

（4）排列礼仪

① 行进中的位次排列
- 与人并行讲究内侧高于外侧、中央高于两侧。
- 前后单行时，讲究前方高于后方。

② 上下楼梯的位次排列
- 上楼下楼宜单行为妥，单行时以前方为上。
- 男女同行时，宜女士居后为尊重。

③ 出入电梯位次排列：出入无人值守的电梯，一般宜后进先出

④ 出入房门
- 无特殊原因位高者先进。
- 若室内黑暗应陪同者先进。

⑤ 乘坐轿车位次排列
- 公务用车，上座为后排右座；社交应酬中，上座为副驾驶座。
- 接待重要客人时，上座为驾驶员后面座位；上车顺序是：客人先上后下。

（5）乘车礼仪

上车时优美的姿势是扶着门，把身体放低，轻轻移进车子。错误的上车姿势是低着头、弓着背，钻进车里。

下车时优美的姿势是先伸出一只脚站稳后，让身体徐徐升起。错误的姿势是伸出头来，十分艰难地把身体钻出来。

知识点二：个人职业形象

1. 个人职业形象概述

（1）了解个人职业形象

一个人的仪表在社会交往过程中是构成第一印象的主要因素，你的仪容仪表会影响别人对你的专业能力和任职资格的判断。个人职业形象包括技术层面和非技术层面两个方面：
- 技术层面：服装包装、仪态训练、礼仪修养、目光表情。
- 非技术层面：风韵风度、气度气场、美仪美姿。

个人形象塑造与提升包含静态和动态。
- 静态：身材、容貌、服饰、化妆、发型。
- 动态：表情、举止、行为、声音、谈吐。

（2）个人职业形象应注意的细节

注重个人职场形象六要素：头发、牙缝、指甲、裤链、鞋面、体味。

① 女士个人职业形象细节
- 发型有款有型符合自己的脸型和年龄身份；
- 口腔清新、干净、注意牙齿美化和保养；
- 夏季着装提前处理腋毛、过长腿毛若穿裙子应去除；
- 不穿过分鲜艳、前卫、暴露、性感的服饰；
- 不穿任何拖鞋出现在商务场所；

- 夏季不穿"空前绝后"的凉鞋出入工作场所；
- 注意首饰与服装的配套与协调；
- 清新淡雅的职业妆和指甲美化。

② 男士个人职业形象细节
- 头发干净、有型；
- 口腔清新、无味，牙齿若难看，应早整治、矫正；
- 手指甲修理圆润、整齐、无黑垢；
- 着装干净、注意细节、服装面料挺括无褶皱；
- 鞋面干净整洁、无垢，应该打油、擦亮；
- 服装款式风格符合职业审美和习惯。

（3）职场着装

男士着装以西装最为合适；女士以干练、优雅、端庄为好。职场中高端人员着装原则：符合身份、扬长避短、遵守惯例、区分场合。

① 职业装饰基本原则：
- 一身色彩不超过三种；一身饰品不超过四种。
- 与身份、岗位、年龄相和谐；注意 TPO 着装原则。

② TPO 着装原则：

"T"时间、"P"场合、"O"对象的差异化，即因人、因时、因地区分。
- 公务场合：制服（CIS）、套装。
- 社交场合特点：时尚、个性，比如时装、礼服、民族服装；忌穿各类制服。
- 休闲场合特点：随意、舒适、自然，比如休闲装、牛仔装、沙滩装、运动装等。

③ 女性着装六忌讳：
- 杂乱无章；过分鲜艳；过分暴露。
- 过分昂贵；过分潮流；过分性感。

2. 职场个人形象规范

职场个人形象规范表

部位	男 性	女 性
整体	自然大方得体，符合工作需要及安全规则。	精神奕奕充满活力，整齐清洁。
头发	头发要经常梳洗，保持整齐清洁、自然色泽，勿标新立异。	
发型	前发不过眉，侧发不盖耳，后发不触及衣领，无烫发。	女员工发长不过肩，如留长发须束起或使用发髻。
面容	● 脸、颈及耳朵绝对干净。 ● 每日剃刮胡须。	● 脸、颈及耳朵绝对干净。 ● 上班要化淡妆，但不得浓妆艳抹和在办公室内化妆。
身体	● 注意个人卫生，身体、面部、手部保持清洁。 ● 勤洗澡，无体味。 ● 上班前不吃异味食物，保持口腔清洁，上班时不在工作场所内吸烟，不饮酒，以免散发烟味或酒气。	
衣服	● 工作时间内着本岗位规定制服，非因工作需要，外出时不得穿着制服。制服应干净、平整，无明显污迹、破损。 ● 制服穿着按照公司规定执行，不可擅自改变制服的穿着形式，私自增减饰物，不敞开外衣、卷起裤脚、衣袖。 ● 制服外不得显露个人物品，衣裤口袋平整，不要鼓鼓囊囊。 ● 西装制服按规范扣好，衬衣领、袖整洁，纽扣扣好，衬衣袖口可长出西装外套袖口的 0.5~1cm。	

续表

部位	男 性	女 性
裤子	裤子要烫平，折痕清晰，长及鞋面。	
手	保持指甲干净，不留长指甲及涂有色指甲油。	
鞋	● 鞋底、鞋面保持清洁，鞋面要擦亮，以黑色为宜，无破损。 ● 勿钉金属掌，禁止着露趾凉鞋上班。	
袜	男员工应穿黑色或深蓝色、不透明的短中筒袜。	女员工着裙装须着肉色袜，袜无破洞。

3. 场行为语言

（1）了解行为语言

1）人的行为语言是由三部分构成：

- 肢体动作：举止（举止折射教养）
- 表情：目光（目光体现心态）、微笑（微笑反映性格）
- 身体距离：15～50cm：隐私距离；50～80cm：私人距离；100～120cm：社交距离；370cm以上：公众距离

2）行为语言的形象暗示

① 肢体语言：抱臂、叉腰、抖腿、腿夹手、插袋、横腰。

② 表情：目光温暖、友善、冷漠、微笑、脸色绷紧。

③ 界域距离：领域行为、礼貌行为、保护或伪装行为、暗示行为（在犬类和狼群中最为明显）。

- 领域行为：居家（厕所）、办公室、开车、饭桌上的汤和酒的摆放位置。
- 礼貌行为：鞠躬、眼神、敬酒、上下车及会客、送客。
- 保护或伪装行为：叩桌、抖腿、摸扶手、摸鼻子、摸茶杯、双臂交叉、手插裤袋。
- 暗示行为：手势、扬眉、握手、交头接耳、正面退下、敲门、随手关门。

（2）职场行为语言

1）身体距离

- 0～50cm，属于亲密空间距离。
- 50～80cm，需要的情况下处理普通业务的距离。
- 80～120cm，欣赏的距离、倾听的距离、拓展业务的距离、维系感情的距离。
- 200cm，跟多人讲话的距离，如果靠得太近，对方会感到压迫、不舒服、不安全。

2）微笑体现职业素养和个人价值观

- 四颗牙微笑：职业笑容。
- 八颗牙微笑：灿烂笑容。
- 无限制微笑：由衷的笑容。

（3）职场行为规范

1）站姿

抬头、挺胸、收腹。抬头的同时要收颌，挺胸的同时要夹肩，收腹的同时要提臀，并且要目视前方。

① 男士站姿：

- 脚：两脚分开，比肩略窄，重心在两脚间；双腿并拢，脚尖呈30°～45°的"V"字形。

- 手：双手合放于体前，左手压右手（男左女右）；双手合起放于体后，右手压左手；双手各垂放于体侧。

② 女士站姿
- 脚：双腿并拢，脚尖呈 30°～45°的"V"字形；双腿并拢，脚尖呈"丁"字形（能够隐藏腿的弧度）。
- 手：双手合起放于腹前，右手压左手。

2）坐姿

入座时要轻，至少要坐满椅子的 2/3，后背轻靠椅背，双膝自然并拢（男士可略分开）。身体稍向前倾，则表示尊重和谦虚。

① 男士坐姿
- 男士可将双腿分开略向前伸。
- 长时间端坐，可双腿交叉重叠，但要注意将上面的腿向回收，脚尖向下。

② 女士坐姿
- 女士入座前应用背对着客人的手整理裙子，并将裙角向前收拢，两手叠放于左右腿上。
- 长时间端坐，可将两腿交叉重叠，但要注意上面的腿向回收，脚尖向下。

3）行姿

标准的行走姿势，要以端正的站立姿态为基础。其要领是：以大关节带动小关节，排除多余的肌肉紧张，要走得轻巧、自如、稳健、大方。

手臂伸直放松，手指自然弯曲，摆动时，要以肩关节为轴，上臂带动前臂，向前，手臂要摆直线，肘关节略屈，前臂不要向上甩动，向后摆动时，手臂外开不超过 30°。前后摆动的幅度为 30～40cm。上体前倾，提髋屈大腿带动小腿向前迈。

脚尖略开，脚跟先接触地面，依靠后腿将身体重心推送到前脚脚掌，使身体前移。

以上行走动作，符合人体结构的机制，是最省力的。"外八字"、斜肩、猫腰、大肚的走法都是不美观的。

任务实现

4.6.3 进行职场交际情景演练

任务：职场交际情景演练

1. 背景

某航空公司内，某×××计算机有限公司推销员前来进行业务洽谈和拜访。

2. 角色分配

IT 公司计算机推销员：李同学

某航空公司客服人员：郑同学　王主任；接待员：章同学

旁白：孙同学

3. 地点：航空公司办公室

4. 情景演练

（1）旁白：下面情景为某航空公司内接电话的场景，电话铃响三声李同学：你好。

航空公司客户郑同学：你好，这里是×××航空公司。

李同学：你好，我是×××计算机有限公司的推销员。

航空公司客户郑同学：请问您有什么事吗？

李同学：昨天我已经和你们业务部主任约过了，今天下午4：00见面。请问他现在有空吗？

航空公司客户郑同学：请稍等，我征询一下王主任。

李同学：好的。

（2）旁白：下面情景为航空公司客户郑同学咨询王主任

航空公司客户郑同学（去王主任办公室敲门）

王主任：请进。

航空公司客户郑同学：白主任，某某计算机有限公司的推销员已经到楼下了，现在是否接见？

王主任：可以。

航空公司客户郑同学：（从主任办公室出来，接电话）您好，您现在可以上来了。

李同学：好的，我马上上去。（敲门）

章同学：请进。

李同学：您好。（握手）

章同学：你好。

李同学：我是×××计算机有限公司的推销员。

章同学：（面带微笑，点头）请随我来。（示意）（敲门）

王主任：请进。

章同学：请。（示意）；这就是王主任，王主任，这位是×××计算机有限公司的李同学。

李同学：王主任，您好。（握手）

王主任：您好，请坐。（起身握手）

李同学：谢谢！

章同学：（递茶）请喝茶。

李同学：（回敬）谢谢！

章同学：（给王主任递茶）王主任请喝茶。

王主任：嗯。（点头）

李同学：由于昨天在电话中不方便与您介绍我公司新型计算机的特点，今天我特意把样品给带来了，请您看一下。（主任看样品，约5秒钟）

李同学：我公司的新产品不仅有其他公司所售计算机具有的特点，而且防辐射，保护视力，款式独特，内存量大，最重要的一点是它比同款的计算机的价格要偏低一些。

王主任：好的，我们开会研究一下，我认真考虑一下给你答复。

李同学：好，（起身递名片）这是我的名片，请您考虑之后及时与我联系。（握手）

王主任：（打电话）小章，进来一下，请代我送一下这位李同学，再见。

李同学：再见。

章同学：（示意）请这边走。

5. 同学们点评

● 服饰的穿戴、肢体动作是否符合礼仪及其改进点？

- 他们交流中的语言、接电话、递名片、喝茶、客户接待等是否符合职场礼仪？

任务小结

4.6.4 知礼仪，修形象也是获取事业成功的重要保障

  在现代社会的商业活动中，市场竞争异常激烈，企业与个人的形象作为一种软实力起到了越来越重要的作用。规范和践行职场礼仪成为职业形象塑造的重要环节，受到人们越来越多的关注和重视。

  "人无礼则不生，事无礼则不成"，懂礼貌、知礼仪不仅是个人修养的重要体现，也是建立良好人际关系获取事业成功的重要保障。

第5章

磨炼自我，增强团队能力

学习目标

➢ 为了更好地进行团队合作，需要磨炼自我的沟通能力、解决问题的能力、影响力、团队合作能力。
➢ 而这些能力在日常工作中，也将使你如虎添翼，取得更高的绩效和成功。

任务安排

➢ 职业规划设计大赛。
➢ 突破性解决问题团队游戏——圆球团队游戏。
➢ 选谁跟唐僧去西天取经？
➢ 分组完成元旦晚会策划。

学习指南

➢ 结合课堂活动、视频观看理解知识点、通过小组讨论分享等方式学以致用，提出自己的观点。
➢ 个人扫描书上二维码进行扩展阅读或测试分析，通过实现参考、活动策划、活动输出、组织比赛等多种方式来完成任务安排。

5.1 沟通能力

任务目标

5.1.1 职业规划设计大赛

任务名称

任务一：开展大学生职业规划设计大赛。

任务分析

从了解有效沟通的重要性入手，学习有效沟通的方法；在继续学习公众演讲的知识后，策划和准备演讲，完成演讲实训。

实现准备	课堂活动	活动一：初识沟通
		活动二：折纸游戏
	课堂讲解	知识点：有效沟通的重要性和原则
实现参考1	课堂讲解	参考建议：如何有效沟通
	课堂活动	活动三：我最欣赏的你
		活动四：你问我答
		活动五：你理解清楚了吗？
实现参考2	课堂讲解	公众演讲与魅力展示
任务实现	课外实训	任务：开展大学生职业规划设计大赛
扩展阅读	课后阅读	异性交往艺术

实现准备

5.1.2 有效沟通的重要性和原则

活动一：初识沟通

1. 活动目的：通过实例初步树立沟通的概念，便于后面的学习。
2. 活动流程

（1）判断下面的行为哪些属于沟通？

- 王明心情不好，写下一篇心情日记，舒缓了自己的情绪；
- 张佳给同事发了一封 E-mail，同事一直没有回复；
- 张小勇学习遇到了问题，他向老师请教，老师让其下课后到办公室辅导；
- 赵静家里热水器坏了，给物业打电话，物业一个小时之后才来，但是问题解决了；

- 李阳问同事打印机是否修好，同事做了 OK 的手势。

（2）思考一下
- 什么是沟通？
- 哪些属于有效沟通？

活动二：折纸游戏

1. **活动目的**：了解执行力中的问题不发现、不解决，最终的结果是不会满意的。
2. **活动流程**

（1）游戏规则

每人发一张白纸，老师宣布，把眼睛闭上，将白纸对折，再对折，在右上角用手撕一个正方形；再对折，在右上角撕一个等边三角形；再对折，最后在中间撕一个圆形。游戏结束，睁开眼睛，看同学们撕纸的结果是不是一样的？

结果是：没有一个同学折纸的结果是一样的。

（2）快速思考
- 游戏出现结果完全不一样的情况，原因是什么？
- 游戏过程中，有同学问问题吗？

（3）原因分析分享

第一次对折，大家都不会错，再对折时，有的人可能往左折，有的人可能往右折，因为发布者没有明确标准，也没有人问标准，大家不沟通，每个人按自己理解的去折，去撕，最后的结果肯定不一样。

理解"单向沟通""互动沟通"。

知识点：有效沟通的重要性和原则

1. **什么是沟通**

沟通是人与人之间、人与群体之间思想与感情的传递和反馈的过程，以求思想达成一致和感情的畅通。其实简单来说，沟通就是我们将信息传达给他人或者群体，并能够获得反馈，达成相互理解的过程。

2. **沟通的要素**

在沟通中影响最大的，往往不是内容本身。从沟通组成来看（图 5-1），一般包括三个方面：沟通的内容，即文字；沟通的语调和语速，即声音；沟通中的行为姿态，即肢体语言。这三者的比例为文字占 9%，声音占 36%，行为姿态占 55%。同样的文字，在不同的声音和行为下，表现出的效果是截然不同。所以有效的沟通应该是更好地融合好这三者。

从他们的肢体语言（图 5-2）中，你感受到了什么？我们需要重视沟通中的非语言信息。

从心理学角度来看，沟通中包括意识和潜意识两个层面，而且意识只占 1%，潜意识占 99%。

3. **有效沟通的重要性**

（1）什么是有效沟通

有效沟通，是指通过听、说、读、写等载体，通过演讲、会见、对话、讨论、信件等方式将思维准确、恰当地表达出来，以促使对方更好地接受。

达成有效沟通须具备两个必要条件，两者缺一不可。

图 5-1 沟通的影响因素

图 5-2 重视非语言信息

首先，信息发送者清晰地表达信息的内涵，以便信息接收者能确切理解。

其次，信息发送者重视信息接收者的反应并根据其反应及时修正信息的传递。免除不必要的误解。

有效沟通能否成立关键在于信息的有效性，信息的有效程度决定了沟通的有效程度。信息的有效程度又主要取决于以下几个方面。

1）信息的透明程度

一方面，信息应该作为公共信息时就不应该导致信息的不对称性，信息必须是公开的。公开的信息并不意味着简单的信息传递，而要确保信息接收者能理解信息的内涵。如果以一种模棱两可的、含糊不清的文字语言传递一种不清晰的、难以使人理解的信息。对于信息接收者而言没有任何意义。

另一方面，信息接收者也有权获得与自身利益相关的信息内涵。否则有可能导致信息接收者对信息发送者的行为动机产生怀疑。

2）信息的反馈程度

有效沟通是一种动态的双向行为，而双向的沟通对信息发送者来说应得到充分的反馈。只有沟通的主、客体双方都充分表达了对某一问题的看法，才真正具备有效沟通的意义。

而职业化有效沟通与一般沟通是不同的，包括以下特点。

3）有效沟通一定要有一个明确的目标

只有大家有了明确的目标才叫有效沟通。如果大家来了但没有目标，那么不是有效沟通，是什么呢？是闲聊天。所以，我们理解了这个内容之后，我们在和别人沟通的时候，见面的第一句话应该说："这次我找你的目的是……"沟通时说的第一句话要说出你要达到的目的，这是非常重要的，也是你的沟通技巧在行为上的一个表现。

4）达成共同的结果或协议

沟通结束以后一定要形成一个双方或者多方都共同承认的一个协议，只有形成了共同的协议，才叫作完成了一次有效沟通。当然这个协议可能是书面协议，也可能是大家认可的结果。如果没有达成协议，那么这次沟通不能称为有效沟通。有效沟通是否结束的标志就是：是否达成了一个协议。

在实际的工作过程中，我们常见到大家一起沟通过了，但是最后没有形成一个明确的协议，大家就各自去工作了。由于对沟通的内容理解不同，又没有达成协议，最终造成了工作效率的低下，双方又增添了很多矛盾。

我们应该知道，在我们和别人沟通结束的时候，我们一定要用这样的话来总结：非常感谢你，通过刚才交流我们现在达成了这样的协议或结论，你看是这样的一个协议吗？这是沟通技巧的一个非常重要的体现，就是在沟通结束的时候一定要有人来做总结，这是一个非常良好的沟通行为。

5）沟通信息、思想和情感

沟通的内容不仅仅是信息，还包括更加重要的思想和情感。那么信息、思想和情感哪一个更容易沟通呢？是信息。

例如：今天几点钟起床？现在是几点了？几点钟开会？往前走多少米？这样的信息是非常容易沟通的。

而思想和情感是不太容易沟通的。在我们工作的过程中，很多障碍使思想和情感无法得到一个很好的沟通。事实上我们在沟通过程中，传递更多的是彼此之间的思想，而信息的内容并不是全部的内容。

（2）有效沟通的重要性

在实际工作当中许多很有才能的人，由于沟通环节存在问题而无法充分发挥作用；一件本来很好的事情由于沟通环节出现问题导致结果适得其反，因此，如何进行有效沟通，对于提高工作效率非常重要。

案例1：不会说话的主人

一个主人宴请宾客，久候多时，客人只到了一半，主人于是说："怎么，该来的都还没来？"在座的宾客一想："该来的没有来，那我们必定是不该来的！"于是走了大半。留下未走的客人中有主人的朋友，就对主人说："你不该叫他们走啊！"主人回答说："我并没有叫他们走啊！"朋友心想："没有叫他们走，那必定是叫我们走了。"于是也拂袖而去，留下不会说话的主人愣在那里。

案例2：林肯的幽默

一天凌晨12点，有一个想投机取巧的政客给林肯打电话说："总统先生，我听说咱们的税务局长刚刚去世，我可不可以顶替她的位置？"

林肯说："如果殡仪馆同意的话，我没有意见！"

有效沟通是为了一个设定的目标，把信息、思想和情感在特定个人或群体间传递，并且达成共同协议的过程。沟通是一种技能，是一个人对本身知识能力、表达能力、行为能力的发挥。无论是企业管理者还是普通的职工，都是企业竞争力的核心要素，做好沟通工作，无疑是企业各项工作顺利进行的前提。因此，有效沟通的重要作用包括以下几个方面。

- 做出正确决策、提高工作效率；
- 达成一致目标或结果；
- 理解他人和被他人理解，建立良好人际关系。

4．有效沟通的原则

（1）有效果沟通

强调沟通的目标明确性。通过交流，沟通双方就某个问题可以达到共同认识的目的。如何理解有效果的沟通，图5-3沟通漏斗的效应很直观。

（2）有效率沟通

强调沟通的时间概念。沟通的时间要短，频率要强，尽量在最短的时间内完成沟通的目标。

（3）有笑声沟通

强调人性化作用。沟通要使参与沟通的人员认识到自身的价值。只有心情愉快的沟通才能实现双赢的思想。

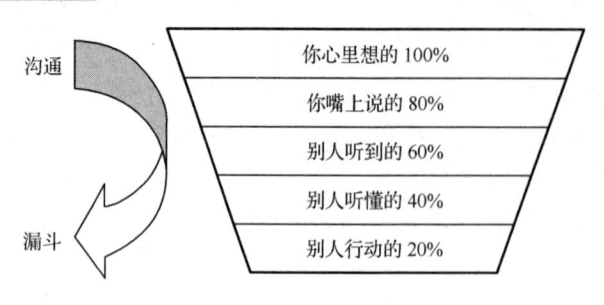

图 5-3 沟通的漏斗效应

> **实现参考 1**

5.1.3 如何有效沟通

> **参考建议：如何有效沟通**

1. 遵守沟通的规则
- 要主动沟通，沟通从友善开始。
- 让你的声音充满魅力：改变说话的音调；调整说话的速度；避免长篇大论；避免言之无物；避免言辞粗俗。
- 适时运用身体语言：距离产生美。
- 注视别人的眼睛，让你的脸上充满微笑。
- 要善于倾听他人，学会赞美。

2. 沟通前做好充分准备
- 了解认知对方的性格，提升相互信任度，尽力使得沟通氛围轻松。
- 选择或制造合适的沟通场合及沟通方式。
- 合理使用沟通工具提升沟通效率，减少冲突，如视频或电话沟通的效率较高。

3. 如何提升个人的被信任度

相互信任是人际沟通中的基础，有了信任的基石，彼此才能敞开心扉、才能对传递的信息有充分的理解和认可。
- 理解他人，换位思考；提升形象，注意细节。
- 正直诚恳，为人大方；信守承诺，说到做到。
- 真心赞美，鼓励认同；敢于认错，知错能改。

4. 选择有效的沟通方式
- 书面沟通：无法传递情绪，语言组织需要斟酌，且有逻辑。包括：实情告知，会议纪要发布，多部门沟通协调。
- 当面沟通：直接有效的沟通方式，需要注意言语表达，语音语调。包括：意见建议表达，同事感情联络，工作任务指导。
- 会议沟通：正式的组织性沟通，目标达成共识或明确分工，需要记录要点。包括：征集意见建议，制度告知发布，培训指导。

- 其他放式：更可在的会后安排形式不同的小聚（如晚餐、夜宵等）以使大家相互之间更加畅所欲言，增进感情。

5. 选用合适的沟通材料
- 计划方案：准备完整的计划与细节来证明你想法的可行性。
- 书面记录：利用书面记录来跟进工作进度，或检查内容。
- 工作数据：利用工作数据来支撑你的论点或计划。
- 规章制度：根据各项规章制度来解决工作中的矛盾。

6. 倾听有时候比表达更重要

倾听就是集中精力认真地听，专注地听，并且在沟通中能够理解对方的感情和内心的真正需要。

（1）倾听的五个层次
- 根本不听；
- 假装在听；
- 有选择性地听；
- 认真聆听，并理解；
- 理解对方真意、提取有用信息、理解、提问、执行。

（2）倾听的重要性
- 先做一个有耐心的倾听者，激发对方的谈话欲。
- 了解对方的目的或者心理，站在对方立场上思考。
- 接收到信息时，没有必要立刻答复，让对方说完。
- 听是接受信息以及理解的过程，准确了解对方。
- 发现说服对方的关键所在。
- 获得友谊和信任。

（3）倾听的原则
- 耐心聆听，不要打断说话的人。
- 对事不对人，不怒不偏、细听内容。
- 予以回应，注视、点头、微笑。
- 复述、提问，针对说话内容适当提问。
- 理解真意，理解说话者真实意图而非表意。

（4）如何倾听
- 倾听需要显示专注：表情：微笑点头；眼神：眼神不要东张西望；肢体：不要有小动作。
- 倾听是理解的过程，不要咬文嚼字：理解对方的真正的意图目的；等对方表述完毕后再复述确认。
- 通过认可对方来获得更多的信息：肢体语言：点头；适当附和：嗯，是的；适当询问：然后呢？你的想法是？

7. 赞美鼓励，拉近彼此距离
- 不要吝啬你的赞美之情，用言语表达出来。
- 赞美要真诚，发自内心。
- 善于发现对方的优点。

8. 提问的艺术

> **案例3：周恩来答记者问**
> 　　周恩来是我国著名的外交家，他曾经在北京的一场记者招待会上，介绍了中国经济建设的成就及我国的外交政策之后，他谦和地请记者们提问，一位台湾记者急不可耐地站起来问道："请问总理先生，中国可有妓女？"总理表示感谢之后，坦然自若地回答道："有。"这一问一答，引起了全场的骚动，紧接着总理道："在中国的台湾省。"
> 　　话音刚落，全场安静片刻，全场响起了雷鸣般的掌声。记者们都非常佩服总理的聪明才智。

（1）提问的方式
- 开放式问题：王先生，请您谈谈对×××问题是如何看待的？
- 封闭式问题：你昨天买了双新球鞋是吗？经理，你分配给我的任务是今天完成吗？
- 选择式问题，如：

> **案例4：选择式提问**
> 王强：刘经理，听说项目需求有变化是吗？
> 刘经理：是的。
> 王强：那针对这个项目，我想和您再了解一下，您看是今天下午还是明天上午？
> 刘经理：我都可以的。
> 王强：那就今天下午好吗？
> 刘经理：OK。

- 引导式问题，如：

> **案例5：引导式提问**
> 　　你对这部分工作的理解是非常深入的，同时你也具备应对该方面工作的技巧，那么你是否愿意承担这份工作呢？
> 　　查看了天气预报，明天将会是一个非常好的天气，我们明天再出游好吗？

- 反问式问题：
A：我今天的工作已经完成了。
B：真的都完成了吗？
- 了解型问题：
昨天你都完成了哪些工作？这台计算机你是什么时候购买的？你喜欢什么宠物？
- 澄清型问题：
A：刘经理昨天说你工作完成的质量不高，特别马虎！
B：你能跟我详细说说其中的原因吗？
- 摘要型问题：刘经理，刚才您所说的意思是要我全权负责这个项目是吗？

（2）如何提高提问技巧
- 要保持礼貌和谨慎，尽可能使用开放式提问；
- 问题要有的放矢，要问简单的问题；
- 要问"Yes"的问题，问"二选一"的问题。

> **案例6：加一个蛋还是加两个蛋？**
> 　　台湾一位商人以卖豆浆为业，去世前把手艺传给两个女儿。可是，这姐妹俩的生意却大不相同，姐姐的生意就是比妹妹的好。
> 　　她俩在卖早点时，姐姐在顾客点了早点后问："加一个蛋还是加两个蛋？"
> 　　妹妹在顾客点了早点后会问顾客："要不要加蛋？"
> 　　结果，姐姐的营业额总会比妹妹的多很多。

9．五个建议
- 永远不要争吵；
- 要善于寻找共鸣的话题；
- 与对方保持一致，如"说话时要看着对方的眼睛"等；
- 学会以合理的方式批评他人；
- 得饶人处且饶人。

活动三：我最欣赏的你

1．**活动目的**：用书面沟通的方式，表现同学之间的熟悉程度。
2．**活动流程**
（1）活动规则
- 在纸条上写上自己的名字。
- 在纸上写出教室里某一个人的优点，完成下述句子：如"我最欣赏……（人名）的一点是……"或"我在……（人名）身上看到的最显著的优点是……"

（2）交流与分享
- 大家互相交换纸条，了解同学之间平常沟通的熟悉程度和准确性；
- 统计谁收到的纸条最多。

活动四：你问我答

1．**活动目的**：通过活动，了解提问的重要性和技巧。
2．**活动流程**
（1）活动规则
- 自由分组，8~10人一组，不用全班参与，选出组长，站在第一位，其他同学选出自己支持的队伍；
- 组长从老师处获取要猜的名词；
- 游戏开始，由组员依次向组长进行提问，每人最多问2个问题，组长只能在游戏之初说一句话，然后所有回答只能是"是"或"否"，不能给予任何提示；
- 率先猜出答案的小组即为获胜组。

（2）思考和评比
- 体会到提问的方式和技巧了吗？
- 选出谁的提问技巧最高？

活动五：你理解清楚了吗

1. **活动目的**：通过活动，认识到沟通和提问的重要性。
2. **活动流程**

（1）事情来由

请你通知晓明，让他去行政楼一楼找陈老师，通知他星期二去校本部开会，校车 12 点半开，顺便问问刘老师和王老师的水杯在哪，装好水，把它拿到综合办公楼 502 室。

（2）完成如下问题
- 要做的事情是那几件？分别是谁去做？找谁去做？
- 你会提哪些问题帮助你搞清楚如何完成这些工作？

实现参考 2

5.1.4 公众演讲与魅力展示

课堂讲解：公众演讲与魅力展示

1. **为什么要演讲**

演讲又叫讲演或演说，是指在公众场合，以有声语言为主要手段，以体态语言为辅助手段，针对某个具体问题，鲜明、完整地发表自己的见解和主张，阐明事理或抒发情感，进行宣传鼓动的一种语言交际活动。演讲是一门语言的艺术，它旨在调动起听众情绪，并引起听众的共鸣，从而传达出你所要传达的思想、观点、感悟。

戴尔·卡耐基说，演讲是人人都有的一种潜在的能力，问题在于每个人是否发现、发展和利用这种天资。一个人能站起来当众讲话是迈向成功的关键一步。

2. **组织演讲内容**

做好演讲提纲是关键的一步：演讲的题目、逐渐深化的论点、论据、结论和提议都是重要的环节。组织演讲内容的六大步骤如下：

- 设定演讲参数；
- 建立听众档案；
- 将演讲内容导入已知范围；
- 找出尚需努力的范围；
- 组织收集到的信息；
- 将内容概括成大纲。

（1）设定演讲参数

设定演讲参数，就是设定演讲的主题（subject）、目的（purpose）、期望结果（desired outcome）、听众获益度（audience relevance）。

这些参数对演讲者而言，可以集中思维，节省时间；对听众而言，能够明确方向和目标。

（2）建立观众档案

- 观众是谁？年龄、性别、职务、经验、学历；

- 态度如何？期望、例行、支持、反对；
- 为何参加？自愿、指派；
- 语言程度？中文、英文、专门术语，哪些技巧可吸引注意力？哪些技巧适得其反？

（3）将演讲内容导入已知范围

从你已知内容入手，设定时间长短，简短、随意写下各种观点，落笔时将观点组织一下。

（4）找出尚需努力的范围

- 组织观点：将各种观点分类；
- 将各种观点与先前设定的演讲参数对照；
- 找出不符合演讲参数的观点，设法修复。

（5）组织收集到的信息

设计开场白：介绍主题，建立共识；好的开场白是成功的一半，能抓住观众的兴趣，包括各种方式（故事、问题、名言、经验）。

主体：支持论点的资料、事实、实例，全面理解，逻辑性的叙述，化繁为简，前后呼应，一次一个观念。

- 自然、真诚、信心、感情，避免使用空洞语句。
- 多引用故事或名言。
- 多联合自身或身边朋友的实例讲解。
- 尽量使用听众觉得与众不同的词语，如古诗、名句、名言或者网络、社会、切中时代利弊的新词，做到引人入胜。
- 尽量使用排比句和循环句，可以得到事半功倍的效果，吸引听众。
- 尽量使用首尾呼应的方法；突出重点，推出理想的效果。
- 整个演讲要讲究思维的逻辑性，由浅入深、有条有理地把论点、论据讲明白，讲清楚。
- 懂得托物起兴，有一个好的开头很重要；同时，结尾也要有力而精练，令人回味无穷。

结束：重述主题、再次强调重点，将观众情绪带到最高点。

（6）将内容概括成大纲

- 设定时间长短。
- 落笔时将观点组织一下。
- 一般一页幻灯片不能超过七行。
- 图片多，文字少，否则会产生视觉疲劳。

案例7：《我不是偶像》 林志颖

大家好，我是林志颖。今天我要讲的是我不是偶像。十五岁那年我被广告商发现，于是我就变成了大家眼中的我，电视机里的这个林志颖，被大家认识二十四年，据说是不老的传说。

我很谢谢大家这样夸我，但是呢，我不是偶像，我是一个技术宅男，我是科技狂人，我可以用我的手机在这里控制我家里的一切电子设备，我只要按个钮，我客厅也可以变成一个正宗的KTV。我不是一个偶像，我是一个赛车手，我可以置生死于度外去超越我的极限。在这次的车祸里面，我的脚趾断了三根，打了四根钢钉，那时候的我，一心只想要超越别人，却伤害了自己，后来我就不断地要求我去超越我自己，竟然就变成了拿二十座冠军奖杯的职业赛车手。

> 对于我身边的人，我更不是一个偶像，我完全是一个超级奶爸，做尽了不偶像的任何事情，我希望我是他的偶像，可是现在看来呢，他对赛车并没有很感冒，而且反而喜欢跳舞，而且还嫌我的舞步土，会土吗？根本不会，而且还教我跳街舞，我就天天陪儿子从客厅跳到厨房，真的是难死我了，超级奶爸不好当。
>
> 我不是一个偶像，我已经为人夫了，所以我们的爱情并不是大家电视剧里面偶像剧式的那种浪漫的爱情故事，可以在街边拥吻，绵绵细雨下手牵手浪漫地过日子。我们永远都只能保持十米以上的距离，所以在这边我想跟我老婆说："老婆，谢谢你，你辛苦了，我爱你。"
>
> 最后一条我不是偶像的理由，我记得我刚出道的时候，人家看到我都说，"哎，小志、小林、小朋友来来来"，但是"00后"跟"90后"的同学们都说，"哎，颖叔出来玩嘛，出来玩嘛"，你们看这还能叫偶像吗？偶像都变偶叔了。

3. 如何建立演讲自信心

（1）演讲最大的敌人是恐惧和怯场

恐惧和怯场的表现：手足无措；面红耳赤；呼吸急促；喉咙发紧；手心出汗；双腿发抖；表情僵硬；头脑空白；说话结巴；卡壳忘词。

（2）建立自信常用的是九步法

练习（Practice）：克服恐惧最好的方法，除了练习，还是练习。

- 个人练习：加强内容记忆。
- 情景练习：自我发现问题。
- 实际练习：多种表现方式。

耳（Ear）：聆听真实意见。

手（Hand）：双手用力推墙或推桌子。

鼻（Nose）：发言之前深吸几口气。

脚（Foot）：迅速阔步，比平时快15%。

身体（Body）：昂首挺胸，伸直腰杆。

表情（Face）：表情放松而和谐。

眼睛（Eye）：不要急于开口，先环视听众几秒钟，寻找一个亲切的面孔。

嘴（Mouth）：大声开口，解除紧张，释放和激活脑能量。

4. 有效演讲的三要素

在演讲中，观众对你的印象一般基于三个要素：语言的（Verbal）、声音的（Vocal）和视觉的（Visual）。

（1）语言的（Verbal）：你所说的内容

语言是知识，它可以使你拥有技能和信息，包括：字，句子，问题，语言，内容的组织方式。那么，怎样的语言容易抓住观众的注意力？包括但不限于下面的方法：

- 运用比喻和比较的方法。
- 适当穿插一些佚事和小故事。
- 引用一些著名的语句。
- 避免使用行话。
- 抖包袱，逗趣一点。

(2) 声音的（Vocal）：你所说的方式

说话的质量就体现在你的声音。例如：音量，音质，吐字，连贯性，语音语调，语速。

普遍的发声问题如下：

- 听不见：由于发音低或不清楚，观众听不到你的陈述。
- 呆板的语调：缺少语调的抑扬顿挫，演讲人的声音也很单调。
- 试探性的声调：升调，在句末时音调变得较高，会造成提问题的感觉。
- 显得萎靡不振：过低的嗓音使演讲人对要讲的话题没有把握。
- 不能赢得关注：一直讲得很快，会使演讲人和观众都不能获得间歇，可能会失去观众的注意。

解决的小窍门有：

- 想象你没有扩音器而止在对五十到一百人讲话。
- 平时大声朗读来改进你的音域和语调的抑扬，通过录音机来练习增加你的语调的变化。

如何运用你的声音，具体内容如下：

- 音量比平时略高，忌单调或太高。
- 语调语气的抑扬变化。
- 重音：根据需要来强调。
- 语速：要注意短语间、段落间、句间、重点词前的停顿。
- 填充词：注意自己的口头禅。
- 清晰地发音，忌含糊、吞音。

(3) 视觉的（Visual）：形体语言

形体语言就是听课的人对你的第一印象，包括形象、仪容举止、姿势、面部表情、手势、眼神、位置移动，使用视觉辅助器材的方式。这些非语言交流，在演讲中发挥着重要作用，包括：

- 加强了语言交流的重要性。
- 眼光接触使你更可信、真诚。
- 姿势端正有利于呼吸和发音顺畅。
- 当强调观点或要靠近听众时进行合适的位置移动。
- 利用手势表达情感，但不要太多，否则显得不安。

1) 如何使用你的形体语言？建议是以讲为主，以演为辅

- 讲：作用于听众的听。
- 演：作用于听众的视。

2) 充分使用你的形体语言

- 站姿：永远要面对听众，避免出现死亡角度。
- 双脚：两脚间距同肩宽，勿过大或过小。
- 表情：自然放松，真心微笑，忌呆滞。
- 手势：多用手掌少用手指，充分伸展，忌检阅式、受伤式、遮羞布式。
- 移动：在开放的空间不断走动，有效地贴近听众，勿背对听众。

3) 演讲的仪表

- 男士的衣着：西装以蓝色、灰色、米色为主；衣服颜色越深，越显有权威；最好是羊毛，其次是化纤、混纺；衬衫颜色，白色、深浅色混合为最佳；领带不要太长或太短，领带颜色应配合西装色系；衣着要平整，干净；鞋要和衣着相配，最好是深色皮鞋，

保持干净，袜子要深色，不可着白袜；头发要整齐、利落、不可遮住脸部，并在衣领外边。
- 女士的衣着：穿着要保守；套裙、套装为宜，会增强你的形象；裙子的长度以稍过膝为宜；化妆要保守一些，淡妆为佳；珠宝佩戴要合适，首饰勿挂太多；鞋和衣服要配，有跟的包鞋；袜子：肤色，不可有花纹；发型要适合职业需要，整齐、利落、不可遮住脸部。

4）面部表情

面部表情应与演讲内容吻合，不要因为紧张而使其走样，避免习惯性地在演讲商业话题时过分的严肃。要真诚，面部表情不要单一化，注意微笑，但不要在不该笑的时候笑。建议的小绝招是：
- 在观众中寻找笑脸，并在演讲时有意识地对着他们讲话。
- 以观众为重，不要把注意力放在自己身上。

5）手势

不做手势时，手臂自然垂直身侧。实际上你自己觉得很夸张的动作，对于观众而言，并不那么过分。可以尝试不时换换手势。
- 手臂放在身侧，并要轻松自如。
- 强调想法时，手的动作要尽量放大。
- 手势动作的范围要在腰部以上。

要避免重复做同一手势或一个手势时间过长，想做一个手势中途犹豫，欲做欲不做，过多或太夸张。

6）位置移动

演讲时，自己检查一下，是否有如下问题：演讲时待在一个地方不动吗？移动时是不是只走一小步？是不是经常用背对着观众？是不是会绕着小圈子走？

其实，演讲时移动位置会使观众有参与感，能舒缓自己的紧张情绪，可强调某些要表达的观点。演讲移动位置遵守下面的原则：
- 移动的距离至少可以是"三大步"。
- 可以用积极的移动方法，即：看着某人，并走过去对着他说话。

7）目光交流

演讲目光交流避免仅仅扫视一下全场、只对着几个观众进行目光交流、盯着观众的前额或头顶看，而不是"目光"交流、看天花板、地板、投影仪、白板，而不是观众。

演讲时，可以针对一个一个的观众进行目光交流，因此，目光交流的范围应覆盖全场。每次和一个观众从容地目光交流，目光在每个人身上应持续五秒钟或者持续到一个意图表达完整之后。在完成一个之后，转向下一个人看着他，直到第二个也陈述完毕。你应该把你要表达的内容传递给观众，并要和他们进行目光交流，而观众也会因此认为你控制着对话。

5. 演讲的准备

（1）演练：这是演讲的准备的主要工作
- 反复练习；
- 多练习开场与结语；
- 每次演练时选择一种演讲技巧着重练习。

事先要进行准备，包括背诵：不带稿纸的演讲要比带上草稿的效果好很多，演讲内容一定要读熟练。

另外，内心要有一个预案，考虑可能演讲中听众可能有的异议、提问，万一一时回答不了的也可以用"没听明白，请再讲一遍好吗？"延长自己思考回复的时间；也可以用一些托词（时间问题，不便于在此回答，下面面议等），立即回绝。

（2）提高演讲能力的方法
- 抓住一切机会，实践！实践！再实践！
- 最好的学习方法是教你要学的东西！

（3）如何正确使用演讲器材
- 把内容调整好后再打开仪器；避免身体挡住屏幕或示范物。
- 避免对着屏幕、活动板说话或边说边写；查问听众是否看得清楚。
- 不用时和解答问题前遮蔽或关掉仪器。

6. 演讲现场如何发挥

（1）现场如何发挥
- 在门口向听众致意寒暄；认识他们的名字；多留些时间给听众；开头时要有力量。
- 穿着好一点；注意力放在观众身上；好的双目接触；注意去听；记住称赞的力量。

（2）如何营造演讲气氛
- 不要夸张，明确表达，抑扬顿挫，加强效果。
- 语言幽默诙谐、声音抑扬顿挫。
- 多提问，与现场互动。
- 随时了解听众动态，懂得适可而止和趁热打铁等。

➡️ **任务实现**

5.1.5 开展大学生职业规划设计大赛

任务：开展大学生职业规划设计大赛

1. 活动目的

为推进高校创新创业教育改革精神，进一步强化大学生职业规划意识和创业意识，提高大学生的实践能力和综合素质，着力培养大学生的社会责任感和创新精神，举办第大学生职业生涯规划设计大赛暨大学生创业大赛。

2. 组织结构

承办单位：二级学院就业部，或学生组织。

3. 活动准备
- 宣传海报；
- 场地布置，设备就绪；
- 各参赛小组准备大赛资料，包括《职业生涯规划设计书》或创业作品或创业设计书，宣讲 PPT 等。

4. 活动流程

（1）就业组比赛流程
- 评委对《职业生涯规划设计书》进行评审。

- 参赛选手 PPT 现场展示，时间不超过 8 分钟。
- 参赛选手回答评委提问。

（2）创业组比赛流程
- 评委对创业作品或创业设计书进行评审。
- 参赛选手进行创业作品 PPT 展示，时间不超过 8 分钟。
- 参赛选手回答评委提出的问题。

（3）评委进行评分、颁奖

优胜小组总结发言。

扩展阅读

5.1.6 异性交往艺术

男女生交往要讲究哪些艺术？男女生交往要讲究哪些原则？男女生井水不犯河水，用"那帮男生""那帮女生"称呼对方，这样对吗？经常避开其他同学单独交往，很少参加班级集体活动，这样合适吗？

请扫描二维码学习相关内容。

异性交往艺术

任务小结

5.1.7 善于沟通，人人都需要拥有的能力

沟通能力，是高频使用的技能，生活中工作中，我们无时无刻不在沟通，任何事情也都需要沟通来推动。会沟通的人，不仅更容易达成目的，还能让对方舒服。

最聪明的沟通：首先要做到沟通路径短，每个人的时间都很宝贵，最短路径的沟通效率最高，也最容易达成目的；其次要有推进思维，包括沟通在内的任何事情，都需要你的推进才能更高效地解决；最后，也是最重要的，一切沟通中，都要学会诉诸对方利益，利他，是最聪明的利己。

沟通能力，是一项人人必须精进的生存能力，沟通能力决定了一个人链接资源、解决问题、达成目的的效率。

5.2 解决问题的能力

任务目标

5.2.1 突破性解决问题团队游戏

任务名称

任务：突破性解决问题团队游戏——圆球团队游戏

第5章 磨炼自我，增强团队能力

任务分析

完成本节任务之前，学习解决问题能力提升的相关方法作为参考。

实现准备	课堂讲解	知识点：解决问题能力的定义和标准
实现参考	课堂讲解	参考方法：解决问题能力的提升方法
	课堂活动	活动一：认识问题实训
		活动二：提出解决方案
		活动三：险地求生和"三个和尚应该有更多的水喝"
		活动四：制订计划
		活动五：买卖
		活动六：月度学习总结
		活动七：改进学习方法
任务实现	课堂实训	任务：突破性解决问题团队游戏——圆球团队游戏
任务小结	课后思考	一个人最大的价值在于你解决问题的能力

实现准备

5.2.2 解决问题能力的定义和标准

1. 职业核心能力的定义

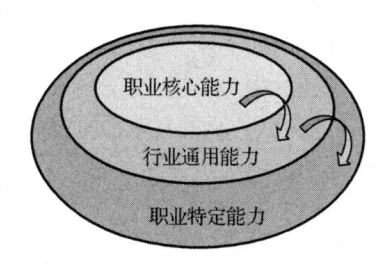

我国劳动和社会保障部在《国家技能振兴战略》中把人的职业核心能力分成三个层次（图5-4），即：职业特定能力、行业通用能力、职业核心能力。

（1）职业特定能力

每一种职业自身特有的能力，它只适用于这个职业的工作岗位，适应面很窄，但一个职业就有一个特定的能力。

（2）行业通用能力

行业通用能力是以社会各大类行业为基础，从一般职业活动中抽象出来的可通用的基本能力，它的适应面比较宽，可适用于这个行业内的各个职业或工种。

图5-4 职业核心能力的三个层次

（3）职业核心能力

职业核心能力是从所有职业活动中抽象出来的一种最基本的能力，普适性是它最主要的特点，可适用于所有行业的所有职业。职业核心能力属于基础能力，也是关键能力。

2. 职业核心能力的分类

职业核心能力可分为职业方法能力和职业社会能力两大类，如图5-5所示。

（1）职业方法能力

职业方法能力是指主要基于个人的，一般有具体和明确的方式、手段的能力。它主要指独立学习、获取新知识技能、处理信息的能力。它是我们的基本发展能力，是在职业生涯中不断获取新的技能、知识、信息和掌握新方法的重要手段。包括"自我学习""信息处理""数字应用"等能力。

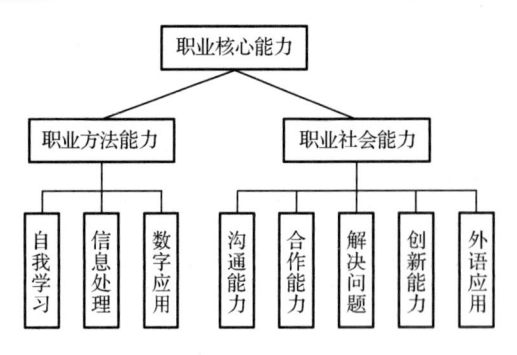

图 5-5 职业核心能力的分类

（2）职业社会能力

职业社会能力是指与他人交往、合作、共同生活和工作的能力。它是我们在职业活动中，特别是在一个开放的社会生活中必须具备的基本素质。包括"沟通能力""合作能力""解决问题""创新能力""外语应用"等能力。

从这个分类中，我们知道，解决问题能力属于解决问题的能力中的职业社会能力，属于基本能力、基础能力，也是关键能力。

3. 解决问题能力的定义和标准

解决问题能力是指人们运用观念、规则、一定的程序方法等对客观问题进行分析并提出解决方案的能力。其标准如下：

（1）初级标准

问题发生的时候，能够在与人合作的条件下，对于一个简单的问题，用几种常用办法，提出解决问题的基本思路或对策。

（2）中级标准

面对问题的时候，对问题的主要特征越清楚，解决问题的途径就越多，并在可利用的资源条件不熟悉的情况下，要明确指出问题所在，并提出解决问题的基本思路或对策。

（3）高级标准

更早期地发现问题，感知外界对自己或工作生活的不良状态和因素，可以准确预测事情发展过程中的各种问题，并将其消灭在萌芽状态。同时能归纳总结问题发生的规律，可以指导提高他人发现问题的能力。

➡️ 实现参考

5.2.3 解决问题能力的提升方法

提升流程：3个阶段9个步骤		提升方法：提升方法可以采用 OTPAE 五步训练法
分析制定	分析问题，提出方案，选择方案	目标（Object）
实施解决	准备计划，制订计划，实施计划	任务（Task）
		准备（Prepare）
检验改进	检查方案，鉴定结果，改进方案	行动（Action）
		评估（Evaluate）

分析问题，提出对策

1. 认识问题

目标：掌握分析问题的活动流程和方法；
任务：完成问题分析报告；
准备：制定调查问题、分析问题的方案；
行动：到现实中进行调查及搜集资料；
评估：运用问题分析的方法与效果。

（1）什么是问题？

问题是现实离目标的差距，是矛盾、关键、障碍、错误、事故、烦恼等。问题有复杂、简单，有主要、次要，有严重、有一般，有突发的、常见的、有问题中的问题。

> **案例 1：问题**
>
> 某大楼内有 4 部电梯。这栋大楼里大大小小数十家公司，上班时间都在 9 点，每天从 8 点 40 分开始是上班的高峰，楼里的电梯就会异常拥挤，运行速度也非常慢。由于等电梯的人太多，推推搡搡中经常发生争吵。

萧伯纳说："科学始终是不公道的。如果它不提出十个问题，也就永远不能解决一个问题。"

（2）认识问题的能力

认识问题的能力包括发现问题、分析问题、认识问题等。发现问题即观察问题的来源，分析问题就是思考问题的原因，认识问题是明确问题的状况、性质、变化和影响。

（3）认识问题的步骤

步骤一：收集信息，描述问题。采用"5W法"，即：

- 发生了什么事？
- 什么时候发生的？
- 地点在哪里？
- 哪些人与之有关？
- 为什么会发生？

步骤二：描述问题特征

- 问题将产生哪些影响？
- 问题的紧急程度和重要程度如何？
- 这个问题应该由谁负责？
- 这个问题是否属于常规化的问题？

步骤三：明确问题的目标状态

问题解决后的目标状态，问题将会怎样（目标状态）？（性质、量化、时间等）。

发现问题的四个要点如图 5-6 所示。

（4）认识问题的方法

1）列举法

含义：列举法是通过认识事物的特性，以列举的方式把问题展开来，从中找出解决问题的思路和关键点的方法。它的作用在于理顺思路来实现创意。

方法的类型：特性列举法、缺点列举法、希望列举法。

程序：尽量列举→归类整理→分析评价→确定方案。

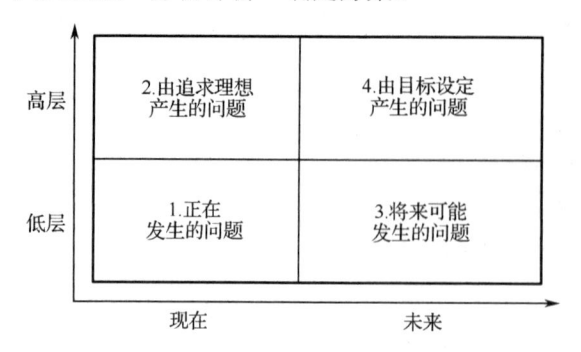

图 5-6 发现问题的四个要点

2)"5W1H"法

What（发生什么）、When（什么时候）、Where（什么地方）、Who（什么人）、Why（为什么）、How（怎么样）。

3) 鱼骨图法

鱼骨图（又名因果图、石川图），指的是一种发现问题"根本原因"的分析方法。其特点是简洁实用，深入直观。它看上去有些像鱼骨，问题或缺陷（即后果）标在"鱼头"处。在鱼骨上长出鱼刺，上面按出现机会多寡列出产生问题的可能原因，有助于说明各个原因是如何影响后果的。如图 5-7 是鱼骨图法的应用案例。

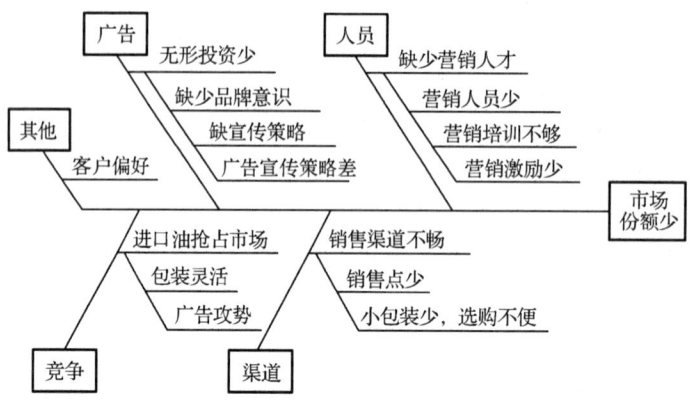

图 5-7 鱼骨图法的应用案例

（5）评估
- 你描述的问题准确吗？
- 你懂得分析问题产生的原因吗？
- 你掌握了分析问题的流程和方法吗？
- 你能判断解决问题要达到的目标状态吗？
- 你能收集到有关问题的资料吗？
- 你能撰写问题分析报告吗？

活动一：认识问题实训

请就以下问题，按以上步骤、方法去认识问题。

- 我的学习效率如何？
- 某酒店的服务质量为什么下降？
- 如何调动员工的积极性？

五岁的阿庆对妈妈数数时说："1等于4,3等于2,5等于0,那么4等于几?6又等于几呢？"

将面包切成10片，你想在每片面包里都夹一片火腿，如果两片面包里仅能夹一片火腿，请问最多可以夹几片火腿？

2. 提出方案
- 目标：掌握提出方案的方法；
- 任务：提出问题解决的方案；
- 准备：提出方案的方法和思路；
- 行动：做到了提出方案；
- 评估：是否掌握了提出方案的方法。

（1）什么是方案？

方案即工作或行动的计划，是解决问题、开展某一行动的设想、规划。方案内容一般包括背景、主要目标、工作重点、实施步骤、时间地点、政策措施、具体要求等分项。

（2）提出方案的方法

提出方案的方法就是创新思维，创新思维是产生新观念、发现新理论、解决新问题、实现新目标的思维形式。创新思维形式：发散→收敛→再发散→再收敛。

- 发散思维法；
- 逻辑思维法；
- 系统思维法；
- 逆向思维法；
- "头脑风暴法"；
- "635"法又称默写式智力激励法；
- 组合法与信息交合法；
- 奥斯本检核表法。

大家比较熟悉、常用的方法是"头脑风暴法"。

头脑风暴是一种会议技术。它是一种通过大家共同努力来寻找特定问题的解答的方法，是小组即兴创意的过程。

头脑风暴的制定原则：不允许对观点提出批评；鼓励畅所欲言，各抒己见；需要有数量保证；尽量努力寻求观点的组合和改进。

头脑风暴的组成小组：成员最好来自不同背景的人，一个主持，一个记录，若个成员和客户，6～12人为宜。

头脑风暴实施程序：①会前准备；②热身；③主持引导；④讨论问题；⑤小结。

其他提出方案的方法，请大家在网上查询、自学。

活动二：提出解决方案

- 清除城市里的口香糖是让环卫部门最头疼的一项工作，请提出多个解决方案。（发散思

维、头脑风暴法）
- 在校学习，如何增加实习、实践的机会？（头脑风暴法、635法）
- 请拿出开发饮料系列产品的方案。（信息交合法）
- 请拿出改进某手机品质的方案（针对老年市场）。（可用奥斯本检核表法）
- 各种方案优缺点比较。

方　案	优　点	缺　点
方案A		
方案B		
方案C		

（3）评估
- 你懂得了提出方案的思维方式吗？
- 你掌握了两种以上提出方案的方法吗？
- 你能就解决某一问题提出两个以上的方案吗？

3. 选择方案

目标：掌握选择方案的方法；

任务：从备选方案中选优；

准备：选择决策的方法；

行动：做出方案选优；

评估：是否掌握了选优的方法。

（1）选择方案的方法

定性决策：SWOT分析法、特尔菲法、力场分析法；

定量决策：决策树法、权重分析法。

1）SWOT分析法

所谓SWOT分析，即基于内外部竞争环境和竞争条件下的态势分析，就是将与研究对象密切相关的各种主要内部优势、劣势和外部的机会和威胁等，通过调查列举出来，并依照矩阵形式排列，然后用系统分析的思想，把各种因素相互匹配起来加以分析，从中得出一系列相应的结论，而结论通常带有一定的决策性。

运用这种方法，可以对研究对象所处的情景进行全面、系统、准确的研究，从而根据研究结果制定相应的发展战略、计划及对策等。

S（strengths）是优势、W（weaknesses）是劣势、O（opportunities）是机会、T（threats）是威胁。按照企业竞争战略的完整概念，战略应是一个企业"能够做的"（即组织的强项和弱项）和"可能做的"（即环境的机会和威胁）之间的有机组合。

2）特尔菲法与德比克法

特尔菲法：这是由美国兰德公司发展的一种新型专家预测方法。它通过寄发调查表的形式征求专家的意见；专家在提出意见后以不记名的方式反馈回来；组织者将得到的初步结果进行综合整理，然后反馈给各位专家，请他们重新考虑后再次提出意见；经过几轮的匿名反馈过程，专家意见基本趋向一致；组织者依此得出预测结果。

德比克法：把专家请来分成若干个小组，每人发一张卡片，虽在一个小组内也互不通气。只用书面形式回答问题。小组负责人把答案收集后，将多种意见都公布出来，请专家进一步考虑，然后投案表决，只表示同意与否，不做辩论。形成小组意见后，再开全体专家会议讨论，重新投票，按票数取得意见。可见列名小组法吸收了专家会议与德尔菲法的长处，克服了它们的不足。这种方法较好地避免了权威的合法化效应，更重要的是防止了乐车队效应的发生。

3）力场分析法

根据卢因的研究，任何事物都处在一对相反作用力之下，且处于平衡状态。其中推动事物发生变革的力量是：驱动力。试图保持原状的力量是：制约力。卢因视组织为一动态系统（而非静止），这一系统同样处在二力作用的动态平衡之中。为了发生变革，驱动力必须超过制约力，从而打破平衡。力场分析法如图5-8所示。

4）决策树分析法

图5-9是决策树分析法的示意图。决策树分析法是一种运用概率与图论中的树对决策中的不同方案进行比较，从而获得最优方案的风险型决策方法。图论中的树是连通且无回路的有向图，入度为0的点称为树根，出度为0的点称为树叶，树叶以外的点称为内点。决策树由树根（决策节点）、其他内点（方案节点、状态节点）、树叶（终点）、树枝（方案枝、概率枝）、概率值、损益值组成。

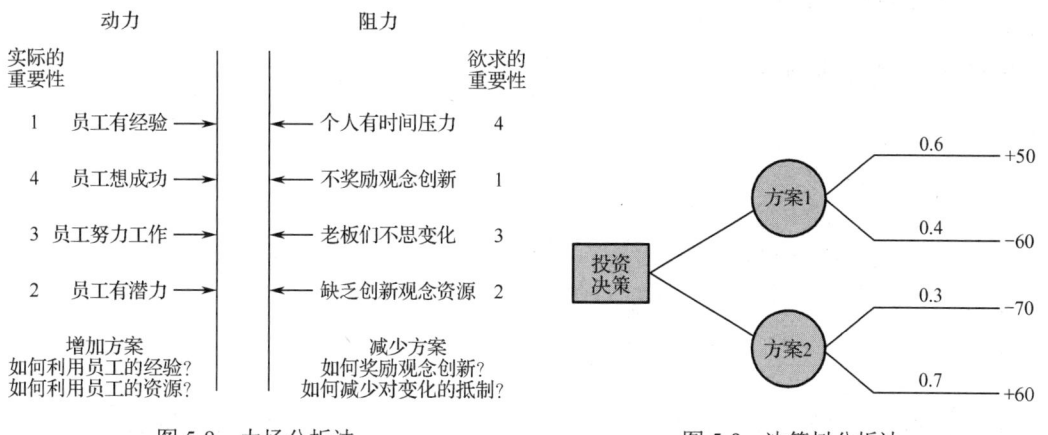

图5-8　力场分析法

图5-9　决策树分析法

（2）选择方案决策的行动步骤

步骤一：描述决策的目的；

步骤二：确定决策的标准；

步骤三：比较决策方案；

步骤四：评估决策风险；

步骤五：做出决策。

案例2：小杰该选择哪个工作

小杰是一个刚毕业的大学生，正在找工作。她以前到一家公司实习，这家公司的经理对她印象很好，正在考虑是否接受她为正式职工。

同时，还有3家单位也有意让她去上班。

活动三：险地求生和"三个和尚应该有更多的水喝"

● "迷失丛林"工作方案，选择14样物品排序：药箱，手提收音机，打火机，三支高尔夫球杆，七个大的绿色垃圾袋，指南针，蜡烛，手枪，一瓶驱虫剂，大砍刀，蛇咬药膏，一盒轻便食物，一张防水毛毯，一个热水瓶。参考专家意见：

药　　箱	6	手　　枪	12
手提收音机	13	一瓶驱虫剂	5
打火机	2	大砍刀	1
三支高尔夫球杆	11	蛇咬药膏	10
七个大的绿色垃圾袋	7	一盒轻便食物	5
指南针	14	一张防水毛毯	4
蜡烛	3	一个热水瓶	9

- "三个和尚应该有更多的水喝"，请设计出最佳的方案。(小组讨论完成)

（3）评估
- 你是否掌握了选择方案的步骤？
- 你对决策的目的、标准和风险明确吗？
- 你是否掌握了方案决策的方法？

实施计划，解决问题

1. 准备计划

目标：获得别人的支持；

任务：取得相关的人力资源支持；

准备：获得支持的方法；

行动：积极地寻求支持；

评估：是否掌握了获得支持的方法。

（1）什么是计划

计划是解决问题的具体行动方案。它包括：活动的目的、时间、地点、资源、程序安排、措施等。计划有学习计划、工作计划、实习计划、行动计划等。

（2）PDCA 计划循环法

PDCA 原则最初的概念来自现代质量管理的奠基者沃特·阿曼德·休哈特（Walter A. Shewhtar），后来被美国的质量管理专家戴明博士在 1950 年再度挖掘了出来，并广泛得到应用。

如图 5-10 所示，P：计划；D：做；C：检查；A：处理。PDCA 的基本原则就是，凡事都需得规划，然后执行，执行完了以后需要思考和改进。

每一项工作的执行都是一个 PDCA 循环，都需要计划、实施、检查结果，并进一步进行改进，同时进入下一个循环，只有在日积月累的渐进改善中，才可能会有质的飞跃，才可能取得完善每一项工作，完善自己的人生。

图 5-10　PDCA 循环

（3）准备计划：需要什么资源？

需要的资源包括人力资源，财力资源，物资、设备资源，技术、方式资源，信息资源，时间资源,地理位置资源等,其中人力资源是关键性第一资源。

1)关键资源是谁?

需要落实我的关键资源是谁?如图 5-11 所示,寻找人际资源的方法:

- 地毯式(拉网式)寻找法
- 连锁式(人际关系)寻找法
- 中心开花(人际领袖)寻找法
- 利益诱导寻找法

2)如何让领导同意你的方案?

心理学家认为,要争取别人赞同自己的观点,光是观点正确还不够,还要掌握微妙的交流技巧。心理学家经过研究,提出了许多增强说服力的方法,其中最基本的有六种:

方法一:利用"居家优势";

方法二:修饰仪表;

方法三:使自己等同于对方;

方法四:反映对方的感受;

方法五:提出有力的证据;

方法六:运用具体情节和事例。

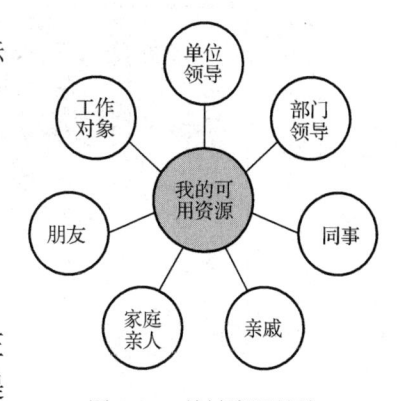

图 5-11 关键资源是谁

(4)评估

- 你是否能找到你的计划的关键性资源?
- 你能得到别人对你的方案的认同和支持吗?
- 你的计划是否能通过批准执行?

2. 制订计划

目标:学会制订工作计划

任务:完成制订工作计划

准备:制订工作计划方法

行动:动手制订工作计划

评估:是否掌握了制订计划的方法

(1)制订计划的方法:包括目标任务分解图,甘特图,计划表等。

1)目标任务分解图

如图 5-12 所示是目标任务分解示意图。学会分解任务,只有将任务分解得足够细,你才能心里有数,你才能有条不紊地工作,你才能统筹安排你的时间表。分解原则是如下。

横向到边:即百分百原则,指 WBS(Work Breakdown Structure)分解不能出现漏项,也不能包含不在项目范围之内的任何产品或活动。

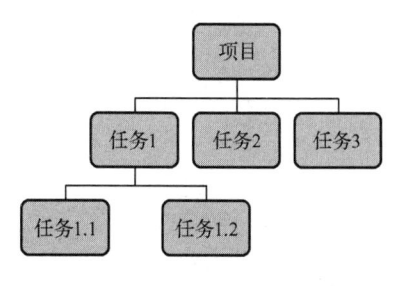

图 5-12 目标任务分解示意图

纵向到底:指分解要足够细,以满足任务分配、检测及控制的目的。

2)甘特图

甘特图又叫横道图(图 5-13),它是以图示的方式通过活动列表和时间刻度形象地表示出任何特定项目的活动顺序与持续时间。

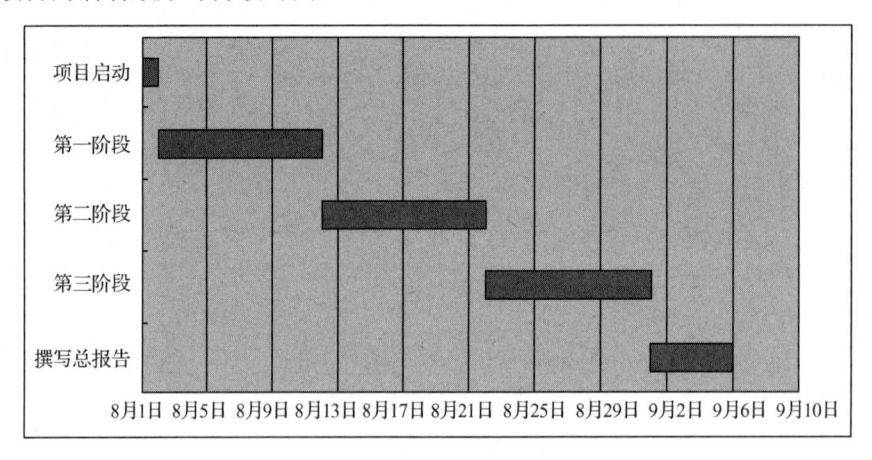

图 5-13　甘特图的示意图

（2）制订计划的要点
- 要达到的目标是什么？
- 采取什么步骤达到目标？
- 安排计划的时间进度？
- 执行计划的预算是多少？
- 如何保证计划的实施？
- 出现意外情况怎么办？
- 谁来监督计划的执行？

（3）评估
- 你是否掌握了制订计划的内容和方法？
- 你是否懂得了制订一份计划？
- 你是否制订了核查方案，以保证计划的执行？

（4）活动四：制订计划

请每个小组选定一个项目，各自完成一项计划的制订。
- 制订你的"明天计划"。
- 制订一个学生到企业参观的计划。
- "三个和尚有更多水喝"的计划。
- 企业新员工培训计划（三天）。

3. 实施计划

目标：学会实施计划的技能

任务：完成计划的实施

准备：落实计划的方式方法

行动：开始落实你的计划

评估：是否掌握了落实计划的技能

（1）实施计划的基本方法

方法一：分配任务，统一协调；

方法二：有效监督，奖罚分明；
方法三：制订与执行相参与；
方法四：收集信息，获得支持。

（2）活动五：买卖

有一个家庭花 12 万元买了一套房子，住了 2 个月之后，他们因工作关系要离开该座城市，遂以 13 万元卖出房子。过了半年，他们又重新回到这座城市工作。他们再次把房子买回来花了 14 万元。不久以后，他们想买一套更大点的房子，又以 15 万元把房子卖出去。请评价，这个家庭有没有赚到钱？为什么？

（3）评估
- 你是否懂得了利用资源去实施计划？
- 你是否能保障计划的有效执行？
- 在实施计划中，你是否善于发现变化和意外，对计划做出调整？

验证方案，改进计划

1. 检查计划

目标：掌握检查的方法
任务：评估问题解决的效果
准备：评估检查效果的方法
行动：实施检查，评估结果
评估：是否掌握了检查的方法

（1）什么是检查?

检查包括：测试、观察、测量、核查、评估等。检查可以针对行为、过程、效果、结果、目标、状态等。

（2）检查的方法一

检查的方法一包括结果评定，专家鉴定，群众评估，指标考核，列表提问等。

结果检查	
过程检查	
"人"的因素检查	
"财"的因素检查	
"物"的因素检查	
关键因素检查	
环境因素检查	

（3）检查的方法二

前测与后测；定性与定量（定性：小组座谈、深度访谈、问卷调查，定量：指标、数据、抽样、比较）；自检与他检；定期与非定期。

（4）检查的工具

检查的工具包括计划检查，记录检查，指标检查，仪器检查，问卷检查，感官检查，360 度考评，雷达图分析法等。

1）360度考评

360度反馈评价，也称为全方位反馈评价或多源反馈评价，最早是由被称为"美国力量象征"的典范企业英特尔首先提出并加以实施的；其是指与被考核者在工作中有较多工作接触、对被考核者的工作表现比较了解的不同方面的人员，从不同的角度对被考核者进行绩效评估，评估完成后根据确定的不同评价者的权重得出一个综合的评价结果。

2）雷达图分析法

图5-14 雷达图分析法（radar chart Analysis），又可称为戴布拉图、蜘蛛网图、蜘蛛图，是日本企业界的综合实力进行评估而采用的一种财务等状况综合评价方法。

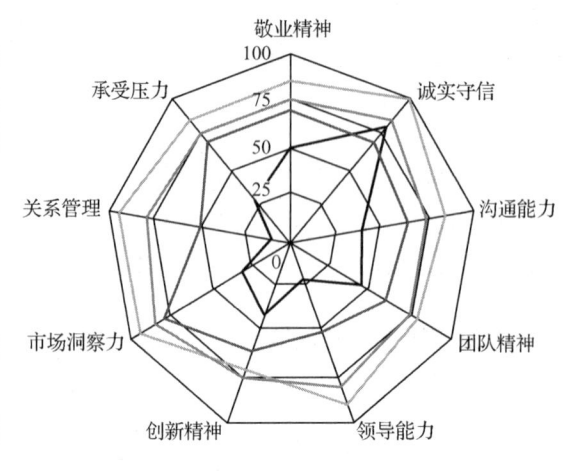

（5）检查的流程

确定方法→实施检查→说明结果

（6）评估

- 你懂得运用检查的方法和工具吗？（列表法、调查问卷、指标评估表）
- 你能正确说明检查的结果吗？（见图表、文字说明，检查报告）

图5-14 雷达图分析法

2. 总结结果

目标：学会说明结果，解释原因
任务：回顾并解释解决问题的过程
准备：总结解决问题过程的方法
行动：分析总结问题解决的过程
评估：是否掌握了总结的方法

（1）什么是总结

总结是对前一阶段工作或学习进行回顾、检查和分析研究，从中找出经验和教训，获得规律性的认识，以便指导今后实践的一种事务文书。

（2）总结的方法

总结的方法包括过程检查，结果评定，原因分析，经验提炼。

问题解决的目标是什么？	问题解决的结果评估				
	好	较好	一般	较差	差
最终结果是否达到目标？					
过程是否具有创新？					
成本控制如何？					
团队协作如何？					
有关方面是否满意？					
总体鉴定意见：					

（3）总结的程序

步骤一：澄清解决问题的每一个步骤，并解释每一步决策的原因；
步骤二：评估解决问题的过程；

步骤三：分析成败的原因；

步骤四：总结经验，撰写总结报告。

（4）如何写总结报告

总结报告包括标题，摘要，介绍问题，解决方法，结果，结果分析，结论，经验教训及建议，附注。

（5）活动六：月度学习总结

请你草拟一份专业月度学习总结（提纲）。

3. 改进方法

目标：学会利用经验，改进解决问题的方法

任务：面对新问题，如何利用经验改进

准备：改进解决新问题的方法

行动：是否掌握了改进的方法

评估：能否用经验改进解决新问题

（1）什么是改进

改进就是利用经验去寻找制定解决新问题的方法。改进：改变提升，扬长避短。针对新环境，新问题，利用经验、教训、新知去破旧立新。包括改进意见、工作质量、改进方案等。

（2）改进的方法

1）比较法

比较法也叫对比法，是指用一个事物或概念和另外一个类似的或对立的事物或概念对比，找出其中差异的创意方法。

差异孕育新兴。有比较才有鉴别，有鉴别才会有创新改进。例如，比较研究学，中西方文化的比较，美日管理模式的比较，同类产品和营销策略的比较。

方法：类似比较（同中求异）、对立比较（异中求同）。

2）六西格玛法

六西格玛模式可以采用由定义、度量、分析、改进、控制构成的改进流程。六西格玛流程可用于以下三种基本改进计划：

- 六西格玛产品与服务实现过程改进。
- 六西格玛业务流程改进。
- 六西格玛产品设计过程改进。

3）列表提问法

总 结 内 容	问 题 列 举	结 果 评 价
目标方面		
策略方面		
方法方面		
原因方面		
动机方面		
计划方面		
……		
总的方面		

(3) 活动七：改进学习方法

请你设计一份改进学习方法的方案。方法：比较法，六西格玛法，列表提出法。

1）比较法
- 比较的内容：学习动机、积极性、方法、条件、效果。
- 比较的对象：与他人比较、与自己比较。
- 比较的方法：横向比较、纵向比较。

2）六西格玛法
- 定义：是什么？我的学习是什么？
- 度量：怎么样？我的学习怎么样？
- 分析：原因？原因在哪里？
- 改进：方法？如何去改进？
- 控制：目标？能保证达到目标吗？

(4) 评估
- 你懂得改进的方法吗？
- 你能制定改进方案吗？
- 你是否能通过改进解决新问题？

任务实现

5.2.4 突破性解决问题团队游戏——圆球团队游戏

圆球游戏是一个需要用突破性思维去解决问题的团队游戏，鼓励我们要有创新精神，从而带来很多意想不到的成绩。

1. **游戏时间**：20 分钟。
2. **游戏道具**：需要准备 3 个标有 1、2、3 的小球，如乒乓球。
3. **游戏步骤**：

(1) 人员分组

所有的人分成三组，分别配有 1、2、3 号球。

(2) 游戏规则
- 传球：球从每组的发起者手里发出，最后回到发起者手里。在传递过程中，每一人都必须触及到球，所需时间最少的获胜。
- 计时规则：球不能掉地上，球掉在地上一次额外加 10 秒。
- 20 分钟内，可以多试几次，以时间最短者作为最终的评比成绩。

(3) 游戏启发

在这个圆球游戏中，怎样将自己的创造性思维运用进去呢？有没有更好的办法让传递的时间更短？

这就需要我们开动大脑，突破思维限制，找到更好的方法了。

任务小结

5.2.5 一个人最大的价值在于解决问题的能力

在工作中，谁都难免会遇到这样那样的困难和问题。面对难题，优秀的人往往会积极地寻找解决问题的方法，而平庸的人则总会为自己的无能为力寻找借口，逃避责任。

最优秀的人，往往是那些最能解决问题的人，他们的成功，实际上就在于他们总是能够寻找到办法解决一个又一个的难题。我们每个人，在公司里存在的作用和必要性就在于：我们能够通过实际的工作，去解决一个又一个的问题。

个人的作用大小，职位的重要程度，就取决于我们能够解决多少个这样的问题，能够通过解决问题来体现自己多大的价值。我们能够解决的问题越多，产生的影响越多，你的能力就越大，你的价值就越大。

那些懂得学习处理问题的，在职场和生活中过得如鱼得水，走到哪都是那么地受到尊重和欢迎。解决问题是一个人的能力，你能解决多大的问题就决定了你的价值有多少，解决问题的能力决定了我们的人生价值。

5.3 影响力

任务目标

5.3.1 选谁跟唐僧去西天取经

任务名称

任务：选谁跟唐僧去西天取经？

任务分析

影响力不仅仅是领导者所需要的能力，任何人具有强大的影响力都会对工作的开展有着强大的推动作用。因此，我们要学会建立和提升个人影响力。

实现准备	课堂活动	活动一：我叫陈阿土
	课堂讲解	知识点：影响力对工作和与人连接的推动作用，领导者的性格品质决定团队气质
实现参考	课堂活动	活动二：测试你是狮子、猫头鹰、树袋熊、孔雀还是变色龙？
	课堂活动	参考建议：如何提升个人影响力
任务实现	课堂实训	选谁跟唐僧去西天取经？
任务小结	课后思考	建立个人影响力，成为意见领袖

> **实现准备**

5.3.2 领导者的性格品质决定团队气质

活动一：我叫陈阿土

1. **活动目的**：感受到影响力的效果。
2. **活动流程**

（1）阅读案例

案例 1：我叫陈阿土

陈阿土是台湾的农民，从来没有出过远门。攒了半辈子的钱，终于参加一个旅游团出了国。

国外的一切都是非常的新鲜。关键是，陈阿土参加的是豪华团，一个人住一个标准间。这让他新奇不已。

早晨，服务生来敲门送早餐时大声说道："Good morning, sir！"（早上好！先生）

陈阿土愣住了。这是什么意思呢？在自己的家乡，一般陌生的人见面都会问："您贵姓？"

于是陈阿土大声叫道："我叫陈阿土！"

如是这般，连着三天，都是那个服务生来敲门，每天都大声说："Good morning, sir！"而陈阿土都大声回道："我叫陈阿土！"

但他非常的生气。这个服务生也太笨了，天天问自己叫什么，告诉他又记不住，很烦的。终于他忍不住去问导游，"Good morning, sir！"是什么意思，导游告诉了他，天啊！！真是丢脸死了。

陈阿土反复练习"Good morning, sir！"这个词，以便能体面地应对服务生。

又一天的早晨，服务生照常来敲门，门一开陈阿土就大声叫道："Good morning, sir！"与此同时，服务生叫的是："我叫陈阿土！"

（2）快速思考
- 服务生为什么跟着叫"我叫陈阿土！"？
- 这个故事体现了什么？

> **知识点**：影响力对工作和与人连接的推动作用，领导者的性格品质决定团队气质

人与人交往，常常是意志力与意志力的较量。不是你影响他，就是他影响你，而我们要想成功，一定要培养自己的影响力，只有影响力大的人才可以成为最强者。

1. **影响力的概念及分类**

影响力是用一种别人所乐于接受的方式，改变他人的思想和行动的能力。影响力又被解释为战略影响、印象管理、善于表现的能力、目标的说服力及合作促成的影响力等。构成影响力的基础有两大方面。

（1）权力性影响力

权力性影响力又称为强制性影响力，它主要源于法律、职位、习惯和武力等。权力性影响

力对人的影响带有强迫性、不可抗拒性，它是通过外推力的方式发挥其作用。在这种方式作用下，权力性影响力对人的心理和行为的激励是有限的。

构成权力性影响力的因素主要有：法律；职位；习惯；暴力。

（2）非权力性影响力

非权力性影响力，也称非强制性影响力，它主要来源于领导者个人的人格魅力，来源于领导者与被领导者之间的相互感召和相互信赖。

构成非权力性影响力的因素主要有：品格因素；才能因素；知识因素；情感因素。

案例2：毛泽东时代的影响力

法国电视二台每周都有一个《大家都这么讲》的对话节目。一次，中国舞蹈家金星应邀来做节目。那天，金星穿了一身军服似的套装。主持人打趣说："毛泽东的时代都过去那么久了，您怎么还穿军装？"金星聪明地答道："看好了，这可是香奈儿！"主持人哈哈大笑。

他明白，金星是在说：法国人抄袭了中国毛泽东时代的时髦。

---

2. 影响力的作用

影响力表明了一种试图支配与统帅他人的倾向，从而使一个人去采取各种劝说、说服甚至是强迫的行动来影响他人的思想、情感或行为。无论是观点的陈述，障碍的扫除，还是矛盾的化解，风险的承担，具备该素质的人都会以愿望或实际行动的方式推动其达成或实现。因此，这类人通常能够在一个团队里树立个人权威。

具备影响力素质的人通常表现出以下行为，包括"提请他人注意资料、事实与依据""利用具体的事例、证明等""强化自己的支持者，弱化自己的对立面"等。

影响力是为推动他人达成个人所期望的目标而服务的。

案例3：对周恩来的评价

在史沫特莱在《中国的战歌》中给出了这样的答案："他对外国人，对政府的高级官员，像对他本党的党员一样，都经常以一种能够解除对方疑虑的坦率直言无讳。他知识渊博，目光远大，他论人断事，毫不带宗派色彩。"

是的，坦率、直言无讳，这才是一个人拥有大智慧的底蕴，周总理的智慧首先来自他对每一个人的人格尊重。因为，他敢于坦坦荡荡地对待每个人包括自己的对手；因此，尼克松才会说："在他面前，任何不信任的感觉或者对他还有些怀疑的判断，几乎都烟消云散。"

因此，对周恩来非比寻常的政治智慧和能力，美国政治家才可以大加褒扬："对他来说，扮演这些角色并不是玩世不恭，不断改换面具，反映了一个非常复杂而又精明的人的不同的侧面，这些侧面能在很大程度上说明为什么他的政治生涯如此漫长和丰富多彩。"

而尼克松总统在《领导者》中则由衷地感叹："我1972年访问中国期间，周恩来无与伦比的品格是我得到的最深刻印象之一……'恩来'译过来是'恩赐来临'的意思。这是一个简明地刻画出他的形象和性格的名字。周没有架子，但却很沉着坚强。他通过他优雅的举止和挺立而又轻松的姿态显示出巨大的魅力和稳健。"

在这个案例中，周总理的个人影响力无疑在中国与国外的外交交流中，起到非常大的推动作用，这是其他方法都没有的优势而有能发挥着最强大的效果。

3. 影响力对工作的推动作用

（1）利用权力性影响力推动工作

权力性影响力的主要因素有传统因素、职位因素和资历因素。

- 传统因素是人们对领导者的一种传统观念，人们认为领导者不同于普通人，他们有权力，有才干，比普通人强。这些观念逐步成为某种社会规范，产生了对领导人的服从感。
- 职位因素即领导者在组织中的职务和地位。居于领导地位的人有一定的法定权力，有了这种权力，就可以左右被领导者的处境，使被领导者产生一种敬畏感。
- 资历因素即领导者的资格和经历，一般来说，资历较深的领导者都有相当的影响力，人们对资历较深的领导者产生敬重感。

权力性影响力来源于职权，作为下级必须服从上级，因而通过职权对被领导者作用的心理效果表现为服从感、敬畏感和敬重感。权力性影响力对工作的推动作用是显而易见的，因为权力性影响力作用于被领导者的方式一般是领导者向下属提出正式要求或发布指令。这些要求和指令通过口头和文字进行传输，如通知、法令、规章、批示等，而这些要求或指令是下属必须执行或服从的。那么我们该怎么做呢？

第一，我们在工作中要做到做一行，精一行，爱一行。即便不能在这个组织中升级到高的职位或者领导，但至少能获得资历的积累。通过这样的方式，收获一定的权力性影响力，来推动工作的开展。

第二，在项目性的临时组织中，要尽快落实项目组任命，明确工作、汇报关系，利用这样的形式形成权力性影响力，推动工作一步一步向前。

> **案例 4：地位每提升一级，平均身高高半英寸**
>
> 英国剑桥大学的一名访客来到了 5 个班级。在不同的班级，研究人员对这个人的身份做了不同的介绍，分别是学生、助教、讲师、高级讲师和教授。
>
> 当这个访客离开后，研究人员让学生评估他的身高。结果发现：访客的地位每提升一级，他在同学眼中的平均身高高半英寸，也就是说：他是"教授"的时候身高足足比是"学生"的时候高 2 寸半（6cm 多）。政治家获胜后，在公众眼中也会显得更高大。

（2）利用非权力性影响力推动工作

前面已经讲过，构成非权力性影响力的主要因素有品格因素、能力因素、知识因素和感情因素。

- 品格因素是指一个人的道德、品行、人格、作风等，它是决定领导者影响力的根本因素。一个品德高尚的领导者会使人产生一种敬爱感。
- 能力因素是指一个人的才能。有才能的领导者会给工作群体带来成功和希望，使人们对其产生一种敬佩感。
- 知识因素是指一个人拥有的知识。有丰富知识的领导者会得到人们的尊重，也容易取得人们的信任，使人们对其产生一种信赖感。
- 感情因素是人对客观事物好恶倾向的内在反映，领导者与被领导者之间建立了良好的感情关系，便能产生亲切感。

非权力性影响力来源于个人魅力，因此，非权力性影响力作用于被领导者的方式是人格感召，包括人格影响力和榜样行为影响力，是领导者通过自身较高的素质，如拥有丰富的知识、良好的品行、较强的能力以及与下属融洽的关系，使被领导者自愿接受领导，从内心信服领导者，因而对被领导者作用表现为敬爱感、敬佩感、信赖感和亲切感。

这是我们每个人需要修炼的，个人魅力带来影响力，推动各项工作的开展和人际关系的融合和提升。

4. 影响力提升与人连接的能力

（1）与人连接的能力的重要性

在这个社会上，人从来都不是孤立的，一个人处理人际关系的能力是非常重要的能力，也就是说人与人之间的连接太重要了！

单枪匹马，可能会做成一些事儿，但要做大事，是很难的，因为在这个社会上，钱不是万能的，很多时候人与人之间的沟通和连接反而更重要。特别是现在信息高度发达，有的是机会，人和人之间的关系就变得越来越重要了。

现在这个社会是高度分工合作的时代，每个人都有长处也都有短板，连接好了共同做一件事情，事半功倍，让每一个人都发挥出自己最大的作用，共同组团完成一件事情，就容易得多。

（2）影响力如何提升与人的连接力

在实际工作中，与客户的连接能力，或者说客户关系维系能力非常重要。例如，一些高层管理人员经常诧异地说："不久前与客户的关系还好好的，一会儿'风向'就变了，真不明白。"客户流失已成为很多企业所面临的尴尬，他们大多也都知道失去一个老客户会带来巨大损失，也许需要企业再开发十个新客户才能予以弥补；而一个认为"即将成功"的项目，也因为客户的流失危在旦夕。

但当问及企业客户为什么流失时，很多企业老总一脸迷茫，谈到如何防范，他们更是诚惶诚恐。我们认为，除了常规的客户关系拓展和维系方法外，个人影响力在你与客户的连接力上也发挥着巨大的作用。

影响力强大的人，客户不会"忘记"你的，任何情况或信息的变化首先会想到你。因为，你在他心里已经留下了不可磨灭的印象。

客户的重大决策，也会第一时间与你讨论，因为他也希望与你维持连接关系。

> **案例5：华为认为客户关系是第一生产力**
>
> 在竞争市场当中，对手并不是被我们打败的，是我们与客户一起才能打败对手。
>
> 华为以企业自身的成功实践告诉了我们一个道理，华为的产品可能不是最好的，但是，那又怎么样呢？我能让客户选择我而不选择你，这才是我的核心竞争力。

所以，除了要打磨自己的专业技能之外，我们的影响力、与人连接的能力特别特别重要。因为拓展一个新客户不容易，同样，要维系一个老客户，维持与他持续的连接也非常难，而这其中的个人影响力发挥着独特的作用。

（3）领导者的性格品质决定团队气质

领导力本质上是一种影响他人的社会过程；领导者的性格决定领导风格，领导者的综合素质决定团队的综合素质。一支优秀的团队，它的性格和气质，也是由它的领导的性格和气质决定的。

一个团队不能够强大，责任完全在领导者！要找团队的问题，不用从其他地方去找，从领导人身上找就可以。从弱小走向强大，靠的是什么？靠的就是团队领导人的战斗意志！

而团队的性格或气质比武器更重要，这是由这个团队领导者的影响力带来的。例如，李云龙与亮剑精神不可或缺；又比如1945年解放战争爆发时，当时交战双方军备数据的粗略统计显示共产党处于劣势（图5-15），但人民解放军取得了最终的胜利。

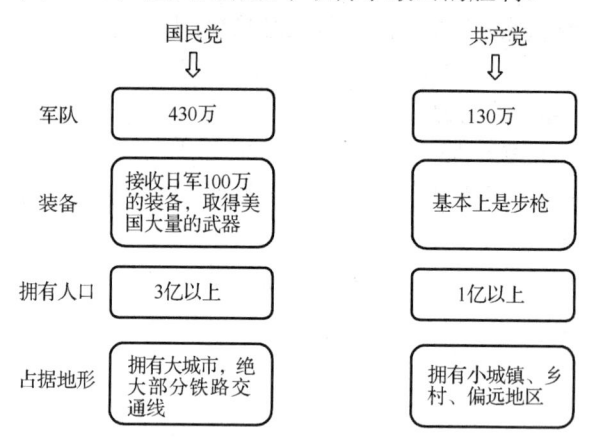

	国民党	共产党
军队	430万	130万
装备	接收日军100万的装备，取得美国大量的武器	基本上是步枪
拥有人口	3亿以上	1亿以上
占据地形	拥有大城市，绝大部分铁路交通线	拥有小城镇、乡村、偏远地区

图5-15　1945年交战双方军备数据的粗略统计

▶ 实现参考

5.3.3　如何提升个人影响力

活动二：测试你是狮子、猫头鹰、树袋熊、孔雀还是变色龙？

1. **活动目的**：测试你的性格气质类型，初步了解自己的影响力。
2. **活动流程**

（1）在线测试

在网络搜索"性格测试：你是老虎、孔雀、考拉，还是猫头鹰、变色龙？"，找到相关网页，点击进入测试。

（2）测试结果参考解读

① 变色龙型

处事极具弹性，性格多变，可以因环境要求而调整决策、信念与立场，适应力强。擅长整合内外资讯，不愿与人为敌，适合谈判、协调与交涉的工作，也会是最好的外交人才。

② 猫头鹰型

做事精确、条理分明，甚至吹毛求疵。固守传统、善尽本分、性格内敛，善用数字沟通，不善于语言表达，不易维持团队凝聚力。适合讲究制度的职业，如会计师、工程师、律师等。

③ 考拉型

平和近人、有耐心，冷静且坚定，步调和缓不紧凑，需要充分时间规划或因应变革，以意志力达成中长程目标。适合担任安定内部、稳定企业的角色，或是讲究精密、专业的领域。

④ 孔雀型

在人群中像明星，表达能力好、社交能力强，极具同理心，广结善缘。擅长于鼓吹理想，也很能够感染、影响他人，是个能激励团队士气的心灵教育家，适合推动新思维、创立产业。

⑤ 老虎型

具有强烈的支配特质，胸怀大志、竞争力强、企图心和好胜心也很旺盛。勇于冒险、积极自信、分析敏锐，而且有决断力，只要认定目标就勇往直前，适合开创市场或重整团队。

参考建议：如何提升个人影响力

随着通信的发达、信息的透明化，领导权力的领导作用力越来越小，我们要更多地利用个人的影响力来带领团队。提高个人影响力也是以"改善自我"为出发点，从自我修炼和外部沟通两个方面充分挖掘个人潜能、追求卓越。

1．外部沟通

（1）注重可信程度，表里如一

可信度是影响力的核心基础。一个不被信任的人，不论用承诺或是威胁的技巧，都很难产生影响力。要建立可信度，首先，要了解自己，了解自己的信念与价值观，能清楚表达并实践自己信念的人，才能让别人信任。

其次，要了解试图影响的对象，深入了解其价值观、信念与需要，并敞开大门让大家参与，在参与过程中，团队成员或是同事就会接受你的目标并转化为他们自己的目标，建立大家共同的价值观。这种讲的是主动影响，影响效果自然是最佳，影响力也是最大化的。

（2）提高自己语言的说服力，使其能够打动人心

见解高明、准确才会有说服力，一个人的话老是很有说服力，自然这个人就会有号召力。最常用的说服方法就是讲出具有重要性的理由，或以事情的价值、个人的需要作为说服条件。有的时候，告诉他为什么会是这样，然后告诉他，"你可以选择去做什么，但是我希望你这样做，因为这样做是你最佳的选择"，那么他的选择多半是我们希望的结果。这样的沟通最有效，因为这样会使别人感到我们是在为他的利益考虑，他的心被我们的语言打动了。

（3）知道什么人最难影响

最难影响的人，最有可能的是抱着敌意来听我们讲话的人或是利益上有冲突的谈判对手，这两种人基本上注定是要和我们的观点相反的，我们要通过我们的力量使其从一定不同到相同，难度自然是最大。要让意见不同者与我们共同完成任务，须经过谈判，达成彼此都能接受的协议。

谈判不是要击败对方，而是解决双方共同的问题。将问题与人分开，注重利益而非立场，创造对双方有利的选择，如果这些双方都可以达成共识，那么谈判就如同是与女朋友谈结婚，你有情，我有意，根本上没有冲突，剩下的就是细节问题。

（4）不要轻易使用命令方式沟通

命令往往就是无影响力的帮凶，命令常常使人感到不舒服、不自由，无论说的是什么，一旦是命令的口气就让人反感。

虽然命令不是发挥影响力的好方法，但在没有时间共同讨论的紧急状况下，或需要个人在不大自愿的情况下完成对组织很重要的工作时，偶尔还是得使用命令完成任务。这是被逼无奈的，但该做迫不得已的事时，就要坚决，无须考虑到影响力，因为那时最需要的不是它。

2．自我修炼，培养自己的影响力

（1）平时努力做到多看书、多思考

从而拓宽我们的知识面，扩展我们的视野。书看得多了，自然就懂得多了，懂得多了，自然说出的话就更让人信服了，以理服人。

但是，看书离不开思考。在读书、做事的时候，尽量从多角度、多位置来看待问题，这样才全面，分析越彻底，才会越有说服力。不要"死"脑筋，一根弦，井底之蛙的问题就在于它的视角太小。

（2）要实事求是，注重调查研究和实践经验

不要想当然，要想不出错，就要有调查，有研究，这样才可能得出正确的答案。没有地基的东西是站不住脚的。要知道，我们的一次正确观点可以帮我们在影响力的等级上加一分，而夸夸其谈的言论则会一次扣我们十分甚至更多。

所以，宁可说我不知道，也不要妄自尊大，这也是学者们做学问时一贯有的态度，人们都尊重他们，正是这个道理。我们信服的不应该是他们的权威，应该是他们在保持严谨的治学态度下的劳动成果。

（3）日常生活和工作的时候，要坚持做到公平、公正

以公平、公正为准则。公平、公正往往是叫人信服的最好武器，很多人为此可以抛弃他们自己的生命去追求，可见它的价值及重要性。方法是，自己想清楚自己以后要坚守的原则是什么，有了底线，自然就有了做事的标准了，有了标准，做起事来，就简单了。

（4）具备勇敢精神

虽然有勇敢精神的人不一定都会成功，但成功的人一定都是有勇敢精神的人。

（5）具备牺牲精神

关键的时刻我们要挺身而出，为了大家的利益而牺牲自己的利益，别人自然会很敬佩我们、尊敬我们，我们在人们心目中的位置自然就会很高，我们对他们的影响力自然就越大。

付出总是会有回报的，如果短期的个人损失能换来长期的大家的尊重，也许还是值得的。无论如何，至少可以证明我们是一个可以承担责任和值得依靠的人。

（6）提高个人素质和人品

人不可能达到完美，但是可以去追求完美，这需要你坚持不懈的努力。

人通常都是感观大于理智的，一个人如果有一个很大的毛病就会让人感到厌烦，即便是他有很多的优点，别人也很难接受他。就如同有句话讲的好，成功需要万事俱备，而失败只需要一个原因就可以。

平时努力养成三种美德：克制、谦逊和执着。三者要一起来用，因为克制和谦逊就如同是刹车系统，而只装了刹车系统的车是不会跑的太远的。反过来，执着是一个加速器，而一个只装有加速器没有刹车器的车也是危险的。

做到了这三点，给我们带来的就会是很好的人际关系，在别人心目中留下很好的印象，尤其是不断的进取精神，自然会让别人看好我们的前景，自然也就愿意和我们交往，一旦交往，自然就会受我们影响了。

（7）注意忠诚度的培养

一个可以控制自己的人是个成熟的人，虽然成熟不代表成功，但是成熟离成功的距离最近，而控制自己的最大问题就是是否需要坚持下去，也就是到底是否还需要忠于自己最初的想法。信守承诺是一个人最忠诚的体现。

忠诚的人才是完整的人、可敬的人，原因在于一旦他做了决定，那么就不会轻易地改变，这需要的不仅是毅力和执着，更需要的是勇气，自己控制自己，尤其是控制自己的决心。面对一个没有忠诚度的人的任何承诺，人们的态度除了不信就是不信。

任务实现

5.3.4 小组讨论：选谁跟唐僧去西天取经

1. **活动目的**

通过活动，实践如何建立影响力、感受个人影响力在团队中的作用。

2. **活动时间**：30～40 分钟

3. **活动流程**

（1）参加活动

学生分组，进行无领导小组讨论下面的题目，各小组形成统一的观点，之后将内容写在白板上。

如果唐僧去西天取经只能带四人，请问下面八个人带哪四个人比较好？请帮他做出选择，并给出理由。八个预选人员是：李逵、孔子、瓦特、林黛玉、郑和、武则天、牛顿、李白。

（2）观点分享

- 请小组安排一人进行宣讲，小组成员可以补充。
- 整个课堂活动中，每个人在小组里面的定位如何？
- 有无自发产生的小组长？个人的影响力如何？对小组每个成员进行评价。

任务小结

5.3.5 建立个人影响力，成为意见领袖

在职场和生活中，我们希望别人帮你一个忙？我们希望对方赞同自己的观点，我们希望同事帮助去做一件事情。除了权利之外，我们还可以借助一种特殊的思维或者方法去做到，这就是我们所说的影响力。因此，影响力的大小，对于成就事业将起到非常重要的作用。

职场中，经常会遇到需要协作甚至跨部门合作的情况，当我们提出一个好的想法时，也需要别人的支持才能让我们的方案脱颖而出，更容易被接受。如果，我们在运行一个项目，想必也需要获得别人的支持或是公司的资源，而这些都会受到一个人的影响力的限制。

这就需要我们建立个人影响力，成为意见领袖。

5.4 团队合作能力

任务目标

5.4.1 策划学校元旦晚会

任务名称

任务：策划学校元旦晚会

ICT职业素养训练（基础篇）

任务分析

学习如何理解团队精神和开展团队合作等知识，再参照个人如何有效地进行团队合作的建议，发挥主动性和影响力，开展团队合作，完成本节任务。

实现准备	课堂活动	活动一：跨物种的无障碍合作捕鱼
	课堂讲解	知识点一：如何理解团队精神 知识点二：如何开展团队合作
	课外活动	活动二：同心圆解手链
实现参考	课堂活动	活动三：叠人塔的启示
	课堂讲解	参考建议：个人如何有效地进行团队合作
任务实现	课堂实训	任务：分组完成学校元旦晚会策划
任务小结	课后思考	个人能力再强，也离不开团队合作

实现准备

5.4.2 如何理解团队精神和开展团队合作

活动一：跨物种的无障碍合作捕鱼

1. 活动目的：了解团队合作的重要性。
2. 活动流程

（1）看视频

扫描二维码，观看视频。

跨物种的无障碍合作捕鱼

（2）快速思考
- 渔民与海豚为何要合作捕鱼？他们的分工协作分别体现在哪里？
- 渔民与海豚分别从中得到了什么好处？这是不是他们合作的基础？

知识点一：如何理解团队精神

1. 什么是团队

团队是一个由少数成员组成的小组，小组成员具备相辅相成的技术或技能，有共同的目标，有共同的评估和做事的方法，他们共同承担最终的结果和责任。

2. 团队的构成要素

团队有几个重要的构成要素，总结为5P。

（1）目标（Purpose）

团队应该有一个既定的目标，为团队成员导航，知道要向何处去，没有目标这个团队就没有存在的价值。

> **案例1：吃三叶草的昆虫**
> 自然界中有一种昆虫很喜欢吃三叶草，这种昆虫在吃食物的时候都是成群结队的，第一

> 个趴在第二个的身上,第二个趴在第三个的身上,由一只昆虫带队去寻找食物,这些昆虫连接起来就像一节一节的火车车厢。
> 　　管理学家做了一个实验,把这些像火车车厢一样的昆虫连在一起,组成一个圆圈,然后在圆圈中放了它们喜欢吃的三叶草。结果,它们爬得精疲力竭也吃不到这些三叶草。

　　这个案例说明在团队中失去目标后,团队成员就不知道上何处去,最后的结果可能是饿死,这个团队存在的价值可能就要大打折扣。

　　团队的目标必须跟组织的目标一致,同时,目标还应该有效地向大众传播,让团队内外的成员都知道这些目标,有时甚至可以把目标贴在团队成员的办公桌上、会议室里,以此激励所有的人为这个目标去工作。

（2）人（People）

　　人是构成团队最核心的力量,2个（包含2个）以上的人就可以构成团队。目标是通过人员具体实现的,所以人员的选择是团队中非常重要的一个部分。

　　在一个团队中可能需要有人出主意,有人制订计划,有人实施,有人协调不同的人一起去工作,还有人去监督团队工作的进展,评价团队最终的贡献。不同的人通过分工来共同完成团队的目标,在人员选择方面要考虑人员的能力如何,技能是否互补,人员的经验如何。

（3）定位（Place）

　　团队的定位包含如下两层意思。

　　团队的定位:团队在企业中处于什么位置,由谁选择和决定团队的成员,团队最终应对谁负责,团队采取什么方式激励下属?

　　个体的定位:作为成员在团队中扮演什么角色?是制订计划还是具体实施或评估?

（4）权力（Power）

　　团队当中领导人的权力大小跟团队的发展阶段相关,一般来说,团队越成熟领导者所拥有的权力相应越小,在团队发展的初期阶段领导权相对比较集中。团队权限关系的两个方面:

　　一方面,整个团队在组织中拥有什么样的决定权?比方说,财务决定权、人事决定权、信息决定权。

　　另一方面,组织的基本特征,比方说,组织的规模多大,团队的数量是否足够多,组织对于团队的授权有多大,它的业务是什么类型。

（5）计划（Plan）

　　计划的两层面含义如下。

　　目标最终的实现,需要一系列具体的行动方案,可以把计划理解成目标的具体工作的程序。

　　提前按计划进行可以保证团队的顺利进度。只有在计划的操作下团队才会一步一步地接近目标,从而最终实现目标。

3. 团队的特征

与一群人相比较,团队的特征有:

团　　队	一　群　人
团队成员之间为了完成共同的任务,相互支持,相互依赖	一群人各自独立地完成任务
团队成员有共同的目标,有相同的衡量成功的标准	一群人没有统一的衡量标准
团队成员之间相互负责,共同承担对最终的产品或服务的责任	一群人中没有最终的责任人

团队案例：毕业设计项目小组

4. 团队成员的角色

高效的团队是由一群有能力的成员组成的。他们具备实现理想目标所必需的技术和能力，而且相互之间有能够良好合作的个性品质，从而出色地完成任务。有精湛技术能力的人并不一定就有处理群体内关系的高超技巧，高效团队的成员则往往兼而有之。所以，团队成员的角色必须有各种的定位和分工。

角 色	行 动	特 征
协调者	阐明目标和目的，帮助分配角色、责任和义务，为群体做总结	稳重、智力水平中等，信任别人，公正，自律，积极思考，自信
决策者	寻求群体进行讨论的模式，促使群体达成一致，并做出决策	有较高的成就，极易激动，敏感，不耐心，好交际，喜欢辩论，具有煽动性，精力旺盛
策划者	提出建议和新观点，为行动过程提出新的视角	个人主义，慎重，知识渊博，非正统，聪明
监督/评估者	分析问题和复杂事件，评估其他人的贡献	冷静，聪明，言行谨慎，公平客观，理智，不易激动
支助者	为别人提供个人支持和帮助	喜欢社交，敏感，以团队为导向，不具决定作用
外联者	介绍外部信息，与外部人谈判	有求知欲，多才多艺，喜爱交际，直言不讳，具有创新精神
实施者	强调完成既定程序和目标的必要性，并且完成任务	力求完美，坚持不懈，勤劳，注意细节，充满希望
执行者	把谈话和观念变成实际行动	吃苦耐劳，实际，宽容，勤劳

5. 如何理解团队精神

所谓团队精神，就是大局意识、协作精神和服务精神的集中体现。另外，对团队精神的进一步理解，我们阐述如下：

一是团队精神的基础是尊重个人的兴趣和成就。团队精神的形成并不要求团队成员牺牲自我，相反，挥洒个性、表现特长保证了成员共同完成任务目标。

二是团队精神的核心是协同合作。

三是团队精神的最高境界是全体成员的向心力、凝聚力，反映的是个体利益和整体利益的统一，并进而保证组织的高效率运转。

四是团队精神的关键。良好的沟通能力是团队合作的关键。没有沟通就没有团队精神。

团队间良好沟通的具体要求如下：

- 团队成员之间肯于公开并且诚实地表达自己的想法；
- 团队成员之间互相主动沟通，坦诚交流，并且尽量了解和接受别人；
- 虚心，诚恳，积极主动地聆听别人的意见，并善于听取建设性批评；
- 工作中避免和同事争吵。

知识点二：如何开展团队合作

1. 团队合作的要求

团队形式并不能自动地提高生产率，它也可能会让管理者失望。因此，团队合作要满足必要的要求才能形成高效的团队合作。

（1）共同的愿望

- 大家为了共同的目标团结协作，互相支持。

- 有相同的衡量标准，明确的职责，最终高标准、高质量地完成任务。

（2）队员之间有开放的交流
- 大家毫不隐瞒地提出自己的观点和看法。
- 同时关注和倾听别人的建议。
- 然后在团队内直面和公开处理这些不同建议，并做出真诚的反馈。
- 每一位成员积极参与团队的活动，了解彼此之间工作的进展程度。

（3）队员之间需要信任，互相尊重
- 每一个人要做到诚实可信。
- 交流要对事不对人。
- 大家对同属于这个团队感到自豪。

案例：足球射门

（4）在不同的领域，不同队员可做团队领导
- 因为在某一方面，某一队员可能有其特有的专长。
- 作为团队领导，对团队成员要提供指导和正确的导向，并要认可和奖励个人或团队所取得的成就。
- 在重要的决策点，要采用多数人的建议从而避免简单的错误。

（5）要有高效的工作程序
- 要制定团队的政策、标准和流程，依据流程制订计划并跟踪实施进度。
- 有效地利用所有的资源，使大家的工作轻松而有效。
- 在每一个决策点要基于明确的目标和决策标准，努力使决策的风险降到最小。
- 要鼓励大家充分发挥创造力，鼓励创新。

（6）在团队内要求同存异
- 因为在团队里每个人有不同的背景，具有不同的技能和知识，甚至有的国际项目，文化背景都不同，所以要求同存异，要充分利用每一个人的力量。
- 在选择新成员时，要考虑成员之间的互补性，是否对整个团队的进步有帮助等。
- 要把不同的意见拿出来大家一起讨论，不要浪费创造性的意见，要有新的意见产生，不要因为追求想法一致而失去创造力，否则团队的价值就没有了。

案例2：蚂蚁军团是团队组织吗？

在非洲的草原上如果见到羚羊在奔跑，那一定是狮子来了；
如果见到狮子在躲避，那就是象群发怒了；
如果见到成百上千的狮子和大象集体逃命的壮观景象，那是什么来了？
是蚂蚁军团。

---

2. 团队组建的方法

（1）选人比育人更重要

每一个员工到我们企业，作为领导人都有义务让每一位员工成长。在培养人的前提我们更看重选拔人才，只有选对人了，再用心培育才会创造出更理想的效益。

很多大企业之所以能做大，是因为有一群所向披靡的员工，有一个训练有素的团队，这些员工可能底薪要比市值高些，可他们创造的效益更大，他们是最贵的，也是免费的。反之很多企业做不大，就是喜欢招聘一些没经验，资质又不高的新手，招聘回公司整天培训，可还是难

出效益，偶尔有些悟性高的，当能派上"战场"时就跳槽了，培训出来后，也都是在为他人做嫁衣。

作为企业一定要讲效益，一开始选要对人，再培训时，也比从零基础培训要省时、省钱、省力。

（2）合理的团队组建

团队成员需要互补，能力的互补和性格的互补。如果团队成员都是一种性格，那犯起错误来就会不敢设想，因为没人提醒和阻止。如果团队成员都很强势那就会形成三国争霸，谁都不服谁，最后也只能不欢而散。

> **案例3：取经团队**
>
> 唐僧的团队，孙悟空最有能力所以打前锋；猪八戒脸皮厚、好色，所以牵马；沙僧老实本分，所以挑行李。
>
> 他们这几个角色任意互换下都不行。如果换猪八戒探路就算不半路睡觉，那看到任何女妖怪肯定都认为是良民。让孙悟空去挑行李，那袈裟和通关文牒肯定也准会弄丢。

企业中用人原则，用人所长无不能用之人，用人所短，无可用之人。所以企业中没有完美的个人，只有完美的团队。

（3）统一的价值观

很多企业为什么做不大，是因为团队没有统一的价值观，价值观不统一就不能充分发挥员工的潜能，员工们上班也都是各怀鬼胎，合作起来也是貌合神离，有劲不使或不往一处使。统一了员工的价值观就是疏通了企业的生命线。

（4）明确的战略和目标

人不是因为辛苦而停止，而是因为盲目而放弃。人在看不到前方时是最恐惧的。

作为企业，我们的领导者都清楚地知道公司的战略和目标吗？我们的员工清楚我们的战略和目标吗？我们企业的战略目标是否清晰明了？很多的企业就是想法太多，口号漫天，朝令夕改，执行复杂，最后都几乎忘了出发的目的。

（5）坚定的信念

企业的信念是否坚持，是否坚信，当团队成员盲目时，领导人一定不能盲目。马云先生说过，今天很残酷，明天更残酷，后天很美好，但绝大多数人死在了明天晚上。只要方向正确就不怕路途艰难。

（6）笑对任何困难

大多数同学一定还记得，唐僧取到真经后又落水的环节，为什么会落水，是因为还差一难。

我们人生中不也是如此吗？每一次困难都是财富，每一次困难就为成功增进了一次，困难是成功的基石，有很多企业家说过，当困难积累到一定量时，你还能坚持，成功是必然。所以我们要笑对困难，用乐观积极的态度面对所发生的事。

3. 团队冲突的处理

（1）"冲突"会毁了整个团队？

> **案例4：如何理性看待冲突？**
>
> 俗话说屋漏偏逢连阴雨，身为某民营制药企业项目研发部经理的王平被接二连三的坏消息给搅得焦头烂额：先是某项历时一年多的新药研制项目遭遇技术难关，只得中途搁浅；紧

接着他又获知国内另一家知名药厂通过引进国外先进技术，已经研制成功同类品种的新药，并通过了医药审批，即将生产上市。

两年前，王平被这家企业的老板以高薪从内地某省一家国有大型制药企业技术科长的位置上挖来，为了充分体现对他的信任，老板将项目研发部的管理权、人事权甚至财务权都一股脑交给了王平，并委派了1名海归硕士李翔协助其项目的研发。

在立项之前，王平和李翔曾经各自提出过一套方案，并且都坚持不肯让步：李翔主张在引进国外现有的先进技术基础上改进配方和生产工艺，这样不仅见效快且技术风险较小，但缺点是要支付一大笔技术转让费用；而王平则主张自力更生，自主研发具有独立知识产权的全套生产技术，这样做的缺点是技术开发风险较大。

按公司规定，如果双方都坚持坚持己见，那么就要将这两个方案拿到项目研发部全体会议上进行讨论，最后做出集体决策。以王平多年的国企管理经验，如果正副职在业务上产生分歧，当着下属的面各执一词激烈讨论，必然会不利于整个部门的团结，对领导的权威也是一大挑战。实际上，他也缺乏足够的信心说服李翔和整个部门的同事，于是他找到企业老板，使出全身解数甚至不惜以辞职相逼，最终迫使老板在方案提交之前将李翔调离了该部门，从而避免了一场"激烈冲突"。

这是一个很奇怪的现象，团队的管理者往往会对于冲突讳莫如深，他们会采取种种措施来避免团队中的冲突，而无论这种冲突是良性的还是恶性的。管理者们的担忧不外乎三个方面：一些管理者把冲突视为对领导权威的挑战，因为担心失去对团队的控制，对于拍板和讨论他们往往会果断地选择前者；另外，过于激烈的冲突往往会引发团队内部的分裂，带来不和谐音符；还有，在冲突中受打击的一方不仅会伤及自尊，同时也会对成员的自信心造成很大的影响，不利于团队整体工作效率的保持和提升。

要成为一个高效、统一的团队，领导就必须学会在缺乏足够的信息和统一意见的情况下及时做出决定，果断的决策机制往往是以牺牲民主和不同意见为代价而获得的。

对于团队领导而言，最难做到的莫过于避免被团队内部虚伪的和谐气氛所误导，并采取种种措施，努力引导和鼓励适当的、有建设性的良性冲突。将被掩盖的问题和不同意见摆到桌面上，通过讨论和合理决策将其加以解决，否则的话，隐患迟早有一天会爆发的！

（2）冲突产生的原因

冲突产生的原因包括：以各自原则为基础的价值观差异；准备不足；时机不对；难懂的术语；职责不清；情绪化；混乱（渠道、信息、资源）。案例：抽烟引起的冲突。

（3）冲突的解决办法

1）沟通：给予反馈

包括针对对方的需求；反馈应当是明确、具体、提供实例来进行；尽可能多一些正面、有建设性的反馈；把握时机；集中于对方可以改变的行为；对事不对人；考虑对方的接受程度等办法。

2）沟通：接受反馈

常用办法是：倾听、不打断；避免自卫；提出问题；总结接收到的信息；向对方表明你将采取的行动；尽力理解对方的目的。

3）欢迎良性冲突：支持团队目标并增进团队绩效。

包括激发才干和能力；带动创新和改变；对组织的问题提出建设性意见；带来整合及同心

协力等。

4）避免恶性冲突：妨碍团队绩效的冲突

一般是这些情形耗费时间；过度展现自利倾向，妨碍组织整体的发展；持续的人际冲突带来个人情绪上和身心上的亏损；导致讯息错误和事实真相的扭曲。

活动二：同心圆解手链

1. **活动目的**：体验团队合作的作用和重要性。
2. **活动流程**

（1）活动内容：班上分组演练，人数为双数
- 大家面对面，站成紧密的两排；所有人举起右手，握住对面伙伴的右手；所有人再举起你的左手，听从班主任的指挥，握住另外一个人的手；
- 现在，大家面对一个错综复杂的问题，在两只手都不松开的情况下，想办法把这张"乱网"解开。

（2）讨论
- 你在开始的感觉怎样，是否思路很混乱？
- 当解开了一点以后，你的想法是否发生了变化？
- 最后问题得到了解决，你是不是很开心？
- 在这个过程中，你学到了什么？

（3）回顾总结

这个课堂活动的意义不在于最后的输赢，而在于每个人是否都融入了这个团队之中。而这个课堂活动成功的关键是：
- 是否很快找到解决问题的方法？
- 是否有一个核心人物的出现或者勇敢者站出来发表意见？
- 是否很快达成共识？
- 是否在达成共识之后立即付诸行动？

实现参考

5.4.3 个人如何有效地进行团队合作

活动三：叠人塔的启示

1. **活动目的**：思考理解叠人塔活动中的启发，尤其是其中的团队合作精神。
2. **活动流程**

（1）阅读材料

如图5-16所示，我们来认识一项西班牙世界级非物质文化遗产——叠人塔，通过它的"力量、沉着、勇敢、理智"，了解这项运动背后所寄托的加泰罗尼亚精神。

第5章 磨炼自我，增强团队能力

图 5-16 叠人塔活动

一座"人塔"通常可以达到 6、7 层，其中在最底层起支撑和分散力量的人数大约有 200 多人，再往上，每层叠塔的人数大约是 1 人到 5 人，越往上人数越少。

支撑塔底的人多是壮年人和老年人，他们用手臂搭建起平台，并托住上面的队友，以减少塔身的晃动。这一步工作完成后，组成"塔身"的队友会小心迅速地向上搭建人塔，而在核心成员的外围也会有一些参与的群众和游客，称之为"人桩"。

塔的躯干部分自下而上一般从 5 人慢慢缩减到 2 人，年龄也由壮年慢慢过渡为青年。

而最为重要的"塔尖"，通常由五六岁的孩子来担任，他们行动灵活，更重要的是体重轻，可以减轻"塔身"的负担。当塔尖上的孩子站稳并举起象征着加泰罗尼亚地区区旗的四根手指时，就意味着人塔搭建成功了。

从高空向下俯视"人塔"，塔身仿佛一座坚不可摧的城堡，站在塔尖封顶的人伸出的代表加泰罗尼亚区旗的四根手指，仿佛在昭示着人类力量所能够触摸到的极限。

（2）同学们分组，快速讨论
- 从叠人塔活动中，你受到了什么启发？尤其是团队成功和个人成功的关系？
- 你理解这个团队建设过程中需要哪些合作精神和合作能力？

参考建议：个人如何有效地进行团队合作

1. 敬畏规则

提及规则，或许有一些人会对它心存反感。但是，凡有人群体生活着的地方都是需要用规则来限制和约束的，诚如家有家规，司有司规，甚至连两三个人共同工作的处室或班组，也要有起码的行为规则来加以制约、疏导和规范。否则，"不以规矩，不成方圆"。

如此说来，规则就是规定出来供大家共同遵守的制度或章程。规则之下，每个人都会受到束缚，觉得不够自在和不很舒服，然而，说不准何种时候，你就会顿然发现：规则会变得异常善良和美丽。

案例 5：去菲利普岛看企鹅归巢

那是一个傍晚，我们乘着一辆车，从澳大利亚的墨尔本出发，往南端的菲利普岛赶。菲利普岛是澳洲著名的企鹅岛，我们去那儿看企鹅归巢的美景。从车子上的收音机里，我们知道，这个岛上正在举办一场大规模的摩托车赛。

> 司机和导游是中国人，听到这个消息后都显得忧心忡忡。因为根据估计，在我们到达企鹅岛之前约一个小时，这场大规模的摩托车赛就要结束。根据我们的经验，到时候，观众散场，会有成千上万辆的汽车往墨尔本方向开。因为这条路只有两车道，我们都担心会塞车，而真正可以看到企鹅归巢的时间只不过短短半小时，如果因塞车而耽误了时间，我们就会留下永久的遗憾。
>
> 　　此时此地，目力所及，从北往南开的车只有我们一辆，可是由南向北的却何止千辆！我们都紧张地盯着所有从对面来的车辆。然而，出乎我们意料的是，我们双方的车子却依然行驶得非常顺畅。
>
> 　　我们终于开始注意到，对面驶来的所有车辆，没有一辆越过中线！这是一个左右极不"平衡""对称"的车道，一边是光光的道路，一边是密密麻麻的车子。
>
> 　　然而没有一个"聪明人"试图去破坏这样的秩序，要知道这里是荒凉的澳洲最南端，没有警察，也没有监视器。有的只是车道中间的一道白线，看起来毫无任何约束力的白线。这种"失衡"的图景在视觉上似乎丝毫没有美感可言，可是我却渐渐地受到了一种感动。
>
> 　　夜幕降临了，所有的车都打开了车灯，看着那来自对面一侧的流动的灯光，我感觉到了一种无言的美。我必须说，那是我平生所见过的最美丽的景观之一，它给我留下的印象，甚至要比后来我们如愿看到的场景——暮色之中，可爱的、憨态可掬的小企鹅从海浪里浮现出来，然后摇摇摆摆地踏上沙滩，一路追逐着回到沙丘巢穴——还要深刻。因为，我从那条流淌的车灯之河中看到了规则之美、制度之美，以及人性之美。

　　在有严密监控的地方，我们都会谨小慎微，不越雷池一步。可是一旦缺少了硬性管束，我们就可能禁不起种种诱惑和驱使，这往往也是人性最本真的体现。能否重视和恪守规则，检验的是我们的社会公德感与社会责任感。规则执行起来固然死板和麻烦，但它在刻板之下却能保护我们的安全和幸福。当你肯心悦诚服地接受它时，它就成了你的一种习惯和素养。

2．端正心态，找准定位

自己找到团队中适合你的位置。我适合干什么，心态很重要。如果你想做领导，那就要具备领导的技能。

> **案例6：人多力量一定大？**
>
> 　　德国科学家瑞格尔曼的拉绳实验：参与测试者被分成四组，每组人数分别为一人、二人、三人和八人。瑞格尔曼要求各组用尽全力拉绳，同时用灵敏的测力器分别测量拉力。测量的结果有些出乎人们的意料：二人组的拉力只为单独拉绳时二人拉力总和的95%；三人组的拉力只是单独拉绳时三人拉力总和的85%；而八人组的拉力则降到单独拉绳时八人拉力总和的49%。
>
> 　　可见：在群体组织中，并不必然得出1+1>2的结果，而是1+1<2。

　　华盛顿合作规律说的是：一个人敷衍了事，两个人互相推诿，三个人则永无成事之日。多少有点类似于我们"三个和尚"的故事。

　　人与人的合作不是人力的简单相加，而是要复杂和微妙得多。"一个人一分钟可以挖一个洞，六十个人一秒钟却挖不了一个洞。"这种团队协作中出现内耗的现象在美国被称为邦尼人力定律。合作是一个问题，如何合作也是一个问题。

- 为什么人多力量却不一定大？
- 为什么"三个和尚没水吃？"
- 为什么关羽，张飞不当皇帝？

> **案例 7：小章能当主管吗?**
> 　　某公司用高薪从人才市场招了一位网络管理员小章,半年多来,小章在工作中表现突出,技术能力得到了大家的认可,每次均能够保证质量地完成项目任务。在别人手中的难点问题,只要到了小章那里都能迎刃而解。公司对小章的专业能力非常满意,有意提升他为项目主管。
> 　　然而,在考察中公司发现,小章除了完成自己的项目任务外,从不关心其他事情;且对自己的技术保密,很少为别人答疑;对分配的任务有时也是挑三拣四,若临时额外追加工作,便表露出非常不乐意的态度。另外,他从来都是以各种借口拒不参加公司举办的各种集体活动。如此不具备团队精神的员工,显然不适宜当主管。

可以说,团队精神有两层含义,一是与别人沟通、交流的能力;二是与人合作的自觉性。

3. 利用个人影响力提升团队的凝聚力

除了个人在团队的应尽职责外,主要可以利用个人的非权力性影响力,包括品格因素;才能因素;知识因素;情感因素等为提升团队凝聚力做贡献。

4. 乐于沟通,换位思考

在团队里,如果沟通渠道比较畅通、信息交流比较频繁,每一位成员都能与其他的成员之间保持良好的沟通,那么在工作中团队成员之间的合作就不会存在无法克服的障碍。相反,如果沟通渠道不够畅通、信息交流不够频繁,团队成员之间不能保持良好的沟通,那么团队成员之间就很容易产生难以调和的矛盾。

> **案例 8：盲人提灯的故事**
> 　　有位盲人在夜晚走路时,手里总是提着一个明亮的灯笼,别人看了很好奇,就问他:"你自己看不见,为什么还要提灯笼?"
> 　　那盲人满心欢喜地说:"这个道理很简单,我提灯笼并不是为自己照路,而是让别人容易看到我,不会误撞到我,这样就可保护自己的安全,也等于帮助自己。

照亮别人是为了照亮自己。换位思考,工作中每个人应该明白对别人最好的时候,就是对自己最好的时候。

5. 做对事

指令层:做正确的事,如安排老张(执行层主管)出差。

执行层:正确地做事,老张让秘书小李给他买票,自己准备出差。

操作层:把事情做正确,秘书小李去买票,票卖完了,也没有知会老张。

将我们个人的目标和团队的目标和谐统一,用正确的方法去实现我们的目标!

6. 赢在执行

想一千次,不如去做一次,而且100%的执行。华丽的跌倒,胜过无谓的徘徊。

7. 发挥高情商助力团队合作

(1) 高情商的表现

高情商包括如下几点:

- 能控制住自己的脾气;
- 有理解别人感受的能力;
- 有沟通交流的能力;
- 在逆境中能进行自我激励的能力。

（2）高情商助力团队合作

如何发挥个人高情商助力团队合作？

对于"有沟通交流的能力""有理解别人感受的能力"就能乐于沟通、换位思考，上面已经讲过。其他两个高情商的表现如何助力团队合作呢？

1）宽容

能控制住自己脾气的人，容易宽容别人，推动团队合作。

宽容是被原谅，是不是什么事都原谅？是不是无原则的原谅？做错了事情，你就要承担责任，承担了责任后，继续团队合作，并且可以帮你，可以原谅你，还可以做朋友。

2）坚韧

在逆境中能进行自我激励的人，就能在项目团队遇到困难时，推动项目团队解决问题，然后继续前进。

当遇到重重困难时，你还能坚持、还能自我激励，成功是必然的！

任务实现

5.4.4 分组完成学校元旦晚会策划

任务：分组完成学校元旦晚会策划

1. 任务目的

团队合作项目 PK 中，体现和检验个人的团队合作能力。

2. 任务内容：分小组进行

（1）策划学校元旦晚会，输出元旦晚会策划书

策划学校元旦晚会，包括晚会主题、活动对象、活动实践和地点、活动协调小组、活动任务分工、主持人、活动节目、场地、后勤、装饰、奖项设置等；包含活动预算和寻找赞助方等内容。

（2）总结策划活动，输出单独的总结文档

各小组对整个策划活动进行小组讨论，包括策划小组的团队建设、内部合作、个人贡献输出质量、改进质量等。

3. 老师对策划方案和总结报告进行评比，选出优胜小组

主要评比方案文档质量和获取赞助方案的优劣。

任务小结

5.4.5 个人能力再强，也离不开团队合作

没有出色的个人就不能形成高效率有战斗力的团队，没有团队，再出色的个人也不能完成一项庞大系统的工作。

团队合作在实现既定目标上具有很多优势，有着与其他群体不可替代的作用，这也是团队合作重要之所在。所以我们要学会与他人合作，学会做一只合群的大雁，这样才使得我们的团队能飞得更高、更快、更远。

第 6 章

挑战自我，完善卓越能力

学习目标

- 挑战自我是更高的素质提升要求，包括跳出舒适圈和培养坚韧性等。
- 培养挑战自我的综合素质，完善你的卓越能力，将会使你获得更大的进步。

任务安排

- 大学期间如何跳出舒适圈？
- 和自己签一份合同，再自我监督执行情况。

学习指南

- 通过课堂活动或其中的案例分析、小组讨论分享等方式来理解知识点。
- 个人扫描书上二维码进行扩展阅读分析，通过"实现参考"和完成任务转化为自身的能力。

6.1 跳出舒适圈

任务目标

6.1.1 大学期间如何跳出舒适圈

任务名称

任务：大学期间如何跳出舒适圈？

任务分析

了解舒适圈的概念，再学习跳出舒适圈的重要性，参考一些别人的方法，制定大学期间如何跳出舒适圈的任务。

实现准备	课堂活动	活动一：亚马逊（Amazon）的诞生
	课堂讲解	知识点：久处舒适圈会毁了你，挑战自我就是要跳出舒适圈
实现参考	课堂活动	活动二：你该如何才能跳出舒适圈
	课堂讲解	建议：如何跳出自己的舒适圈
任务实现	课堂实训	任务：大学期间如何跳出舒适圈？
任务小结	课后思考	跳出舒适圈，未来的我们一定会感谢现在努力的我们

实现准备

6.1.2 久处舒适圈会毁了你，挑战自我就是要跳出舒适圈

活动一：亚马逊（Amazon）的诞生

1. 活动目的

了解什么是跳出舒适圈，以及跳出舒适圈可能的收获。

2. 活动流程

（1）阅读案例

杰夫·贝索斯在三十岁那年，在一家纽约的金融公司上班，在当时算是一份不错的工作。但受互联网数据的刺激，他做出了一个在当时世人看来很疯狂的事：辞职去网上卖书！他没有听从老板的建议，突破了亲朋好友的阻拦。

于是，因为贝索斯这个疯狂的决定，亚马逊（Amazon）诞生了。现在的亚马逊，是集亚马逊会员服务、第三方卖家平台和亚马逊云服务三大业务于一身的 IT 大公司，2021 年全球品牌价值 500 强排名第二，其价值已使杰夫·贝索斯的身价成为世界首富。

（2）思考和讨论
- 你怎么看待贝索斯当时的决定？
- 贝索斯不跳出舒适圈，会怎样呢？

3. 观点分享

只有不断扩大自己舒适圈的范围，才能获得意想不到的成果。人最大的"任性"，或许就是不顾一切，坚持做自己喜欢的事。

生活就应该拥有一种冲动，一种改变现状的冲动。而不是一边抱怨，一边原地踏步。其实真正的平衡，或是跳出舒适圈，或是扩大舒适圈。在现有的基础上突破自我，将梦想变成现实，纳入自己的舒适圈当中。

知识点：久处舒适圈会毁了你，挑战自我就是要跳出舒适圈

1. 舒适圈的定义

舒适圈，属于网络流行词，意思是形容所有人都生活在一个无形的圈子里，在圈内有自己熟悉的环境，与认识的人相处，所有的一切都是可掌控的，无挑战的，所以我们感到很轻松、很自在。

但是当我们踏出这个圈子的界限的时候，就马上会面对不熟悉的变化与挑战，因而感到不舒适，很自然地想要退回到舒适圈内。

2. 三圈理论

按照美国人诺埃尔·蒂奇（Noel M. Tichy）提出的三圈理论（图6-1），对于认知世界，可以分为舒适区、学习区和恐慌区。

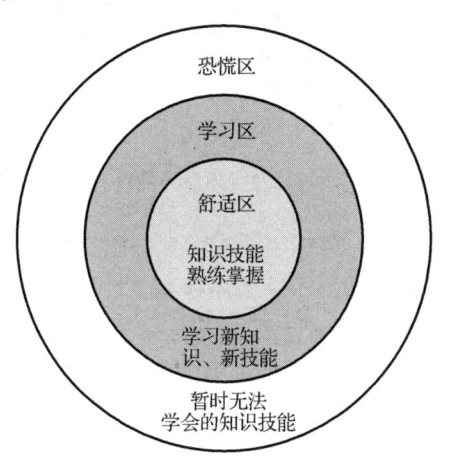

图 6-1 三圈理论示意图

核心圈是舒适区，追求舒适是人的本性。重复着貌似很舒服的工作或生活，逐渐颓废的感觉，没有激情，看起来很努力，看起来很累很忙，不过是无意义地循环着，这样的生活，长期处于这个区域的人觉得舒服，却没有本质性的变化，不思进取。

学习区在舒适区的外层，紧贴着舒适区，较少接触或者未曾涉足的领域，对于新的事物，我们可以有更多的机会去挑战自我，锻炼自我，能学到的东西也就很多，有时候会有轻度不适应的感觉，但是克服了就好了。身处学习区的人，精神上兴奋，心理上适度焦虑，大脑开放，因学习成长而对未来充满期待。

恐慌区在学习区的外层,也是认知世界三圈理论的最外圈。身处恐慌区的人,会感到严重的忧虑,恐惧,无论思维、情绪和行为都会比较混乱,压力已超过心理承受范围,对一个人的身心健康不利。超过自己的能力,所以人处在恐慌圈中也无法学习。

在实际工作生活中,舒适区、学习区和恐慌区交叉运行,没有严格的界限。以跑步为例,初始的慢跑预热,到匀速的中跑,到强力的最后冲刺,这个过程中伴随着初始时微风拂面的舒适,到心跳加速,到竭尽全力的忍耐,到大汗淋漓的畅快。

跑步如此,工作生活亦如此。

人是环境的产物,熟悉的家园、熟悉的工作、熟悉的社区、熟悉的城市、熟悉的人,这一切会让人感觉舒适,久之也会让人厌倦。

3. 为什么舒适圈里待久了会毁了你

(1) 失去学习能力,生活只是活着

如图 6-2 所示,久处舒适圈的人,会带来怎样连锁反应,我们看看这是不是你的状态?

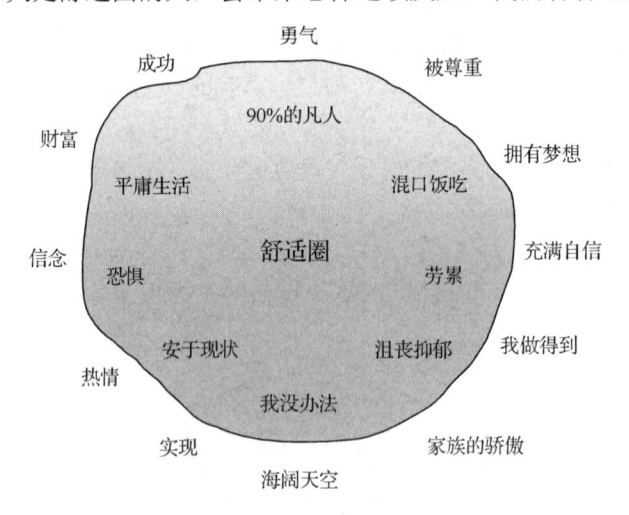

图 6-2 舒适圈内外的状态

心血来潮的时候报了一些考试,总想用些东西填补空空的精神世界。但是一直都没有认真看过教材。每当目光扫过教材的封面都不会多做停留,脑海里总有上百种声音为自己开脱:"下班时间就是用来放松的,不要把自己搞得这么累""和朋友打几局游戏吧""把昨天正精彩的小说看完吧""去撸撸猫吧""该逛逛淘宝买新衣服了""要不刷刷抖音打发一下时间吧"……

指向十分明确:待在舒适圈里,别折腾了。

结果就是等到考试的前一个星期,开始焦虑不安:花了这么多钱买课程买教材,当初信誓旦旦地跟朋友吹牛说,多么的上进要考证了,结果没过该多丢人,于是强迫自己看书。

但是放任自己太久,已经失去了学习的能力,准确地说是已经没什么自制力了,看了不到五分钟就想摸手机。

为了让注意力集中,把手机开了飞行模式放远一点,默默看书改为大声念出来……总算看完一章了,也就坚持了十五分钟,那颗安逸惯了的心又开始消极以待了……

所以,你需要提前"折磨"自己了,让自己习惯学习,以防懈怠太久,要不人,哪天真的就沦为学习的废物了!

> **案例1：王安石《伤仲永》的故事**
>
> 方仲永，小时候在诗歌方面就显露出"神童"的天赋，被有钱人家请去做客，用礼物和钱财来招待。
>
> 见有利可图，方仲永的父亲便把儿子当成摇钱树，携子四处登门拜访。
>
> 渐渐地，方仲永的学业荒废了，随着时间一同逝去的，还有当初的天赋。也就"泯然众人矣"。

在舒适圈待太久了，勤奋被掩埋，懒惰被滋养，神童都能被"抹杀"，更何况普通人呢？

（2）长期处在舒适圈，一手好牌也会被你打烂

三国时，喜欢待在舒适圈的刘禅不但让蜀国日渐式微，也因为"乐不思蜀"，"获得"了司马昭在心里轻蔑一笑："真是一个扶不起的阿斗呀！难怪会让自己的国家给亡掉！"

贪图享乐，是人的天性。但"人之所以为人，是因为人有尊严有灵魂，人的可贵之处，就在于其有区别于他物的尊严"。

舒适圈里除了舒适，一无所有！一直待在舒适圈里，磨灭了意志，失去了斗志，即便手握王牌，也只能蹉跎一生。

人类不断地发明新技术，制造新设备新设施，就是让人们过得、活得更加舒适方便，生产生活更有效率；另外，作为具体的个人，只有放弃舒适，脱离舒适区才能进步与成长。

可以说，所有让人脱离舒适区的行为都是反人性的。要不然，怎么没有那么多人真正地在挑战自我呢？！

4. 挑战自我就是要跳出舒适圈

（1）挑战自我是什么意思

人们经常说的，人最大的敌人是自己，最大的对手是自己，人需要的是战胜自我，挑战自我……

确实，挑战自我对个人发展起着重要作用。通过挑战自己，我们获得进步，并更加相信自己。挑战自我将极大地提升我们拥有幸福和成功的可能性。

但世界上最难的挑战是对自我的挑战。要知道，挑战自我是一件很复杂的事情，只有真正愿意战胜自己，挑战自我的人到最终才能成功！

（2）挑战自我就是要跳出舒适圈

> **案例2：毕业感想**
>
> 大学生留言——就要毕业了，回头看自己所谓的大学生活，我想哭……不是因为离别，而是因为什么都没学到。
>
> 我不知道，简历该怎么写……我感觉大学四年最大的收获也许是……对什么都没有了忍耐和适应……

每个人的舒适圈都不同，有的大，有的小，但往往精彩的故事就是在舒适圈之外的。最好的状态毋庸置疑就是处于学习圈里，那怎么从舒适圈跳到学习圈呢？

其实，挑战自我的方法说起来非常简单，就是迫使我们自己走出舒服圈！

正如桥水基金（Bridgewater Associates）创始人雷·达里奥（Ray Dalio）所说：我宁愿失败却不凡的人生，也不要一生平庸。舒适区，正是平庸的温床。

希腊谚语说："Pathemata mathemata"（直译为：在痛苦中学习），意思是学习知识必然是

痛苦的，因为你只有在痛苦的实践中才能学到东西。

判断自己是否身处学习区，有个典型的特征便是心理上的痛苦。雷·达里奥鼓励人们拥抱现实，现实是成功的起点；直面痛苦，在痛苦中反思，进而提升认知并修正自己的行为，所以总结出"痛苦+反思=进步"。

但改变是极其艰难的，这是很多人不愿意的地方，但这是不可避免的，我们生活的一个重要原则就是要不断让自己处于不舒服的状态，只有不舒服，才能让人清醒，意识到问题，然后才能去解决改善。

不断改变自己，走出舒适区，这在当时是非常痛苦的，但当你回首往事，你会为自己的改变而喝彩。

挑战自己是人生的必修课，是人生最迷人、最美丽的地方。

➡ 实现参考

6.1.3 如何跳出自己的舒适圈

活动二：你该如何才能跳出舒适圈

1. 活动目的：

了解自己是否处在舒适圈？

2. 活动流程

（1）单击下面的链接进行测试

人在舒适圈久了，懒散的就容易更懒散，没有目标的就容易更迷茫，要想有所改变，要想有进步，就要跳出舒适圈。那么，你要如何才能跳出舒适圈呢？一起来做个测试吧！

本测试有12道题，4个答案，系统自动跳转。仅供娱乐，非专业心理指导。

网上搜索"个性测试：你该如何才能跳出舒适圈？"，找到相关网页，点击进入测试。

（2）测试结果示例

如图6-3所示是测试示例。

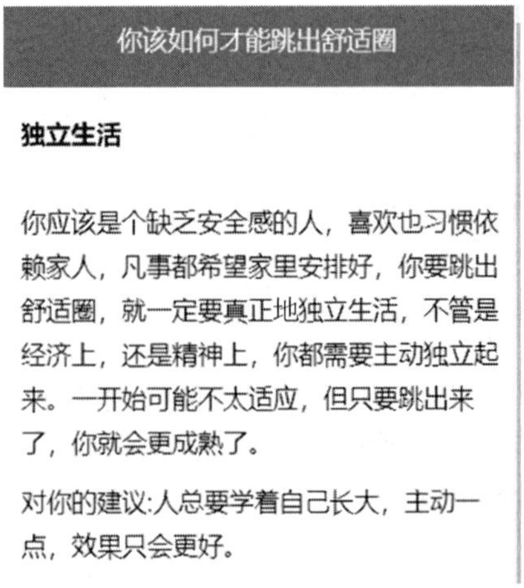

图6-3 测试示例

建议：如何跳出自己的舒适圈？

1. 变"学习圈"为"舒适圈"

如图 6-4 所示，在"三圈理论"模型中，从舒适圈跳到学习圈，慢慢地挑战完了的学习圈也会变成舒适圈，将会有更大的学习圈等着我们去挑战，周而复始，一步一步地成长。

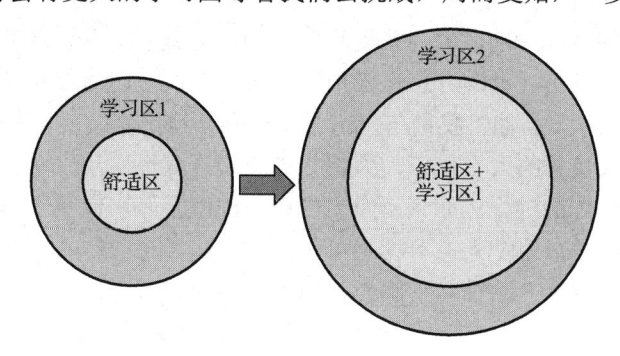

图 6-4 变"学习圈"为"舒适圈"

2. 改变自己

（1）改变日常所熟悉的习惯，换一种方式进行
- 思考自己真正需要改变的是什么，比如技能、知识、社交等；
- 把目标分解成小目标按步骤一步步完成。

（2）改变的过程中寻找监督者同行，最后对自己进行复盘
- 可以互相鼓励，彼此成长，帮助我们去改变。
- 旁观者清，能更清楚地分析我们执行过程中的不足之处。

（3）形成新的习惯，再不断尝试新的事物
- 积极地去拥抱不舒服。
- 积极地去尝试新的事物，新的挑战。

（4）组队坚持

很多时候，我们面对困难不能坚持，是由于没有同伴、没有氛围、没有相互的监督机制。因此，我们要在不同的领域，在线上或线下找到有共同目标的人或者社群，加入进去一起设定目标表、一起打卡，甚至建立奖惩机制共同监督，这样我们就很难放弃。

所以，挑战自己，就是去战胜那个安于现状，充满惰性的自己。最怕自己一生碌碌无为，还安慰自己平凡可贵！

3. 立刻去做

（1）改变从自我开始

> **案例 3：一位盎格鲁主教的遗言**
>
> 一位盎格鲁主教的遗言，当我年幼时，充满无限的幻想，我梦想着要改变世界。当我长大一点，我发现世界不会改变，我决定收回我的目光，不要看那么"远"，去改变我的国家，但是，国家好像也不可以改变。到了暮年，我决定做最后的尝试，我主要改变我的家人，那些与我最亲近的人，然而，他们也不曾改变。
>
> 现在，我的生命快要结束，我突然醒悟到，如果我改变了自己，然后，通过以身作则，

> 我可能改变了我的家庭。而受到他们的鼓励，我可以使我们的国家变得更好一些，说不定，我还改变了整个世界。

这个世界永远生存着两类人：一类是永远认为自己做得不够好的人，另一类是永远在指责别人的人。所以，这个世界上就有出现成功者和失败者，成功者永远觉得自己做得不够好，失败者永远觉得不是自己的错。

为什么人与人之间会产生这么大的差别呢？因为成功者总是反思自己，所以成功者会把一切的责任归结为自己的过错，失败者总是在指责别人，会把一切的责任推卸为别人的影响。

我们要想改变别人很难，如果我们自己愿意由内到外地接受改变，那么改变自己相对比较容易。所以，凡是自我反思的人，他们天天都在进步，这就是导致成功者越来越成功的原因。

人生是一个持续修炼的过程，如果一个人的自我修炼很好，他能平静地对待自己的得失、忘记现状、关注未来，那么这个人的前程不可估量。所以，企业看人、用人，不能只看现在，更要学会看未来，要看这个人的品格、胸怀、境界、眼光和格局。

要知道，当一个人没有能力时，他改变不了社会，改变不了国家，改变不了企业，改变不了别人，更改变不了生活中一切的不公平现象，但是你可以改变自己。所以，智慧的人，聪明的人，成功的人，他们都明白一个道理，改变自己。当你自己改变以后，困难自然就迎刃而解了。

（2）立刻行动

做到不拖延，第一时间"立刻去做"。既然有了目标，做了计划，就应立即切实地行动起来，诸如"再等一会儿""明天开始做"这样的语言或者这种心理意念，一刻也不能在我们的心里存在。

"绝不拖延，立即行动！"这句话是最惊人的自动启动器。任何时刻，任何事情，当你感到拖延的恶习正悄悄地向你靠近或当此恶习已迅速缠上你使你动弹不得时，你都需要用这句话来警醒自己，在一分钟之内行动起来。

工作任务的落实是干出来的，而不是等出来的。要有效地落实，"立刻去做"是一个非常重要的秘诀。

让您拖延的原因可能是懒惰。惰性，是我们每一个人身上都会有的一种情绪，只是有的人能控制自己的惰性，不让它影响自己的人生。

懒惰的自己，是我们追求成功路上最大的敌人，我们如果无法去战胜那个懒惰的自己，美好的生活就会背转过身，给我们一个凄凉的背影，成功也会在遥远的虚无缥缈之处，你描绘得再好，只会引来别人的嘲笑。

（3）挑战自我体现在日常学习和生活中

挑战自我，立即去做，并不是要选择在什么大项目、大行动中，也不是选择什么良辰吉日、举行什么大的仪式后，它可以随时体现在我们日常的学习和生活中。

首先，要努力学习自己的专业知识；其次，要积极地参加学校的活动，比如社团、学生会、班委等。在其中，你会学到课本上学不到的知识，包括组织能力，交流能力，协调能力等，而这一切又会成为未来进入职场必不可缺的要素。我们应该借着这一学习机会努力提高自己的能力。再者，有选择的考证，考证不仅是一种具体专业能力的体现，更是学习能力的体现。

大学生活的精彩程度取决于人的选择，你若选择安逸，那么大学是轻松却又单调的，你若选择勤奋，那么大学是忙碌而又丰富的。

🔸 任务实现

6.1.4 大学期间如何跳出舒适圈

参考知乎上的帖子"大学期间如何跳出舒适圈?"结合自己的实际情况,思考你大学期间如何跳出舒适圈?写下你的思考。

课堂分享:老师抽查,请部分同学分享他的思考,供其他同学参考、提高。

🔸 任务小结

6.1.5 跳出舒适圈,未来的我们一定会感谢现在努力的我们

舒适圈是我们每个人都拥有的,也是我们每个人所必需的,跳出舒适圈,并不是不需要它,而是为了让自己不成为舒适圈的奴隶,每天浑浑噩噩地混日子。我们的人生就那么长,精彩地活一回有什么不好的?

等风来不如追风去,机会都是争取的,如果我们窝在舒适圈里,机会永远不可能到我们面前。人生难免遇到突如其来的事情逼我们离开舒适圈,与其措手不及不如主动出击,未来的我们一定会感谢现在努力的我们。

6.2 坚韧性

🔸 任务目标

6.2.1 和自己签一份合同

任务名称

任务:和自己签一份合同,再看执行情况

任务分析

了解"习惯养成 21 天法则",培养自己的坚韧品格,因为坚韧性是你战胜挫折的最佳武器。

实现准备	课堂活动	活动一:最难的是坚持下去?
	课堂讲解	坚韧性是你战胜挫折的最佳武器
实现参考	课堂讲解	活动二:"遗憾"教育
	课堂活动	参考建议:如何培养坚韧的品格? 扩展阅读:习惯养成 21 天法则
任务实现	课堂实训	任务:和自己签一份合同,再看执行情况
任务小结	课后思考	坚韧是克服一切困难、成就一切事情的钥匙

> 实现准备

6.2.2 坚韧性是你战胜挫折的最佳武器，需要坚强的意志力

活动一：最难的是坚持下去

1. 活动目的：了解坚持到底对成功的重要性。

2. 活动流程

（1）阅读材料

谷歌（Google）有位高级工程师，叫马特·卡茨（Matt Cutts）。他给自己定下了一个 30 天改变的计划，每天做一些之前未能坚持的事。包括每天骑自行车上班，每天步行 10000 步，每天拍一张照片，写一本 5 万字的小说；不看电视，不吃糖，不玩推特，拒绝咖啡因……可以说这份计划充满了挑战性。

但马特坚持了下来。30 天后，昔日那个肥腻的宅男工程师不见了，他开始发自内心地喜欢上骑自行车去工作，甚至完成了在非洲最高峰乞力马扎罗山的远足。

（2）快速思考

- 你觉得马特做的事情难吗？但长期坚持难吗？
- 马特坚持后的效果，你也很羡慕吧？
- 你有长期坚持做事的习惯吗？尤其是遇到困难的时候？

坚韧性是你战胜挫折的最佳武器

1. 坚韧性的定义

坚韧性是指一个人以坚忍不拔的毅力、顽强不屈的精神，克服一切去执行决定。在任务困难面前或威胁利诱面前都毫不动摇，坚持不懈地去实现既定目标。

坚韧性也就是意志的坚韧性，意志的坚韧性是指人能够坚持不懈、百折不挠、勇往直前地完成工作任务的能力，它反映了意志的外在稳定性。意志的外在稳定性越高，意志对人的行为活动的控制约束力就越持久，人就会表现出顽强的毅力和持久的耐心。

如果意志的坚韧性过大，这种意志品质的人容易成为工作狂、书呆子、影视迷；如果意志的坚韧性过小，这种意志品质的人容易贪图享受、意志薄弱。

2. 坚韧性是你战胜挫折的最佳品质

坚韧是克服一切困难的保障，它可以帮助人们成就事业，实现理想。

有了坚韧，人们在遇到大灾祸、大困苦的时候，就不会无所适从；在各种困难和打击面前，就能顽强地生存下去。世界上没有其他东西可以代替坚韧，它是唯一的，也是不可缺少的。

以坚韧为资本从事事业的人，他们所取得的成功，比以金钱为资本的人更大。许多人做事有始无终，就因为没有足够的坚韧性使自己达到最终的目的。一个伟大的人，一个有坚韧性的人却绝非这样，他不管情形如何，总是不肯放弃，不肯停止，失败之后，他会含笑而起，以更大的决心和勇气继续前进。

一个希望获得成功的人，要不停地问自己："我有耐心、有坚韧性吗？我能在失败之后，

仍然坚持吗？我能不顾任何阻碍，一直前进吗？

只有充分发挥自己的天赋和本能，才能找到一条通往成功的通天大道，一个下定决心就不再动摇的人，无形之中能给人一种最可靠的保证，做起事来一定肯于负责，一定有成功的希望。因此，我们做任何事，事先应确定一个目标，之后，就千万不能再犹豫了，应该遵照已经制定好的计划，按部就班地执行，不达目的绝不罢休。成功者的特征是：绝不因受到任何阻挠而颓丧，只知道盯住目标，勇往直前。

获得成功有三个重要的前提：一是坚决，二是坚持，三是坚韧。人们最相信的就是一直坚强的人，当然意志坚强的人有时也许会遇到艰难，碰到挫折，但他绝不会在失败面前一蹶不振。

成功人士和非成功人士之差，不过薄纸一张。没有获得成功的人未必缺乏责任感，事实上其中不少人有诚意，有热情，工作努力，在这些方面非成功人士与成功人士并没有什么区别。尽管如此，有的人成功了，有的人却失败了，人们或许感叹世道不公。实际上，两者之间虽然只有一层薄纸之差，但是它竟是一层不易突破的壁障。

这个"差"是什么？就是坚韧性。

失败人士在遭遇挫折的时候，一开始就认定挫折无法突破。换句话讲，他们努力是努力了，但努力到一定程度，就停止了。这种人碰到挫折，总会寻找适当的借口，停止努力。

要实现看起来似乎不可能实现的事情，必须持续坚韧不拔地努力，必须打破自己头脑里的既成概念。"只能做到这一步了"。如果持有这种顽固的观念，那么就不可能突破挫折。但如果能够超越挫折，就能达至成功。

挫折最终必能突破，这种自负和自信，可以形成坚韧的性格，而这种坚韧性又会把我们引向更大的成功。

3. 成功需要坚持

（1）对坚持的分析

> **案例1：找座位**
>
> 有一个人经常出差，却买不到车票。可是无论长途短途，无论车上多挤，他总能找到座位。他的办法其实很简单，就是耐心地一节车厢一节车厢地找过去。这个办法听上去似乎并不高明，但却很管用。
>
> 每次，他都做好了从第一节车厢走到最后一节车厢的准备，可是每次他都用不着走到最后就会发现空位。他说，这是因为像他这样锲而不舍找座位的乘客实在不多。经常是在他落座的车厢里尚余若干座位，而在其他车厢的过道和车厢接头处，居然人满为患。
>
> 他说，多数乘客被拥挤的表象迷惑。其实在火车多次上下客之后，蕴藏不少提供座位的机遇；即使想到了，他们也没有那一份寻找的耐心。这些不愿主动找座位的乘客大多只能在上车时最初的落脚之处一直站到下车。

很多人失败了，不是因为缺少才华，而是放弃了。有时，成功和失败只在一念之间，这一念就是放弃还是坚持！自信、执着、富有远见并不懈坚持，会让我们握有一张人生之旅永远的坐票。

坚持不懈，再平凡的人也能变得卓越。能忍天下人所不能忍者，才能为天下人所不能为。有时候死扛下去总是会有转机的，伟大是熬出来的，有时候要培养一种"傻子"的坚持行为。我们仔细观察那些看似"突如其来"的成功，会发现，哪有突然从天而降的成功？十年磨一剑，确实言之不谬。

美国著名演员史泰龙说，"我不是这个世界上最聪明或者最有才华的人，可是我成功了，因为我能够坚持，坚持，再坚持！"那么，是什么让我们不能够努力坚持而选择放弃？经过审慎思考分析，大体认为有四个方面：失去希望、缺乏自信、挫折阻挡和失败打击。

（2）关于希望

> **案例2：最后一片叶子**
>
> 病房里，一个生命垂危的病人从房间里看见窗外的一棵树，病人望着眼前的萧萧落叶，在秋风中一片片地掉落下来。身体也随之每况愈下，一天不如一天。她说："当树叶全部掉光时，我也就要死了。"
>
> 一位老画家得知后，用彩笔画了一片叶脉清脆的树叶挂在树枝上。于是，这最后的一片叶子始终没有掉下来。只因为生命中的这片绿，病人竟奇迹般地活了下来。

可见，人生可以没有很多东西，却唯独不能没有希望。希望是人类生活的一项重要的价值。世上只有绝望的人，但没有绝望的处境。有希望之处，生命就生生不息。

耶稣在星期五被钉上十字架时，是全世界最糟糕的一天，可三天后就是复活节。所以，当我们遇到不幸时，要学会再等待几天，一切就可能恢复正常了。

（3）关于自信

> **案例3：自己栽培的世界冠军**
>
> 有一位曾赢得世界冠军的大陆羽毛球选手熊国宝到台访问时，记者问他："你能赢得世界冠军，最感谢哪个教练的栽培？"木讷的他想了想，坦诚地说："如果真要感谢的话，我最该感谢的是自己的栽培。就是因为没有人看好我，我才有今天。"
>
> 原来，他当初入选国家代表队时，只是个绿叶的角色，虽然羽毛球已打得不错，但从没被视为是能为国争光的人选。他沉默寡言，年纪又比最出色的选手大，没有一点运动明星的样子，教练选他，并不是要栽培他，只是要他陪着明星选手练球。
>
> 这样，他每天打球的时间都比别人长很多，因为他是好些队友的最佳练球对象。有一年他垫档入选参加世界大赛时，第一场就遇到最强劲的对手，大家都当他是去当"牺牲"的，没有人在意他会不会打赢。没想到他竟然势如破竹一路赢了下去，甚至赢了教练心中最有希望夺冠的队友，得到了世界冠军，一战成名。
>
> 没有伯乐，他一样证明自己是千里马。

没有遇到伯乐的时候，自己就是自己的伯乐，关键是要相信自己是一匹千里马。这就是自信。自信与顺境、逆境无关，它只与一个人内心对自己的价值肯定与否密切相关，比如100元无论怎么踩、怎么踩，还是100元。只要我们有足够的自信心，没有人可以说话刺伤我们，或让我们有屈辱感。

英国的心理学者哈德菲尔德说："人在自信的情况下，可把自己的能力发挥到500%以上；而没有自信且自卑的人，只能发挥自己能力的30%。"

职位不能界定我们的身份，我们必须牢记，我们是什么人，并不取决于我们在职场上做些什么。我们的身份，不会随着我们的职衔、办公室大小的改变而改变。不管是做律师、面包师、管理员、电工、领班、职业妇女、飞行员或经理等，不过只是我们真实自我的一小部分而已。自信是成功的一半，如果在做任何事情之前都给予自己充分的自信，那我们的事业就肯定是另一番模样。

4. 遇到挫折时，就是体现坚韧性的时候

挫折是指人们在追求目标的活动中，遇到干扰、障碍，遭受损失或失败时产生的一种心理状态。挫折是普遍存在的，是任何人都无法避免的。一个人想要有所作为，随时都有可能遇到各种意想不到的困难和挫折。可以说，挫折是人生的一部分。

（1）认识到挫折的普遍性

虽然人人都希望事事顺利，但是，"万事如意""心想事成"毕竟只是人们的一种良好愿望。所谓"人生不如意之事十有八九"。没有哪个人不经历挫折和失败。从来没有遇到过任何挫折的人，是不存在的。

因此，对于挫折，首先要认识到其必然性，做任何事情，遇到困难和挫折是正常情况，难得的一两次非常顺利情况才是偶然的；不要有侥幸心理，不要逃避，更不能因此而放弃。无论何时，侥幸心理都绝对不可以存在，人应该勇敢面对现实，勇于承担一切。上帝不会要求我们成功，他只要我们全力以赴。而且，任何困难和挫折都有可能蕴藏着新的机会，希望就在转角，奇迹往往在绝望之前发生。

（2）认识到挫折的正面作用

案例 4：必须自己破茧的蝴蝶

一天，一只茧上裂开了一个小口，有个人正好看到这一幕。蝴蝶艰难地将身体从那个小口中一点点地挣扎出来，几个小时过去了……接下来，蝴蝶似乎没有任何进展。看样子它似乎已经竭尽全力，不能再前进一步了。这个人实在看得心疼，决定帮助一下蝴蝶。

有人拿来剪刀，小心翼翼地将茧破开。蝴蝶很容易地挣脱出来了。但是它的身体很萎缩、很小，翅膀紧紧地贴着身体。这人并不知道，蝴蝶从茧上的小口挣扎而出，是蝴蝶成长必须经历的过程，它要通过这一挤压过程将体液从身体挤压到翅膀，这样它才能在破茧而出后展翅飞翔……

经历挫折是成功旅程的必有过程，挫折帮助我们成长。故而孟子讲，"故天将降大任于斯人也，必先苦其心志，劳其筋骨，饿其体肤，空乏其身，行拂乱其所为，所以动心忍性，曾益其所不能！"

心理学家把挫折比作"精神补品"，因为每战胜一次挫折，都强化了自身的力量，为下一次应付挫折提供了"精神力量"。挫折促使人去认真总结教训，探究发生困难、导致失败的原因，寻求摆脱困境、走向成功的途径。经历挫折，让我们能够充分体验成功的喜悦。

因此，"中国式管理之父"曾仕强说，"早成功不如晚成功，晚失败不如早失败。让人多受一些折磨，未尝不是好事情。人生是长途竞赛，一时的挫折和落后，其实不必介意"。

（3）认识到挫折并不可怕

大部分人在一生中都不会一帆风顺，难免遭受挫折和不幸。但成功者和失败者非常重要的一个区别就是，失败者总是把挫折当成失败，从而使每次挫折都能够深深打击他胜利的勇气；成功者则从不言败，在一次又一次挫折面前，总是对自己说："我不是失败了，而是还没有成功。"一个暂时失利的人，如果继续努力打算赢回来，那么他今天的失利，就不是真正的失败。相反的，如果他失去了再战斗的勇气，那就算真正输了，美国历史上最伟大的总统林肯，终其一生都在面对挫折，八次竞选八次落败，两次经商失败，甚至还精神崩溃过一次。但每次他都对自己说：这不过是滑一跤，并不是死去而爬不起来。最后他成为美国历史上最伟大的总统之一。

一位拳击运动员说："当你的左眼被打伤时，右眼还得睁得大大的，才能够看清敌人，也才能有机会还手。如果右眼同时闭上，那么不但右眼也要挨拳，恐怕性命都难保！"著名的文学家海明威的代表作品《老人与海》中有这么一句话："一个人可以被毁灭，但是不能被打败。"英雄的肉体可以被毁灭，可是英雄的精神和斗志则永远在战斗。有一句名言则这样说过："成功是指最终实现了目标，但并不意味着从不受到挫折。成功是赢得了这场战争，而不是赢得了每一场战斗。"

案例 5：成功并不像你想象的那么难

1965 年，一位韩国学生到剑桥大学主修心理学。在喝下午茶的时候，他常到学校的咖啡厅或茶座听一些成功人士聊天。这些成功人士包括诺贝尔奖获得者，某一些领域的学术权威和一些创造了经济神话的人，这些人幽默风趣，举重若轻，把自己的成功都看得非常自然和顺理成章。

时间长了，他发现，在国内时，他被一些成功人士欺骗了。那些人为了让正在创业的人知难而退，普遍把自己的创业艰辛夸大了，也就是说，他们在用自己的成功经历吓唬那些还没有取得成功的人。作为心理系的学生，他认为很有必要对韩国成功人士的心态加以研究。

1970 年，他把《成功并不像你想象的那么难》作为毕业论文，提交给现代经济心理学的创始人威尔·布雷登教授。布雷登教授读后，大为惊喜，他认为这是个新发现，这种现象虽然在东方甚至在世界各地普遍存在，但此前还没有一个人大胆地提出来并加以研究。

惊喜之余，他写信给他的剑桥校友——当时正坐在韩国政坛第一把交椅上的人——朴正熙。他在信中说，"我不敢说这部著作对你有多大的帮助，但我敢肯定它比你的任何一个政令都能产生震动"。后来，这本书果然伴随着韩国的经济起飞热销了。

这本书鼓舞了许多人，因为他们从一个新的角度告诉人们，成功与"劳其筋骨，饿其体肤""三更灯火五更鸡""头悬梁，锥刺股"没有必然的联系。只要你对某一事业感兴趣，长久地坚持下去就会成功，因为你的时间和智慧够你圆满做完一件事情。后来，这位青年也获得了成功，他成了韩国泛亚汽车公司的总裁。

挫折并不是如同我们想象的那般不可战胜。许多时候，并非是困难使我们放弃，而是因为我们放弃，才显得如此困难。成功并不像我们想象的那么难，而是我们自己夸大了苦难。

不管出现什么问题，与目标相比，它们总是相对比较小的。不要用想象给自己制造困难，困难在想象中会变得越来越大，足以让我们止步不前。

（4）勇敢面对，化挫折为成长的阶梯

案例 6：驴子抖落泥土，站了上去

某天，农夫的驴子不小心掉入枯井，农夫绞尽脑汁也无法救出驴子，决定放弃并填埋枯井以免除驴子的痛苦。农夫便请来邻居帮忙。邻居们人手一把铲子，开始将泥土铲进枯井中。当驴子了解到自己的处境时，刚开始哭得很凄惨。但出人意料的是，一会儿之后驴子安静了下来。

农夫好奇地探头一看，出现在眼前的景象令他大吃一惊：当铲进井里的泥土落在驴子身上时，驴子的反应令人称奇——它将泥土抖落一旁，然后站到铲进的泥土堆上面！就这样，反复多次。很快地，这只驴子便得意地上升到井口，然后在众人惊讶的表情中快步跑开了！

我们生命中的挫折就如同这些泥沙，把"泥沙"抖落掉，然后站到上面去，它就是我们成

长的阶梯。人们正是在不断地认识挫折、战胜挫折的过程中成长和发展起来的。

软弱的性格导致软弱的命运，而坚强的性格即使摔倒一两次，终有站起来的时候。每一次面对逆境的时候，人最容易想到的就是放弃，这恰恰便是平庸人的选择。看一个人是不是真正的英雄，不能看他风光无限的时候，而是要看他走麦城，身陷低谷的时候，这大概是人们常说的"逆境中方显英雄本色"。

我们要了解，一个人若没有做大事的打算就算了，既然要做大事，就要面对困难和挫折。挫折越严重，就越知道自己是要做大事的人，这样激励自己才能成功。

我们已经知道了逆境商数（AQ）的概念，指当一个人面对逆境时的挫折承受能力与反逆境的能力。一个人 AQ 越高，越能弹性面对逆境，勇于接受困难的挑战。因此，挫折不可怕，关键是要看我们对待挫折持怎样的态度。

（5）放弃才是最大的失败

没有人能够随随便便成功，在前往成功的征途上，常常会有失败相随。失败并不可怕，可怕的是失去了面对失败的勇气。如果我们总是担心失败，那么我们已经失败了。很多时候，打败我们的，不是外在环境，而是我们的心。每次打击，只要我们扛过来了，我们就会变得更加坚强。

世界上其实并没有彻底的失败，放弃才是最大的失败。我们必须认清到底是一时的不顺利还是完全没有办法成功。当我们认为该宣布失败的时候，其实才是真正的开始。

最成功的人并不是那些失败最少的人，而是那些最不畏惧失败的人，最渴望成功的人。要知道，成功需要付出代价，而不成功则要付出更大的代价。我们不是为了体验失败才来到这个世界上的。

有时候，失败是因为努力的还不够。如果我们轻易承认失败，那么当自我反思一下，我们真的尽到最大的努力了吗？真的做到"苦心"的程度了吗？如果享受了眼前，便不能享受将来；怕吃苦者往往苦一辈子，不怕吃苦者只苦半辈子。

"中国式管理之父"曾仕强说：我们常说皇天不负苦心人，意思是用心再用心，变成苦心的时候，上天就会让我们如愿以偿、心想事成。问题是用心和苦心之间，有一段相当长的距离。一般人认为用心就好了，殊不知力道不足，仍然是不行的。必须用心再用心，也就是潜心苦修，才够力度。

因此，曾仕强进一步分析说，"你会失败是因为你选择了失败，你会成功是因为你选择了成功，大家一定会怀疑，有人会选择失败吗？我告诉你，失败是你选择的，你不要推卸责任，因为在我们面前有好几种选择，一种是很顺利的成功；一种是波折的磨炼的成功；一种是波折的磨炼的失败，一种是一下就失败，都可以"。

要避免几种"失败的思维"。我们要避免"失败假设型""失败记忆型""失败记忆扩散型"的失败思维！以下这三个故事所包含的寓意可谓不言而喻，一目了然，值得深思。

1）"失败假设型"思维

案例 7：到邻居那儿去借锤子？

有一个人想挂一幅画，但没有锤子。于是他决定到邻居那儿去借锤子。就在这时候他起了疑心：要是邻居不愿意把锤子借我，那怎么办？因为昨天他对我只是漫不经心地打招呼，也许他匆匆忙忙，也许这种匆忙是他装出来的，其实他内心对我是非常不满的。

什么事不满呢？我又没有做对不起他的事，是他自己在多心罢了。要是有人向我借工具，

> 我立刻就借给他。而他为什么会不借呢？怎么能拒绝帮别人这么点儿忙呢？而他还自以为我依赖他，仅仅因为他有一个锤子！我受够了。于是他迅速跑过去，按响门铃。邻居开门了，还没来得及说声"早安"，这个人就冲着他喊道："留着你的锤子给自己用吧，你这个恶棍！"

凡事要往好的方向去努力，要做最坏的准备，这句话没有错，错的是有的人总爱过多地往坏的方面去想。经过不断的自我否定，实际上早已对做成事情失去了信心。这样不行吧，万一怎样怎样……丧失信心的结果是事情十有八九会朝着不利于自己的方向发展，然后还说：看，我早就说过不行吧？甚至在潜意识里多多少少还有些希望向坏的方向发展的念头，以验证自己的假设。抱着这些强烈的自我失败暗示，能成功才怪呢。

2）"失败记忆型"思维

> **案例8：一根小小的柱子拴得住一头千斤重的大象**
> 一根小小的柱子，一截细细的链子，拴得住一头千斤重的大象，这不荒谬吗？可这荒谬的场景在印度和泰国随处可见。那些驯象人，在大象还是小象的时候，就用一条铁链将它绑在水泥柱或钢柱上，无论小象怎么挣扎都无法挣脱。
> 小象渐渐地习惯了不挣扎，直到长成了大象，可以轻而易举地挣脱链子时，也不挣扎。大象被过去的失败记忆限制住了，放弃了逃跑的努力。殊不知自己在长大后早已不是一根柱子所能限制住的。

像这些大象一样，有许多人把过去的失败牢牢地刻在记忆当中，看不到力量对比及形势的变化，以为过去办不到的事情，今天同样也办不到。这样，就只能永远生活在失败的阴影中。

3）"失败记忆扩散型"思维

> **案例9：不敢取唾手可得香蕉的猴子**
> 科学家将四只猴子关在笼子里，每天只喂很少的食物，让猴子饿得吱吱叫。几天后，实验者从笼子上面放下一串香蕉，一只饿得头昏眼花的大猴子一个箭步冲向前，可是当它刚碰到香蕉时，就被预设机关所泼出的滚烫的热水烫得全身是伤，当后面三只猴子依次爬上去拿香蕉时，一样被热水烫伤。于是众猴只好望"蕉"兴叹。
> 几天后，实验者换一只新猴子进入笼子内，当新猴子饿得也想尝试爬上去吃香蕉时，立刻被其他三只老猴子制止，并告知有危险，千万不可尝试。实验者再换一只猴子进入，当这只新猴子想吃香蕉时，有趣的事情发生了，这次不仅剩下的两只猴子制止它，连"没被烫过的半新猴子"也极力阻止它。实验继续，当所有猴子都已换新之后，"没有一只猴子曾经被烫过"，笼子上面的热水机关也取掉了，香蕉唾手可得，却没有猴子再敢前去享用。

从这个故事中，我们可以看到，有时候，我们不仅仅会被自己的失败记忆所禁锢，还会将自己的失败记忆传播扩散出去，去禁锢别人。别人再继续传播出去，岂不知可能情形早已改变。

5. **意志力是坚韧性的基础，恒心和毅力的源泉**

（1）意志是什么

每个人都会有早晨赖床、没有力气起床的情况发生。起床、穿衣的力气并不是什么纯物理学上的力，而是精神上的力，是积极面对生存挑战的勇气。

这种精神上的力，就可以理解为意志。意志指人们自觉地确定目的，根据目的支配、调节自己的行为，并通过克服困难实现预定目标的心理过程。意志是内部意识向外部行为的转化。人的一切有目的、有计划、有意识的行动，都属于意志行动。

人生犹如一段逆风行舟的苦旅，没有一种大无畏的精神力量去搏击风浪，就只能被冲垮、被淹没。人，总是要有一点精神的，这就是人的意志。

（2）意志品质的构成要素

意志品质是指构成人意志的诸因素的总和。主要包括自觉性、果断性、自制性和坚持性等几个方面，它是衡量一个人意志坚强与否的尺度。

1）意志的自觉性

意志的自觉性是指动机或目的明确，并能够自觉行动。具有意志自觉性的人，能够主动地、独立地调控自己的行动，为实现预定的目的而倾注全部的热情和力量。

2）意志的果断性

意志的果断性是指善于抓住时机，迅速决定，及时行动。果断性强的人，当需要立即行动时，能迅速决断，使意志行动顺利进行；而当情况发生新的变化，需要改变行动时，又能够随机应变，毫不犹豫地做出新的决定，以便更加有效地执行决定，完成行动。

3）意志的自制性

意志的自制性是指一个人善于控制和支配自己的行动，自己管住自己的言行。自制性强的人，在意志行动中，不受无关诱因的干扰，能控制自己，坚持完成原定计划，同时能制止自身不利于达到目的的行为。

4）意志的坚持性

意志的坚持性是指坚持不懈、百折不挠，不达目的不罢休。所谓"锲而不舍，金石可镂"，就是意志坚持性的表现。

以上四个方面并不是孤立的，而是有着内在联系的有机整体；但尤以第四点最能反映一个人的意志品质。水只有烧到100摄氏度才能开，差一度都不行！因此，必须克服一切困难，坚持到底。

（3）意志有什么作用

> **案例10：有成就的人与意志力**
>
> 美国心理学家曾对一千多名智力超常的儿童进行长达五十年的追踪调查，发现其中有些人后来在事业上获得了很大的成就，声名显赫；有些人却一事无成，默默无闻。
>
> 心理学家根据被调查者成就的大小，把他们分为"有成就组"和"无成就组"进行比较研究，发现那些获得较大成就的人，对自己从事的事业有忘我的献身精神，执着地追求自己认定的目标，即使遇到重大挫折仍毫不动摇；而那些一事无成的人，在困难面前都畏缩不前，只是消极地等待良好环境和机遇。

1）坚强意志是行动的强大动力

坚强的意志，使人既能自觉地按照原定目的去行动，又能自觉地制止不符合要求的行动，在遇到内外干扰时，控制自己的行为，当行则行、当止则止，不受诱惑而轻举妄动，做掌握自己命运的主人。

在感到疲倦、松懈、枯燥和情绪低落时，克服不良状态，激发潜能，坚持不懈地向目标努力。也就是说，它是一种源源不断的强大动力，推动人们去努力达到既定的目标。

2）坚强意志是克服困难的必要条件

每做一件事，免不了要遇到困难，克服困难需要有坚强的意志。无论做什么事，总是只有少数人成功，多数人失败，这并不是上帝掷骰子的结果，因为在面对困难、危险、不公平的时候，只有少数人能扛过去。

3）坚强意志是事业成功的保证

面对一件事情，可以想象成艰苦的爬山，也可以看作轻松的游戏，但无论怎样，是否具备必胜的信念、坚定的信心、坚持的毅力和勇敢面对结果的态度是根本。

苏轼说，古之立大事者，不唯有超世之才，亦必有坚忍不拔之志。世界上没有任何东西能够代替"坚强的意志"，即使才能也不行，这个世界上挤满了受过教育而一事无成的人，只有毅力与决心才是万能的！

可以说，意志是人的恒心和毅力源泉，它能够主动地预计和克服困难，能够让人执着追求，坚忍不拔。许多富有成就的人，他们之所以在事业上有重大的发展，起作用的不仅是他们的聪明才智，更重要的是他们有坚忍不拔的毅力和勇气，他们的聪明才智往往是在战胜挫折和失败中得到运用和发展的。

➡ **实现参考**

6.2.3　如何培养坚韧的品格

参考建议：如何培养坚韧的品格

1. 要确定一个明确具体、诱惑力大的目标

这个目标问题决定了一个人的坚韧程度。目标越明确越具体，诱惑力越大，人能够排除万难去实现它的可能性越大。在考虑目标的时候，需要认真地思考，我为什么要做这件事？不做可不可以？事情有可为或不可为两种，如果是可以做也可以不做的，往往其价值不是有足够的吸引力，遇到有更大吸引力的其他目标时，放弃原来目标的可能性也就越大。所以在考虑要不要去做一件事之前，应该静下心来，认认真真地思考清楚以下几个方面的问题：

这件事对我的意义有多大？是不得不做还是可做可不做？如果是非做不可的，不做会面临什么样的后果？我们做的每件事不是都会带来积极意义，改善我们的生活状态的，有些事不做，可能会造成我们现在的状态没法维系下去。

一个很简单的例子，抗日战争，中国人民进行了 14 年艰苦卓绝的奋斗，最终实现了国家的独立。如果不做，其后果是中华民族是否可以生存的问题。对于国家和民族而言，在生死之间，没有任何退路可言，必须不惜一切代价取得胜利。

在和平时期，对于个人而言，同样有必需完成某些事情，改善自己的生存状态或者必须完成某些事情，让自己得以维持目前状态。相比较后者，人们在改善的事情上的动力往往远远小于不得不做的事情。所以对目标分析得越透彻，对其意义与影响理解得越清晰，越会铭记于心。

2. 要有必需的基本资源

目标清晰，利益远大，会让人下定决心去实现它。但在考虑目标的时候，还必须想清楚我有什么样的资源或者我可以通过哪些方式争取到这些资源的问题。资源不够，我能不能在资源有限的前提下继续进行，或者在遇到超乎预料之外的困难或者阻力时，我该怎么办的问题。很多人之所以没有养成坚忍不拔的品格，一遇到困难就放弃原来的目标，转入其他目标，反反复复，终无所成的原因，不是他不想做成事情，而是他在做事情之前，对可能面临的问题与困难没有足够的准备。这里说的不仅仅是物质资源、资金资源方面的困难，还包括心理上和时间上的资源。

有没有考虑到可能面临的困难是一件事能不能按照既定的方向前进的一个重要因素。如果考虑不到，中途出现的各种困难和阻力，则是对人的坚持和韧性最直接的而且是毫无底线的一次又一次的试探，有的人坚持一段时间就放弃了，而有的人则在一次次地克服困难后，锻炼了自己的承受力与韧性。

3. 分解成小目标，一步一步实施

无论是宏大的目标还是小目标，在实施前都要分解成阶段性的小目标。分解的目的是衡量前进的里程及做事的先后顺序。项目管理中经常遇到的一个问题就是要实现某一目标，必须同时完成许多并列的事项，其中任何一个小事项未如期完成就会拖累阶段性目标的实现。分解的目的是清晰地了解什么先做，什么后做。而不是胡子眉毛一把抓。尤其是避免在走了很远之后，发现有些事情还留在起点。如果再回过头去做，则要花费更多的时间和精力。几乎每个人都有成为富翁的梦想，但真正成为富翁的寥寥无几，其深层次的原因往往在于有没有在成为富翁这一大目标下设立一个个的小目标并且踏踏实实勤勤恳恳地去实现这些小目标。

例如，你立志要考上一流的名牌大学，你可能先要进入理想的高中，而要进入理想的高中，你就必须以优异的成绩通过中考，而中考的成绩源自各门功课的成绩，而各门功课的成绩则源自你平时孜孜不倦的刻苦学习。如果不是平时一堂课，一堂课的认真听讲，一门功课，一门功课的努力，理想和目标都是空中楼阁。

4. 学会如何坚持做事

"骐骥一跃，不能十步；驽马十驾，功在不舍。"坚持，对于每个人来说都是痛苦的，因为忍耐坚持压抑了人性。但是，成功往往就是在你忍耐了常人所无法承受的痛苦之后，才出现在你面前的。

80%的人还没有开始全力开工，就已经放弃了。在前期阶段，可能生活只能基本维持，熬过这个阶段，收益会提升，但大部分人确实"死"在了这里（见图6-5）。在门外徘徊的人，是看不到路途的风景的人，因为恐惧限制了人的想象力。

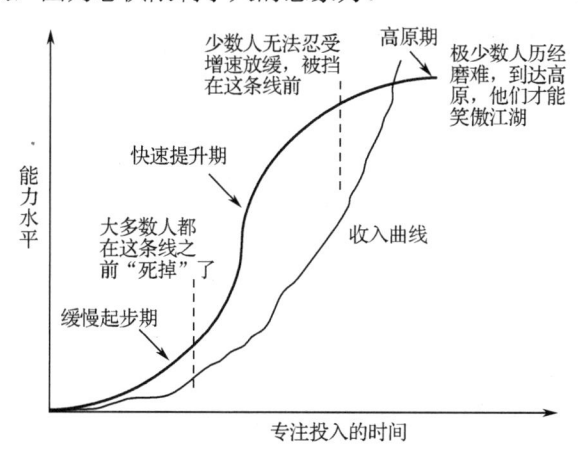

图6-5　大多数人看不到坚持的好处就放弃了

（1）日常工作中的坚持是成功的基础

日常工作中，看似每日或每周例行的工作，比如工作计划、日报或周报，我们需要一如既往地做好。坚持良好的学习、工作积累和工作习惯，在需要我们挺身而出、担当责任的时候，就能顶上去，最终取得成功。

比如在项目拓展过程中，项目周期可能长达一年或更长的时间，在客户项目的流程申请、审批阶段，我们要保持与客户交往、交流的频度，传递最新的产品、方案进展，获取项目的各方面信息，在项目的关键时刻，就能稳扎稳打，推进项目获得圆满成功。

（2）坚持积累工作经验

其实现如今有很多年轻人在公司里工作时，他们发现自己没有晋升的机会，所以会非常迷茫，但是即便是遇到这种情况，年轻人也应该努力地去坚持学习，坚持积累工作经验，而不是频繁地更换工作。

因为如果总是跳槽，养成了习惯性跳槽的思维，就会发现去新的公司面试的时候，这些频繁跳槽的人不会给面试官留下稳定的印象；如果他们能够在公司里坚持工作、积累工作经验，那么，原来的公司也能够使他们得到更好的发展。

（3）坚持提升自己的抗压能力

有很多年轻人在公司工作，过于着急，总是为了眼前利益。当自己遇到特别大压力的时候，却发现自己难以支撑，最后出现了推卸责任的情况，因此，建议大家，在工作中应该坚持提升自己的抗压能力，让我们在职场中变得越来越轻松，而不是通过跳槽从头再来，这样只会让我们一次又一次地逃避问题，最后也没有办法去解决，吃了很多亏，最后才后悔莫及。

坚持的意义在于，以后自己不会后悔当初的半途而废，反而会感谢那个坚持下来从一而终的自己。

5. 心理或者物质上的奖励

无论成人还是孩子，在实现某一目标取得某一成就的时候，或多或少都需要一定的精神或者物质层面的奖励。这些奖励既是外界对自己的一种肯定，也是自己对自己的一种肯定。这些肯定会让自己感觉舒服或者有成就感，让自己更加舒服或者有信心进入下个阶段也许更加艰难的阶段。

奖励的方式很多，有的人给自己买一件小饰品，或者去旅游；有的人则聚集朋友大吃大喝一顿；有些家长会给孩子买些奖品，甚至简单的口头表扬。

人是需要激励和表扬的动物，无论是自我激励与表扬，还是别人的称赞，都可以产生更大的信心、更积极地去实现目标的心理驱动力。猴子表演结束，有香蕉吃。人在费力地努力工作后，也需要一根自己喜欢的"香蕉"。有时候负面的刺激也会给人动力，但现实中，还是要尽量远离那些整天通过各种方式打击我们、给我们泼冷水的人，因为，他们除了给我们增加阻力外，没有任何正面的东西。

所以，情商高的领袖、管理者、家长总是能够在下属或者孩子取得成绩、完成目标的时候给予正面的表扬与鼓励。中国的很多家长往往怀着望子成龙的心态，在孩子实现了某些目标需要表扬或者激励的时候，立即指出孩子身上的其他问题，让孩子觉得你看不到他的努力和成长。长期下去，会给人一种无论怎么，家长都不会满意的思维定式，从而变得懈怠，失去继续努力的动力。

6. 坚韧是一种长期的身体和心理训练，强健的身心是必须的

最直观的感受是马拉松或者铁人三项赛的赛场上，要取得好成绩，身体的机能和心理上的坚持缺一不可。没有强劲有力的身体机能，你的心理素质再强大都没法支撑你完成这些项目。而在感觉身体消耗已经达到极限了，能够支撑自己继续前进的，则是强大的心理素质。好的心

理素质可以让你的身体机能超常发挥。

不只是运动员，对于任何一个想要努力做成一件事，实现人生目标的人而言，都是需要健康的身体，健康的身体能够带来旺盛的精力和行动力；强大的心理素质则是引领身体前进的内在力量。

在坚韧背后，无论何时都需要同时站立着健康的身体和强大的精神。

7. 在最想放弃的时候，就是考验坚韧性的时候

趋利避害是生物的本能，在面临重重困难，尤其在穿过了一层的黑暗，以为黎明就在眼前，但真正走到前面，发现可能是一层比眼前的黑暗更加黑暗的东西的时候，别人会问你：这么坚持是何苦呢？生活中能够给我们指条明路的"河曲智叟"比比皆是。而我们也可能会从内心深处叩问自己：我这样做值得吗？这个时候，我们就要重新想一下：我当初是怎么要走上这条路的？

坚韧是一种难能可贵的品质，培养的过程也是一个艰辛的不断强化的过程，如果找坚韧的品质可以给人带来什么的典故，教材书和各类书籍中有很多名人的故事，大家可以去查阅。

这里需要提醒的一点可能是另一个从小就被灌输的心灵鸡汤："世事我曾努力，成事不必在我"这句话成为很多人半途而废、中途退出的理由。在我们感觉"山重水复疑无路"的时候，多多问问自己："我是真的完全尽力了吗？"也许再加把劲，后边就是"柳暗花明又一村"呢。

活动二："遗憾"教育

1. 活动目的： 认识到坚持的重要性，并理解坚韧性的具体体现。

2. 活动流程

（1）阅读材料

最近，日本电视台播出了一档题为"需要遗憾的人"的节目。镜头中，摄影师跟踪拍摄了这样一件事。

秋天到了，川崎市一家幼儿园的老师们，准备领着孩子们去郊外挖红薯。兴奋的孩子们在老师的带领下挖得很快，一会儿就挖了一大堆的红薯。时间过得很快，回家的时间一转眼就到了。老师告诉孩子们：挖出来的红薯可以随便拿，但有一个条件：回家时要步行两小时，还要爬48级台阶。因此，每个人要对自己的选择负责到底。孩子们都想多带点红薯回家送给妈妈。有的甚至在背包里装了5公斤的红薯。

刚开始往回走的时候，孩子们还叽叽喳喳的，十分兴奋。但没多久，背着5公斤红薯的孩子们就开始感觉有些累了，变得沉默起来。等走到一半的时候，背包过重的孩子步伐变得沉重缓慢起来，腿也有些抬不起来了。又过了一阵子，有些孩子完全走不动了，一屁股坐在地上。看到48级台阶出现在面前时，终于有孩子忍不住放声大哭起来。

这时，老师蹲下身来，问大哭的孩子："怎么样，要帮忙吗？"孩子边哭边摇头——因为这个5公斤是他们自己选择的，必须负责任地坚持到最后。

这时，有个头结实一点的孩子，将坐在地上哭的孩子拉了起来，大家一起手牵手，继续朝前走。最后的结果是：每个孩子都背着满满一背包的红薯，手牵手地鼓着劲，爬完了48级台阶，坚持走回了幼儿园。

（2）快速思考

● 孩子们的哪些行为体现了坚持和坚韧性？

- 除了坚韧性，还锻炼了孩子们的哪些素质？

3. 观点分享

"懊悔"与"遗憾"不一定全是坏事。只要能正确面对，"懊悔"与"遗憾"也能滋生出好事。例如，背着 5 公斤红薯回家的孩子，在半路上为自己的贪心感到了懊悔，但仍然坚持到了最后。这种从"痛苦的遗憾"中体验和学习到的耐力、韧劲和责任感，无疑比任何说教要深刻得多。

同理，一个团队里，能有几个比较"令人遗憾"的人将更能促进团队成员之间的相互关爱和相互协作。例如，上面这些背着红薯回家的孩子，如果其中没有大哭的、赖在地上走不动的，而是每个孩子都精力旺盛地步行两小时回家的话，那么就不可能出现孩子们最后手牵手互相鼓励，互相加油的一幕。

看看现实中的日本，再看看日本人对孩子的"遗憾教育"，就可以知道：日本是一个懂得如何最大限度地利用自己的"遗憾"的民族。

扩展阅读：习惯养成 21 天法则

21 天法则就是通过 21 天的正确重复练习，养成一个好习惯的一种方法。

《辞海》上这样说："习惯就是人在长时期里逐渐养成的，一时不容易改变的行为。"需要学习更多内容的，请扫描二维码，阅读参考。

习惯养成 21 天法则

→ 任务实现

6.2.4　和自己签一份合同，再看执行情况

1. 心理合同

这份心理合同是我对自己的一个承诺，我一定要有所改变。

2. 合同条件

- 对存在问题的清醒认识（如我体重超标，这会导致身体疾病）。
- 渴望改变（我希望减肥）。
- 宣言（我一定要在 30 天里减掉 3 公斤），要求宣言措辞清晰；具有可执行性；有具体时间期限。
- 对改变进程的回顾计划（我计划每天锻炼 1 小时，控制自己的饮食）。
- 可观的奖励（如果我成功减肥了，而且坚持 3 个月没反弹，我要奖励自己到_____去度假）。

3. 指导说明

和自己签一份合同，向自己做出一个承诺。请在最后签名，将这份合同保存起来。

4. 总结执行情况

半年后，回顾自己的执行情况，做得好的，需要改进的，改进建议等，作为写给自己的一份总结报告，继续保存。

> 任务小结

6.2.5 坚韧是克服一切困难、成就一切事情的钥匙

坚韧非常重要，因为每一个人一定会经历失败，而最重要的就是经历失败之后能够爬起来继续向前。而且，无论是谁，我们一定会犯错，会经历失败，不管我们有多优秀。

坚韧是克服一切困难的钥匙，它可以使人们成就一切事情。坚韧可以使人们在灾祸来临时不至于覆灭；可以使贫苦的青年男女接受大学教育；可以使纤弱的女子担当起家中的重担，维持家中的生计……人类的整部历史，都得归功于开拓者的坚韧。

参考文献

[1] 王沛. 大学生职业决策与职业生涯规划[M]. 北京：北京科学技术出版社，2007.

[2] 侯连兴. 电信运营商现状及发展研究[M]. 北京：北京邮电出版社，2008.

[3] 刘鑫渝，高伟. 高校学生社团育人机制对比研究[J]. 中国青年政治学院学报，2020，30（2）：48-51.

[4] 王东. 大学生考证热——应理性对待[J]. 民族论坛，2011（15）.

[5] 葛明贵等.《大学生学习心理研究》[M]. 合肥：合肥工业大学出版社，2010.